MÉMOIRES
DE
J. CASANOVA
DE SEINGALT
ÉCRITS PAR LUI-MÊME

SUIVIS DE

FRAGMENTS DES MÉMOIRES DU PRINCE DE LIGNE

Nequidquam sapit qui sibi non sapit.
CIC. AD. TREB.

NOUVELLE ÉDITION

COLLATIONNÉE SUR L'ÉDITION ORIGINALE DE LEIPSICK

TOME PREMIER

PARIS
GARNIER FRÈRES, LIBRAIRES-ÉDITEURS
6, RUE DES SAINTS-PÈRES, 6

MÉMOIRES
DE
JACQUES CASANOVA
DE SEINGALT

24888 — PARIS, TYPOGRAPHIE A. LAHURE
Rue de Fleurus, 9

MÉMOIRES

DE

J. CASANOVA

DE SEINGALT

ÉCRITS PAR LUI-MÊME

SUIVIS DE

FRAGMENTS DES MÉMOIRES DU PRINCE DE LIGNE

Nequidquam sapit qui sibi non sapit.
CIC. AD TREB.

NOUVELLE ÉDITION
COLLATIONNÉE SUR L'ÉDITION ORIGINALE DE LEIPSICK

TOME PREMIER

PARIS

GARNIER FRÈRES, LIBRAIRES-ÉDITEURS

6, RUE DES SAINTS-PÈRES 6

NOTICE
SUR CASANOVA DE SEINGALT

ET SES MÉMOIRES

Une question considérée comme non résolue jusqu'à ces derniers jours était celle de savoir si Casanova avait réellement écrit les *Mémoires* publiés sous son nom. « Il est bien certain, dit M. Quérard, que Casanova n'est pas l'auteur de ces *Mémoires*. » C'est là une opinion toute personnelle, émise à la légère et non appuyée de preuves. M. Paul Lacroix s'est-il montré plus avisé? « J'ai cherché, dit-il, à découvrir le véritable auteur de ces *Mémoires* si spirituels et si curieux, qui ne sont pas et ne peuvent pas être de Casanova, lequel était incapable d'écrire en français et qui n'entendait rien à une œuvre d'imagination et de style. Il est certain que le célèbre chevalier d'industrie avait laissé des notes et même des mémoires originaux; mais ces manuscrits étaient certainement indignes de voir le jour, et il fallait un habile homme pour les mettre en œuvre. Cet homme fut, nous en avons la certitude morale, Stendhal, ou plutôt Beyle, dont l'esprit, le caractère, les idées et le style se retrouvent à chaque page dans les *Mémoires* imprimés. »

Basée sur cette analogie contestable, la certitude *morale* pouvait paraître insuffisante ; eh ! que vient donc faire ici Stendhal ?

La maison F. A. Brockhauss, de Leipsick, qui mit douze ans à les publier (de 1826 à 1838), n'aurait eu entre les mains qu'un manuscrit apocryphe, et aurait laissé ainsi surprendre sa bonne foi ! Il n'en est rien, Casanova a écrit de sa main un volumineux manuscrit de six cents feuilles in-folio, qui porte non pas le titre de *Mémoires*, consacré par les premières éditions, et que nous avons conservé, mais bien celui-ci :

HISTOIRE DE MA VIE
jusqu'a l'an 1797.

Ce qui prouve, dit M. Armand Baschet, qu'en commençant son manuscrit, l'auteur avait l'intention de poursuivre son récit jusqu'en 1797, et non de s'arrêter soudainement à l'année 1774, ainsi que cela se peut voir dans toutes les éditions précédentes.

C'est définitivement à M. Armand Baschet que doit d'être satisfaite la curiosité des chercheurs de ces problèmes de bibliographie. L'auteur des *Archives de la sérénissime République de Venise* dit lui-même, dans l'*Intermédiaire* du 25 décembre 1879, qu'il a fait des enquêtes sur la personne et les écrits de Casanova, qu'il a réuni des documents d'une incontestable authenticité, en fouillant principalement dans les Archives de Venise et dans la bibliothèque du château de Dux, en Bohême ; et, connaissant l'écriture de Casanova, il en a pu constater les signes particuliers, dans les feuillets de manuscrit qui lui furent communiqués par l'éditeur de Leipsick.

Voici un autre résultat de cet examen :

« J'ai pu me rendre compte, dit-il, par ces quelques pages, combien Casanova avait manqué d'égards pour la langue française, dans laquelle il a composé tout son texte, lequel texte avait nécessairement dû avoir un réviseur, un ordonnateur, un correcteur, un censeur même... censeur fort complaisant, assurément! Et c'est ici que mon information prend grand intérêt. Quel fut, en effet, ce réviseur, cet ordonnateur, etc.? Ecoutez M. Brockhauss, qui me le dit dans une lettre du 29 juillet 1867 :
« La rédaction de mon édition originale, je veux
« dire la correction et le jugement des passages à sup-
« primer ou à changer, a été confiée à votre compa-
« triote M. Laforgue, résidant comme professeur de la
« langue française à Dresde. » — « La seule chose que nous nous soyons permise, avait déjà dit la maison Brockhauss dans sa préface de 1826, et que nous avons crue indispensable, c'est la révision du manuscrit sous un double rapport. D'abord, Casanova a écrit dans une langue qui n'était pas la sienne, et il a écrit comme il a senti, donnant sans périphrase son nom à chaque chose. L'original, par conséquent, est plein de fautes de grammaire, d'italianismes, de latinismes : il a fallu les faire disparaître pour le rendre propre à l'impression; mais la personne qui s'est chargée de ce travail épineux a eu soin de n'altérer en rien l'originalité de l'écrivain. Enfin.... comme les obscénités ont été reléguées en leur lieu à mesure que la saine philosophie, qui fait le supplice de tant d'honnêtes gens, a épuré le goût et formé la raison, il a été indispensable d'élaguer toutes les expressions, de gazer toutes les images dont la grande majorité des lecteurs ne s'accommoderaient plus aujourd'hui. Mais encore en ceci a-t-on eu soin de n'ôter aux situations que leur nudité, en plaçant sur les images

trop voluptueuses un voile qui n'enlève rien au piquant de la narration. »

Il n'y a pas plusieurs manières de bien faire une semblable épuration de texte, quand l'épurateur est un homme de goût et de bon sens ; et, sauf quelques légères différences qui ne sont qu'une cause d'amélioration, la présente édition devait profiter du travail du censeur de Dresde, si heureusement choisi par M. F.-A. Brockhauss.

En conséquence, tout en reconnaissant, comme l'a écrit le prince de Ligne, Casanova pour un « homme de beaucoup d'esprit... d'un esprit gai, prompt, subtil, et d'une érudition profonde », et en différant d'opinion avec le premier éditeur qui fait presque un mérite à l'auteur de « cette négligence qui laisse aux expressions toute leur nudité », il est certain qu'il faut moins chercher l'élégance du style que le naturel et la précision dans ces *Mémoires*, qui sont, selon une expression heureuse, « une galerie parlante, une véritable fantasmagorie, car il fait agir pour ainsi dire tous les personnages do nt il parle en les peignant avec une force de trai qui lui est particulière... »

Un autre attrait tient au caractère même de Casanova, de ce Gil Blas du dix-huitième siècle, comme on l'a appelé, Gil Blas en chair et en os, en effet, qui se lance dans toutes sortes d'aventures, cherchant partout le plaisir, s'accommodant de toutes les situations, tantôt livré aux expédients, mais sans aucun souci du lendemain, tantôt répandant l'argent en grand seigneur, peu délicat sur les moyens de se procurer des ressources, demandant au jeu qui lui est souvent propice de regarnir sa bourse tout à coup vidée. Il lui arrivait parfois des malechances; mais, comme il trouvait plus souvent qu'à son tour la veine favorable, on peut bien penser que sa manière rentrait dans la série des combinaisons complexes où l'habileté dirige ou corrige le hasard.

« Telle est, avoue-t-il, la destinée de tout individu clininé aux jeux de hasard, à moins qu'il ne sache captiver la fortune en jouant avec un avantage réel dépendant du calcul ou de la dextérité, mais indépendant du hasard. Je crois qu'un joueur sage et prudent peut faire l'un et l'autre sans encourir le blâme, sans pouvoir être taxé de friponnerie. »

Vous voyagez avec le célèbre aventurier à travers l'Europe. Sa morale, ses faits et gestes ne s'accordent pas toujours avec vos sentiments et vos principes, et vous pourriez quelquefois désirer un autre compagnon ; mais il vous divertit, vous plaît par sa gaieté, ses reparties, ses audaces, son insouciance imperturbable ; les péripéties si diverses de sa carrière mouvementée vous amusent ; sa narration vous attache par le naturel et la marque de la véracité ; et, malgré le cynisme de ses mœurs, et trop souvent la crudité de son langage, il vous tient, et vous le suivez jusqu'au bout : c'est que, tout en vous racontant ses folles équipées, ses amours passagères, ses guilledous malsains, il vous ouvre tout à coup des perspectives inattendues sur la civilisation de son époque. S'il ne dit pas un mot de Naples, presque rien de Rome même, avec quelles vives couleurs il peint le tableau des mœurs de Londres, de Paris, de la France, de cette France de Louis XV, et de l'Italie, de Venise surtout ! Une dévotion aimable, non scrupuleuse, n'y exclut pas la galanterie, qui pénètre souvent au foyer domestique sans faire crier au scandale. En certaines circonstances, on y supporte sans colère le joug conjugal, et rien n'y est plus rare que les ruptures violentes, les coups de tête, les passions échevelées, les drames à grands spectacles. Venise est une ville d'amour. Quelle époque, où l'on recherche avant tout le plaisir, où règne le libertinage, où la corruption se montre sans vergogne au milieu des élégances les plus raffinées, et où cependant les hommes... et les femmes savaient faire preuve d'un esprit et d'une énergie qui depuis semblent s'être évanouis!

La vie de Casanova est un roman vécu. On est porté à le prendre pour un homme extraordinaire... extraordinaire en effet par sa rare intelligence, sa mémoire prodigieuse, sa vive imagination, et ses connaissances scientifiques et littéraires : au début de son éducation à Padoue, il s'était fait remarquer par ses progrès dans l'étude du latin; dès l'enfance, pour ainsi dire, il s'était jeté passionnément dans la jurisprudence, et à quinze ans il avait composé deux dissertations : *de Testamentis*, et *Utrum Hebræi possint construere novas synagogas*; extraordinaire aussi par les accidents plaisants ou tragiques de son existence, par ses changements brusques de situation : il est tour à tour abbé, militaire, historien, antiquaire, publiciste, poète, joueur de violon, chimiste, magicien, même industriel; et nul doute qu'il n'eût pu immortaliser un nom considéré dans l'histoire des sciences ou de la diplomatie, sans son amour effréné des aventures, son inclination invincible au libertinage, ses légèretés de conduite et sa hâblerie, souvent fine, du reste, et spirituelle. Partout et toujours son caprice l'emporte sur toute sage considération. Il sacrifierait le bonheur éternel pour la satisfaction d'une fantaisie, d'un plaisir passager. A Venise, où il était né le 2 avril 1725, sa figure avenante, ses manières aisées, sa parole facile et persuasive lui ouvrent les maisons aristocratiques et les palais. Il y reçoit du patriarche les ordres mineurs. Des intrigues amoureuses le font expulser du séminaire. Il est jeté en prison dans le fort Saint-André, d'où il sort au bout de quelques jours. Pressé par sa mère, actrice à Varsovie, qui avait rêvé pour lui de grandes fonctions dans l'état ecclésiastique, il se rend à Naples, visite plusieurs villes d'Italie, et arrive à Rome, où il plaît de prime abord au cardinal Acquaviva et entre à son service. Bien accueilli par Benoît XIV, il semble destiné à un brillant avenir ; mais tout à coup il tombe en disgrâce. Il quitte la soutane, endosse l'habit militaire et se met au service de Venise, enseigne dans le régiment de Bala alors à Corfou. Là, il perd tout son argent à la bassette, et met ses bijoux en gage. Il part, en congé, pour Constantinople, et égare en route le passeport qu'il avait reçu du cardinal. Il s'arrête à Ancône, s'y lie avec des comédiennes. Un jour, il tombe au milieu de soldats espagnols de l'armée qui occupait le pays : le voilà prisonnier. Il s'évade. Il s'embarque pour Constantinople, où il voit le comte de Bonneval (1743) et ne tarde pas à retourner à Venise (1745), où, s'étant vu préférer le bâtard d'un patricien, il quitte l'habit militaire. S'étant ruiné au jeu (son habileté ne le mettait pas toujours à l'abri des caprices du sort), il accepte un emploi de violon au théâtre de Saint-Samuel. Un bonheur singulier lui survient. Le sénateur de Bragadino est frappé d'apoplexie, il étouffe sous une onction de mercure ordonnée par un médecin. Casanova rejette l'appareil : le malade guérit, reçoit son sauveur dans sa maison, le croit initié aux sciences occultes, et a foi dans les oracles de son génie familier Paralis ; il l'adopte et le traite comme son fils : voilà Casanova riche. Il mène une vie de folie et de désordre. Cité devant trois tribunaux à la fois, il fuit. Vérone, Milan, Mantoue, Ferrare, Bologne, Césène deviennent le théâtre de ses exploits. Il se réfugie à Parme en compagnie d'une jeune dame française, aux allures mystérieuses et romanesques, dont il est obligé de se séparer à Genève. Il retourne à Venise, où il cherche les moyens de vivre dans les ressources du jeu. Il vient à Paris, qu'il quitte bientôt pour retourner à Venise, où les inquisiteurs d'État le font arrêter et enfermer sous les Plombs (1755). L'aventure décidément tourne au tragique. Pour s'évader de cette lugubre et terrible prison, il fallait une énergie, une constance, une dissimulation, un génie, des efforts surhumains. Il réussit. Bravo! Casanova !

Nous le retrouvons en 1757 à Paris, où son entrain, son esprit, sa facilité d'entregent, sa bonne humeur, l'introduisent dans la société des hommes et des femmes de distinction. Il se met en rapport avec le maréchal de Richelieu, le vieux Crébillon, Voisenon, Fontenelle, lord Keith, Favart, Rousseau, etc. La superstitieuse duchesse de Chartres le reçoit. Il pratique avec elle ce qu'on appelait la cabale. Il se présente à M. de Bernis, qu'il avait connu ambassadeur à Venise dans d'étranges circonstances. Son histoire des Plombs en avait fait un personnage. Bernis parle de lui au duc de Choiseul comme d'un homme exercé, expert en matière de finances. Il persuade à Pâris-Duverney qu'il a inventé un admirable plan de loterie. Il convainc tout le monde, d'Alembert même, appelé comme mathématicien. Il obtient pour sa part six bureaux de recettes et quatre mille francs de pension sur le produit de la loterie. Situation singulièrement opulente, qui ne tint pas contre son amour de l'imprévu, de l'aventure, du mouvement. Il s'acquitte d'une mission secrète qui consistait à aller visiter dix vaisseaux de guerre en rade à Dunkerque et reçoit cinq cents louis de récompense. Chez la marquise d'Urfé, dont il exploita la crédulité, il rencontre le comte de Saint-Germain. Casanova donne de curieux détails sur ce mystérieux aventurier. Il reçoit de M. de Choiseul une mission importante auprès de marchands d'Amsterdam, et à son retour, à la barrière de la Madeleine, il loue une villa meublée magnifiquement, se pourvoit de chevaux, de voitures, de palefreniers et de laquais. Mais bientôt, ayant perdu ses protecteurs, il se retourne vers l'industrie, pour l'impression des étoffes de soie. Encouragé par le prince de Conti, il s'installe avec ses employés dans une maison de l'enceinte du Temple. L'entreprise échoue, et tout l'écrase : vols considérables à son préjudice, remboursements immédiats, procès, toutes sortes de chicanes. La déveine sur toute la ligne. Il est enfermé au Fort-l'Évêque, d'où il ne sort que grâce à l'affection de la marquise d'Urfé. Abreuvé de dégoûts, il quitte Paris en décembre 1759, non sans que M. de Choiseul l'ait autorisé à contracter un emprunt en Hollande. Il emporte pour cent mille francs de lettres de change et pour autant de bijoux. Arrivé à La Haye, il y retrouve le comte de Saint-Germain. L'emprunt n'aboutit pas. Il part pour l'Allemagne, arrive à Cologne, où l'Electeur lui fait bon accueil. Il passe à Stuttgardt, d'où le chasse une mauvaise affaire ; s'arrête à Zurich, où l'idée lui vient de se faire moine. Une aventure d'amour renverse sa résolution. Il séjourne quelque temps à Soleure, s'y lie avec M. de Chavigny, l'ambassadeur de France. Il traverse Bâle, Berne ; va visiter à Roche le célèbre Haller, chez qui il passe trois jours. Portrait réussi de ce savant, dont la conversation avec Casanova est à remarquer, ainsi que son opinion sur Voltaire, Boerhaave, J.-J. Rousseau et la *Nouvelle Héloïse*, sur Pétrarque et Laure. Une correspondance commence entre l'aventurier et le célèbre physiologiste, interrompue par la mort de ce dernier. On peut regretter la perte des vingt-deux lettres qu'en reçut Casanova. Il fait une halte à Lausanne et arrive à Genève (1760). Il se présente à Voltaire, qu'il trouve comme au milieu d'une cour de seigneurs et de dames. Sa conversation avec Voltaire est très curieuse et très instructive. Les *Mémoires* nous donnent l'abrégé précieux d'un manuscrit où il avait consigné tous ses entretiens avec le philosophe. Casanova passe en Savoie ; des intrigues d'amour l'arrêtent à Aix. Il visite Grenoble, et va à Avignon pour voir la fontaine de Vaucluse, dont il fait une courte description ; de là il se rend à Nice, puis à Gênes, où l'on joue la traduction qu'il avait faite de l'*Ecossaise* de Voltaire. Il arrive à Rome, qu'il quitte aussitôt pour continuer sa vie vagabonde. Heureux séjour à Naples. Il s'installe à Florence, où il rencontre Souwaroff, avec qui il a des rapports qui ne manquent pas d'intérêt ; il en est chassé par ordre du grand-duc. Chassé aussi de Modène, il part pour Turin, où il triomphe du mauvais vouloir du vicaire directeur de la police.

De retour à Paris, un duel l'oblige à s'en éloigner. Il se rend alors à Augsbourg : le bourgmestre le questionne au sujet du nom de Seingalt, dont il a allongé son nom réel pour se donner un air de gentilhomme. Agréable conversation sur les faux noms, et raisons spécieuses et spirituelles données par Casanova à propos de ce sobriquet. Il revient à Paris vers la fin de 1761. On le retrouve deux ans après à Metz pour une jonglerie dont Mme d'Urfé était la dupe. Plus tard, cette marquise à la cervelle dérangée, et d'une incommensurable crédulité, l'attend à Marseille : il lui avait promis de la régénérer sous la forme d'un jeune homme ! Singuliers détails de l'opération. Stratagèmes et supercheries qui ne sont pas à l'honneur de notre héros. Très riche et quoique avare (ne dépensant pas plus de trente mille livres par an), elle est généreuse pour Casanova sorcier.

Embarquons-nous avec lui pour l'Angleterre. Il rencontre à Londres la chevalière d'Éon. M. de Guerchy, célèbre par ses démêlés avec cette aventurière, le présente à Georges III. Ce pourrait être le commencement de la carrière des honneurs, mais il mène une vie de dissipation et de plaisirs, et tout finit déplorablement. Ayant fait argent d'une lettre de change fausse, mais sans soupçonner le faux, il se met en sûreté, ainsi que le vrai coupable, par une fuite précipitée. Il débarque à Calais et va à Tournai, où il trouve encore le comte de Saint-Germain, affublé d'une robe d'Arménien et coiffé d'un bonnet pointu ; sa barbe épaisse et longue lui descend jusqu'à la ceinture et il tient gravement à la main une petite baguette d'ivoire. Le fameux charlatan montre sa science philosophale : il lui prend une pièce de douze sous, opère et lui rend une pièce d'or.

Casanova se rend à Brunswick, où il est retenu par un démêlé d'argent dans lequel intervient le prince royal de Prusse. Il arrive à Berlin. Il sait que Frédéric aime les aventuriers et il lui demande une audience. Le roi lui accorde un rendez-vous dans les jardins de Sans-Souci. L'entrevue est intéressante. Il allait être nommé gouverneur de l'École des cadets, mais il refuse et part brusquement. Il va en Russie. Le célèbre Biren, l'ancien favori de l'impératrice Anne, lui donne des lettres pour Charles de Biren, à Riga. Il arrive à Saint-Pétersbourg, où il a plusieurs entrevues avec Catherine II. Varsovie l'attire. Le roi de Pologne lui fait un accueil chaleureux, il lui donne deux cents ducats. Insulté par le général grand chambellan de la couronne, Branicki, il se bat en duel, le blesse dangereusement, est blessé lui-même. Il reçoit l'ordre de quitter Varsovie. Le roi lui remet mille ducats pour payer ses dettes.

Il part pour Dresde qu'il quitte bientôt, et se rend à Vienne, où il se lie avec l'abbé Métastase et avec La Peyrouse ; mais la police lui enjoint de quitter promptement la ville. Revenu à Paris, il s'engage dans une querelle qui lui vaut l'ordre de partir dans les vingt-quatre heures. Il avait, dit-il, *du foin dans ses bottes*, et il se dirige vers l'Espagne. Muni de lettres pour le comte d'Aranda, dès son arrivée à Madrid, il se présente à ce ministre, qui ne fait rien pour lui, faute de recommandation de l'ambassadeur de Venise. Il voit Raphaël Mengs, le duc de Medina-Cœli, Olavidè. Intrigues nouvelles, galantes et tragiques. Il est jeté en prison, mais il en sort bientôt. A Barcelone, il est enfermé dans la citadelle pendant quarante-trois jours : ce fut là qu'il composa une réfutation de l'*Histoire de Venise* d'Amelot de la Houssaie. Le dernier jour de l'année 1768, il part et va à Aix, où il fait connaissance avec le marquis d'Argens et avec Cagliostro. Il retourne à Rome, où il retrouve le cardinal de Bernis, ambassadeur de France. Nous le voyons ensuite à Naples et à Bologne ; il s'arrête deux mois à Ancône et s'établit à Trieste, où il reçoit quatre cents ducats de la République vénitienne pour un léger service rendu. S'étant réconcilié avec le gouvernement, il rentre dans sa patrie pour la dernière fois. Casanova lui a-t-il rendu des services, comme l'ont affirmé des personnages qui avaient connu ses relations ou qui étaient entrés dans son intimité ? Sur son déclin, l'ombrageuse aristocratie qui s'appelait la république de Venise chargeait volontiers de fonctions secrètes des hommes du tempérament de Casanova. Il ne resta pas longtemps dans sa patrie, et la vingtième des lettres de Casanova qui font suite à ces *Mémoires* nous apprend qu'il passa encore quelques mois à Paris en 1785.

Mais c'est ici la fin de son manuscrit, si ce n'est pas celle de ses exploits.

Un extrait des *Mémoires* du prince de Ligne, un portrait qu'il a tracé de Casanova, sous le nom d'Aventuros, achèvent de le faire connaître. Le neveu du prince, le comte de Waldstein, qui possédait de grandes propriétés en Bohême, le connut chez l'ambassadeur de Venise à Paris, et l'ayant pris en amitié, il l'emmena dans son château de Dux (1785), en fit son secrétaire et le conservateur de sa bibliothèque. Casanova, après plus de quarante ans de voyages et de folles aventures, et au moment où il devait sentir le besoin du repos, dans le triste isolement de sa vieillesse, dut accepter avec joie cette retraite hospitalière, qui ne fut pas exempte d'ennuis et de trouble, comme nous l'apprend le prince de Ligne. Une série de lettres de Casanova que nous reproduisons aussi à la fin de ces *Mémoires* jette une vive lumière sur les tracas de ses dernières années, sur l'état de son esprit affaibli, son caractère aigri et ses susceptibilités ; hélas ! aussi sur les humiliations, les vexations et les avanies qu'il dut souffrir dans la sphère subordonnée où son destin l'avait relégué.

C'est à Dux qu'il écrivit l'*Histoire* de sa vie. Il s'y livra à l'étude jusqu'à sa mort, arrivée en 1799, à Dux, selon l'éditeur de Leipsick ; d'autres disent qu'il mourut à Vienne en 1803.

Le lecteur ne nous aurait pas accordé une attention complaisante si, dans ce résumé rapide destiné à marquer les étapes principales d'une vie qui fut un perpétuel voyage, nous avions voulu rappeler les nombreuses aventures d'amour dont le récit semble avoir été un des premiers objets de l'auteur. La passion s'y montre sans voile, les tendres sentiments disparaissent dans la fougue, et la volupté même pourrait bien ne plus s'appeler souvent que débauche. Un seul exemple d'un contraste agréable et doux s'y rencontre : l'amour novice, pur et chaste de Lucie, de cette jeune enfant qui s'expose inconsciemment au péril certain, avec toutes ses grâces innocemment séductrices, avec la naïve impudeur de l'ignorance confiante et candide. C'est un tableau charmant qui plaît et repose. Casanova la respecte, il semble s'en faire un mérite, mais regrette plus tard de n'avoir pas brusqué l'églogue.

Casanova était laid, nous dit le prince de Ligne; mais si sa belle prestance, ses yeux expressifs, autant que des manières faciles et insinuantes, lui valurent de nombreux succès auprès des femmes, ses victimes ne sont pas de celles sur lesquelles on s'apitoie, dont la situation vous attendrisse et vous intéresse. L'on comprend que notre héros puisse rester sans remords au souvenir de ses victoires faciles. Les nombreuses portes entre-bâillées qu'il a enfoncées en font un Lovelace de second rang; et il est le plus moral des don Juan, a écrit quelque part Jules Sandeau.

NOTE SUR LES OUVRAGES DE CASANOVA.

Les *Mémoires* de Casanova furent d'abord traduits en diverses langues. Ils furent publiés à Paris pour la première fois en 1825-29, en 14 vol. in-12 : c'est la traduction française d'Aubert de Vitry, fort inexacte et négligée, faite sur une version allemande. L'édition de Paris 1833-37, en 10 volumes in-8°, reproduite en 1843, 4 vol. in-12. est beaucoup plus complète, mais diffère assez sensiblement de l'édition mise au jour à Leipsick par le libraire Brockhauss.

La présente édition réunit toutes les conditions qui nous ont paru devoir la rendre supérieure aux précédentes, y compris même celle de Leipsick, en 12 volumes, à laquelle il manque un index analytique.

Ouvrages dont quelques-uns ont été publiés pendant la vie de Casanova, et qui se trouvent relatés dans ses *Mémoires* :

Confutazio della Storia del governo Veneto, d'Amelot de La Houssaye. Tre parti. Amsterdam, 1769. Gr. in-8.

Istoria delle turbulenze della Polonia, dalla morte di Elisabeth Petrowna, fino alla pace fra la Russia e la Porta Ottomana, in cui si trovano tutti gli avenimenti cagioni della revoluzione di quel regno. Tre parti. Gorizia, 1774. In-8.

Dell' Iliade di Omero, tradotte in ottave rime, 4 tomi. Venezia, 1778.

Histoire de ma fuite des prisons de la république de Venise, appelées les Plombs. Prague, 1788. In-8. (Les détails de cette fuite se trouvent dans les *Mémoires*.)

Icosameron ou Histoire d'Édouard et d'Élisabeth, qui passèrent 80 ans chez les Megameickes, habitants aborigènes du Protocosme dans l'intérieur de notre globe. 5 tomes. Prague, 1788 et 1800. In-8.

Solution du problème héliaque démontrée. Dresde, 1790. In-4.

Corollaire à la duplication de l'Hexaèdre donné à Dux, en Bohême. Dresde, 1790. Une demi-feuille. In-4.

Outre ces ouvrages, il a écrit avant l'âge de 15 ans :

Une thèse en droit civil : *De testamentis*;

Une autre de droit canon sur la question : *Utrum Hebræi possint construere novas synagogas?* (Si les juifs peuvent construire de nouvelles synagogues?)

Enfin une dissertation sur le thème : *Tout ce que nous voyons avec abstraction ne peut avoir qu'une vérité abstractive.* (Ouvrage qu'il fut obligé de supprimer.)

On trouva de plus à Dux, après sa mort, plusieurs manuscrits assez volumineux et intéressants pour l'époque, darmi lesquels nous citerons les suivants :

Rêveries sur la mesure moyenne de notre année, selon la réformation Grégorienne, par Jacques Casanova de Seingalt, D^r ès lois, bibliothécaire, etc. — Oberleutersdorf, avril 1793.

Cet ouvrage, ayant pour épigraphe *In pondere et mensura*, est écrit avec force, surabonde, pour ainsi dire, d'érudition, et peut servir au moins à se former une idée exacte de la variété et de la multiplicité des connaissances dont était orné l'esprit de cet *homme extraordinaire*.

Un second manuscrit, plus volumineux que le précédent, comprenant vingt-quatre feuilles grand in-fol., intitulé : *Essai de critique sur les mœurs, sur les sciences et les arts* — avec cette épigraphe :

> . . . . . . Hoc si erit in te
> Solo, nil verbi, perças quin fortiter addam.
> (Hor., l. II, *Sat.* 3.)

Dans cet ouvrage, l'auteur traite, en vingt-sept chapitres, de l'Esclavage, de la Liberté, de la Bienséance, de la Richesse, des Princes, de la Peine de mort, de la Majesté, de la Morale, de la Politique, de la Logique, de l'Histoire naturelle, de la Chimie, des Mathématiques, de la Théologie, de la Mécanique, du Courage, de la Religion, de l'Athéisme, de l'Astronomie, de la Liberté morale, de la Théosophie, de l'Histoire sainte, de la Poésie, de l'Épopée, de l'Architecture, de la Peinture et de la Langue latine.

Le troisième et dernier grand ouvrage que Casanova ait laissé à sa mort est un manuscrit écrit avec soin, bien relié, et intitulé :

Lucubration (Elucubration) *sur l'usure et les moyens de la détruire, sans la commettre à des comminatoires.*

Cet ouvrage remarquable, contenu dans seize feuilles et précédé d'une dédicace à Joseph II, est écrit avec autant de profondeur que de sens.

Casanova a laissé plusieurs autres manuscrits de moindre importance.

PRÉFACE

Je commence par déclarer à mon lecteur que, dans tout ce que j'ai fait de bon ou de mauvais durant tout le cours de ma vie, je suis sûr d'avoir mérité ou démérité, et que par conséquent je dois me croire libre.

La doctrine des stoïciens et de toute autre secte sur la force du destin est une chimère de l'imagination qui tient à l'athéisme. Je suis non seulement monothéiste, mais chrétien fortifié par la philosophie, qui n'a jamais rien gâté.

Je crois à l'existence d'un Dieu immatériel, auteur et maître de toutes les formes; et ce qui me prouve que je n'en ai jamais douté, c'est que j'ai toujours compté sur sa providence, recourant à lui par la prière dans mes détresses, et m'étant toujours trouvé exaucé. Le désespoir tue; la prière le fait disparaître, et, quand l'homme a prié, il éprouve de la confiance et il agit. Quant aux moyens dont le souverain des êtres se sert pour détourner les malheurs imminents de ceux qui implorent son secours, cette connaissance est au-dessus du pouvoir de l'entendement de l'homme qui, dans le même instant où il contemple l'incompréhensibilité de la providence divine, se voit réduit à l'adorer. Notre ignorance devient notre seule ressource, et les vrais heureux sont ceux qui la chérissent. Il faut donc prier Dieu et croire avoir obtenu la grâce que nous lui avons demandée, même quand l'apparence nous montre le contraire. Pour ce qui est de la posture du corps dans laquelle il faut être quand on s'adresse au Créateur, un vers de Pétrarque nous l'indique :

Con le ginocchia della mente inchine [1].

L'homme est libre, mais il cesse de l'être, s'il ne croit pas à sa liberté ; et plus il suppose de force au destin, plus il se prive de celle que Dieu lui a donnée en le douant de raison. La raison est une parcelle de la divinité du Créateur. Si nous nous en servons pour être humbles et justes, nous ne pouvons que plaire à celui qui nous en a fait don. Dieu ne cesse d'être Dieu que pour ceux qui conçoivent sa non-existence possible ; et cette conception doit être pour eux la plus grande punition qu'ils puissent subir.

Quoique l'homme soit libre, il ne faut cependant pas croire qu'il soit maître de faire tout ce qu'il veut ; car il devient esclave lorsqu'il se laisse entraîner à agir lorsqu'une passion le domine. Celui qui a la force de suspendre ses démarches jusqu'au retour du calme est le vrai sage ; mais ces êtres sont rares.

Le lecteur verra dans ces Mémoires que, n'ayant jamais visé à un point fixe, le seul système que j'aie eu, si toutefois c'en est un, fut celui de me laisser aller au gré du vent qui me poussait. Que de vicissitudes

---

1. De l'âme et de l'esprit fléchissant les genoux.

dans cette indépendance de méthode! Mes succès et mes revers, le bien et le mal que j'ai éprouvés, tout m'a démontré que dans ce monde, tant physique que moral, le bien sort toujours du mal comme le mal du bien. Mes égarements montrent aux penseurs les chemins contraires, ou leur apprendront le grand art de se tenir à cheval du fossé. Il ne s'agit que d'avoir du courage, car la force sans la confiance ne sert à rien. J'ai vu très souvent le bonheur m'arriver à la suite d'une démarche imprudente qui aurait dû me mener au précipice; et, tout en me blâmant, je remerciais Dieu. J'ai aussi vu, par contre, un malheur accablant sortir d'une conduite mesurée et dictée par la sagesse. Cela m'humiliait; mais, sûr d'avoir eu raison, je m'en consolais facilement.

Malgré le fonds de l'excellente morale, fruit nécessaire des divins principes enracinés dans mon cœur, j'ai été toute ma vie la victime de mes sens; je me suis plu à m'égarer, j'ai continuellement vécu dans l'erreur, n'ayant d'autre consolation que celle de savoir que j'y étais. Ainsi j'espère, cher lecteur, que, bien loin de trouver dans mon histoire le caractère d'une impudente jactance, vous n'y trouverez que celui qui convient à une confession générale, sans que dans le style de mes narrations vous trouviez ni l'air d'un pénitent, ni la contrainte de quelqu'un qui rougit d'avouer ses fredaines. Ce sont des folies de jeunesse; vous verrez que j'en ris, et, si vous êtes bon, vous en rirez avec moi.

Vous rirez lorsque vous verrez que souvent je ne me suis pas fait scrupule de tromper des étourdis, des fripons et des sots, quand j'ai été dans le besoin. Pour ce qui regarde les femmes, ce sont des tromperies réciproques qu'on ne met pas en ligne de compte, car, quand l'amour s'en mêle, on est ordinairement dupe de part et d'autre. Quant à l'article des sots, c'est une affaire bien différente. Je me félicite toujours quand je me rappelle d'en avoir fait tomber dans mes filets, car ils sont insolents et présomptueux jusqu'à défier l'esprit. On le venge quand on trompe un sot, et la victoire en vaut la peine, car un sot est cuirassé, et souvent on ne sait par où le prendre. Je crois enfin que tromper un sot est un exploit digne d'un homme d'esprit. Ce qui a mis dans mon sang, depuis que j'existe, une haine invincible contre l'engeance des sots, c'est que je me trouve sot moi-même toutes les fois que je me vois dans leur société. Je suis loin de les confondre avec ces hommes qu'on nomme bêtes; car, ceux-ci n'étant tels que par défaut d'éducation, je les aime assez. J'en ai trouvé de fort honnêtes, et qui dans le caractère de leur bêtise ont une sorte d'esprit, un bon sens droit qui les éloigne fort du caractère des sots. Ce sont des yeux frappés de la cataracte, et qui sans cela seraient fort beaux.

En examinant, mon cher lecteur, l'esprit de cette préface, vous devinerez facilement mon but. Je l'ai faite parce que je veux que vous me connaissiez avant de me lire. Ce n'est que dans un café et à table d'hôte qu'on s'entretient avec des inconnus.

J'ai écrit mon histoire, et personne ne peut y trouver à redire : mais fais-je bien de la donner au public que je ne connais qu'à son grand désavantage? Non, je sais que je fais une folie; mais, quand je sens le besoin de

PRÉFACE

m'occuper et de rire, pourquoi m'abstiendrais-je de la faire?

Expulit elleboro morbum bilemque meroco [1].

Un ancien nous dit d'un ton d'instituteur : « Si tu n'as pas fait des choses dignes d'être écrites, écris au moins des choses dignes d'être lues. » C'est un précepte aussi beau qu'un diamant de première eau brillanté en Angleterre ; mais il ne m'est point applicable, car je n'écris ni un roman, ni l'histoire d'un personnage illustre. Digne ou indigne, ma vie est ma matière, et ma matière est ma vie. Ayant vécu sans jamais penser que l'envie pût un jour me venir de l'écrire, elle aura peut-être un caractère intéressant qu'elle n'aurait pas, sans doute, si j'avais vécu dans l'intention de l'écrire dans mes vieux ans et, qui plus est, de la publier.

A l'âge de soixante-douze ans, en 1797, lorsque je puis dire *vixi* [2], quoique je vive encore, il me serait difficile de me créer un amusement plus agréable que celui de m'entretenir de mes propres affaires, et de fournir un beau sujet de rire à la bonne compagnie qui m'écoute, qui m'a toujours donné des preuves d'amitié et que j'ai toujours fréquentée. Pour bien écrire, je n'ai qu'à m'imaginer qu'elle me lira :

Quæcunque dixi, si placuerint, dictavit auditor [3].

Quant aux profanes que je ne pourrai empêcher de me

---

1. Il chasse avec l'ellébore épuré les maladies et la bile.
2. J'ai vécu.
3. Ce que je dis plaira, si les auditeurs le veulent.

lire, il me suffit de savoir que ce n'est point pour eux que j'écris.

En me rappelant les plaisirs que j'ai eus, je les renouvelle, j'en jouis une seconde fois, et je ris des peines que j'ai endurées, et que je ne sens plus. Membre de l'univers, je parle à l'air, et je me figure rendre compte de ma gestion, comme un maître d'hôtel le rend à son maître avant de disparaître. Quant à mon avenir, je n'ai jamais voulu m'en inquiéter en qualité de philosophe, car je n'en sais rien ; et, en qualité de chrétien, la foi doit croire sans raisonner, et la plus pure garde un profond silence. Je sais que j'ai existé, car j'ai senti ; et, le sentiment me donnant cette connaissance, je sais aussi que je n'existerai plus quand j'aurai cessé de sentir.

S'il m'arrive de sentir encore après ma mort, je ne douterai plus de rien ; mais je donnerai un démenti à tous ceux qui viendront me dire que je suis mort.

Mon histoire devant commencer par le fait le plus reculé que ma mémoire puisse me fournir, elle commencera à l'âge de huit ans et quatre mois. Avant cette époque, s'il est vrai que *vivere cogitare est*[1], je ne vivais pas encore, je végétais. La pensée de l'homme, ne consistant que dans les comparaisons faites pour examiner des rapports, ne peut pas précéder l'existence de la mémoire. L'organe qui lui est propre ne se développa dans ma tête que huit ans et quatre mois après ma naissance : ce fut alors que mon âme commença à être susceptible d'impressions. Comment une substance imma-

---

1. Vivre, c'est penser.

térielle qui ne peut *nec tangere nec tangi*[1], peut recevoir des impressions est une chose qu'il n'est pas donné à l'homme d'expliquer.

Une philosophie consolante d'accord avec la religion prétend que la dépendance où l'âme se trouve par rapport aux sens et aux organes n'est que fortuite et passagère, et qu'elle sera libre et heureuse quand la mort du corps l'aura affranchie de cette dépendance tyrannique. C'est fort beau ; mais sans la religion, quelle assurance en aurions-nous? Ne pouvant donc, par mes propres lumières, me trouver dans la certitude parfaite d'être immortel qu'après avoir cessé de vivre, on me pardonnera de n'être pas pressé de parvenir à la connaissance de cette vérité ; car une connaissance qui coûte la vie me semble coûter trop cher. En attendant j'adore Dieu, m'interdisant toute action injuste, et j'abhorre les méchants, toutefois sans leur faire de mal. Il me suffit de m'abstenir de leur faire du bien, persuadé qu'il ne faut point nourrir les serpents.

Obligé de dire aussi quelque chose sur mon tempérament et sur mon caractère, le plus indulgent entre mes lecteurs ne sera ni le moins honnête ni le plus dépourvu d'esprit.

J'ai eu successivement tous les tempéraments : le pituiteux dans mon enfance, le sanguin dans ma jeunesse, plus tard le bilieux, et j'ai enfin le mélancolique qui, probablement, ne me quittera plus. Conformant ma nourriture à ma constitution, j'ai toujours joui d'une bonne santé ; et ayant appris de bonne heure que ce qui l'altère

---

1. Ni toucher ni être touchée.

est toujours l'excès, soit de nourriture, soit d'abstinence, je n'ai jamais eu d'autre médecin que moi-même. Je dois dire ici que j'ai trouvé l'excès en moins bien plus dangereux que l'excès en plus ; car, si ce dernier donne une indigestion, l'autre donne la mort.

Aujourd'hui, vieux comme je le suis, j'ai besoin, malgré la bonté de mon estomac, de ne faire qu'un repas par jour ; mais ce qui me dédommage de cette privation est le doux sommeil, et la facilité avec laquelle je mets mes raisonnements par écrit sans avoir besoin de paradoxes ni de sophismes, plus faits pour me tromper moi-même que mes lecteurs, car je ne pourrais jamais me déterminer à leur donner de la fausse monnaie, si je la reconnaissais pour telle.

Le tempérament sanguin me rendit très sensible aux attraits de la volupté ; j'étais toujours joyeux et toujours disposé de passer d'une jouissance à une jouissance nouvelle, en même temps que j'étais fort ingénieux à en inventer. C'est de là que me vint sans doute mon inclination à faire de nouvelles connaissances et ma grande facilité à les rompre, quoique toujours avec connaissance de cause et jamais par pure légèreté. Les défauts du tempérament sont incorrigibles, parce que le tempérament est indépendant de nos forces ; il n'en est pas de même du caractère. Ce qui constitue le caractère est l'esprit et le cœur ; le tempérament n'y entre presque pour rien ; aussi dépend-il de l'éducation, et par conséquent il est susceptible de correction et de réforme.

Je laisse à d'autres à décider s'il est bon ou mauvais ; mais, tel qu'il est, il se peint sur ma physionomie, et tout connaisseur peut facilement l'y saisir. Ce n'est que là que le caractère est un objet accessible à la vue ; c'est là son siège. Observons que les hommes qui n'ont point de physionomie — et le nombre en est fort grand —, n'ont pas non plus ce qu'on appelle un caractère ; et tirons de là cette règle que la diversité des physionomies est égale à celles des caractères.

Ayant reconnu que dans tout le cours de ma vie j'ai plus agi par l'impulsion du sentiment que par l'effet de mes réflexions, j'ai cru reconnaître que ma conduite a plus dépendu de mon caractère que de mon esprit, habituellement en guerre entre eux, et dans leurs chocs continuels je ne me suis jamais trouvé assez d'esprit pour mon caractère, ou assez de caractère pour mon esprit. Mais brisons là-dessus, car, s'il est vrai de dire : *Si brevis esse volo, obscurus fio*[1], je crois que, sans blesser la modestie, je puis m'appliquer ces mots de mon cher Virgile :

> Nec sum adeo informis : nuper me in littore vidi
> Cum placidum ventis staret mare[2].

Cultiver le plaisir des sens fut toujours ma principale affaire : je n'en eus jamais de plus importante. Me sentant né pour le beau sexe, je l'ai toujours aimé et m'en suis fait aimer tant que j'ai pu. J'ai aussi aimé la bonne chère avec transport, et j'ai toujours été passionné pour tous les objets qui ont excité ma curiosité.

J'ai eu des amis qui m'ont fait du bien, et le bonheur de pouvoir en toute occasion leur donner des preuves de

---

1. Si je veux être bref, je deviens obscur.
2. Je ne suis pas si laid, si difforme ; je me suis vu dernièrement sur le rivage pendant que la mer était calme.

ma reconnaissance. J'ai eu aussi de détestables ennemis qui m'ont persécuté, et que je n'ai pas exterminés parce qu'il n'a pas été en mon pouvoir de le faire. Je ne leur eusse jamais pardonné, si je n'eusse oublié le mal qu'ils m'ont fait. L'homme qui oublie une injure ne la pardonne pas, il l'oublie; car le pardon part d'un sentiment héroïque, d'un cœur noble, d'un esprit généreux, tandis que l'oubli vient d'une faiblesse de mémoire, ou d'une douce nonchalance, amie d'une âme pacifique, et souvent d'un besoin de calme et de tranquillité; car la haine, à la longue, tue le malheureux qui se plaît à la nourrir.

Si l'on me nomme sensuel, on aura tort, car la force de mes sens ne m'a jamais fait négliger mes devoirs quand j'en ai eu. Par la même raison on n'aurait jamais dû traiter Homère d'ivrogne :

Laudibus arguitur vini vinosus Homerus [1].

J'ai aimé les mets au haut goût : le pâté de macaroni fait par un bon cuisinier napolitain, l'ogliopotrida des Espagnols, la morue de Terre-Neuve bien gluante, le gibier au fumet qui confine et les fromages dont la perfection se manifeste quand les petits êtres qui s'y forment commencent à devenir visibles. Quant aux femmes, j'ai toujours trouvé suave l'odeur de celles que j'ai aimées.

Quels goûts dépravés! dira-t-on: quelle honte de se les reconnaître et de ne pas en rougir! Cette critique me fait rire; car, grâce à mes gros goûts, je me crois plus

---

1. C'était pour honorer ce poète divin (Homère)
Qu'on l'accusa jadis de trop aimer le vin.

heureux qu'un autre, puisque je suis convaincu qu'ils me rendent susceptible de plus de plaisir. Heureux ceux qui, sans nuire à personne, savent s'en procurer, et insensés ceux qui s'imaginent que le Grand-Être puisse jouir des douleurs, des peines et des abstinences qu'ils lui offrent en sacrifice, et qu'il ne chérisse que les extravagants qui se les imposent. Dieu ne peut exiger de ses créatures que l'exercice des vertus dont il a placé le germe dans leur âme, et il ne nous a rien donné qu'à dessein de nous rendre heureux : amour-propre, ambition d'éloges, sentiment d'émulation, force, courage, et un pouvoir dont rien ne peut nous priver : c'est celui de nous tuer, si après un calcul, juste ou faux, nous avons le malheur d'y trouver notre compte. C'est la plus forte preuve de notre liberté morale que le sophisme a tant combattue. Cette faculté cependant est en horreur à toute la nature ; et c'est avec raison que toutes les religions doivent la proscrire.

Un prétendu esprit fort me dit un jour que je ne pouvais me dire philosophe et admettre la révélation. Mais, si nous n'en doutons pas en physique, pourquoi ne l'admettrions-nous pas en matière de religion? Il ne s'agit que de la forme. L'esprit parle à l'esprit et non pas aux oreilles. Les principes de tout ce que nous savons ne peuvent qu'avoir été révélés à ceux qui nous les ont communiqués par le grand et suprême principe qui les contient tous. L'abeille qui fait sa ruche, l'hirondelle qui fait son nid, la fourmi qui construit sa cave et l'araignée qui ourdit sa toile, n'auraient jamais rien fait sans une révélation préalable et éternelle. Ou nous devons croire que la chose est ainsi, ou convenir que la matière pense. Mais, comme nous n'osons pas faire tant d'honneur à la matière, tenons nous-en à la révélation.

Ce grand philosophe qui, après avoir étudié la nature, crut pouvoir chanter victoire en la reconnaissant pour Dieu, mourut trop tôt. S'il avait vécu quelque temps de plus, il serait allé beaucoup plus loin et son voyage n'aurait pas été long ; car, se trouvant dans son auteur, il n'aurait plus pu le nier : *in eo movemur et sumus* [1]. Il l'aurait trouvé inconcevable, et ne s'en serait plus inquiété.

Dieu, grand principe de tous les principes et qui n'eut jamais de principe, pourrait-il lui même se concevoir, si pour cela il avait besoin de connaître son propre principe ?

O heureuse ignorance ! Spinosa, le vertueux Spinosa, mourut avant de parvenir à la posséder. Il serait mort savant et en droit de prétendre à la récompense de ses vertus, s'il avait supposé son âme immortelle.

Il est faux qu'une prétention de récompense ne convienne pas à la véritable vertu et qu'elle porte atteinte à sa pureté ; car, tout au contraire, elle sert à la soutenir, l'homme étant trop faible pour vouloir n'être vertueux que pour se plaire à lui seul. Je tiens pour fabuleux cet Amphiaraus qui *vir bonus esse quam videri malebat* [2]. Je crois enfin qu'il n'y a point d'honnête homme au monde sans quelque prétention ; et je vais parler de la mienne.

Je prétends à l'amitié, à l'estime et à la reconnais-

---

1. Nous nous mouvons et nous existons en lui.
2. Qui voulait être bon plutôt que le paraître.

sance de mes lecteurs : à leur reconnaissance, si la lecture de mes Mémoires les instruit et leur fait plaisir ; à leur estime, si, me rendant justice, ils me trouvent plus de qualités que de défauts, et à leur amitié dès qu'ils m'en auront trouvé digne par la franchise et la bonne foi avec lesquelles je me livre à leur jugement sans nul déguisement et tel que je suis.

Ils trouveront que j'ai toujours aimé la vérité avec tant de passion, que souvent j'ai commencé par mentir afin de parvenir à la faire entrer dans des têtes qui n'en connaissaient pas les charmes. Ils ne m'en voudront pas lorsqu'ils me verront vider la bourse de mes amis pour fournir à mes caprices, car ces amis avaient des projets chimériques, et en leur en faisant espérer la réussite j'espérais moi-même de les en guérir en les désabusant. Je les trompais pour les rendre sages, et je ne me croyais pas coupable, car je n'agissais point par esprit d'avarice. J'employais à payer mes plaisirs des sommes destinées à parvenir à des possessions que la nature rend impossibles. Je me croirais coupable, si aujourd'hui je me trouvais riche; mais je n'ai rien, j'ai tout jeté, et cela me console et me justifie. C'était un argent destiné à des folies : je n'en ai point détourné l'usage en le faisant servir aux miennes.

Si, dans l'espoir que j'ai de plaire, je me trompais, j'avoue que j'en serais fâché, mais non pas assez pour me repentir d'avoir écrit, car rien ne pourra faire que je ne me sois amusé. Cruel ennui ! ce ne peut être que par oubli que les auteurs des peines de l'enfer ne t'y ont point placé.

Je dois avouer cependant que je ne puis me défendre

de la crainte des sifflets : elle est trop naturelle pour que j'ose me vanter d'y être insensible; et je suis bien loin de me consoler par l'idée que lorsque ces Mémoires paraîtront j'aurai cessé de vivre. Je ne puis penser sans horreur à contracter quelque obligation avec la mort, que je déteste ; car, heureuse ou malheureuse, la vie est le seul bien que l'homme possède, et ceux qui ne l'aiment pas n'en sont pas dignes. Si on lui préfère l'honneur, c'est parce que l'infamie la flétrit; et si, dans l'alternative, il arrive parfois qu'on se tue, la philosophie doit se taire.

O mort! cruelle mort! loi fatale que la nature doit réprouver, puisque tu ne tends qu'à sa destruction. Cicéron dit que la mort nous délivre des peines; mais ce grand philosophe enregistre la dépense sans tenir aucun compte de la recette. Je ne me souviens pas si, quand il écrivait ses *Tusculanes*, sa Tullie était morte. La mort est un monstre qui chasse du grand théâtre un spectateur attentif avant qu'une pièce qui l'intéresse infiniment soit finie. Cette raison doit suffire pour la faire détester.

On ne trouvera pas dans ces Mémoires toutes mes aventures : j'ai omis celles qui auraient pu déplaire aux personnes qui y eurent part, car elles y feraient mauvaise figure. Malgré ma réserve, on ne me trouvera parfois que trop indiscret, et j'en suis fâché. Si avant ma mort je deviens sage et que j'en aie le temps, je brûlerai tout : maintenant je n'en ai pas le courage.

Si quelquefois on trouve que je peins certaines scènes amoureuses avec trop de détail, qu'on se garde de me blâmer, à moins qu'on ne me trouve un mauvais peintre, puisqu'on ne saurait faire un reproche à ma vieille âme de ne savoir plus jouir que par réminiscence. La vertu, au reste, pourra sauter tous les tableaux dont elle serait blessée ; c'est un avis que je crois devoir lui donner ici. Tant pis pour ceux qui ne liront pas ma préface! ce ne sera point ma faute, car chacun doit savoir qu'une préface est à un ouvrage ce que l'affiche est à une comédie : on doit la lire.

Je n'ai pas écrit ces Mémoires pour la jeunesse qui, pour se garantir des chutes, a besoin de la passer dans l'ignorance, mais bien pour ceux qui, à force d'avoir vécu, sont devenus inaccessibles à la séduction, et qui, à force d'avoir demeuré dans le feu, sont devenus salamandres. Les vraies vertus n'étant qu'habitude, j'ose dire que les vrais vertueux sont ceux qui les exercent sans se donner la moindre peine. Ces gens-là n'ont point l'idée de l'intolérance, et c'est pour eux que j'ai écrit.

J'ai écrit en français et non en italien, parce que la langue française est plus répandue que la mienne, et les puristes qui me critiqueront pour trouver dans mon style des tournures de mon pays auront raison, si cela les empêche de me trouver clair. Les Grecs goûtèrent Théophraste malgré ses phrases d'Erèse, et les Romains leur Tite-Live malgré sa patavinité. Si j'intéresse, je puis, ce me semble, aspirer à la même indulgence. Toute l'Italie, au reste, goûte Algarotti, quoique son style soit pétri de gallicismes.

Une chose digne de remarque, c'est que de toutes les langues vivantes qui figurent dans la république des lettres, la langue française est la seule que ses présidents aient condamnée à ne pas s'enrichir aux dépens des autres, tandis que les autres, toutes plus riches qu'elle en fait de mots, la pillent, tant dans ses mots que dans ses tournures, chaque fois qu'elles s'aperçoivent que par ces emprunts elles peuvent ajouter à leur beauté. Il faut dire aussi que ceux qui la mettent le plus à contribution sont les premiers à publier sa pauvreté, comme s'ils prétendaient par là justifier leurs déprédations. On dit que cette langue étant parvenue à posséder toutes les beautés dont elle est susceptible — et on est forcé de convenir qu'elles sont nombreuses —, le moindre trait étranger l'enlaidirait ; mais je crois pouvoir avancer que cette sentence a été prononcée avec prévention, car, quoique cette langue soit la plus claire, la plus logique de toutes, il serait téméraire d'affirmer qu'elle ne puisse point aller au delà de ce qu'elle est. On se souvient encore que du temps de Lulli toute la nation portait le même jugement sur sa musique : Rameau vint et tout changea. Le nouvel élan que ce peuple a pris peut le conduire sur des voies non encore aperçues, et de nouvelles beautés, de nouvelles perfections, peuvent naître de nouvelles combinaisons et de nouveaux besoins.

La devise que j'ai adoptée justifie mes digressions et les commentaires que je fais, peut-être trop souvent, sur mes exploits en tous genres : *Ne quidquam sapit qui sibi non sapit* [1]. Par la même raison, j'ai toujours eu besoin de m'entendre louer en bonne compagnie :

Excitat auditor studium, laudataque virtus
Crescit, et immensum gloria calcar habet [2].

---

1. L'esprit n'est rien, quand on ne se comprend pas soi-même, — ou, c'est ne connaître rien que ne pas se connaître soi-même.
2. L'auditeur excite le zèle, la louange accroît la vertu, et la gloire est un puissant aiguillon.

PRÉFACE

J'aurais volontiers étalé ici le fier axiome : *Nemo læditur nisi a seipso*[1], si je n'eusse craint de choquer le nombre immense de ceux qui, dans tout ce qui leur va de travers, ont l'habitude de s'écrier : Ce n'est pas ma faute. Il faut leur laisser cette petite consolation, car sans ce refuge ils finiraient par se haïr eux-mêmes, et la haine de soi mène souvent à l'idée funeste de se donner la mort.

Pour ce qui me regarde, comme j'aime à me reconnaître toujours pour la cause principale du bien ou du mal qui m'arrive, je me suis toujours vu avec plaisir en état d'être mon propre élève et en devoir d'aimer mon précepteur.

1. On est toujours l'artisan de son propre malheur.

MÉMOIRES

DE

JACQUES CASANOVA

DE SEINGALT

CHAPITRE PREMIER.

Notices sur ma famille. — Mon enfance.

Don Jacob Casanova, né à Saragosse, capitale de l'Aragon, fils naturel de don Francisco, enleva du couvent, l'an 1428, doña Anna Palafox, le lendemain du jour où elle avait prononcé ses vœux. Il était secrétaire du roi don Alphonse. Il se sauva avec elle à Rome où, après une année de prison, le pape Martin III releva Anna de ses vœux, et leur donna la bénédiction nuptiale à la recommandation de don Juan Casanova, maître du sacré palais et oncle de don Jacob. Tous les enfants issus de ce mariage moururent en bas âge, à l'exception de don Juan, qui, en 1475, épousa donna Eléonore Albini, dont il eut un fils nommé Marc-Antoine.

En 1481, don Juan, ayant tué un officier du roi de Naples, fut obligé de quitter Rome, et se sauva à Côme avec sa femme et son fils ; mais, en étant reparti pour aller chercher fortune, il mourut en voyage avec Christophe Colomb, l'an 1493.

Marc-Antoine devint bon poète dans le goût de Martial, et fut secrétaire du cardinal Pompée Colonna. La satire contre Jules de Médicis, que nous lisons dans ses poésies, l'ayant obligé de quitter Rome, il retourna à Côme, où il épousa Abondia Rezzonica.

Le même Jules de Médicis, devenu pape sous le nom de Clément VII, lui pardonna et le fit revenir à Rome avec sa femme. Cette ville ayant été prise et pillée par les Impériaux en 1526, Marc-Antoine y mourut de la peste : sans cela il serait mort de misère, car les soldats de Charles V lui avaient pris tout ce qu'il possédait. Pierre Valérien parle assez de lui dans son livre *De infelicitate litteratorum*.

Trois mois après sa mort, sa veuve mit au monde Jacques Casanova, qui mourut fort vieux en France, colonel dans l'armée que commandait Farnèse contre Henri, roi de Navarre, devenu depuis roi de France. Il avait laissé à Parme un fils qui épousa Thérèse Conti, de laquelle il eut Jacques, qui, l'an 1680, épousa Anne Roli. Jacques eut deux fils, Jean-Baptiste et Gaëtan-Joseph-Jacques. L'aîné, sorti de Parme en 1712, n'a plus reparu ; le cadet quitta aussi sa famille en 1715, à l'âge de dix-neuf ans.

C'est tout ce que j'ai trouvé dans un capitulaire de mon père. J'ai su de la bouche de ma mère ce que je vais rapporter.

Gaëtan-Joseph-Jacques quitta sa famille, épris des charmes d'une actrice, nommée Fragoletta, qui jouait les rôles de soubrette. Amoureux et n'ayant pas de quoi vivre, il se détermina à gagner sa vie en tirant parti de sa propre personne. Il s'adonna à la danse, et, cinq ans après, il joua la comédie, se distinguant par ses mœurs plus encore que par son talent.

Soit par inconstance, soit par des motifs de jalousie, il quitta la Fragoletta, et entra, à Venise, dans une troupe de comédiens qui jouait sur le théâtre de Saint-Samuel. Vis-à-vis de la maison où il logeait, demeurait un cordonnier, nommé Jérôme Farusi, avec sa femme Marzia et Zanetta leur fille unique, beauté parfaite, âgée de seize ans. Le jeune comédien devint amoureux de cette fille, sut la rendre sensible et la disposer à se laisser enlever. C'était le seul moyen de la posséder, car, comédien, il ne l'aurait jamais obtenue de Marzia, bien moins encore de Jérôme, aux yeux desquels un comédien était un personnage abominable. Les deux jeunes amants, pourvus des certificats nécessaires et accompagnés de deux témoins, allèrent se présenter au patriarche de Venise, qui leur donna la bénédiction nuptiale. Marzia, la mère de Zanetta, jeta les hauts cris, et le père mourut de chagrin. Je suis né de ce mariage au bout de neuf mois, le 2 avril 1725.

L'année suivante, ma mère me laissa entre les mains de la sienne, qui lui avait pardonné dès qu'elle avait su que mon père lui avait promis de ne jamais la forcer à monter sur la scène. C'est une promesse que tous les comédiens font aux filles de bourgeois qu'ils épousent: promesse qu'ils ne tiennent jamais, parce qu'elles ne se soucient point de les sommer de leur parole. D'ailleurs ma mère fut fort heureuse d'avoir appris à jouer la comédie, car neuf ans après, étant restée veuve avec six enfants, sans cette ressource elle n'aurait pas eu le moyen de les élever.

J'avais donc un an quand mon père me laissa à Venise

pour aller jouer la comédie à Londres. Ce fut dans cette grande ville que, pour la première fois, ma mère monta sur le théâtre, et ce fut encore là qu'en 1727 elle accoucha de mon frère François, célèbre peintre de batailles, établi à Vienne, où il exerce son état depuis 1783.

Vers la fin de 1728, ma mère revint à Venise avec son mari, et comme elle était devenue comédienne, elle continua à l'être.

En 1730, elle mit au monde mon frère Jean, qui mourut à Dresde vers la fin de l'année 1795, au service de l'Électeur, en qualité de directeur de l'académie de peinture ; et dans les trois années suivantes, elle devint encore mère de deux filles, dont l'une mourut en bas âge, et l'autre fut mariée à Dresde, où elle vit encore, en 1798. J'eus aussi un frère posthume qui se fit prêtre, et qui mourut à Rome il y a quinze ans.

Venons actuellement au commencement de mon existence en qualité d'être pensant.

L'organe de ma mémoire se développa au commencement du mois d'août de 1733 : j'avais donc alors huit ans et quatre mois. Je ne me souviens de rien de ce qui peut m'être arrivé avant cette époque. Voici le fait.

J'étais debout au coin d'une chambre, courbé vers le mur, soutenant ma tête et tenant les yeux fixés sur le sang qui ruisselait par terre et que je perdais abondamment par le nez.

Marzia, ma grand'mère, dont j'étais le bien-aimé, vint à moi, me lava le visage avec de l'eau fraîche et, à l'insu de toute la maison, me fit monter avec elle dans une gondole et me mena à Muran, île très peuplée et qui n'est qu'à une demi-lieue de Venise.

Descendus de gondole, nous entrons dans un taudis,

où nous trouvons une vieille femme assise sur un grabat, tenant entre ses bras un chat noir, et en ayant cinq ou six autres autour d'elle. C'était une sorcière. Les deux vieilles femmes tinrent entre elles un long discours, dont il est probable que je dus être l'objet. A la fin de ce dialogue en patois de Forlî, la sorcière, ayant reçu de ma grand'mère un ducat d'argent, ouvrit une caisse, me prit entre ses bras, me mit dedans et m'y enferma en me disant de n'avoir pas peur, ce qui aurait suffi pour m'en inspirer, si j'avais eu un peu d'esprit ; mais j'étais hébété. Je me tenais tranquille dans un coin, tenant mon mouchoir au nez parce que je saignais encore, et du reste très indifférent au vacarme que j'entendais faire au dehors. J'entendais tour à tour rire, pleurer, chanter, crier et frapper sur la caisse ; tout cela m'était égal. On me tire enfin de la caisse, mon sang s'étanche. Cette femme extraordinaire, après m'avoir fait cent caresses, me déshabille, me met sur le lit, brûle des drogues, en ramasse la fumée dans un drap, m'y emmaillote, fait des conjurations, me démaillote ensuite et me donne à manger cinq dragées très agréables au goût. Elle me frotte tout de suite les tempes et la nuque avec un onguent qui exhalait une odeur suave, après quoi elle me rhabille. Elle me dit que mon hémorrhagie se perdrait insensiblement, pourvu que je ne rendisse compte à personne de ce qu'elle m'avait fait pour me guérir, et elle me menaça au contraire de la perte de tout mon sang et de la mort, si j'osais révéler ces mystères à qui que ce fût. Après m'avoir ainsi instruit, elle m'annonça qu'une charmante dame viendrait me faire une visite la nuit suivante, et me dit que mon bonheur dépendait d'elle, si je pouvais avoir la force de ne dire à personne que j'avais reçu cette visite. Là-dessus, nous partîmes et nous retournâmes chez nous.

A peine couché, je m'endormis, sans me souvenir de la belle visite que je devais avoir ; mais m'étant réveillé quelques heures après, je vis, ou crus voir, descendre de la cheminée une femme éblouissante, en grand panier, et vêtue d'une étoffe superbe, portant sur la tête une couronne parsemée de pierreries qui me semblaient étincelantes de feu. Elle vint à pas lents, d'un air majestueux et doux, s'asseoir sur mon lit ; puis, tirant de sa poche de petites boîtes, elle les vida sur ma tête en murmurant des mots. Après m'avoir tenu un long discours auquel je ne compris rien, elle me baisa et repartit par où elle était venue ; ensuite je me rendormis.

Le lendemain, ma grand'mère, étant venue pour m'habiller, commença dès qu'elle fut près de mon lits par m'imposer silence, m'intimant la mort, si j'osais parler de ce qui devait m'être arrivé pendant la nuit. Cette sentence, lancée par la seule femme qui eût sur moi un ascendant absolu, et qui m'avait accoutumé à obéir aveuglément à tous ses ordres, fut la cause que je me suis ressouvenu de la vision, et qu'en y apposant le sceau je l'ai placée dans le plus secret recoin de ma mémoire naissante. D'ailleurs je ne me sentais pas tenté de conter ce fait à quelqu'un : d'abord parce que je ne savais pas qu'on pût le trouver intéressant, et puis je n'aurais su à qui en faire la narration ; car, ma maladie me rendant morne et point du tout amusant, chacun me plaignait et me laissait tranquille : on croyait mon existence passagère, et quant aux auteurs de mes jours, ils ne me parlaient jamais.

Après le voyage de Muran et la visite nocturne de la fée, je saignais encore, mais moins de jour en jour, et ma mémoire se développait peu à peu. J'appris à lire en moins d'un mois.

Il serait ridicule sans doute d'attribuer ma guérison à ces extravagances ; mais je crois aussi qu'on aurait tort de nier absolument qu'elles aient pu y contribuer. Pour ce qui regarde l'apparition de la belle reine, je l'ai toujours crue un songe, à moins que ce n'ait été une mascarade que l'on m'ait faite exprès ; mais les remèdes aux plus grandes maladies ne se trouvent pas toujours dans les pharmacies. Tous les jours quelque phénomène nous démontre notre ignorance, et je crois que c'est ce qui fait qu'il est si rare de trouver un savant dont l'esprit soit entièrement exempt de toute superstition. Sans doute jamais il n'y a eu de sorciers au monde, mais il n'en est pas moins vrai que leur pouvoir a toujours existé pour ceux auxquels des fourbes ont eu le talent de se faire croire tels.

Somnio nocturnos lemures portentaque Thessalia vides [1].

Telles choses deviennent réelles qui n'existaient d'abord que dans l'imagination, et par conséquent plusieurs effets que l'on attribue à la foi peuvent bien n'être pas toujours miraculeux, quoiqu'ils le soient réellement pour ceux qui donnent à la foi une puissance sans bornes.

Le second fait dont je me souvienne et qui me regarde m'arriva trois mois après mon voyage à Muran, six semaines avant la mort de mon père. Je ne le communique au lecteur que pour lui donner une idée de la manière dont mon caractère se développait.

Un jour, vers la mi-novembre, je me trouvais avec mon frère François, plus jeune que moi de deux ans, dans la chambre de mon père, et je le regardais attentivement travailler en optique.

Un gros morceau de cristal, rond et taillé à facettes,

1. On voit parfois en songe de nocturnes esprits, d'effroyables visions.

fixa mon attention. J'y portai la main, et l'ayant approché de mes yeux, je fus comme enchanté de voir les objets s'y multiplier. L'envie de me l'approprier m'étant venue aussitôt, et me voyant inobservé, je saisis le moment de le mettre dans ma poche.

Quelques instants après, mon père se leva pour aller prendre le cristal; mais, ne le trouvant pas, il nous dit que l'un de nous devait l'avoir pris. Mon frère lui ayant assuré qu'il ne l'avait point touché, moi, bien que coupable, je lui dis la même chose; mais mon père, sûr de son fait, nous menaça de nous fouiller et promit les étrivières au menteur. Après avoir fait semblant de chercher le cristal dans tous les coins de la chambre, trouvant un instant favorable, je le glissai adroitement dans la poche de l'habit de mon frère. J'en fus d'abord fâché, car j'aurais pu faire semblant de le trouver quelque part; mais la mauvaise action était déjà faite. Mon père, impatienté de nos vaines recherches, nous fouille, trouve la boule fatale dans la poche de l'innocent et lui inflige la punition promise. Trois ou quatre ans après, j'eus la bêtise de me vanter à lui-même de lui avoir joué ce tour; il ne me le pardonna point et n'a jamais manqué de saisir l'occasion de s'en venger.

Dans une confession générale, m'étant accusé de ce péché avec toutes les circonstances, j'acquis une érudition qui me fit plaisir. Mon confesseur, qui était jésuite, me dit que, m'appelant Jacques, j'avais vérifié par cette action la signification de mon nom; car en langue hébraïque, me dit-il, Jacob veut dire *supplanteur*. C'est pour cette raison que Dieu changea le nom de l'ancien patriarche en celui d'Israël, qui veut dire *voyant* : il avait trompé son frère Esaü.

Six semaines après cette aventure, mon père fut attaqué d'un abcès dans l'intérieur de la tête qui le conduisit au tombeau en huit jours. Le médecin Zambelli, après avoir donné au patient des remèdes opilatifs, crut réparer sa bévue par le castoréum qui le fit mourir en convulsion. L'apostème creva par l'oreille une minute après sa mort : il partit après l'avoir tué, comme s'il n'eût eu plus rien à faire chez lui.

Mon père quitta la vie à la fleur de son âge ; il n'avait que trente-six ans ; mais il emporta dans la tombe les regrets du public, et plus particulièrement ceux de la noblesse, qui le reconnaissait pour supérieur à son état, non moins par sa conduite que par ses connaissances en mécanique.

Deux jours avant sa mort, mon père, sentant sa fin s'approcher, voulut nous voir tous auprès de son lit, en présence de sa femme et de messieurs Grimani, nobles vénitiens, pour les engager à devenir nos protecteurs.

Après nous avoir donné sa bénédiction, il obligea notre mère, qui fondait en larmes, à lui jurer qu'elle n'élèverait aucun de ses enfants pour le théâtre, où il ne serait jamais monté, si une malheureuse passion ne l'y eût forcé. Elle lui en fit le serment, et les trois patriciens lui en garantirent l'inviolabilité. Les combinaisons l'aidèrent à tenir sa promesse.

Ma mère, à cette époque, se trouvant enceinte de six mois, fut dispensée de paraître sur la scène jusqu'après Pâques. Belle et jeune comme elle l'était, elle refusa sa main à tous ceux qui la recherchèrent en mariage ; et se confiant à la Providence, elle espéra pouvoir suffire à nous élever.

Elle crut d'abord devoir s'occuper de moi, non pas tant par prédilection qu'à cause de ma maladie, qui me rendait tel qu'on ne savait que faire de moi. J'étais très faible, sans appétit, incapable de m'appliquer à rien, ayant l'air insensé. Les physiciens disputaient entre eux sur la cause de mon mal. « Il perd, disaient-ils, deux livres de sang par semaine, et il ne peut en avoir que seize à dix-huit. D'où peut donc provenir une sanguification si abondante? » L'un disait que tout mon chyle se transformait en sang ; l'autre soutenait que l'air que je respirais devait à chaque respiration en augmenter une portion dans mes poumons, et que c'était par cette raison que je tenais toujours la bouche ouverte. C'est ce que j'ai su six ans plus tard de M. Baffo, grand ami de feu mon père.

Ce fut lui qui consulta à Padoue le fameux médecin Macop, qui lui donna son avis par écrit. Cet écrit, que je conserve, dit que notre sang est un fluide élastique, qui peut diminuer et augmenter en épaisseur, jamais en quantité, et que mon hémorrhagie ne pouvait provenir que de l'épaisseur de la masse. Elle se soulageait naturellement pour se faciliter la circulation. Il disait que je serais déjà mort, si la nature, qui veut vivre, ne s'était aidée par elle-même. Il concluait que la cause de cette épaisseur ne pouvant se trouver que dans l'air que je respirais, on devait m'en faire changer ou se disposer à me perdre. Selon lui, encore, la stupidité qui se peignait sur ma physionomie n'était due qu'à l'épaisseur de mon sang.

M. Baffo donc, sublime génie, poète dans le plus lubrique de tous les genres, mais grand et unique, fut cause qu'on se détermina à me mettre en pension à Padoue, et c'est à lui, par conséquent, que je dois la vie. Il est mort vingt ans après, le dernier de son ancienne famille patricienne; mais ses poèmes, quoique sales, ne laisseront jamais mourir son nom. Les inquisiteurs d'État vénitiens auront par esprit de piété contribué à sa célébrité; car, en persécutant ses ouvrages manuscrits, ils les firent devenir précieux : ils auraient dû savoir que *spreta exolescunt* [1].

Dès que l'oracle du professeur Macop fut approuvé, ce fut M. l'abbé Grimani qui se chargea de me trouver une bonne pension à Padoue par le moyen d'un chimiste de sa connaissance qui demeurait dans cette ville. Il s'appelait Ottaviani, et il était aussi antiquaire. En peu de jours la pension fut trouvée, et le 2 avril 1734, jour où j'accomplissais ma neuvième année, on me conduisit à Padoue dans un *burchiello* par le canal de la Brenta. Nous nous embarquâmes à dix heures du soir, immédiatement après souper.

Le *burchiello* peut être regardé comme une petite maison flottante. Il y a une salle avec un cabinet à chacun de ses bouts, et gîte pour les domestiques à la proue et à la poupe : c'est un carré long à impériale, bordé de fenêtres vitrées avec des volets. On fait le voyage en huit heures. L'abbé Grimani, M. Baffo et ma mère, m'accompagnaient : je couchai dans la salle avec ma mère, et les deux amis passèrent la nuit dans l'un des cabinets. Ma mère, s'étant levée au point du jour, ouvrit une fenêtre qui était vis-à-vis du lit, et les rayons du soleil levant venant me frapper au visage me firent ouvrir les yeux. Le lit était trop bas pour que je pusse voir la terre ; je ne voyais par la même fenêtre que le sommet des arbres dont la rivière est bordée. La barque voguait, mais d'un mouvement si égal que je ne pouvais le deviner, de sorte que les arbres qui se dérobaient successivement à ma vue avec rapidité me causèrent une extrême surprise. « Ah ! ma chère mère, m'écriai-je, qu'est-ce que cela ? les arbres marchent. »

Dans ce moment même les deux seigneurs entrèrent,

[1]. Ce qu'on méprise tombe dans l'oubli.

et, me voyant stupéfait, me demandèrent de quoi j'étais occupé. « D'où vient, leur répondis-je, que les arbres marchent? »

Ils rirent; mais ma mère, après avoir poussé un soupir, me dit d'un ton pitoyable : « C'est la barque qui marche, et non pas les arbres. Habille-toi. »

Je conçus à l'instant la raison du phénomène, allant en avant avec ma raison naissante, et nullement préoccupée. « Il se peut donc, lui dis-je, que le soleil ne marche pas non plus et que ce soit nous au contraire qui roulions d'occident en orient. »

Ma bonne mère, à ces mots, crie à la bêtise. Monsieur Grimani déplore mon imbécillité, et je reste consterné, affligé et prêt à pleurer. M. Baffo vint me rendre l'âme. Il se jeta sur moi, m'embrassa tendrement, et me dit : « Tu as raison, mon enfant; le soleil ne bouge pas, prends courage, raisonne toujours en conséquence, et laisse rire. »

Ma mère, surprise, lui demanda s'il était fou de me donner des leçons pareilles; mais le philosophe, sans même lui répondre, continua à m'ébaucher une théorie faite pour ma raison pure et simple. Ce fut le premier vrai plaisir que j'aie goûté dans ma vie. Sans M. Baffo ce moment eût été suffisant pour avilir mon entendement : la lâcheté de la crédulité s'y serait introduite. L'ignorance des deux autres aurait à coup sûr émoussé en moi le tranchant d'une faculté par laquelle je ne sais pas si je suis allé bien loin ; mais je sais que c'est à celle-là seule que je dois tout le bonheur dont je jouis quand je me trouve vis-à-vis de moi-même.

Nous arrivâmes de bonne heure à Padoue chez Ottaviani, dont la femme me fit beaucoup de caresses. J'y vis cinq ou six enfants, entre lesquels une fille de huit ans qui s'appelait Marie, et une autre de sept nommée

Rose, jolie comme un ange. Dix ans après Marie devint la femme du courtier Colonda, et Rose quelques années plus tard fut mariée au patricien Pierre Marcello, qui eut d'elle un fils et deux filles, dont l'une devint l'épouse de M. Pierre Mocenigo, et l'autre d'un noble de la famille Carraro, dont par la suite le mariage fut déclaré nul. Il m'arrivera de devoir parler de toutes ces personnes, et c'est pourquoi je les mentionne ici. Ottaviani nous mena d'abord à la maison où je devais rester en pension. C'était à cinquante pas de chez lui, à Sainte-Marie d'Avance, paroisse de Saint-Michel, chez une vieille Esclavone qui louait son premier étage à la dame Mida, femme d'un colonel esclavon. On lui ouvrit ma petite malle, lui donnant l'inventaire de tout ce qu'elle contenait ; après quoi, on lui compta six sequins pour six mois d'avance de ma pension. Elle devait pour cette petite somme me nourrir, me tenir propre et me faire instruire à l'école. On la laissa dire que ce n'était pas assez, on m'embrassa, en m'ordonnant d'être toujours bien docile à ses ordres, et on me laissa là. Ce fut ainsi qu'on se débarrassa de moi.

CHAPITRE II

Ma grand'mère vient me mettre en pension chez le docteur Gozzi. — Ma première tendre connaissance.

Dès que je fus seul avec l'Esclavone, elle me mena au grenier où elle me montra mon lit à la file de quatre autres, dont trois appartenaient à trois jeunes garçons de mon âge qui dans ce moment-là étaient à l'école, et le quatrième à la servante qui avait ordre de nous surveiller pour empêcher les petits écarts auxquels les écoliers sont habitués. Après cette visite, nous redescendîmes, et elle me mena dans le jardin, où elle me dit que je pouvais me promener en attendant l'heure du dîner.

Je ne me trouvais ni heureux ni malheureux; je ne disais rien. Je n'avais ni crainte ni espoir, ni aucune curiosité; je n'étais ni gai ni triste. La seule chose qui me choquât était la figure de la maîtresse: car, quoique je n'eusse aucune idée ni de beauté ni de laideur, sa figure, son air, son ton et son langage, tout en elle me rebutait. Ses traits hommasses me démontaient chaque fois que je portais mes regards sur sa physionomie pour écouter ce qu'elle me disait. Elle était grande et grosse comme un soldat; elle avait le teint jaune, les cheveux noirs, les sourcils longs et épais, et son menton était orné de plusieurs longs poils de barbe; et pour achever le portrait, un sein hideux, à moitié découvert, lui descendait en sillonnant jusqu'à la moitié de sa longue taille: elle pouvait avoir cinquante ans. La servante était une grosse paysanne qui faisait tout, et ce qu'on appelait jardin était un carré de trente à quarante pas qui n'avait d'agréable que sa couleur verte.

Vers midi je vis arriver mes trois compagnons qui, comme si nous avions été d'anciennes connaissances, me dirent beaucoup de choses, me supposant des prénotions que je n'avais pas. Je ne leur répondais rien, mais cela ne les déconcertait pas, et ils finirent par m'obliger à partager leurs innocents plaisirs. Il s'agissait de courir, de se porter, de faire des culbutes, et je me laissai initier à tout cela d'assez bonne grâce, jusqu'au moment où l'on nous appela pour dîner. Je m'assis à table; mais, voyant devant moi une cuiller de bois, je la rejetai, demandant mon couvert d'argent auquel j'étais très affectionné, parce que c'était un présent de ma bonne grand'mère. La servante m'ayant répondu que, la maîtresse voulant l'égalité, je devais me conformer à l'usage, je m'y soumis, quoique cela me déplût; et ayant appris que tout devait être égal, je me mis comme les autres à manger la soupe dans le plat, sans me plaindre de la vitesse avec laquelle mes compagnons mangeaient, mais non sans m'étonner qu'elle fût permise. Après la fort mauvaise soupe, on nous donna une petite portion de morue sèche, puis une pomme, et le dîner finit là : nous étions en carême. Nous n'avions ni verres, ni gobelets, et nous bûmes tous dans le même bocal de terre d'une misérable boisson qu'on nomme *graspia*, et qu'on fait d'eau dans laquelle on fait bouillir des grappes de raisin dépouillées de leurs grains. Les jours suivants, je ne bus que de l'eau pure. Cette table me surprit, car je ne savais pas s'il m'était permis de la trouver mauvaise.

Après-dîner, la servante me conduisit à l'école chez un jeune prêtre, appelé le docteur Gozzi, avec lequel l'Esclavone avait accordé de lui payer quarante sous par mois, c'est-à-dire la onzième partie d'un sequin.

Comme il s'agissait de m'enseigner à écrire, on me mit avec les enfants de cinq à six ans, qui d'abord commencèrent à se moquer de moi.

De retour chez mon Esclavone, on me donna mon souper ; mais, comme de raison, il fut plus mauvais que le dîner. J'étais étonné qu'il ne me fût pas permis de m'en plaindre. On me coucha dans un lit où la vermine des trois espèces assez connues ne me permit pas de fermer l'œil. Outre cela les rats qui couraient par tout le grenier et qui sautaient sur mon lit me faisaient une peur qui me glaçait le sang. Ce fut par là que je commençai à devenir sensible au malheur et que j'appris à le souffrir avec patience.

Les insectes qui me dévoraient diminuaient la frayeur que me causaient les rats ; et, par une sorte de compensation, la frayeur me rendait moins sensible aux morsures. Mon âme profitait du combat de mes maux. La servante fut constamment sourde à mes cris.

Dès que le jour commença à poindre, je quittai ce triste grabat, et, après m'être un peu plaint à la fille de toutes les peines que j'avais endurées, je lui demandai une chemise, car la mienne était hideuse à voir ; mais elle me répondit qu'on n'en changeait que le dimanche, et se mit à rire lorsque je la menaçai de me plaindre à la maîtresse.

Pour la première fois de ma vie, je pleurai de chagrin et de colère en entendant mes camarades qui me bafouaient. Les malheureux partageaient ma condition, mais ils y étaient faits ; c'est tout dire.

Accablé de tristesse, je passai toute la matinée à l'école à dormir. Un de mes camarades en dit la raison au docteur, mais à dessein de me rendre ridicule. Cependant ce bon prêtre, que la Providence m'avait sans doute ménagé, me fit passer dans son cabinet, où, après avoir tout entendu et s'être assuré par ses yeux de la vérité de mon récit, ému en voyant les ampoules dont ma peau innocente était couverte, il mit vite son manteau, me conduisit à ma pension, et fit voir à la lestrygone l'état dans lequel j'étais. Celle-ci, faisant l'étonnée, rejeta toute la faute sur la servante. Obligée de céder à la curiosité que témoigna le prêtre de voir mon lit, je ne fus pas moins étonné que lui en voyant la saleté des draps dans lesquels j'avais passé la cruelle nuit. La maudite femme, rejetant toujours la faute sur la servante, assura qu'elle la chasserait; mais celle-ci, venant dans ce moment, et ne pouvant souffrir la réprimande, lui dit en face que la faute en était à elle, et découvrant les lits de mes camarades, nous pûmes nous assurer qu'ils n'étaient pas mieux traités que moi. La maîtresse furieuse lui donna aussitôt un soufflet; mais la servante, ne voulant pas être en reste, riposta et prit la fuite. Le docteur, me laissant là, partit en lui disant qu'il ne me recevrait à l'école que lorsque je serais aussi propre que les autres écoliers. Je dus alors souffrir une vigoureuse réprimande, qui se termina par la menace qu'à une autre tracasserie pareille elle me mettrait à la porte.

Je n'y comprenais rien; je ne faisais que de naître, je n'avais idée que de la maison où j'étais né, où j'avais été élevé, et où régnait la propreté et une honnête abondance : je me voyais maltraité, grondé, quoiqu'il me parût impossible d'être coupable. Enfin cette mégère me jeta une chemise au nez, et une heure après je vis une nouvelle servante qui changea les draps, et nous dînâmes.

Mon maître d'école prit un soin particulier de m'instruire. Il me fit asseoir à sa propre table, et pour le convaincre que j'étais sensible à cette distinction, je m'appliquai à l'étude de toutes mes forces : aussi au bout d'un mois j'écrivais si bien, qu'il me mit à la grammaire.

La nouvelle vie que je menais, la faim qu'on me faisait souffrir, et, plus que tout sans doute, l'air de Padoue, me procurèrent une santé dont je n'avais pas eu d'idée avant ce temps; mais cette même santé me rendait encore plus dure la faim que j'étais forcé d'endurer : elle était devenue insupportable. Je grandissais à vue d'œil; je dormais neuf heures du sommeil le plus profond que nul rêve ne troublait, sinon qu'il me semblait toujours que j'étais assis à une table abondante, où j'étais occupé à satisfaire mon cruel appétit ; mais chaque matin j'éprouvais combien les rêves flatteurs sont désagréables. Cette faim dévorante aurait fini par m'exténuer, si je n'avais pris le parti de m'emparer et d'engloutir tout ce que je trouvais de mangeable, partout et toutes les fois que j'étais sûr de n'être pas vu.

Le besoin rend industrieux. J'avais aperçu une cinquantaine de harengs saurets dans une armoire de la cuisine, je les dévorai tous peu à peu, ainsi que toutes les saucisses suspendues à la cheminée, et, pour le pouvoir sans être aperçu, je me levais la nuit et j'allais faire mes coups à tâtons. Tous les œufs à peine pondus que je pouvais saisir dans la basse-cour devenaient tout chauds ma nourriture la plus exquise. J'allais marauder pour manger jusque dans la cuisine de mon maître.

L'Esclavone, désespérée de ne pouvoir découvrir les voleurs, ne faisait que mettre des servantes à la porte. Malgré cela, l'occasion de voler ne se présentant pas toujours, j'étais maigre comme un squelette.

En quatre ou cinq mois mes progrès furent si rapides, que le docteur me créa décurion de l'école. J'étais chargé d'examiner les leçons de mes trente camarades, de corriger leurs fautes et de les dénoncer au maître avec les épithètes de blâme ou d'approbation qu'ils méritaient ; mais ma rigueur ne dura pas longtemps, car les paresseux trouvèrent facilement le secret de me fléchir. Quand leur latin était rempli de fautes, ils me gagnaient moyennant des côtelettes rôties, des poulets, et souvent même ils me donnaient de l'argent. Cela excita ma cupidité ou plutôt ma gourmandise, car, non content de mettre à contribution les ignorants, je devins tyran et refusai mon approbation à ceux qui la méritaient lorsqu'ils prétendaient s'exempter de la contribution que j'exigeais. Ne pouvant plus souffrir mon injustice, ils m'accusèrent au maître qui, me voyant convaincu d'extorsion, me destitua. Je me serais sans doute trouvé fort mal de ma destitution, si ma destinée n'était bientôt après venue mettre un terme à mon cruel noviciat.

Le docteur, qui m'aimait, me prit un jour tête à tête dans son cabinet, et me demanda si je voulais me prêter aux démarches qu'il me suggérerait pour sortir de la pension de l'Esclavone et entrer chez lui. Me trouvant enchanté de la proposition, il me fit copier trois lettres que j'envoyai, l'une à l'abbé Grimani, la seconde à mon ami Baffo et la troisième à ma bonne grand'mère. Mon semestre allant finir et ma mère n'étant pas alors à Venise, il n'y avait pas de temps à perdre. Dans ces lettres, je faisais la description de toutes mes souffrances, et j'annonçais ma mort, si on ne me retirait pas des mains de l'Esclavone pour me mettre chez mon maître d'école, qui était disposé à me prendre; mais il voulait deux sequins par mois.

M. Grimani, au lieu de me répondre, ordonna à son ami Ottaviani de me réprimander de m'être laissé séduire; mais M. Baffo alla parler à ma grand'mère, qui ne savait pas écrire, et dans une lettre qu'il m'adressa il m'annonça que dans peu de jours je serais plus heureux. En effet, huit jours après, cette excellente femme, qui m'a aimé jusqu'à sa mort, arriva précisément comme je venais de me mettre à table pour dîner. Elle entra avec la maîtresse, et aussitôt que je l'aperçus j'allai me jeter à son cou, versant d'abondantes larmes, auxquelles elle mêla d'abord les siennes. S'étant assise et m'ayant pris entre ses genoux, je sentis mon courage renaître, je lui fis en présence de l'Esclavone l'énumération de toutes mes peines; et, après lui avoir fait observer la table de gueux à laquelle je devais me nourrir, je la menai voir mon lit.

Je finis par la prier de me mener dîner avec elle après six mois que la faim me faisait languir. L'Esclavone intrépide ne dit autre chose, sinon qu'elle ne pouvait pas faire mieux pour l'argent qu'on lui donnait. Elle disait vrai : mais qui l'obligeait à tenir une pension pour devenir le bourreau des enfants que l'avarice lui confiait, et qui avaient besoin d'être nourris ?

Ma grand'mère fort paisiblement lui signifia qu'elle allait m'emmener, et lui dit de mettre toutes mes hardes dans ma malle. Charmé de revoir mon couvert d'argent, je m'en saisis et le mis bien vite dans ma poche. Ma joie pendant tous ces préparatifs était inexprimable. Je sentais pour la première fois la force du contentement qui oblige celui qui l'éprouve à pardonner, et l'esprit à oublier tous les désagréments qui l'ont amené.

Ma grand'mère me mena à l'auberge où elle logeait, et nous dînâmes ; mais elle ne mangea presque rien, tant elle était étonnée de l'espèce de voracité avec laquelle je mangeais. Dans ces entrefaites, le docteur Gozzi, qu'elle avait fait prévenir, arriva, et sa présence la prévint en sa faveur. C'était un beau prêtre de vingt-six ans, rebondi, modeste et révérencieux. Dans un quart d'heure tous les arrangements furent faits. La bonne grand'mère lui compta vingt-quatre sequins d'avance pour une année de pension et en retira quittance ; mais elle me garda trois jours pour m'habiller en abbé et pour me faire faire une perruque, la malpropreté l'obligeant de me faire couper les cheveux.

Après les trois jours, elle voulut m'installer elle-même chez le docteur et me recommander à sa mère, qui lui dit d'abord de m'envoyer un lit ou de me l'acheter sur les lieux ; mais, le docteur lui ayant dit que je pourrais coucher avec lui, son lit étant très large, ma grand'-mère se montra très reconnaissante de la bonté qu'il voulait bien avoir ; ensuite nous allâmes l'accompagner jusqu'au *burchiello* qui devait la ramener à Venise.

La famille du docteur Gozzi se composait de sa mère, qui avait beaucoup de respect pour lui, parce qu'étant née paysanne elle ne se croyait pas digne d'avoir un fils prêtre et, qui plus est, docteur : elle était laide, vieille et acariâtre ; de son père, cordonnier, qui travaillait toute la journée, ne parlant à personne, pas même à table. Il ne devenait sociable que les jours de fête, qu'il passait régulièrement au cabaret avec ses amis, rentrant à minuit, ivre à ne pas pouvoir se tenir et chantant le Tasse. Dans cet état le bonhomme ne pouvait pas se résoudre à se coucher, et il devenait brutal quand on voulait l'y forcer. Il n'avait de raison et d'esprit que ce que le vin lui en donnait, car à jeun il était incapable de traiter de la moindre affaire de famille ; et sa femme disait qu'il ne l'aurait jamais épousée, si on n'avait pas eu soin de le faire bien déjeuner avant d'aller à l'église.

Le docteur Gozzi avait aussi une sœur âgée de treize ans nommée Bettine : elle était jolie, gaie et grande liseuse de romans. Le père et la mère la grondaient toujours parce qu'elle se montrait trop à la fenêtre, et le docteur à cause de son penchant à la lecture. Cette fille me plut d'abord sans que je susse pourquoi, et ce fut elle qui peu à peu jeta dans mon cœur les premières étincelles d'une passion qui, par la suite, devint ma passion dominante.

Six mois après mon entrée dans cette maison, le docteur se trouva sans écoliers, car tous désertèrent parce que j'étais devenu le seul objet de ses affections. Cela fut cause qu'il se détermina à instituer un petit collège en prenant de jeunes écoliers en pension ; mais il fut deux ans avant de pouvoir réussir. Dans ce laps de temps, il me communiqua tout ce qu'il savait, ce qui, à la vérité, était peu de chose ; mais cela suffisait pour m'initier à toutes les sciences. Il m'enseigna aussi à jouer du violon, chose dont je fus obligé de tirer parti en une circonstance que le lecteur apprendra en son lieu. Le bon docteur Gozzi, n'étant philosophe en rien, me fit apprendre la logique des péripatéticiens et la cosmographie de l'ancien système de Ptolémée, dont je me moquais continuellement, l'impatientant par des théorèmes auxquels il ne savait que répondre. Ses mœurs d'ailleurs étaient irréprochables, et en matière de religion, quoiqu'il ne fût pas bigot, il était d'une grande sévérité ; et, tout pour lui étant article de foi, rien ne devenait difficile à sa conception. Selon lui, le déluge avait été universel ; les hommes, avant ce malheur, vivaient mille ans, et Dieu conversait avec eux ; Noé avait fabriqué l'arche en cent ans, et la terre, suspendue en l'air, tenait ferme au centre de l'univers que Dieu avait créé de rien. Quand je lui disais et que je lui prouvais que l'existence du rien était absurde, il coupait court en me disant que j'étais un sot.

Il aimait un bon lit, la chopine et la gaieté en famille. Il n'aimait ni les beaux esprits, ni les bons mots, ni la critique, parce qu'elle devient facilement médisance, et il riait de la sottise de ceux qui s'occupaient à lire des gazettes qui, selon lui, mentaient toujours et répétaient toujours la même chose. Il disait que rien n'incommodait tant que l'incertitude, ce qui l'induisait à condamner la pensée parce qu'elle engendre le doute.

Sa grande passion était la prédication, ayant en sa faveur la figure et la voix : aussi son auditoire n'était composé que de femmes, dont cependant il était ennemi juré, car il ne les regardait pas même en face quand il était obligé de leur parler. Le péché de la chair était selon lui le plus grand des péchés ; aussi se fâchait-il quand je lui disais qu'il ne pouvait être que le plus petit. Ses sermons étaient farcis de passages tirés des auteurs grecs qu'il traduisait en latin. Un jour, m'étant avisé de lui dire que c'était en italien qu'il devrait les traduire, parce que les femmes n'entendaient pas plus le latin que le grec, il se fâcha de manière que par la suite je n'eus plus le courage de lui en parler. Du reste, il me vantait à ses amis comme un prodige, parce que j'avais appris à lire le grec tout seul, sans autre secours que celui de la grammaire.

Dans le carême de 1736, ma mère écrivit au docteur que, devant bientôt partir pour Pétersbourg et désirant me voir avant son départ, elle le priait de me conduire à Venise pour trois ou quatre jours. Cette invitation le mit en devoir de penser, car il n'avait jamais vu ni Venise ni la bonne compagnie, et cependant il ne voulait paraître neuf en rien. Dès que nous fûmes prêts à partir de Padoue, toute la famille nous accompagna jusqu'au *burchiello*.

Ma mère le reçut avec la plus noble aisance ; mais, étant belle comme le jour, mon pauvre maître se trouva fort embarrassé, n'osant la regarder en face et forcé cependant de dialoguer avec elle : elle s'en aperçut et pensa à s'en amuser à l'occasion. Quant à moi, j'attirai l'attention de toute la coterie ; car, m'ayant connu presque imbécile, chacun était émerveillé de me voir si dégourdi dans le court espace de deux ans. Le docteur jouissait, voyant qu'on lui attribuait tout le mérite de ma métamorphose.

La première chose qui choqua ma mère fut ma perruque blonde, qui criait sur mon visage brun, et qui faisait le plus cruel désaccord avec mes sourcils et mes yeux noirs. Le docteur, interrogé par elle pourquoi il ne me faisait pas coiffer en cheveux, répondit qu'avec la perruque sa sœur pouvait plus facilement me tenir propre. Cette réponse naïve fit rire tout le monde ; mais le rire redoubla quand, après lui avoir demandé si sa sœur était mariée, prenant la parole, je répondis pour lui que Bettine était la plus jolie fille du quartier et qu'elle n'avait que quatorze ans. Ma mère ayant dit au docteur qu'elle ferait à sa sœur un joli présent, mais à condition qu'elle me coifferait en cheveux, il promit que l'on ferait à sa volonté. Ensuite ma mère fit appeler un perruquier, qui m'apporta une perruque en harmonie avec ma couleur.

Tout le monde s'étant mis à jouer, à l'exception de mon docteur, j'allai voir mes frères dans la chambre de ma grand'mère. François me fit voir des dessins d'architecture, que je fis semblant de trouver passables ; Jeanne me fit rien voir, et je le jugeai très insignifiant. Les autres étaient encore très jeunes.

A souper, le docteur, assis près de ma mère, fut fort gauche. Il n'aurait probablement pas prononcé un seul mot, si un Anglais, homme de lettres, ne lui avait adressé la parole en latin ; mais, ne l'ayant pas compris, il lui répondit modestement qu'il ne comprenait pas l'anglais, ce qui excita un grand éclat de rire. M. Baffo nous tira d'embarras en nous disant que les Anglais lisent et prononcent le latin comme ils lisent et prononcent leur propre langue. A cela j'observai que les Anglais avaient tort autant que nous l'aurions, si nous prétendions lire et prononcer leur langue d'après les règles adoptées pour la langue latine. L'Anglais, admirant ma raison, écrivit aussitôt ce vieux distique et me le donna à lire :

Dicite, grammatici, cur mascula nomina cunnus,
  Et cur femineum mentula nomen habet [1].

Après l'avoir lu à haute voix, je m'écriai : Pour le coup, voilà du latin. Nous le savons, me dit ma mère, mais il faut l'expliquer. L'expliquer ne suffit pas, répondis-je ; c'est une question à laquelle je veux répondre. Et, après avoir pensé un moment, j'écrivis ce pentamètre :

Disce quod a domino nomina servus habet [2].

Ce fut mon premier exploit littéraire, et je puis dire que ce fut dans ce moment qu'on sema dans mon âme l'amour de la gloire qui dépend de la littérature, car les applaudissements me mirent au faîte du bonheur. L'Anglais, émerveillé, après avoir dit que jamais garçon de onze ans n'en avait fait autant, m'embrassa à plusieurs reprises et me fit présent de sa montre. Ma mère, curieuse, demanda à M. Grimani ce que ces vers signifiaient ; mais, l'abbé n'y comprenant pas plus qu'elle, ce fut M. Baffo qui le lui dit à l'oreille. Surprise de mon savoir, elle se leva, alla prendre une montre d'or et la présenta à mon maître, qui, ne sachant comment s'y prendre pour lui marquer sa grande reconnaissance, rendit la scène très comique. Ma mère, pour le dispenser de tout compliment, lui présenta la joue : il ne s'agissait que de deux baisers, ce qui est la chose la plus simple et la moins significative en bonne compagnie ; mais le pauvre homme était sur des tisons ardents et si décontenancé qu'il aurait, je crois, plutôt voulu mourir que de les lui donner. Il se retira en baissant la tête, et on le laissa tranquille jusqu'au moment où nous allâmes nous coucher.

1.   Grammairiens, pourriez-vous dire
    Pourquoi *cunnus* est masculin,
  Tandis que *mentula* porte un nom féminin ?
2. C'est que toujours l'esclave a le nom de son maître.

Dès que nous fûmes seuls dans notre chambre, il épancha son cœur. Il me dit qu'il était dommage qu'il ne pût publier à Padoue ni le distique ni ma réponse.

« Et pourquoi? lui dis-je.

— Parce que c'est une turpitude.

— Mais elle est sublime.

— Allons nous coucher et n'en parlons plus. Ta réponse est prodigieuse parce que tu ne peux ni connaître la matière ni savoir faire des vers. »

Pour ce qui regarde la matière, je la connaissais par théorie, car j'avais déjà lu Meursius en cachette, précisément parce qu'il me l'avait défendu; mais il avait raison de s'étonner que je susse faire des vers, car lui-même, qui m'avait enseigné la prosodie, n'avait jamais su en faire un. *Nemo dat quod non habet* [1] est un axiome faux en morale.

Quatre jours après, au moment de notre départ, ma mère me donna un paquet pour Bettine, et l'abbé Grimani me donna quatre sequins pour m'acheter des livres. A huit jours de là, ma mère partit pour Pétersbourg.

De retour à Padoue, mon bon maître ne fit pendant trois ou quatre mois que parler de ma mère, tous les jours et à tout propos; et Bettine ayant trouvé dans le paquet de ma mère cinq aunes de lustrin noir et douze paires de gants, s'affectionna singulièrement à moi, et prit tellement soin de mes cheveux, qu'en moins de six mois je quittai ma perruque. Elle venait me peigner tous les jours, et souvent avant que je fusse levé, me disant qu'elle n'avait pas le temps d'attendre que je m'habillasse. Elle me lavait le visage, le cou, la poitrine; me faisait des caresses enfantines que je jugeais innocentes

---

1. Nul ne peut donner ce qu'il n'a pas.

et qui me fâchaient contre moi-même parce qu'elles m'altéraient. Plus jeune qu'elle de trois ans, il me semblait qu'elle ne pouvait point m'aimer avec malice, et cela me mettait de mauvaise humeur contre la mienne. Quand, assise sur mon lit, elle me disait que j'engraissais et qu'elle s'en assurait par ses mains, elle me causait la plus vive émotion, mais je la laissais faire, de peur qu'elle ne s'aperçût de ma sensibilité ; et quand elle me disait que j'avais la peau douce, le chatouillement m'obligeait à me retirer, fâché contre moi-même de n'oser lui en faire autant, mais enchanté qu'elle ne pût deviner l'envie que j'en avais. Quand j'étais habillé, elle me donnait les plus doux baisers, m'appelant son cher enfant ; mais, quelque désir que j'eusse de suivre son exemple, je n'en avais pas encore la hardiesse. Plus tard cependant, Bettine tournant ma timidité en ridicule, je m'aguerris et je les lui rendis mieux appliqués que les siens, mais m'arrêtant toujours dès que je me sentais le désir d'aller plus loin : je tournais la tête, faisant semblant de chercher quelque chose, et elle partait. Dès qu'elle était partie, j'étais au désespoir de n'avoir pas suivi le penchant de ma nature, et, étonné que Bettine pût faire de moi sans conséquence tout ce qu'elle faisait, tandis que je ne pouvais m'abstenir d'aller plus avant qu'avec la plus grande peine, je me promettais chaque fois de changer de conduite.

Au commencement de l'automne, le docteur reçut trois nouveaux pensionnaires, et l'un d'eux, âgé de quinze ans, me parut en moins d'un mois être fort bien avec Bettine.

Cette observation me causa un sentiment dont jusqu'alors je n'avais eu aucune idée, et que je n'analysai que quelques années plus tard. Ce ne fut ni jalousie ni indignation, mais un noble dédain qui ne me parut pas fait pour être réprimé; car Cordiani, ignorant, grossier, sans esprit, sans éducation civile, fils d'un simple fermier et incapable de me tenir tête en rien, n'ayant sur moi d'autre prérogative que l'âge de la puberté, ne me paraissait pas fait pour m'être préféré : mon amour-propre naissant me disait que je valais mieux que lui. Je conçus un sentiment d'orgueil mêlé de mépris qui se déclara contre Bettine, que j'aimais sans le savoir. Elle s'en aperçut à la manière dont je recevais ses caresses quand elle venait me peigner dans mon lit : je repoussais ses mains et je ne répondais plus à ses baisers. Piquée un jour de ce que, me demandant la raison de ma conduite, je n'en alléguai aucune, elle me dit, ayant l'air de me plaindre, que j'étais jaloux de Cordiani. Ce reproche me parut une calomnie avilissante : je lui dis que je croyais Cordiani digne d'elle comme elle l'était de lui. Elle s'en alla en souriant; mais, enfantant le projet qui seul pouvait la venger, elle se trouva engagée à me rendre jaloux. Cependant, ne pouvant atteindre son but sans me rendre amoureux, voici comment elle s'y prit.

Un matin elle vint à mon lit, m'apportant une paire de bas blancs qu'elle m'avait tricotés. Après m'avoir coiffé, elle me dit qu'il fallait qu'elle me les essayât elle-même pour voir les défauts et se régler pour m'en faire d'autres. Le docteur était allé dire sa messe. Étant en train de me chausser les bas, elle me dit que j'avais les cuisses malpropres, et sans m'en demander la permission, elle se mit de suite en devoir de me les laver. J'aurais été honteux de lui paraître avoir honte; je la laissai faire, ne prévoyant pas ce qui devait en résulter. Bettine, assise sur mon lit, poussa trop loin le zèle de la propreté, et sa curiosité me causa une volupté si vive qu'elle ne cessa que quand elle ne put être poussée plus loin. Redevenu calme, je m'avisai de me reconnaître coupable, et me crus obligé de lui en demander pardon. Elle, qui ne s'y attendait pas, après y avoir pensé un moment, me dit d'un ton d'indulgence que la faute en était à elle, mais que cela ne lui arriverait plus. Là-dessus elle me quitta, m'abandonnant à mes réflexions.

Elles furent cruelles. Il me semblait que je l'avais déshonorée, que j'avais trahi la confiance de sa famille, violé les lois sacrées de l'hospitalité, que j'avais enfin commis un crime horrible que je ne pouvais effacer qu'en l'épousant, si pourtant Bettine pouvait se décider à prendre pour mari un impudent indigne d'elle.

A la suite de ces réflexions, vint une sombre tristesse, qui s'augmentait de jour en jour, Bettine ayant tout à fait cessé de venir à mon lit. Pendant les premiers huit jours la retenue de cette fille me parut raisonnable, et ma tristesse aurait bientôt pris le caractère d'un amour parfait, si sa conduite à l'égard de Cordiani n'eût mis dans mon âme le poison de la jalousie, quoique je fusse bien éloigné de la croire coupable à son égard du crime qu'elle avait commis avec moi.

Convaincu par quelques-unes de mes réflexions que ce qu'elle avait fait avec moi avait été volontaire, et que le repentir seul l'empêchait de revenir, mon amour-propre se trouvait flatté ; car cela me la faisait conjecturer amoureuse ; et dans cette détresse de raisonnement je me décidai à l'encourager par écrit.

Je fis une petite lettre, courte, mais suffisante pour lui mettre l'esprit en repos, soit qu'elle se crût coupable, soit qu'elle me soupçonnât des sentiments contraires à ceux que son amour-propre exigeait. Ma lettre me parut un chef-d'œuvre, et plus que suffisante pour me faire adorer et obtenir la préférence sur Cordiani, qui me semblait un être peu fait pour la faire balancer un seul instant entre lui et moi. Une demi-heure après qu'elle eut ma lettre, elle me répondit de vive voix que le lendemain matin elle reviendrait dans ma chambre comme avant notre scène, mais je l'attendis en vain. J'en fus outré : mais quel fut mon étonnement lorsqu'à table elle me demanda si je voulais qu'elle m'habillât en fille pour aller au bal qu'un de nos voisins, le médecin Olivo, devait donner cinq ou six jours après ! Tout le monde ayant applaudi à la proposition, j'y consentis. Je voyais dans cette circonstance le moment favorable d'avoir une explication, de nous justifier réciproquement et de redevenir amis intimes à l'abri de toute surprise dépendante de la faiblesse des sens. Mais voici ce qui vint mettre obstacle à cette partie et donner lieu à une véritable tragicomédie.

Un parrain du docteur Gozzi, vieux et à son aise, qui demeurait à la campagne croyant, au bout d'une longue maladie, être bien près de sa fin, lui envoya une voiture en le faisant prier de se rendre sans retard auprès de lui avec son père, pour assister à sa mort et recommander son âme à Dieu. Le vieux cordonnier vida d'abord un flacon, mit son habit de dimanche et partit avec son fils.

Jugeant la circonstance heureuse et voulant la mettre à profit, trouvant d'ailleurs la nuit du bal trop éloignée au gré de mon impatience, je trouvai le moment de dire à Bettine que je laisserais ouverte la porte de ma chambre qui donnait sur le corridor, et que je l'attendrais dès que tout le monde serait couché. Elle me dit qu'elle n'y manquerait pas. Elle couchait au rez-de-chaussée dans un cabinet qui n'était séparé que par une simple cloison de celui où couchait son père : le docteur était absent, je couchais seul dans la grande chambre. Les trois pensionnaires demeuraient dans une salle à l'écart, je n'avais donc aucun contre-temps à redouter. J'étais ravi de me voir arrivé au moment désiré.

A peine retiré dans ma chambre, je fermai ma porte au verrou et j'ouvris celle qui donnait sur le corridor, de manière que Bettine n'eût qu'à la pousser pour entrer; ensuite j'éteignis ma lumière sans me déshabiller.

Lorsqu'on lit un roman, ces sortes de situations semblent exagérées; elles ne le sont pas; et ce que l'Arioste dit de Roger attendant Alcine est un beau portrait d'après nature.

J'attendis jusqu'à minuit sans beaucoup d'inquiétude; mais, voyant passer deux, trois, quatre heures du matin, sans la voir paraître, mon sang s'alluma, je devins furieux. La neige tombait à gros flocons, mais je mourais encore plus de rage que de froid. Une heure avant le jour, ne pouvant plus commander à mon impatience, je me décidai à descendre sans souliers, pour ne pas éveiller le chien, et d'aller me mettre au bas de l'escalier, à quatre pas de la porte de Bettine, qui aurait dû être ouverte, si elle fût sortie. Je m'en approche, je la trouve fermée; et comme on ne pouvait la fermer qu'en dedans, je m'imagine que Bettine s'est endormie. Je voulais frapper, mais la crainte que le bruit ne fît aboyer le chien m'en empêcha. De cette porte à celle de son cabinet, il y avait encore dix à douze pas. Accablé de chagrin et ne pouvant me déterminer à rien, je m'assis sur le dernier degré; mais vers la pointe du jour, morfondu, engourdi et grelottant, craignant que la servante ne vînt à me trouver là et ne me crût fou, je me déterminai à retourner dans ma chambre. Je me lève, mais au même instant j'entends du bruit dans la chambre de Bettine. Sûr qu'elle va paraître, l'espoir me rendant mes forces, je m'approche de la porte, elle s'ouvre; mais, au lieu d'en voir sortir Bettine, je vois Cordiani qui me lance un si fort coup de pied dans le ventre que je me trouve bien loin étendu et enfoncé dans la neige. Sans s'arrêter, Cordiani va s'enfermer dans la salle où il couchait avec les deux Feltrini, ses camarades.

Je me relève promptement dans l'intention d'aller me venger sur Bettine, que dans ce moment rien n'aurait pu sauver de ma fureur. Je trouve sa porte fermée, j'y lance un vigoureux coup de pied, le chien se met à aboyer, et je remonte précipitamment dans ma chambre où je m'enferme, et je me couche pour me remettre d'âme et de corps, car j'étais pire que mort.

Trompé, humilié, maltraité, devenu un objet de mépris pour un Cordiani heureux et triomphant, je passai trois heures à ruminer les plus noirs projets de vengeance. Les empoisonner tous deux me paraissait peu de chose dans ce terrible et malheureux moment. De ce projet je passai à celui, non moins extravagant que lâche, de partir à l'instant pour rapporter le tout à son frère. N'ayant que douze ans, mon esprit n'avait pas encore acquis la froide faculté de mûrir des projets de vengeance héroïque enfantés par les sentiments factices de l'honneur : je ne faisais que m'initier aux affaires de cette espèce.

J'étais dans cette situation d'esprit, quand tout à coup j'entendis à ma porte la voix rauque de la mère de Bettine, qui me priait de descendre, disant que sa fille se mourait. Fâché qu'elle mourût avant d'avoir éprouvé ma vengeance, je me lève à la hâte et je descends. Je la vois dans le lit de son père, livrée à d'affreuses convulsions, entourée de toute la famille. A demi vêtue, son corps s'arquait, se tournant à droite et à gauche, lançant au hasard des coups de pied et des coups de poing et échappant par de violentes secousses aux efforts de ceux qui voulaient la retenir.

En voyant ce tableau, plein de l'histoire de la nuit,

CHAPITRE II

je ne savais que penser. Je ne connaissais ni la nature ni les ruses, et je m'étonnais de me voir froid spectateur, capable de me posséder en voyant devant moi deux objets dont j'avais intention de tuer l'un et de déshonorer l'autre. Au bout d'une heure, Bettine s'endormit.

Une sage-femme et le docteur Olivo arrivèrent au même instant. La première dit que les convulsions de Bettine étaient causées par des affections hystériques; le docteur soutint le contraire, et ordonna du repos et des bains froids. Quant à moi, je me moquais d'eux sans rien dire, car je savais où croyais savoir que la maladie de cette fille ne provenait que de ses travaux nocturnes, ou de la peur qu'avait dû lui causer ma rencontre avec Cordiani. Quoi qu'il en soit, je me décide à différer ma vengeance jusqu'à l'arrivée de son frère, quoique je fusse loin de supposer feinte la maladie de Bettine; car il me paraissait impossible qu'elle pût avoir tant de force.

Devant pour rentrer dans ma chambre passer par le cabinet de Bettine et voyant ses poches sur son lit, l'envie me vint d'y mettre la main. J'y trouvai un billet, et, ayant reconnu l'écriture de Cordiani, je l'emportai pour le lire à mon aise dans ma chambre. Je fus étonné de l'imprudence de cette fille, car sa mère aurait pu trouver le billet et, ne sachant pas lire, le donner à son fils le docteur. Je crus alors qu'elle avait perdu la tête; mais qu'on juge de ce que je dus éprouver en lisant ces paroles : « Puisque votre père est parti, il est inutile que vous laissiez votre porte ouverte comme les autres fois. En sortant de table, j'irai me mettre dans votre cabinet : vous m'y trouverez. »

Après un instant de stupeur et de réflexion, l'envie de rire me prit, et, me trouvant parfaitement dupe, je me crus guéri de mon amour. Cordiani me parut digne de pardon, et Bettine méprisable. Je me félicitai d'avoir reçu une excellente leçon pour le reste de ma vie. J'allai même jusqu'à trouver que Bettine avait eu raison de me préférer Cordiani, qui avait quinze ans, tandis que je n'étais encore qu'un enfant. Malgré mes bonnes dispositions à l'oubli, le coup de pied de Cordiani me pesant sur le cœur, je ne cessai pas de lui en vouloir.

A midi, étant à table dans la cuisine, où nous dînions à cause du froid, les cris de Bettine se firent entendre de nouveau. Tout le monde accourut auprès d'elle, excepté moi, qui restai tranquillement à table à finir mon dîner; après quoi, j'allai me mettre à mes études.

Le soir, quand j'allai souper, je vis le lit de Bettine dans la cuisine à côté de celui de sa mère, mais j'y fus indifférent, ainsi qu'au bruit qu'on fit toute la nuit et à la confusion du lendemain quand ses convulsions la reprirent.

Le docteur revint le soir avec son père. Cordiani, qui craignait ma vengeance, vint me demander quelle était mon intention ; mais, m'ayant vu lui courir au-devant, le canif ouvert à la main, il se hâta de fuir. L'idée de conter au docteur l'histoire scandaleuse ne m'était plus revenue, car un projet de cette nature ne pouvait se présenter à mon esprit que dans un moment d'effervescence et de colère.

Le lendemain, la mère vint interrompre notre leçon pour dire au docteur, après un long préambule, qu'elle croyait avoir découvert le caractère de la maladie de sa fille, que c'était l'effet d'un sort que lui avait jeté une sorcière, et qu'elle la connaissait.

« Cela peut être, ma chère mère, mais il ne faut pas s'y tromper. Quelle est cette sorcière ?

— C'est notre vieille servante, et je viens de m'en assurer.

— De quelle façon ?

— J'ai barré la porte de ma chambre avec deux manches à balai placés en croix qu'il lui fallait décroiser pour entrer ; mais, quand elle les a vus, elle a reculé, et elle est allée passer par l'autre porte. Il est évident que, si elle n'était pas sorcière, elle les aurait décroisés.

— Ce n'est pas si évident, ma chère mère. Faites-moi venir cette femme. »

Dès que la servante parut :

« Pourquoi, lui dit l'abbé, n'es-tu pas entrée ce matin dans la chambre par la porte ordinaire ?

— Je ne sais pas ce que vous me demandez.

— N'as-tu pas vu sur la porte la croix de Saint-André ?

— Qu'est-ce que cette croix ?

— Tu fais en vain l'ignorante, lui dit la mère. Où as-tu couché jeudi passé ?

— Chez ma nièce, qui est accouchée.

— Point du tout. Tu es allée au sabat, car tu es sorcière, et tu as ensorcelé ma fille. »

La pauvre femme, indignée, lui crache au nez ; la mère furieuse court se saisir d'une canne dans l'intention de la rosser ; l'abbé veut retenir sa mère, mais il est obligé de courir après la servante qui descendait l'escalier à la hâte, criant et pestant pour soulever les voisins ; il l'attrape et parvient enfin à l'apaiser en lui donnant quelque argent.

Après cette scène aussi comique que scandaleuse, l'abbé alla prendre son accoutrement de prêtre pour exorciser sa sœur, et voir si elle avait réellement le diable au corps.

La nouveauté de ces mystères attira toute mon attention. Ils me semblaient tous fous ou imbéciles, car je ne pouvais sans rire me figurer des diables dans le corps de Bettine. Lorsque nous approchâmes de son lit, la respiration paraissait lui manquer, et les conjurations de son frère ne la lui rendirent pas. Le médecin Olivo, survenant dans ces entrefaites, demanda au docteur s'il était de trop, et, celui-ci lui ayant répondu que non s'il avait de la foi. Olivo s'en alla en disant que sa foi se bornait aux miracles de l'Évangile.

Peu après, le docteur étant rentré dans sa chambre, et me trouvant seul avec Bettine, je m'approchai de son oreille et lui dis : « Prenez courage, guérissez et soyez sûre de ma discrétion. » Elle tourna la tête de l'autre côté sans me répondre, mais elle passa le reste de la journée sans convulsion. Je crus l'avoir guérie ; mais le jour suivant le transport lui monta au cerveau, et alors dans son délire elle prononça au hasard et sans suite des mots grecs et latins, et l'on ne douta plus dès lors qu'elle ne fût réellement possédée du démon. Sa mère sortit et revint une heure après avec le plus fameux exorciseur de Padoue. C'était un capucin fort laid qu'on appelait le père Prospero da Bovolenta.

Dès que Bettine aperçut l'exorciste, elle lui dit, en éclatant de rire, des injures sanglantes, qui plurent à tous les assistants, puisqu'il ne pouvait y avoir que le diable d'assez hardi pour oser traiter un capucin de la sorte ; mais celui-ci, à son tour, s'entendant appeler ignorant, importun et puant, commença à frapper Bettine avec un gros crucifix, disant qu'il battait le diable. Il ne s'arrêta que quand il la vit en position de lui jeter par la tête le pot de nuit dont elle s'était saisie. « Si celui qui t'a choqué par des paroles est le diable, lui dit-elle, frappe-le avec les tiennes, âne que tu es ; mais si c'est moi, apprends, butor, que tu dois me respecter, et va-t'en. »

Je vis le docteur Gozzi rougir. Mais le capucin, tenant

CHAPITRE II

ferme, armé de pied en cap, se mit à lire un terrible exorcisme ; après quoi, il somma l'esprit malin de lui dire son nom.

« Je m'appelle Bettine.

— Non, car c'est le nom d'une fille baptisée.

— Tu crois donc qu'un diable doit avoir un nom masculin ? Sache, capucin ignorant, qu'un diable est un ange qui ne doit avoir aucun sexe. Mais, puisque tu crois que celui qui te parle par ma bouche est un diable, promets-moi de me répondre la vérité, et je te promets de me rendre à tes exorcismes.

— Oui, je te le promets.

— Dis-moi donc, te crois-tu plus savant que moi ?

— Non, mais je me crois plus puissant au nom de la très sainte Trinité, et en force de mon sacré caractère.

— Si tu es plus puissant, empêche-moi donc de te dire tes vérités. Tu es vain de ta barbe : tu la peignes dix fois par jour, et tu ne voudrais pas en couper la moitié pour me faire sortir de ce corps. Coupe-la, et je te jure d'en sortir.

— Père du mensonge, je redoublerai tes peines.

— Je t'en défie. »

Bettine, à ces mots, donna un tel éclat de rire, que je fus forcé de rire à mon tour. Alors le capucin se tourna vers le docteur et lui dit que je n'avais point de foi et qu'il fallait me faire sortir, ce que je fis en lui disant qu'il avait deviné. Je n'étais pas encore dehors lorsque, le capucin ayant présenté sa main à baiser à Bettine, j'eus le plaisir de voir celle-ci lui cracher dessus.

Inconcevable fille, remplie de talent, qui confondit le capucin, sans étonner personne, puisqu'on attribuait toutes ses réponses au démon. Je ne concevais pas quel pouvait être son but.

Le capucin dîna avec nous et débita pendant le repas

une foule de bêtises. Après le dîner, il rentra dans la chambre de Bettine pour lui donner la bénédiction ; mais, aussitôt qu'elle l'aperçut, elle saisit un gros verre d'une composition noire que l'apothicaire lui avait envoyée et la lui jeta à la tête. Cordiani, qui était tout auprès, en reçut sa bonne part, ce qui me fit un plaisir extrême. Bettine faisait bien de saisir l'occasion, puisqu'on mettait tout sur le compte du pauvre diable. Peu satisfait sans doute, le père Prospero dit en partant au docteur que la fille était possédée sans doute, mais qu'il devait chercher un autre exorciste, puisque ce n'était pas à lui que Dieu voulait accorder la grâce de la délivrer.

Après son départ, Bettine passa six heures fort tranquillement, et nous surprit tous le soir en venant se mettre à table avec nous pour souper. Elle assura son père et sa mère qu'elle se portait bien, parla à son frère ; ensuite elle m'adressa la parole en me disant que le bal devait avoir lieu le lendemain, et qu'elle viendrait le matin pour me coiffer en fille. Je la remerciai et lui dis qu'elle avait été fort malade et qu'elle devait se ménager. Bientôt elle alla se coucher, et nous restâmes à table, ne parlant que d'elle.

Lorsque je fus rentré dans ma chambre et près de me coucher, je pris mon bonnet de nuit et j'y trouvai le billet suivant : « Ou vous viendrez au bal avec moi déguisé en fille, ou je vous ferai voir un spectacle qui vous fera pleurer. »

Ayant attendu que le docteur fût endormi, je me mis à lui écrire la réponse ci-après : « Je n'irai pas au bal, car je suis bien décidé à éviter toutes les occasions de me trouver seul avec vous. Quant au triste spectacle dont vous me menacez, je vous crois assez d'esprit pour me tenir parole ; mais je vous prie d'épargner mon cœur, car je vous aime comme si vous étiez ma sœur. Je vous ai pardonné, chère Bettine, et je veux tout oublier. Voici un billet que vous devez être enchantée de revoir entre vos mains. Vous voyez ce que vous avez risqué en le laissant dans vos poches sur le lit. Cette restitution doit vous convaincre de mon amitié. »

CHAPITRE III

Bettine crue folle. — Le père Mancia. — La petite vérole. — Mon départ de Padoue.

Bettine devait être au désespoir, ne sachant pas en quelles mains son billet pouvait être tombé ; en la tirant de son inquiétude, je lui donnais donc une bien grande preuve d'amitié ; mais ma générosité, qui la délivrait d'un grand chagrin, dut lui en causer un autre tout aussi grand, car elle me savait maître de son secret. Le billet de Cordiani n'était pas équivoque, il montrait jusqu'à l'évidence qu'elle le recevait toutes les nuits, et par là la fable qu'elle avait peut-être préparée pour m'en imposer devenait inutile. Je le sentis, et voulant la tranquilliser autant qu'il était en moi, j'allai le matin la trouver dans son lit, et je lui remis le billet et ma réponse.

L'esprit de cette fille lui avait gagné mon estime : je ne pouvais plus la mépriser. Je ne voyais en elle qu'une créature séduite par son tempérament. Elle aimait l'homme, et elle n'était à plaindre qu'à cause des conséquences. Croyant voir la chose sous son véritable aspect, j'avais pris mon parti en garçon raisonnable, et non en amoureux dépité. C'était à elle à rougir, et non à moi. Je n'avais plus qu'un désir, c'était de découvrir si les deux Feltrini, compagnons de Cordiani, avaient également eu part à ses faveurs.

Bettine affecta toute la journée une humeur fort gaie. Le soir elle s'habilla pour aller au bal ; mais tout à coup une indisposition vraie ou feinte l'obligea d'aller se mettre au lit, ce qui mit toute la maison en alarme. Quant à moi, sachant tout, je m'attendais à de nouvelles scènes, et toujours plus tristes ; car j'avais pris sur elle un dessus que son amour-propre ne pouvait souffrir. Cependant il faut que je confesse ici que, malgré cette belle école qui a précédé mon adolescence, et qui aurait dû me servir d'égide pour l'avenir, j'ai continué à être toute ma vie la dupe des femmes. Il y a douze ans que, sans mon génie tutélaire, j'aurais épousé à Vienne une jeune étourdie dont j'étais devenu amoureux. Actuellement que j'ai soixante-douze ans, je me crois à l'abri des folies de cette espèce ; mais, hélas ! c'est ce qui me fâche.

Le lendemain toute la famille était désolée, parce que le démon dont Bettine était possédée s'était emparé de sa raison. Le docteur me dit qu'il fallait bien qu'elle fût possédée, car il n'y avait pas d'apparence qu'en qualité de folle elle eût si mal traité le père Prospero ; et il se détermina à la mettre entre les mains du père Mancia.

C'était un fameux exorciste jacobin, c'est-à-dire dominicain, qui avait la réputation de n'avoir jamais manqué aucune fille ensorcelée.

C'était un dimanche. Bettine avait bien dîné et avait été folle toute la journée. Vers minuit son père rentra, et à son ordinaire en chantant le Tasse, ivre à ne pouvoir se tenir debout. Il s'approcha du lit de Bettine et, après l'avoir tendrement embrassée, il lui dit :

« Tu n'es pas folle, ma fille. »

Elle lui répondit qu'il n'était pas ivre.

« Tu es possédée, ma chère fille?

— Oui, mon père, et vous êtes le seul qui puissiez me guérir.

— Eh bien! je suis prêt. »

Là-dessus notre cordonnier commence à parler en théologien; il raisonne sur la force de la foi et sur celle de la bénédiction paternelle. Il jette son manteau, prend un crucifix d'une main, met l'autre sur la tête de sa fille et commence à parler au diable d'une façon si comique, que sa femme même, toujours bête, triste et acariâtre, dut en rire à se tenir les flancs. Les seuls qui ne riaient pas étaient les deux acteurs, et leur sérieux rendait la scène plus plaisante. J'admirais Bettine, qui, rieuse de premier ordre, avait alors la force de rester dans le plus grand calme. Le docteur Gozzi riait aussi, mais en désirant que la farce finît, car il lui semblait que les disparates de son père devaient être autant de profanations à la sainteté des exorcismes. L'exorciste, las sans doute, alla enfin se coucher en disant qu'il était sûr que le démon laisserait sa fille tranquille toute la nuit.

Le lendemain, au moment où nous nous levions de table, voilà le père Mancia qui arrive. Le docteur, suivi de toute la famille, le conduisit au lit de sa sœur. Pour moi, tout occupé à regarder ce moine, j'étais comme transporté hors de moi-même. Voici son portrait.

Sa taille était grande et majestueuse, son âge d'à peu près trente ans; il avait les cheveux blonds et les yeux bleus. Les traits de son visage étaient ceux de l'Apollon du Belvédère, avec la différence qu'il n'indiquait ni le triomphe ni la prétention. Blanc à éblouir, il était pâle; mais sa pâleur semblait imaginée pour mieux faire ressortir le corail de ses lèvres qui en s'entr'ouvrant laissaient voir deux rangs de perles. Il n'était ni maigre ni gras, et la tristesse de sa physionomie en augmentait la douceur. Sa démarche était lente, son air timide, ce qui faisait conjecturer la plus grande modestie dans son esprit.

Bettine, lorsque nous entrâmes, était ou faisait semblant d'être endormie. Le père Mancia commença par prendre un goupillon et l'arrosa d'eau lustrale : elle ouvrit les yeux, regarda le moine, et les referma dans l'instant : bientôt après elle les rouvrit, le regarda un peu mieux, se mit sur son dos, laissa tomber ses bras, et avec la tête joliment penchée elle se livra à un sommeil dont rien n'avait la plus douce apparence.

L'exorciste, debout, tira de sa poche son rituel et l'étole qu'il mit à son cou, puis un reliquaire qu'il plaça sur la poitrine de l'endormie, et, de l'air d'un saint, il nous pria tous de nous mettre à genoux pour prier Dieu qu'il lui fît connaître si la malade était obsédée ou affectée de maladie naturelle. Il nous laissa dans cette position une demi-heure, toujours lisant à voix basse. Bettine ne bougeait pas.

Las, je crois, de jouer ce rôle, il pria le docteur de l'écouter à l'écart. Ils passèrent dans la chambre, d'où ils sortirent un quart d'heure après, attirés par un grand éclat de rire que poussa la folle qui, dès qu'elle les vit rentrer, leur tourna le dos. Le père Mancia fit un sourire, plongea et replongea l'aspersoir dans le bénitier, nous arrosa tous généreusement et partit.

Le docteur nous dit qu'il reviendrait le lendemain et qu'il s'était engagé à la délivrer en trois heures, si elle était possédée, mais qu'il ne promettait rien, si elle était folle. La mère s'écria qu'elle était sûre qu'il la délivrerait, et elle se mit à remercier Dieu de lui avoir fait la grâce de voir un saint avant de mourir.

Le lendemain rien n'était si beau que le désordre de

Bettine. Elle commença par débiter les propos les plus fous que poète puisse inventer, et ne les interrompit point lorsque le charmant exorciste entra ; il en jouit pendant un quart d'heure ; après quoi, s'étant armé de toutes pièces, il nous pria de sortir. Nous obéîmes à l'instant et la porte resta ouverte ; mais qu'importe ? qui aurait eu la hardiesse d'entrer ?

Pendant trois longues heures, nous n'entendîmes que le plus morne silence. A midi le moine appela et nous entrâmes. Bettine était là, triste et fort tranquille, pendant que l'exorciste pliait bagage. Il partit en disant qu'il espérait, et pria le docteur de lui en donner des nouvelles. Bettine dîna dans son lit, soupa à table, et le lendemain elle fut sage ; mais voici ce qui vint me confirmer qu'elle n'était ni folle ni possédée.

C'était l'avant-veille de la Purification de la Vierge. Le docteur avait coutume de nous faire communier à la paroisse ; mais il nous conduisait à confesse à Saint-Augustin, église desservie par les jacobins de Padoue. Il nous dit à table de nous y disposer pour le lendemain, et sa mère, prenant la parole, dit : « Vous devriez tous vous aller confesser au père Mancia pour avoir l'absolution de ce saint homme ; et moi, je compte y aller aussi. »

Cordiani et les Feltrini y consentirent : je gardai le silence ; mais, ce projet me déplaisant, je dissimulai, bien déterminé à empêcher son exécution.

Je croyais au sceau de la confession et je n'étais pas capable d'en faire une fausse ; mais, sachant que j'étais libre de choisir mon confesseur, je n'aurais certainement jamais eu la bonhomie d'aller dire au père Mancia ce qui m'était arrivé avec une fille, car il aurait pu deviner sans peine que ce ne pouvait être que Bettine. J'étais sûr d'ailleurs que Cordiani lui dirait tout, et j'en étais fort fâché.

I.

Le lendemain de bonne heure, Bettine vint m'apporter un petit collet et me remit cette lettre : « Haïssez ma vie, mais respectez mon honneur, et une ombre de paix à laquelle j'aspire. Aucun de vous ne doit aller demain se confesser au père Mancia. Vous êtes le seul qui puissiez faire avorter le dessein, et vous n'avez pas besoin que je vous en suggère le moyen. Je verrai s'il est vrai que vous ayez de l'amitié pour moi. »

Je ne saurais exprimer combien cette pauvre fille me fit pitié en lisant ce billet; malgré cela, voici ce que je lui répondis : « Je conçois que, malgré l'inviolabilité de la confession, le projet de votre mère doit vous inquiéter; mais je ne conçois pas comment, pour faire avorter ce projet, vous puissiez compter sur moi plutôt que sur Cordiani, qui s'en est déclaré approbateur. Tout ce que je puis vous promettre, c'est que je ne serai pas de la partie; mais je ne puis rien sur votre amant; c'est à vous à lui parler. »

Voici la réponse qu'elle me remit : « Je n'ai plus parlé à Cordiani depuis la fatale nuit qui m'a rendue malheureuse; et je ne lui parlerai plus, dussé-je en lui parlant retrouver le bonheur que j'ai perdu. C'est à vous seul que je veux devoir ma vie et mon honneur. »

Cette fille me paraissait plus étonnante que toutes celles dont les romans que j'avais lus m'avaient représenté les merveilles. Il me paraissait me voir joué par elle avec une effronterie sans exemple. Je croyais qu'elle cherchait à me remettre dans ses chaînes, et, quoique je ne m'en souciasse pas, je me déterminai à faire l'action généreuse qu'elle attendait de moi, et dont elle me croyait seul capable. Elle se sentait sûre de réussir; mais à quelle école avait-elle appris à connaître le cœur humain? En lisant des romans? Il se peut que la lecture de plusieurs soit la cause de la perte de bien des jeunes

CHAPITRE III

personnes ; mais il est certain que la lecture des bons leur apprend la gentillesse et l'exercice des vertus sociales.

Déterminé donc à avoir pour cette fille toute la complaisance dont elle me croyait capable, je saisis le moment du coucher pour dire au docteur que ma conscience m'obligeait à le prier de me dispenser d'aller me confesser au père Mancia, et que je désirais n'être pas en cela différent de mes camarades. Le docteur m'ayant répondu avec bonté qu'il pénétrait mes raisons et qu'il nous conduirait à Saint-Antoine, je lui baisai la main en signe de reconnaissance.

Le lendemain, tout ayant été fait au gré de Bettine, je la vis venir s'asseoir à table avec la satisfaction peinte sur sa figure.

L'après-midi, obligé d'aller me coucher à cause d'une blessure que j'avais au pied, et le docteur ayant conduit ses élèves à l'église, Bettine, restée seule, profita du moment, vint me trouver dans ma chambre et s'assit sur mon lit. Je m'y étais attendu, et voyant enfin arrivé le moment d'une grande explication qui ne me déplaisait pas, je reçus sa visite avec plaisir.

Elle débuta par me dire qu'elle espérait que je ne serais pas fâché qu'elle eût saisi l'occasion de venir me parler.

« Non, lui répondis-je, car vous me procurez celle de vous dire que, les sentiments que j'ai pour vous n'étant que ceux de l'amitié, vous devez être sûre qu'à l'avenir le cas que je puisse vous inquiéter n'arrivera jamais. Ainsi, Bettine, vous ferez tout ce que vous voudrez ; car, pour agir autrement, il faudrait que je fusse amoureux de vous, et je ne le suis plus. Vous avez en un instant étouffé le germe de la belle passion que vous m'aviez inspirée. Rentré dans ma chambre, après le mauvais traitement que j'avais reçu de Cordiani, je commençai par vous haïr; bientôt ma haine se changea en mépris, sentiment que le calme transforma en une profonde indifférence ; et cette indifférence s'est évanouie, en voyant ce dont votre esprit était capable. Je suis devenu votre ami ; je pardonne à vos faiblesses, et m'étant accoutumé à vous considérer telle que vous êtes, j'ai conçu pour vous l'estime la plus singulière par rapport à votre esprit. J'en ai été la dupe ; mais n'importe : il existe, il est surprenant, divin, je l'admire, je l'aime, et il me semble que l'hommage que je lui dois est celui de nourrir pour l'objet qui le possède l'amitié la plus pure. Payez-moi de retour : soyez vraie, sincère et sans aucuns détours. Finissez toutes les niaiseries, car vous avez déjà gagné sur moi tout ce que vous pouviez prétendre. La seule pensée d'amour me rebute, car je ne saurais aimer que sûr de l'être uniquement. Libre à vous d'attribuer ma sotte délicatesse à mon âge ; la chose est ainsi et ne peut pas être autrement. Vous m'avez écrit que vous ne parlez plus à Cordiani ; si je suis la cause de cette rupture, j'en suis fâché ; et votre honneur, je crois, exige que vous tâchiez de vous raccommoder : je me garderai à l'avenir de lui causer le moindre ombrage. Songez aussi que, si vous l'avez rendu amoureux en le séduisant par les mêmes moyens que vous avez employés avec moi, vous avez doublement tort, car il se peut que, s'il vous aime, vous l'ayez rendu malheureux.

— Tout ce que vous venez de me dire, reprit Bettine, est fondé sur une fausse idée et sur de fausses apparences. Je n'aime point Cordiani et ne l'ai jamais aimé. Au contraire, je l'ai haï et je le hais toujours, parce qu'il a mérité ma haine, et j'espère vous en convaincre malgré l'apparence qui me condamne. Quant à la séduction, je vous prie de m'épargner ce vil reproche. De votre côté, songez que, si vous ne m'aviez pas séduite d'avance,

je me serais bien gardée de faire avec vous ce dont je
me suis bien repentie pour des raisons que vous ignorez, mais que je vais vous apprendre. La faute que j'ai
commise n'est grande que parce que je n'ai pas prévu
le tort qu'elle pouvait me faire dans la tête sans expérience d'un ingrat qui ose me la reprocher. »

Bettine pleurait ; ce qu'elle venait de me dire était
vraisemblable et flatteur ; mais j'en avais trop vu. Outre
cela, je savais ce dont son esprit était capable, et l'idée
qu'elle voulait m'en imposer était naturelle ; car comment supposer que sa démarche n'était que l'effet de son
amour-propre trop offensé pour souffrir de ma part une
victoire dont elle devait se sentir si humiliée ? Aussi, iné-
branlable dans mon idée, je lui répondis que je croyais
tout ce qu'elle venait de me dire sur l'état de son cœur
avant le badinage qui m'avait rendu amoureux d'elle, et
que par conséquent elle pouvait être sûre que je lui épargnerais à l'avenir le reproche de séduction. « Mais, ajoutai-je, convenez que la violence de votre feu ne fut que
momentanée, et qu'il n'a fallu qu'un léger souffle pour le
détruire. Votre vertu, qui ne s'est égarée qu'un seul instant
et qui tout d'un coup a repris son empire sur vos sens,
mérite quelque éloge. Vous qui m'adoriez, vous devîntes
dans un moment insensible à toutes mes peines, quelque
soin que je prisse de vous les faire remarquer. Il me
reste à savoir comment cette vertu pouvait vous être si
chère, tandis que Cordiani ne cessait de lui faire faire
naufrage toutes les nuits. »

Bettine, me regardant alors de cet air que donne la certitude de la victoire, me dit : « Vous voici où je vous voulais. Vous allez connaître enfin ce que je ne pouvais pas vous
faire savoir, et ce que je n'ai jamais pu vous dire ; car vous
vous êtes refusé au rendez-vous que je ne vous donnais
que dans le dessein de vous instruire de la vérité.

« Cordiani, poursuivit-elle, me fit une déclaration d'amour huit jours après son arrivée chez nous. Il me demanda mon consentement pour me faire demander en mariage par son père aussitôt qu'il aurait achevé ses études. Je lui répondis que je ne le connaissais pas encore assez, que je n'avais point de volonté là-dessus, et je le priai de ne m'en plus parler. Il fit semblant d'être devenu tranquille ; mais peu de temps après je m'aperçus qu'il ne l'était pas, car, m'ayant priée un jour d'aller quelquefois le peigner dans sa chambre et lui ayant répondu que je n'en avais pas le temps, il me répliqua que vous étiez plus heureux que lui. Je me moquai de ce reproche, parce que tout le monde dans la maison savait que j'avais soin de vous.

« Ce fut quinze jours après ce refus qu'il m'arriva de passer avec vous une heure dans ce badinage qui, naturellement, fit naître en vous des idées que vous n'aviez pas encore. Quant à moi, je me trouvais fort contente ; je vous aimais, et m'étant abandonnée à des désirs naturels, j'en jouissais sans qu'aucun remords pût m'inquiéter. Il me tardait de me voir avec vous le lendemain ; mais, le même jour après souper, arriva le premier moment de mes peines. Cordiani me glissa entre les mains ce billet et cette lettre que j'ai depuis cachés dans un trou du mur, dans l'intention de vous les montrer en temps et lieu. »

En disant cela, Bettine me remit la lettre et le billet ; ce dernier était ainsi conçu : « Ou recevez-moi ce soir dans votre cabinet en en laissant entr'ouverte la porte qui donne sur la cour, ou pensez à vous tirer d'affaires demain vis-à-vis du docteur auquel je remettrai la lettre dont la copie est ci-jointe. »

La lettre contenait le récit d'un délateur infâme et furieux, et pouvait avoir effectivement des suites très fâcheuses. Il disait au docteur que sa sœur passait avec moi les matinées dans un commerce criminel pendant qu'il était à dire sa messe, et lui promettait de lui donner là-dessus des éclaircissements qui ne lui laisseraient aucun doute.

« Après avoir fait les réflexions que le cas exigeait, ajouta Bettine, je me suis décidée à écouter ce monstre ; mais, déterminée à tout, je pris le stylet de mon père dans ma poche, et, laissant la porte entr'ouverte, je l'attendis là, ne voulant pas le laisser entrer, puisque mon cabinet n'est séparé de celui de mon père que par une simple cloison et que le moindre bruit aurait pu l'éveiller. A ma première question sur la calomnie que contenait la lettre qu'il me menaçait de remettre à mon frère, Cordiani me répondit que ce n'était pas une calomnie, car il avait vu tout l'entretien que nous avions eu le matin au moyen d'un trou qu'il avait pratiqué au grenier, perpendiculairement sur votre lit, et où il allait se placer dès qu'il savait que j'entrais chez vous. Il conclut en me disant qu'il allait tout découvrir à mon frère et à ma mère, si je refusais de lui accorder les mêmes faveurs qu'à vous. Après lui avoir dit dans ma juste colère les injures les plus fortes et l'avoir appelé lâche espion et calomniateur, car il ne pouvait avoir vu que des enfantillages, je finis par lui protester qu'il se flattait en vain de me réduire par des menaces à avoir pour lui les mêmes complaisances. Il se mit alors à me demander mille pardons et à me représenter que je ne devais attribuer qu'à ma rigueur la démarche à laquelle il ne se serait jamais déterminé sans la passion que je lui avais inspirée et qui le rendait malheureux. Il convint que sa lettre pouvait être calomnieuse et qu'il en avait agi en traître, m'assurant qu'il n'emploierait jamais la force pour obtenir des faveurs qu'il ne voulait devoir qu'à la constance de son amour.

Je me crus alors obligée de lui dire que je pourrais l'aimer dans la suite, et à lui promettre que je n'irais plus à votre lit lorsque le docteur serait sorti. De cette manière je le renvoyai content sans qu'il osât me demander un seul baiser, lui promettant seulement que nous pourrions nous parler quelquefois dans le même endroit.

« Dès qu'il fut parti, j'allai me coucher, au désespoir de ne pouvoir plus ni vous voir lorsque mon frère n'y serait pas, ni vous en faire savoir la raison par rapport aux conséquences. Trois semaines s'écoulèrent ainsi, et je ne saurais vous exprimer tout ce que j'ai souffert ; car vous ne manquiez pas de me presser et je me voyais toujours obligée de vous manquer. Je craignais même le moment où je me serais trouvée seule avec vous, car j'étais sûre que je n'aurais pu m'empêcher de vous découvrir la raison de la différence de mes procédés. Ajoutez que je me voyais contrainte, au moins une fois par semaine, de me rendre à la porte de l'allée pour parler à ce coquin et modérer son impatience par des paroles.

« Enfin, ne pouvant plus endurer mon martyre, me voyant aussi menacée par vous, j'ai pris la résolution d'y mettre un terme. Voulant vous dévoiler toute l'intrigue et vous laisser le soin d'y remédier, je vous proposai de m'accompagner au bal déguisé en fille, quoique je susse bien que cette partie déplairait à Cordiani : mon parti était pris. Vous savez de quelle manière mon dessein s'est évanoui. Le départ imprévu de mon père et de mon frère vous inspira à tous deux la même pensée, et ce fut avant de recevoir le billet de Cordiani que je vous promis de venir vous trouver. Cordiani ne me demandant pas un rendez-vous et ne faisant que me prévenir qu'il m'attendrait dans mon cabinet, je n'eus ni le temps de lui dire que j'avais des raisons pour lui défendre d'y aller, ni celui de vous prévenir que je n'irais chez vous qu'après minuit, comme je pensais le faire; car je comptais bien, après une heure de badinage, pouvoir renvoyer ce malheureux dans sa chambre. Je m'étais trompée dans mon calcul, car, Cordiani ayant conçu un projet, je fus forcée de l'écouter tout du long. Ses plaintes et ses exagérations sur son malheur ne finissaient jamais. Il se plaignait que je ne voulusse pas seconder le plan qu'il avait formé, et que j'aurais dû approuver, si je l'avais aimé. Il s'agissait de m'enfuir avec lui pendant la semaine sainte et d'aller à Ferrare où il avait un oncle qui nous aurait accueillis et qui aurait facilement fait entendre raison à son père pour être ensuite heureux toute notre vie. Les objections de ma part, ses réponses, les détails, les explications pour l'aplanissement des difficultés, nous prirent toute la nuit. Mon cœur saignait en pensant à vous, mais je n'ai rien à me reprocher, et il n'est rien arrivé qui puisse me rendre indigne de votre estime. Le seul moyen que vous ayez pour me la refuser, c'est de croire que tout ce que je viens de vous dire n'est qu'un conte; mais alors vous vous tromperez et vous serez injuste. Si j'avais pu me résoudre à des sacrifices qui ne sont dus qu'à l'amour, j'aurais pu faire sortir de mon cabinet ce traître une heure après qu'il y était entré; mais j'aurais préféré la mort à cet affreux expédient. Pouvais-je deviner que vous étiez dehors, exposé au vent et à la neige? Nous étions à plaindre, vous et moi, mais je l'étais plus que vous. Tout cela était écrit dans le ciel pour me faire perdre la raison, que je ne possède plus que par intervalles, sans être jamais sûre que mes convulsions ne me reprendront pas. On prétend que je suis ensorcelée et que le démon s'est emparé de moi: je ne sais rien de tout cela; mais, si c'est vrai, me voilà la plus misérable personne du monde ».

Bettine se tut en donnant un libre cours à ses larmes,

à ses sanglots et à ses gémissements. J'étais profondément ému : quoique je sentisse bien que tout ce qu'elle venait de me dire, pouvant être vrai, ne semblait pas croyable :

> Forse era ver, ma non pero credibile
> A chi del senso suo fosse signore [1] ;

mais elle pleurait, et ses larmes très réelles ne me laissaient pas la faculté de douter. Néanmoins je les attribuais à la force de son amour-propre ; car, pour céder, j'avais besoin de conviction, et pour convaincre, il ne suffit pas du vraisemblable, il faut l'évident. Je ne pouvais admettre ni la modération de Cordiani, ni la patience de Bettine, ni l'emploi de sept heures dans un simple entretien. Malgré cela, je ressentais une sorte de plaisir à prendre pour argent comptant la fausse monnaie qu'elle m'avait débitée.

Après avoir essuyé ses larmes, Bettine fixa ses beaux yeux sur les miens, croyant y discerner les marques visibles de sa victoire ; mais je la surpris en lui touchant un article que, par artifice, elle avait négligé dans son apologie. La rhétorique n'emploie les secrets de la nature que comme les peintres qui veulent l'imiter. Tout ce qu'ils donnent de plus beau est faux.

L'esprit délié de cette jeune personne, qui ne s'était pas raffiné par l'étude, prétendait à l'avantage d'être supposé pur et sans art : il le savait, et se servait de cette connaissance pour en tirer parti : mais il m'avait donné une trop grande idée de son habileté.

« Eh quoi ! ma chère Bettine, lui dis-je, votre récit m'a attendri : mais comment voulez-vous que je croie

---

1. Peut-être était-ce vrai, mais non certes croyable.
Pour quiconque jouit de son plein jugement.

naturels vos convulsions, la belle folie de votre raison égarée et les symptômes d'énergumène que vous avez laissé voir trop à propos dans les exorcismes, quoique vous disiez très sensément que sur cet article vous avez des doutes ? »

A ces mots, me regardant fixement, elle se tint muette pendant quelques minutes ; puis, baissant les yeux, elle recommença à pleurer en proférant de temps en temps cette exclamation : « Pauvre malheureuse ! » Mais, cette situation me devenant à la fin très gênante, je lui demandai ce que je pouvais faire pour elle. Elle me répondit d'un ton triste que, si mon cœur ne me disait rien, elle ne savait pas ce qu'elle pouvait exiger de moi. « Je croyais, ajouta-t-elle, pouvoir regagner sur votre cœur des droits que j'ai perdus ; mais, je le vois, je ne vous intéresse plus. Poursuivez à me traiter durement ; prenez pour fictions des maux réels dont vous êtes la cause et que vous augmentez maintenant. Vous vous en repentirez trop tard, et dans votre repentir vous ne serez pas heureux. »

En achevant ces mots, elle fit mine de partir ; mais, la croyant capable de tout, elle me fit peur, et je la rappelai pour lui dire que le seul moyen qu'elle pût avoir de regagner ma tendresse était de passer un mois sans convulsions, et sans qu'il fût nécessaire d'aller chercher le beau père Mancia.

« Tout cela, me dit-elle, ne dépend pas de moi ; mais que voulez-vous dire par cette épithète de beau que vous donnez au jacobin ? Supposeriez-vous ?.....

— Point du tout, point du tout ; je ne suppose rien ; car j'aurais besoin d'être jaloux pour supposer quelque chose ; mais je vous dirai que la préférence que vos diables donnent aux exorcismes de ce beau moine sur ceux du vilain capucin est sujette à des commentaires qui ne tournent pas à votre honneur. Réglez-vous, d'ailleurs, comme il vous plaira. »

Là-dessus elle partit, et, un quart d'heure après, tout le monde rentra.

Après souper, la servante, sans que je l'interrogeasse, me dit que Bettine s'était couchée avec un fort frisson de fièvre après avoir fait porter son lit dans la cuisine près de sa mère. Cette fièvre pouvait être naturelle, mais j'en doutais. J'étais persuadé qu'elle ne se déciderait jamais à se bien porter, car elle m'aurait fourni par là un argument trop fort pour la croire fausse également dans sa prétendue innocence avec Cordiani. Je regardais aussi comme un artifice le soin qu'elle avait pris de faire porter son lit à côté de celui de sa mère.

Le lendemain, le médecin Olivo, lui ayant trouvé une forte fièvre, dit au docteur que probablement elle lui causerait de l'irritation et qu'elle dirait des extravagances, mais que cela viendrait de la fièvre et non des diables. Effectivement, Bettine délira toute la journée, mais le docteur, s'en rapportant au médecin, laissa dire sa mère et n'envoya point chercher le jacobin. La fièvre continua avec redoublement, et le quatrième jour la petite vérole se déclara. Cordiani et les deux Feltrini, qui n'avaient pas encore eu cette maladie, furent éloignés immédiatement ; mais, n'étant pas dans le même cas, je restai seul.

La pauvre fille fut tellement couverte de cette peste, que le sixième jour on ne voyait plus sa peau dans aucune partie de son corps. Ses yeux se fermèrent, et l'on désespéra de sa vie lorsqu'on s'aperçut qu'elle en avait la bouche et le gosier tellement remplis qu'on ne pouvait plus lui introduire dans l'œsophage que quelques gouttes de miel. On n'apercevait plus en elle d'autre mouvement que celui de la respiration. Sa mère ne s'éloignait jamais de son lit ; et l'on me trouva admirable lorsqu'on me vit porter auprès du même lit ma table et mes cahiers. Cette pauvre personne était devenue quelque chose d'affreux : sa tête avait grossi d'un tiers ; on ne lui voyait plus de nez, et on craignait pour ses yeux lors même qu'elle en échapperait. Ce qui m'incommodait le plus, mais que je persistai à vouloir supporter, c'était l'odeur de sa transpiration.

Le neuvième jour le curé vint lui donner l'absolution et les saintes huiles, puis il dit qu'il la laissait entre les mains de Dieu. Dans une scène si triste, les dialogues de la mère avec le docteur me firent rire. Cette bonne femme voulait savoir si le diable qui la possédait pouvait alors lui faire faire des folies, et ce que ce diable deviendrait, si elle venait à mourir ; car, disait-elle, elle ne le croyait pas assez bête pour rester dans un corps si dégoûtant, et ce qu'elle désirait savoir surtout, c'est si le démon pouvait s'emparer de l'âme de sa pauvre fille. Le docteur, théologien ubiquiste, répondait à toutes ces questions des choses qui n'avaient pas l'ombre du bon sens, et qui ne faisaient qu'augmenter l'embarras de sa pauvre mère.

Les dixième et onzième jours, Bettine paraissait si mal, qu'on s'attendait à chaque instant à la perdre. La maladie était à son plus haut période ; elle infectait ; personne n'y pouvait résister : moi seul, que son état désolait, je ne la quittais point. Le cœur de l'homme est un abîme ; car, le croirait-on ? ce fut dans cet état épouvantable que Bettine m'inspira toute la tendresse que je lui témoignai après sa guérison.

Le treizième jour, la fièvre ayant cessé, elle commença à éprouver de l'agitation à cause d'une démangeaison insoutenable, et qu'aucun remède n'aurait pu calmer comme ces puissantes paroles que je lui répétais à chaque instant :

« Bettine, souvenez-vous que vous allez guérir ; mais, si vous osez vous gratter, vous resterez si laide que personne ne vous aimera plus. »

On peut défier tous les physiciens de l'univers de trouver un frein plus puissant contre la démangeaison d'une fille qui sait avoir été belle, et qui se voit exposée à devenir laide par sa faute, si elle se gratte.

Elle rouvrit enfin ses beaux yeux, on la changea de lit et on la transporta dans sa chambre ; mais elle fut obligée de garder le lit jusqu'à Pâques. Elle m'inocula quelques boutons, dont trois m'ont laissé sur la figure une marque ineffaçable ; mais ils me firent honneur auprès d'elle, car ils étaient une preuve de mes soins, et elle reconnut que je méritais exclusivement sa tendresse. Aussi m'aima-t-elle par la suite sans aucune fiction, et je l'aimai aussi tendrement, sans que jamais je cueillisse une fleur que le sort, aidé du préjugé, réservait à l'hymen. Mais à quel pitoyable hymen ! Bettine, deux ans après, épousa un cordonnier nommé Pigozzo, infâme coquin qui la rendit pauvre et malheureuse, au point que le docteur son frère fut obligé de la retirer auprès de lui et d'en prendre soin. Quinze ans après, élu archiprêtre à Saint-Georges de la Vallée, le bon docteur l'emmena avec lui, où étant allé le voir il y a dix-huit ans j'y trouvai Bettine vieille, malade et mourante. Elle expira sous mes yeux en 1776, vingt-quatre heures après mon arrivée chez elle. Je parlerai de cette mort à sa place.

Ce fut vers ce temps-là que ma mère revint de Pétersbourg, où l'impératrice Anne Iwanovna ne trouva point la comédie italienne assez amusante. Toute la troupe était déjà de retour en Italie, et ma mère avait fait le voyage avec Carlin Bertinazzi, arlequin, qui mourut à Paris l'an 1783. A peine arrivée à Padoue, elle envoya prévenir le docteur Gozzi de son arrivée, et celui-ci s'empressa de me conduire à l'auberge où elle logeait. Nous dînâmes ensemble, et avant de nous séparer elle fit présent d'une belle fourrure au docteur, et me donna pour Bettine une belle peau de loup-cervier. Six mois après, elle m'appela à Venise, voulant me voir avant son départ pour Dresde, où elle avait été engagée à vie au service de l'Électeur de Saxe, Auguste III, roi de Pologne. Elle emmena mon frère Jean, qui avait alors huit ans, et qui, en partant, pleurait en désespéré, ce qui me le fit juger très sot, car dans ce départ il n'y avait rien de tragique. C'est le seul de la famille qui ait dû toute sa fortune à ma mère, dont cependant il n'était pas le favori.

Après ce temps, je passai encore un an à Padoue, occupé à étudier les droits, dont je fus reçu docteur à l'âge de seize ans, ayant eu pour thèse dans le civil *De testamentis* [1], et dans le droit canon *Utrum Hebræi possint construere novas synagogas* [2].

Ma vocation était d'étudier la médecine pour l'exercer, car je me sentais un penchant déterminé pour cet état ; mais on ne m'écouta pas : on voulut que je m'appliquasse à l'étude des lois, pour lesquelles je me sentais un dégoût invincible. On prétendait que je ne pourrais faire ma fortune qu'en devenant avocat, et, ce qui est pire, avocat ecclésiastique. Si on y avait bien pensé, on m'aurait laissé suivre mes goûts, et je serais devenu médecin, état où le charlatanisme sert plus encore que dans celui d'avocat. Je ne suis devenu ni avocat ni médecin, et cela ne pouvait pas être autrement. Il se peut que ce soit par cette raison que je n'ai jamais

1. Des testaments.
2. Si les Hébreux peuvent construire de nouvelles synagogues.

voulu me servir d'avocats quand il m'est arrivé d'avoir des prétentions légales au barreau, ni appeler des médecins quand j'ai été malade. La chicane ruine beaucoup plus de familles qu'elle n'en soutient, et ceux qui périssent des mains des médecins sont beaucoup plus nombreux que ceux qui guérissent; ce qui me paraît prouver que le monde serait beaucoup moins malheureux sans les uns ni les autres.

Le devoir d'aller seul à l'université, qu'on appelle le Bo, pour aller entendre les leçons des professeurs, m'avait mis dans la nécessité de sortir seul; j'en fus étonné, car avant ce moment-là je ne m'étais jamais reconnu pour homme libre; et, voulant jouir de la plénitude de la liberté dont je me croyais en possession, je ne tardai pas à faire les plus mauvaises connaissances parmi les plus fameux étudiants. Or, dans ce genre, les plus fameux doivent être les plus mauvais sujets, libertins, joueurs, coureurs de mauvais lieux, ivrognes, débauchés, bourreaux d'honnêtes filles, violents, faux, et incapables de nourrir le moindre sentiment de vertu. Ce fut en compagnie de pareilles gens que je commençai à connaître le monde, en l'étudiant sur le grand livre de l'expérience.

La théorie des mœurs et son utilité sur la vie de l'homme peuvent être comparées à l'avantage qu'on retire de parcourir l'index d'un livre avant de le lire : quand on l'a lu, on ne se trouve informé que de la matière. Telle est l'école de morale que nous offrent les sermons, les préceptes et les histoires que nous débitent ceux qui nous élèvent. Nous écoutons tout avec attention, mais, lorsque l'occasion se présente de mettre à profit les avis qu'on nous a donnés, il nous vient envie de savoir si la chose sera comme on nous l'a prédite : nous nous y livrons, et nous nous trouvons punis par le repentir. Ce qui nous dédommage un peu, c'est que dans ces moments-là nous nous reconnaissons pour savants et possesseurs du droit d'instruire les autres ; mais ceux que nous endoctrinons ne font ni plus ni moins que ce que nous avons fait, d'où il résulte que le monde reste toujours au même point, ou qu'il va de mal en pis.

Dans le privilège que m'avait accordé le docteur Gozzi de sortir tout seul, je trouvai plusieurs vérités qui, avant ce moment, m'étaient non seulement inconnues, mais dont je ne supposais pas même l'existence. A mon apparition, les plus aguerris s'emparèrent de moi et me sondèrent. Me trouvant neuf sur tout, ils entreprirent de m'instruire en me faisant tomber dans tous les panneaux. Ils commencèrent par me faire jouer, et, après m'avoir gagné le peu d'argent que j'avais, ils me firent jouer sur parole et m'apprirent à faire de mauvaises affaires pour payer ; mais j'appris en même temps ce que c'est que d'avoir des chagrins! Ces dures leçons me furent néanmoins utiles, car elles m'enseignèrent à me méfier des impudents qui louent en face, et à ne compter aucunement sur les offres de ceux qui flattent. Enfin j'appris à vivre avec les chercheurs de querelles, dont il faut toujours fuir la société, ou être à chaque instant sur les bords du précipice. Pour ce qui est des femmes libertines par métier, je ne tombai point dans leurs filets, parce que je n'en voyais aucune d'aussi jolie que Bettine ; mais je ne sus point me défendre de même du désir de cette espèce de gloire qui naît d'un courage dépendant du mépris de la vie.

Dans ce temps-là les étudiants de Padoue jouissaient de grands privilèges. C'étaient des abus devenus légaux par la prescription ; caractère primitif de presque tous les privilèges, lesquels diffèrent des prérogatives. Il est de fait que, pour maintenir leurs privilèges en vigueur, les étudiants commettaient souvent des crimes. On ne punissait pas à la rigueur les coupables, parce que la raison d'État ne voulait pas qu'on diminuât par la sévérité l'affluence des écoliers qui accouraient de toute l'Europe à cette célèbre université. La maxime du gouvernement vénitien était de payer à haut prix des professeurs d'un grand nom, et de laisser vivre ceux qui venaient écouter leurs leçons avec la plus ample liberté. Les étudiants ne dépendaient que d'un chef écolier qu'on appelait syndic. C'était un gentilhomme étranger, qui devait tenir un état, et répondre au gouvernement de la conduite des étudiants. Il était tenu de les livrer à la justice lorsqu'ils violaient les lois, et les écoliers se soumettaient à ses sentences, parce que, quand ils avaient une apparence de raison, il ne manquait pas de les défendre.

Les écoliers, par exemple, ne voulaient point souffrir que les commis aux fermes visitassent leurs malles, et les sbires ordinaires n'auraient jamais osé en arrêter un. Ils portaient toutes les armes défendues qu'il leur plaisait, trompaient impunément toutes les filles que leurs parents ne savaient pas mettre à l'abri de leurs poursuites ; ils troublaient souvent la tranquillité publique par des impertinences nocturnes : c'était enfin une jeunesse effrénée qui ne demandait qu'à satisfaire ses caprices, qu'à rire et à s'amuser sans aucun égard pour autrui.

Il arriva dans ce temps-là qu'un sbire entra dans un café où il y avait deux écoliers. L'un d'eux lui ayant signifié de sortir et le sbire méprisant l'injonction, l'écolier lui tira un coup de pistolet, mais il le manqua. Le sbire, plus adroit, riposta, blessa l'agresseur, puis se sauva. Aussitôt les étudiants s'assemblèrent au Bo, se

CHAPITRE III

divisèrent par bandes et se mirent à parcourir tous les quartiers pour chercher des sbires, les massacrer et venger ainsi l'affront qu'ils avaient reçu; mais dans une rencontre deux écoliers restèrent morts sur la place. Alors tous les écoliers s'assemblèrent en corps et jurèrent de ne point déposer les armes jusqu'à ce qu'il n'y eût plus de sbires dans Padoue. Le gouvernement s'en mêla et le syndic s'engagea à faire mettre bas les armes, moyennant une satisfaction, puisque les sbires avaient tort. Celui qui avait blessé l'écolier dans le café ayant été pendu, la paix fut faite : mais, pendant les huit jours de trouble, les écoliers allant par troupes en patrouille dans la ville, ne voulant pas paraître moins brave que les autres, je suivis le torrent et laissai parler le docteur.

Armé de pistolets et d'une carabine, je courais les rues comme tous mes camarades pour chercher l'ennemi, et je me souviens que je fus fort fâché que la troupe dont je faisais partie n'eût rencontré aucun sbire.

A la fin de cette guerre, le docteur se moqua de moi, mais Bettine admira mon courage.

Dans ce nouveau train de vie, ne voulant pas paraître moins riche que mes nouveaux amis, je me laissai aller à des dépenses que je ne pouvais pas soutenir. Je vendis ou engageai tout ce que je possédais, et je fis des dettes que je ne pouvais point payer. Ce furent mes premiers chagrins et les plus cuisants qu'un jeune homme puisse éprouver. Ne sachant que faire, j'écrivis à ma bonne grand'mère pour lui demander des secours ; mais, au lieu de m'en envoyer, elle vint elle-même à Padoue, le 1er octobre 1739, et, après avoir remercié le docteur et Bettine des soins qu'ils m'avaient donnés, elle me ramena à Venise.

Au moment de mon départ, le docteur me fit présent,

en versant des larmes, de ce qu'il avait de plus cher : c'était une relique de je ne sais quel saint, et que j'aurais peut-être encore, si elle n'avait pas été montée en or. Le miracle qu'elle fit fut de me servir dans un urgent besoin. Depuis, toutes les fois que j'ai été à Padoue pour y achever mon droit, j'ai logé chez ce bon prêtre, mais toujours affligé d'y voir auprès de Bettine le butor qui devait l'épouser et pour lequel elle ne me paraissait pas faite. J'étais fâché qu'un préjugé, dont je ne tardai pas à me défaire, m'eût fait réserver pour lui une fleur que j'aurais pu cueillir.

CHAPITRE IV

Le patriarche de Venise me donne les ordres mineurs. — Ma connaissance avec le sénateur Malipiero, avec Thérèse Imer, avec la nièce du curé, avec madame Orio, avec Manette et Marton et avec le Cavamacchie. — Je deviens prédicateur. — Mon aventure à Pasean avec Lucie. — Rendez-vous au troisième.

Il vient de Padoue où il a fait ses études était la formule avec laquelle on m'annonçait partout, et qui, à peine prononcée, m'attirait la taciturne observation de mes égaux en condition et en âge, les compliments des pères de famille et les caresses des vieilles femmes, et de plusieurs qui, n'étant pas vieilles, voulaient passer pour telles afin de pouvoir m'embrasser décemment. Le curé de Saint-Samuel, nommé Josello, après m'avoir installé à son église, me présenta à monseigneur Correr, patriarche de Venise, qui me tonsura, et quatre mois après, par grâce spéciale, il me conféra les quatre ordres mineurs. La joie et la satisfaction de ma grand'mère étaient extrêmes. On me trouva d'abord de bons maîtres pour continuer mes études, et M. Baffo choisit l'abbé Schiavo pour m'apprendre à écrire purement l'italien, et surtout la langue de la poésie pour laquelle j'avais un penchant décidé. Je me trouvai parfaitement bien logé avec mon frère François, auquel on faisait étudier l'architecture théâtrale. Ma sœur et mon plus jeune frère demeuraient avec la bonne grand'mère dans une maison qui lui appartenait et dans laquelle elle voulait mourir parce que son mari y était mort. Celle où je demeurais était la même où j'avais perdu mon père, et dont ma mère continuait à payer le loyer : elle était grande et très bien meublée.

Quoique l'abbé Grimani dût être mon principal protecteur, je ne le voyais cependant que très rarement ; mais je m'attachai particulièrement à M. de Malipiero, à qui le curé Josello m'avait présenté. Ce M. de Malipiero était un sénateur de soixante-dix ans qui, ne voulant plus se mêler d'affaires d'État, menait dans son palais une vie heureuse, mangeant bien et ayant tous les soirs une société très choisie de dames qui toutes avaient su tirer parti de leurs belles années, et d'hommes d'esprit qui savaient tout ce qui se passait dans la ville. Il était célibataire et riche ; mais il avait le malheur d'être trois ou quatre fois par an sujet à de fortes attaques de goutte qui tantôt le laissait perclus d'un membre et tantôt d'un autre, de sorte qu'il était estropié dans toute sa personne. Sa tête, ses poumons et son estomac avaient seuls échappé à ces cruelles atteintes. Il était beau, gourmet et friand : il avait l'esprit fin, possédant la grande science du monde, l'éloquence des Vénitiens, et cette sagacité qui reste à un sénateur qui ne s'est retiré qu'après avoir passé quarante ans dans le maniement des affaires de l'État, qui n'a cessé de faire sa cour aux belles qu'après avoir eu vingt maîtresses, et qu'après s'être vu forcé de convenir avec soi-même qu'il ne pouvait plus prétendre à plaire à aucune. Cet homme, presque entièrement perclus, n'avait pas l'air de l'être quand il était assis, quand il parlait ou qu'il était à table. Il ne faisait qu'un repas par jour et toujours seul, car, n'ayant plus de dents et mangeant très lentement, il ne voulait point se hâter par complaisance pour ses convives, et il aurait été peiné de les voir attendre après lui. Cette délicatesse le privait du plaisir qu'il aurait trouvé à réunir à sa table des convives agréables, et déplaisait fort à son excellent cuisinier.

La première fois que le curé me fit l'honneur de me présenter à Son Excellence, je m'opposai vivement à la raison qui le faisait toujours manger seul, en lui disant qu'il n'avait qu'à inviter des personnes qui eussent de l'appétit pour deux.

« Où les trouver ? me dit-il.

— L'affaire est délicate, lui répliquai-je, mais Votre Excellence doit essayer des convives, et après les avoir trouvés tels que vous les désirez, il ne s'agira plus que de savoir les conserver sans leur en dire la raison ; car il n'y a personne de bien élevé qui voulût que l'on dît dans le monde qu'il n'a l'honneur de manger avec Votre Excellence que parce qu'il mange le double d'un autre. »

Le sénateur ayant compris toute la force de mon argument, dit au curé de me mener dîner le lendemain ; et ayant trouvé que je donnais l'exemple encore mieux que le précepte, il me fit son commensal quotidien.

Cet homme, qui avait renoncé à tout, excepté à lui-même, nourrissait, malgré son âge et sa goutte, un penchant amoureux. Il aimait une jeune fille, nommée Thérèse Imer, fille d'un comédien qui demeurait dans une maison voisine de son palais, et dont les fenêtres donnaient sur sa chambre à coucher. Cette fille, alors âgée de dix-sept ans, était jolie, bizarre et coquette. Elle apprenait la musique pour aller plus tard l'exercer sur la scène: et, se laissant voir constamment à la fenêtre, elle avait enivré le vieillard et lui était cruelle. Cependant chaque jour Thérèse venait lui faire une visite, mais toujours accompagnée de sa mère, vieille actrice qui s'était retirée du théâtre pour faire son salut, et qui, comme de raison, avait saintement formé le projet d'allier les intérêts du ciel aux œuvres de ce monde. Elle conduisait sa fille à la messe chaque jour, exigeait qu'elle se confessât toutes les semaines; mais chaque après-dîner elle la menait chez le vieillard amoureux dont la fureur m'épouvantait quand elle lui refusait un baiser, lui alléguant qu'elle avait fait ses dévotions le matin, et qu'elle ne pouvait se résoudre à offenser ce même Dieu qu'elle avait peut-être encore en elle.

Quel tableau pour moi, alors âgé de quinze ans, et que ce vieillard admettait uniquement à être témoin silencieux de ces scènes érotiques! L'indigne mère applaudissait à la résistance de la jeune personne et osait même sermonner le vieillard qui, à son tour, n'osait réfuter ses maximes trop ou point du tout chrétiennes, et qui devait résister à la tentation de lui jeter à la tête la première chose qui lui serait tombée sous la main. Dans cet état de perplexité, la colère prenait la place de la concupiscence, et dès qu'elles étaient parties sa ressource était de se soulager avec moi par des réflexions philosophiques.

Obligé de lui répondre et ne sachant que lui dire, je m'avisai un jour de lui suggérer le mariage. Il m'étonna extrêmement en me répondant qu'elle refusait de l'épouser pour ne pas encourir la haine de ses parents.

« Offrez-lui donc une grosse somme, un état.

— Elle ne voudrait pas, dit-elle, commettre un péché mortel pour une couronne.

— Il faut l'enlever d'assaut, ou la chasser, la bannir de votre présence.

— Je ne puis ni l'un ni l'autre, la force physique me manquant aussi bien que la force morale.

— Tuez-la.

— Cela arrivera, si je ne meurs pas auparavant.

— Votre Excellence est vraiment à plaindre.

— Vas-tu jamais chez elle?

— Non, car je pourrais en devenir amoureux, et cela me rendrait malheureux.

— Tu as raison. »

Après avoir été témoin de ces scènes et honoré de ces dialogues, je devins le favori de ce seigneur. Il m'admit à ses assemblées du soir, composées, comme je l'ai dit, de femmes surannées et d'hommes d'esprit. Il me dit que dans ce cercle j'apprendrais une science beaucoup plus grande que la philosophie de Gassendi, que j'étudiais alors, par son conseil, à la place de celle d'Aristote dont il se moquait. Il me donna des préceptes, qu'il m'expliqua la nécessité d'observer pour pouvoir intervenir dans cette assemblée qui s'étonnerait d'y voir admis un jeune homme de mon âge. Il m'ordonna de ne jamais parler que pour répondre à des interrogations directes, et surtout de ne jamais dire mon avis sur une matière quelconque, parce qu'à mon âge il ne m'était pas permis d'en avoir un.

Fidèle à ses préceptes et soumis à ses ordres, je ne fus que peu de jours à gagner son estime, devenant en même temps l'enfant de la maison de toutes les dames qui allaient chez lui. Aussi, en qualité de jeune abbé sans conséquence, elles voulaient que je les accompagnasse quand elles allaient voir leur filles ou leurs nièces aux parloirs des couvents où elles étaient en pension : j'allais chez elles à toutes les heures, sans qu'on m'annonçât; on me grondait quand je laissais passer une semaine sans me laisser voir ; et quand j'allais dans l'appartement des filles, je les voyais se sauver, mais dès qu'elles s'apercevaient que ce n'était que moi, elles revenaient; et leur confiance me paraissait charmante.

Avant dîner, M. de Malipiero s'amusait à m'interroger sur les avantages que me procurait l'accueil que me faisaient les respectables dames dont j'avais fait la connaissance chez lui, me disant, avant que je lui répondisse, qu'elles étaient la sagesse même, et que tout le monde jugerait mal de moi, si je disais jamais quelque chose de contraire à la bonne réputation dont elles jouissaient. Il m'insinuait par là le sage précepte de la discrétion.

Ce fut chez ce sénateur que je fis la connaissance de Mme Manzoni, femme d'un notaire public, dont j'aurai occasion de parler. Cette digne dame m'inspira le plus grand attachement, et me donna des leçons et des conseils très sages : si j'en avais profité et que je les eusse suivis, ma vie n'aurait pas été orageuse, mais aussi ne la trouverais-je pas aujourd'hui digne d'être écrite.

Tant de belles connaissances avec des femmes qu'on appelle *comme il faut* me donnèrent l'envie de plaire par la figure et l'élégance de ma mise; mais mon curé y trouva à redire, d'accord en cela avec ma bonne grand'-maman. Un jour, me prenant à part, il me dit avec des paroles mielleuses que dans l'état que j'avais embrassé je devais penser à plaire à Dieu par le cœur, et non au monde par la figure. Il désapprouva ma frisure trop soignée et l'odeur trop délicate de ma pommade. Il me dit que le démon m'avait pris par les cheveux, que j'étais excommunié, si je continuais à les soigner ainsi, et finit par me citer ces paroles d'un concile œcuménique : *Clericus qui nutrit comam, anathema sit* [1]. Je lui répondis en lui citant l'exemple de cent abbés musqués qu'on ne regardait point comme excommuniés, qu'on laissait fort tranquilles et qui cependant mettaient quatre fois plus de poudre que moi, qui n'en mettais qu'une ombre ; qui se servaient de pommade ambrée qui faisait pâmer les femmes, tandis que la mienne qui sentait le jasmin m'attirait les compliments de toutes les sociétés que je fréquentais. Je finis par lui dire que j'étais fâché de ne pouvoir lui obéir et que, si j'avais voulu vivre dans la malpropreté, je me serais fait capucin, et non abbé.

Ma réponse dut sans doute l'irriter beaucoup, car trois ou quatre jours après, ayant su persuader ma grand'mère de le laisser entrer dans ma chambre le matin avant que je fusse éveillé, ce prêtre vindicatif ou fanatique s'approcha doucement de mon lit, et avec de bons ciseaux il me coupa impitoyablement tous les cheveux de devant d'une oreille à l'autre. Mon frère François, qui était dans la chambre voisine, le vit, le laissa faire et en fut même charmé, car, portant perruque, il était jaloux de la beauté de mes cheveux. Il a été envieux toute sa vie, combinant pourtant, sans que je puisse le comprendre, l'envie avec l'amitié. Son vice, comme tous les miens, doit aujourd'hui être mort de vieillesse.

Après sa belle opération, le curé sortit comme si de rien n'était ; mais, m'étant éveillé peu après et mes mains m'ayant fait connaître toute l'horreur de cette exécution inouïe, ma colère et mon indignation furent à leur comble.

Quels projets de vengeance n'enfantai-je pas, dès qu'un miroir à la main je vis l'état dans lequel m'avait

---

[1] Anathème à l'ecclésiastique qui laisse croître sa chevelure.

mis ce prêtre audacieux ! Au bruit que je faisais, ma grand'mère accourut, et, tandis que mon frère riait, cette bonne vieille m'assurait que, si elle avait pu prévoir les intentions du curé, elle se serait bien gardée de le laisser entrer. Elle parvint enfin à me calmer un peu en convenant que ce prêtre avait outrepassé les bornes d'une correction permise.

Déterminé à me venger, je m'habillais en ruminant cent noirs projets. Il me semblait que j'avais le droit de me venger d'une manière sanglante, à l'abri de toutes les lois. Les théâtres étant ouverts, je sortis en masque et me rendit chez l'avocat Carrare, dont j'avais fait la connaissance chez le sénateur, pour savoir de lui si je pouvais attaquer le curé en justice. Il me dit qu'il n'y avait pas longtemps qu'on avait ruiné une famille pour avoir coupé la moustache à un Esclavon, ce qui était beaucoup moins qu'un toupet entier, et que, si je voulais intenter au curé un procès qui le fît trembler, je n'avais qu'à ordonner. J'y consentis en le priant de dire le soir à M. de Malipiero la raison qui m'avait empêché de me rendre chez lui ; car il était naturel que je ne me montrasse plus avant que mes cheveux ne fussent revenus.

Je me retirai pour aller faire avec mon frère un repas fort mince en comparaison de ceux que je faisais chez le vieux sénateur. La privation de la chère délicate à laquelle Son Excellence m'avait accoutumé n'était pas la moins pénible que m'imposât l'action furibonde de ce violent curé dont j'étais le filleul. Mon dépit était tel que j'en versais des larmes, et d'autant plus que je sentais que cet affront avait en soi quelque chose de comique qui me donnait un ridicule que je considérais comme plus déshonorant qu'un crime.

Je me couchai de bonne heure, et un bon sommeil de dix heures ayant rafraîchi mes sens, je me trouvai moins ardent, mais non moins décidé à poursuivre le curé en justice.

Je me mis à m'habiller dans le dessein de me rendre chez mon avocat pour y prendre connaissance de la plainte, lorsque je vis entrer un coiffeur habile que j'avais connu chez Mme Cantarini. Il me dit qu'il était envoyé par M. de Malipiero, pour qu'il me raccommodât les cheveux de façon que je pusse sortir, car il désirait que j'allasse dîner avec lui ce jour-là même. Après avoir considéré le dégât, il me dit, en se mettant à rire, que je n'avais qu'à le laisser faire et qu'il allait me mettre en état de sortir avec plus d'élégance qu'auparavant ; et effectivement, m'ayant arrangé le toupet en vergette, je me trouvais si bien que je me tins pour vengé.

Ayant oublié l'injure, je passai chez l'avocat pour lui dire de ne faire aucune poursuite, et de là je volai chez M. de Malipiero où le hasard fit que je trouvai le curé, auquel, malgré ma joie, je ne pus m'empêcher de lancer un regard fort peu amical. On ne parla point de cette affaire, le sénateur observa tout, et le curé partit, bien repentant sans doute, car pour le coup je méritais réellement l'excommunication par l'extrême recherche de ma frisure.

Après le départ de mon cruel parrain, je ne dissimulai pas avec M. de Malipiero : je lui dis clairement que je me chercherais une autre église, ne voulant pas du tout être membre de celle d'un homme aussi irascible et capable de se porter à de tels excès. Le sage vieillard me dit que j'avais raison : c'était le moyen de me faire faire tout ce qu'il voudrait. Le soir toute l'assemblée, qui avait su toute l'histoire, me fit des compliments, m'assurant que rien n'était plus joli que ma figure. J'étais dans une sorte de ravissement, et d'autant plus qu'il y avait une quinzaine de jours que l'affaire était arrivée et que M. de Malipiero ne me parlait point de retourner à l'église. Il n'y avait que ma seule grand'-mère qui ne cessait de me dire que je devais y retourner. Mais ce calme était comme le précurseur de l'orage, car au moment où j'étais le plus tranquille M. de Malipiero me jeta dans l'étonnement en me disant que l'occasion se présentait d'y retourner et d'avoir du curé une ample satisfaction. « Je dois, ajouta le sénateur, en ma qualité de président de la confraternité du Saint-Sacrement, choisir l'orateur qui en fasse le panégyrique le quatrième dimanche de ce mois, qui tombe précisément la seconde fête de Noël. Or, c'est toi que je vais lui proposer, et je suis sûr qu'il n'osera pas te refuser. Que dis-tu de ce triomphe ? Te semble-t-il beau ? »

A cette proposition ma surprise fut extrême, car il ne m'était jamais venu en tête d'être prédicateur, et je ne m'étais jamais avisé de me croire capable de composer un sermon et de le débiter. Je lui dis que j'étais sûr qu'il plaisantait ; mais, m'ayant répondu que c'était très sérieusement qu'il parlait, il n'eut besoin que d'un instant pour me persuader et me faire croire à moi-même que j'étais né pour devenir le plus célèbre prédicateur du siècle, aussitôt que je serais devenu gras, qualité dont j'étais loin encore, car à cette époque j'étais fort maigre. Je ne doutais ni de ma voix ni de mon action, et pour ce qui est de la composition, je me sentais assez de force pour produire facilement un chef-d'œuvre.

Je dis à M. de Malipiero que j'étais prêt et qu'il me tardait d'être chez moi pour me mettre en besogne ; que, sans être théologien, je connaissais la matière, et que je dirais des choses surprenantes et neuves.

Le lendemain, quand je revis ce seigneur, il s'empressa

de m'apprendre que le curé avait été enchanté de son choix et plus encore de ma bonne volonté à accepter cette commission, mais qu'il exigeait que je lui montrasse mon panégyrique dès que je l'aurais achevé, car, la matière étant du ressort de la plus sublime théologie, il ne pouvait me permettre de monter en chaire que sûr que je ne débiterais point des hérésies. J'y consentis, et dans le courant de la semaine je composai et mis au net mon ouvrage. Je conserve encore ce panégyrique et je ne puis m'empêcher de dire que, malgré mon âge, je le trouve excellent.

Je ne saurais exprimer la joie de ma bonne grand'mère; elle ne faisait que pleurer de bonheur de voir son petit-fils devenu apôtre. Elle voulut que je lui lusse ma composition, qu'elle écouta en disant son chapelet, et elle la trouva fort belle. M. de Malipiero, qui ne m'écoutait pas en récitant son rosaire, me dit qu'il ne plairait pas au curé. J'avais pris mon thème d'Horace :

> Ploravere suis non respondere favorem
> Speratum meritis [1].

Je déplorais la méchanceté et l'ingratitude du genre humain, qui avait manqué le projet que la divine sagesse avait enfanté pour le rédimer. Il n'aurait pas voulu que j'eusse pris mon texte d'un hérétique, mais du reste il était ravi de voir que mon sermon n'était pas entrelardé de citations latines.

Je me rendis chez le curé pour le lui lire; mais, ne l'ayant point trouvé et voulant l'attendre, je m'approchai d'Angela, sa nièce, et j'en devins amoureux. Elle était occupée à broder au tambour, et m'étant assis

---

[1] Ils se plaignaient avec douleur que la faveur espérée ne répondît pas à leurs mérites.

CHAPITRE IV

auprès d'elle, elle me dit qu'elle désirait me connaître, et qu'elle serait charmée que je lui contasse l'histoire du toupet que son vénérable oncle m'avait coupé.

Mon amour pour Angela me fut fatal, car il fut cause de deux autres qui, à leur tour, en amenèrent beaucoup d'autres et qui finirent par me faire renoncer à l'état ecclésiastique. Mais allons doucement et n'anticipons point sur l'avenir.

Le curé en rentrant me trouva avec sa nièce, qui était de mon âge, et ne me parut pas en être fâché. Je lui remis mon sermon, il le lut et me dit ensuite que c'était une fort jolie diatribe académique, mais qu'elle ne pouvait point convenir à la chaire.

« Je vous en donnerai un, ajouta-t-il, de ma façon et que personne ne connaît; vous l'apprendrez par cœur, et je vous permets de dire qu'il est de vous.

— Je vous remercie, très révérend père, mais je veux donner du mien ou rien du tout.

— Mais vous ne débiterez pas celui-ci dans mon église!

— Vous parlerez de cela à M. de Malipiero; en attendant, je vais porter ma composition à la censure, puis à monseigneur le patriarche, et, si on n'en veut pas, je la ferai imprimer.

— Venez ici, jeune homme : le patriarche sera de mon avis. »

Le soir, chez M. de Malipiero, je racontai en pleine assemblée ma contestation avec le curé. On voulut que je lusse mon panégyrique, et je recueillis tous les suffrages. On loua ma modestie de ce que je ne citais aucun saint Père, qu'à mon âge j'étais censé ne devoir pas connaître; mais les femmes surtout me trouvèrent admirable en voyant qu'il n'y avait point d'autre passage latin que le texte d'Horace qui, quoique grand libertin, disait cependant de très bonnes choses. Une nièce du patriarche, qui ce soir-là était à l'assemblée, me promit de prévenir son oncle auquel j'étais décidé d'en appeler ; mais M. de Malipiero me dit d'aller en conférer avec lui le lendemain avant de faire aucune démarche. J'obéis.

M'étant rendu chez lui le lendemain matin, il envoya chercher le curé, qui ne tarda pas à venir. Sachant de quoi il était question, il commença à parler longuement et sans que je l'interrompisse ; mais, dès qu'il fut au bout de ses objections, je l'arrêtai en lui disant que, de deux choses l'une : ou le patriarche approuvera mon ouvrage que je lui réciterai tout au long, ou il ne l'approuvera pas ; dans le premier cas, je le débiterai à l'église sans aucune responsabilité pour vous, et dans le second, je fléchirai.

Frappé de ma détermination : « N'y allez pas, me dit le curé, et je l'approuve : je vous demande seulement de changer de texte, car Horace était un scélérat. Pourquoi citez-vous Sénèque, Tertullien, Origène, Boëce ? Ils étaient tous hérétiques et doivent par conséquent vous paraître plus abominables qu'Horace, qui enfin ne pouvait pas être chrétien ! »

Cependant, m'apercevant que cela ferait plaisir à M. de Malipiero, je consentis à la fin à substituer à mon texte celui que me donna le curé, quoique ce dernier ne cadrât nullement au sujet ; et afin d'avoir un prétexte de voir sa nièce, je lui remis mon panégyrique en lui disant que j'irais le reprendre le lendemain. J'en envoyai par vanité un exemplaire au docteur Gozzi, mais le bon homme me prêta à rire de bon cœur en me le renvoyant et en me faisant dire que j'étais fou ; que si l'on me permettait de le réciter en chaire, je me déshonorerais avec celui qui m'avait élevé.

Son jugement ne m'en imposa pas, et au jour marqué je prononçai mon panégyrique dans l'église du Saint-

CHAPITRE IV

Sacrement devant un auditoire des plus choisis. Je fus généralement applaudi, et tout le monde crut devoir me prédire que j'étais destiné à devenir le premier prédicateur du siècle, puisqu'à l'âge de quinze ans jamais personne n'avait joué ce rôle aussi bien que moi.

Dans la bourse où la coutume est de déposer une offrande au prédicateur, le sacristain qui la vida trouva plus de cinquante sequins et des billets amoureux dont les bigots furent scandalisés. Un billet anonyme dont je crus deviner l'auteur me fit faire un faux pas que je crois devoir passer sous silence. Cette riche moisson, dans le grand besoin d'argent où je me trouvais, me fit penser sérieusement à devenir prédicateur, et je fis part de ma résolution au curé en lui demandant son secours. Cela me mit en possession du droit d'aller chez lui chaque jour, et j'en profitai pour entretenir Angela, dont je devenais chaque jour plus épris ; mais Angela était sage ; elle voulait bien que je l'aimasse, mais elle voulait aussi que je quittasse l'état ecclésiastique et que je l'épousasse. Je ne pouvais m'y résoudre malgré mon penchant pour elle, et cependant je continuais à la voir, espérant la faire changer de conduite.

Un jour, le curé, qui enfin avait goûté mon premier panégyrique, me chargea d'en faire un pour la fête de saint Joseph, m'invitant à le prononcer le 19 mars 1741. Je le fis, et le pauvre curé n'en parlait qu'avec enthousiasme ; mais il était écrit que je ne devais prêcher qu'une fois dans ma vie. Voici cette cruelle histoire, trop vraie et qu'on a la barbarie de trouver comique.

Jeune et présomptueux, je me figurai n'avoir pas besoin de me donner grand'peine pour apprendre mon sermon ; j'en étais l'auteur, j'en avais les idées et l'ordonnance dans la tête, et il ne me semblait pas dans l'ordre des choses possibles de pouvoir l'oublier. Je pouvais ne pas me rappeler telle ou telle phrase, mais j'étais le maître d'en substituer une autre équivalente ; et de même qu'il ne m'arrivait jamais de rester court quand je parlais à une société d'honnêtes gens, il ne me paraissait pas vraisemblable qu'il pût m'arriver de rester muet devant un auditoire où je ne connaissais personne qui pût m'intimider et me faire perdre tout à coup la faculté de raisonner. Je me divertissais donc à mon ordinaire, me contentant de relire soir et matin ma composition, afin de me la bien imprimer dans ma mémoire, dont jusque-là je n'avais jamais eu occasion de me plaindre.

Arriva le 19 mars, jour où à quatre heures après-midi je devais monter en chaire ; mais, dans la disposition d'esprit où je me trouvais, je n'eus pas la force de me refuser au plaisir de dîner avec le comte de Mont-Réal, qui logeait chez moi et qui avait invité le patricien Barozzi, lequel après les Pâques prochaines devait s'unir à sa fille.

J'étais encore à table avec toute la belle compagnie, lorsqu'un clerc vint m'avertir qu'on m'attendait à la sacristie. L'estomac plein et la tête altérée, je pars, je cours à l'église et je monte en chaire.

Je dis très bien l'exorde et je prends haleine ; mais, à peine les premières phrases de la narration prononcées, je ne sais plus ce que je dis, ni ce que je dois dire, et, voulant poursuivre de force, je bats la campagne. Ce qui acheva de me déconcerter, ce fut un murmure confus dans tout l'auditoire inquiet, où chacun s'était facilement aperçu de mon mécompte. J'en vois plusieurs sortir de l'église, j'en crois entendre qui rient, je perds la tête et l'espoir de me tirer d'affaire.

Il me serait impossible de dire si je fis semblant de tomber en défaillance, ou si je m'évanouis en effet ; mais ce que je sais, c'est que je me laissai tomber sur le plancher de la chaire en me frappant fortement la tête contre le mur, désirant avoir pu m'anéantir.

CHAPITRE IV

Deux clercs vinrent me prendre pour me porter à la sacristie où, sans dire un mot à personne, je pris mon manteau et mon chapeau et j'allai m'enfermer dans ma chambre. Là je me mets en habit court, tel que les abbés le portent à la campagne, et, après avoir mis mes effets dans un porte-manteau, j'allai trouver ma grand'mère pour lui demander de l'argent, et je partis pour Padoue, afin d'y passer mon troisième examen. J'y arrivai à minuit et j'allai coucher chez le bon docteur Gozzi, auquel je ne me sentis pas tenté de faire part de ma malencontreuse aventure.

Je passai à Padoue le temps nécessaire pour me préparer au doctorat pour l'année suivante, et, après les fêtes de Pâques, je revins à Venise où je trouvai mon malheur oublié ; mais il ne fut plus question de me faire prêcher, ou, si l'on fit encore des tentatives pour m'engager à recommencer, j'eus la force de persister dans ma résolution de ne plus goûter de ce métier.

La veille de l'Ascension, M. Manzoni me présenta à une jeune courtisane qui faisait alors grand bruit dans Venise, et qu'on appelait Cavamacchie, parce que son père avait été dégraisseur. Ce nom l'humiliant, elle voulait qu'on la nommât Preati, qui était son nom de famille, mais en vain : ses amis se contentaient de l'appeler par son nom de baptême, Juliette. Cette jeune personne avait été mise en réputation par le marquis de Sanvitali, seigneur parmesan, qui lui avait donné cent mille ducats pour prix de ses faveurs. On ne parlait à Venise que de la beauté de cette fille, et il était du bon ton de la voir. On se croyait heureux de l'avantage de lui parler et surtout d'être admis à sa coterie. Comme il m'arrivera d'avoir plusieurs fois à parler d'elle dans le cours de cette histoire, le lecteur ne sera point fâché, je pense, de connaître un peu son histoire.

Un jour Juliette, n'ayant encore que quatorze ans, fut envoyée par son père porter un habit dégraissé à un noble vénitien, nommé Marco Muazzo. Ce noble l'ayant trouvée belle malgré ses guenilles, alla la voir chez son père avec un célèbre avocat nommé Bastien Uccelli, lequel, plus étonné de l'esprit romanesque et folâtre de Juliette qu'épris de sa beauté et de sa belle taille, la mit en chambre, lui donna un maître de musique, et en fit sa maîtresse. Dans le temps de la foire, Bastien l'ayant conduite dans les lieux publics, elle y attira tous les regards et captiva les suffrages de tous les amateurs. Elle fit d'assez rapides progrès en musique, et au bout de six mois elle se crut assez forte pour s'engager à un entrepreneur de théâtre qui la conduisit à Vienne pour lui faire jouer un rôle de castrato dans un opéra de Métastase.

L'avocat crut alors devoir la quitter ; il la céda à un riche juif qui, après lui avoir donné de beaux diamants, la laissa à son tour.

Arrivée à Vienne, Juliette parut sur la scène, et sa beauté lui attira des suffrages que ses talents, au-dessous du médiocre, ne lui auraient jamais valus. Mais, la foule d'adorateurs qui allait sacrifier à l'idole et qui se renouvelait chaque semaine ayant trop ébruité ses exploits, l'auguste Marie-Thérèse crut devoir ne point tolérer ce nouveau culte dans sa capitale, et fit signifier à la belle actrice de quitter Vienne sans délai.

Le comte Spada s'empara d'elle et la reconduisit à Venise, d'où elle se rendit à Parme pour y chanter. Ce fut là qu'elle enflamma le comte Sanvitali ; mais, la comtesse l'ayant une fois trouvée dans sa loge, et Juliette ayant tenu quelque propos inconvenant, cette dame lui donna un bon soufflet, ce qui la fit renoncer au théâtre. Elle revint alors à Venise, où, riche du titre de chassée de Vienne, elle ne pouvait manquer de faire fortune. Ce titre, pour ces sortes de femmes, était devenu une espèce de mode ; car, lorsqu'on voulait déprécier une chanteuse ou une danseuse, on disait qu'on ne l'avait point assez estimée pour la chasser de Vienne.

Steffano Querini de Papozzes fut d'abord son amant en titre ; mais au printemps de 1740, le marquis de Sanvitali s'étant mis de nouveau sur les rangs, il l'emporta sur le premier. Aussi le moyen de résister à ce marquis ! Il commença par faire présent à sa belle de cent mille ducats courants, et, pour éviter d'être taxé de faiblesse et de folle prodigalité, il dit que cette somme était à peine suffisante pour venger Juliette du soufflet qu'elle avait reçu de sa femme ; affront qu'au reste l'offensée n'a jamais voulu avouer, car elle sentait que cet aveu l'aurait humiliée ; et elle a toujours préféré rendre hommage à la générosité de son amant. Elle avait raison : un soufflet avoué aurait déversé quelque flétrissure sur ses charmes, et elle trouvait beaucoup mieux son compte à les laisser estimer à leur valeur intrinsèque.

Ce fut en 1741 que M. Manzoni me présenta à cette nouvelle Phryné, comme un jeune abbé qui commençait à se faire un nom. Je la trouvai au milieu de sept ou huit courtisans aguerris qui lui prodiguaient leur encens. Elle était négligemment assise sur un sofa auprès de Querini. Sa personne me surprit. Elle me dit en me regardant des pieds à la tête, comme si j'avais été à vendre, et avec un ton de princesse, qu'elle n'était point fâchée de faire ma connaissance ; ensuite elle m'invita à m'asseoir. Prenant alors ma revanche, je me mis à l'examiner soigneusement et tout à mon aise, et c'est ce que je pouvais d'autant mieux que, quoique le salon fût petit, il était éclairé au moins par vingt bougies.

Juliette avait dix-huit ans : sa blancheur était éblouissanté, mais l'incarnat de ses joues, le vermeil de ses lèvres, le noir et la ligne courbe et très étroite de ses sourcils, me parurent plus l'ouvrage de l'art que celui de la nature. Ses dents, qui paraissaient être deux rangs de perles, empêchaient qu'on ne lui trouvât la bouche trop fendue; et soit nature, soit habitude, elle avait toujours l'air de sourire. Sa gorge couverte d'une gaze légère semblait inviter les amours : je résistai à ses charmes. Ses bracelets et les bagues dont ses doigts étaient surchargés ne m'empêchèrent pas de trouver sa main trop large et trop charnue ; et en dépit du soin qu'elle prenait de cacher ses pieds, une pantoufle délatrice qui gisait au bas de la robe me suffit pour juger qu'ils étaient proportionnés à la grandeur de sa taille : proportion désagréable, qui déplaît non seulement aux Chinois et aux Espagnols, mais encore à tous les hommes d'un goût délicat. On veut qu'une femme grande ait un petit pied, et ce goût n'est point nouveau, car il était celui du sieur Holopherne, qui, sans cela, n'aurait pas trouvé charmante la dame Judith : *et sandalia ejus rapuerunt oculos ejus* [1]. En somme, je la trouvai belle : mais, dans mon examen réfléchi, comparant sa beauté aux cent mille ducats dont elle avait été le prix, je m'étonnais de me trouver froid et de n'être nullement tenté de donner un seul sequin pour parcourir des charmes que ses habits cachaient à mes regards.

J'y étais à peine depuis un quart d'heure que le bruit de l'onde frappée par les rames d'une gondole annonça le prodigue marquis. Nous nous levâmes, et M. Querini se hâta de quitter sa place, non sans rougir un peu. M. de Sanvitali, plutôt vieux que jeune, et ayant voyagé, prit place auprès d'elle, mais non sur le sofa ; ce qui

---

[1]. Ses pantoufles captivèrent ses regards.

CHAPITRE IV

obligea la belle à se tourner. Ce fut alors que je pus bien l'examiner en face, ce qu'auparavant je n'avais guère pu que de profil.

Depuis mon introduction ayant fait quatre ou cinq visites à Juliette, je me crus assez pénétré de son mérite pour dire à l'assemblée de M. de Malipiero, un soir qu'on m'interrogeait là-dessus, qu'elle ne pouvait plaire qu'à des gourmands dont les goûts étaient émoussés ; car elle n'avait ni les beautés de la simple nature, ni l'esprit de la société, ni un talent marqué, ni des manières aisées, chose que les hommes comme il faut aiment à trouver dans une femme. Ma décision plut à toute la société, mais M. de Malipiero me dit obligeamment à l'oreille que Juliette serait certainement informée du portrait que je venais d'en faire et qu'elle deviendrait mon ennemie. Il devina juste.

Je trouvais cette fille singulière en ce qu'elle ne m'adressait que rarement la parole, et que chaque fois qu'elle me regardait elle se servait d'une lorgnette, ou bien elle rétrécissait ses paupières, comme si elle eût voulu me priver de l'honneur de voir entièrement ses yeux, dont la beauté était incontestable. Ils étaient bleus, merveilleusement bien fendus, à fleur de tête et enluminés d'un iris inconcevable que la nature ne donne quelquefois qu'à la jeunesse, et qui disparaît d'ordinaire vers les quarante ans après avoir fait des miracles. Le grand Frédéric l'a conservé jusqu'à sa mort.

Juliette fut informée du portrait que j'avais fait d'elle chez M. de Malipiero par l'indiscret rationnaire Xavier Cortantini. Un soir, me trouvant chez elle avec M. Manzoni, elle lui dit qu'un grand connaisseur lui avait trouvé des défauts qui la déclaraient maussade ; mais elle se garda bien de les spécifier. Je n'eus pas de peine à comprendre qu'elle tirait sur moi à ricochet, et je me tins prêt à l'ostracisme, qu'elle me fit cependant attendre une bonne heure. La conversation étant enfin tombée sur un concert que l'acteur Imer avait donné et où Thérèse sa fille avait brillé, elle m'adressa directement la parole en me demandant ce que M. de Malipiero faisait d'elle. Je lui dis qu'il lui donnait de l'éducation.

« Il en est capable, me répondit-elle, car il a beaucoup d'esprit ; mais je voudrais savoir ce qu'il fait de vous ?

— Tout ce qu'il peut.

— On m'a dit qu'il vous trouve un peu bête. »

Les rieurs, comme de raison, furent pour elle ; et moi, un peu confus et ne sachant que répondre, après un quart d'heure de triste figure, je pris congé, bien décidé à ne plus remettre les pieds chez elle. Le lendemain à dîner, la narration de cette rupture fit beaucoup rire mon vieux sénateur.

Je passai l'été à filer le parfait amour auprès de mon Angela chez sa maîtresse à broder ; mais son extrême réserve m'irritait et mon amour était déjà devenu un tourment. Avec un naturel ardent, j'avais besoin d'une amante dans le genre de Bettine, qui sût contenter mon amour sans l'éteindre. Ayant moi-même encore une sorte de pureté, j'avais pour cette jeune personne une vénération extrême. Je la regardais comme le palladium de Cécrops. Neuf encore, j'avais de l'éloignement pour les dames, et ma niaiserie allait jusqu'à être jaloux de leurs époux.

Angela était négative au suprême degré, sans cependant être coquette : le feu que j'éprouvais pour elle me desséchait. Les discours pathétiques que je lui tenais faisaient plus d'effet sur deux jeunes sœurs, ses compagnes, que sur elle ; et si mes regards n'avaient pas été entièrement occupés de cette cruelle, je me serais aperçu sans doute qu'elles la surpassaient en beauté et en sentiment ; mais mes yeux fascinés ne voyaient qu'elle. A toutes mes tendresses elle répondait qu'elle était prête à devenir ma femme, et elle croyait que mes désirs ne devraient pas aller plus loin ; et lorsqu'elle daignait me dire qu'elle souffrait autant que moi, elle croyait m'avoir accordé la plus grande faveur.

Dans cette situation d'esprit, je reçus, au commencement de l'automne, une lettre de la comtesse de Mont-Réal qui me sollicitait d'aller passer quelque temps à une terre qui lui appartenait et qu'on appelait Pasean. Elle devait avoir brillante compagnie, et sa fille, devenue dame vénitienne, qui avait de l'esprit et de la beauté, et un œil si beau qu'il la dédommageait de la perte de l'autre. Je me rendis à son invitation, et, ayant trouvé à Pasean le plaisir et la gaieté, il ne me fut pas difficile de l'augmenter en oubliant pour quelque temps les rigueurs de ma cruelle Angela.

On m'avait donné au rez-de-chaussée une jolie chambre qui ouvrait sur le jardin, et je m'y trouvais fort bien sans me soucier de connaître mes voisins. Le matin après mon arrivée et encore à peine éveillé, mes yeux furent ravis à l'aspect de l'objet charmant qui vint m'apporter mon café. C'était une fille toute jeune, mais formée comme une jeune personne de dix-sept ans ; elle n'en avait cependant que quatorze. Sa peau d'albâtre, l'ébène de ses cheveux, des yeux noirs pleins de feu et de candeur, sa chevelure dans un agréable désordre, pour tout vêtement une chemise et un jupon court, qui laissait apercevoir une jambe bien faite et le plus joli petit pied, tout concourait à la présenter à mes regards sous l'aspect d'une beauté originale et parfaite. Je la regardais avec le plus grand intérêt, et son œil se reposait sur moi comme si nous avions été d'anciennes connaissances.

6.

« Avez-vous été content de votre lit ? me dit-elle.

— Très-content ; je suis sûr que c'est vous qui l'aviez fait. Qui êtes-vous ?

— Je suis Lucie, fille du concierge ; je n'ai ni frères ni sœurs, et j'ai quatorze ans. Je suis bien aise que vous n'ayez point de serviteur ; c'est moi qui vous servirai, et je suis sûre que vous serez bien content de moi. »

Enchanté de ce début, je me mets sur mon séant, et elle m'aide à passer ma robe de chambre en me disant cent choses que je ne comprenais pas. Je commence à prendre mon café, interdit autant qu'elle était à son aise, et frappé d'une beauté à laquelle il était impossible d'être indifférent. Elle s'était assise sur le pied du lit, ne justifiant la liberté qu'elle prenait que par un rire qui disait tout.

Je continuais à prendre mon café lorsque le père et la mère de Lucie entrèrent. Elle ne bougea point de sa place, et, tout en les regardant, elle semblait s'enorgueillir de l'occuper. Ces bonnes gens la grondèrent avec douceur, me demandèrent pardon pour elle, et Lucie sortit pour aller vaquer à ses affaires.

Dès qu'elle fut sortie, son père et sa mère me firent mille honnêtetés et l'éloge de leur fille.

« C'est, me dirent-ils, notre unique enfant, une fille chérie, l'espoir de notre vieillesse. Elle nous aime, nous obéit et craint Dieu ; elle est saine comme un poisson, ajoutèrent-ils, et nous ne lui connaissons qu'un seul défaut.

— Quel est-il ?

— Elle est trop jeune.

— Charmant défaut dont le temps la corrigera. »

Je ne fus pas longtemps à me convaincre que j'avais devant moi la probité, la vérité, les vertus domestiques et le vrai bonheur. Pendant que cette idée m'occupait

CHAPITRE IV

délicieusement, voilà Lucie qui rentre, gaie comme un pinçon, bien lavée, habillée, coiffée à sa manière et bien chaussée, et qui après m'avoir fait une révérence de village va donner deux baisers à son père et à sa mère ; après quoi elle va s'asseoir sur les genoux de ce brave homme. Je lui dis de s'asseoir sur mon lit, mais elle me répondit que tant d'honneur ne lui était point permis lorsqu'elle était vêtue. Ce que cette réponse renfermait de simplicité et d'innocence me parut ravissant et me fit sourire. J'examinai si sa petite toilette la rendait plus jolie que son négligé, et je résolus en faveur de ce dernier. Enfin Lucie me parut être bien supérieure, non seulement à Angela, mais même à Bettine.

Le coiffeur étant venu, l'honnête et simple famille sortit, et, après avoir fait ma toilette, je me rendis auprès de la comtesse et de son aimable fille : la journée se passa très gaiement, comme on les passe en général à la campagne quand on a une société choisie.

Le lendemain, à peine éveillé, je sonne, et voilà Lucie qui paraît, simple et naturelle comme la veille, surprenante par ses raisonnements et par ses manières.

Tout en elle brillait sous le charmant vernis de la candeur et de l'innocence. Je ne pouvais concevoir comment, étant sage, honnête et point sotte, elle pouvait s'exposer à venir si familièrement chez moi sans craindre de m'enflammer. « Il faut, me disais-je, que, n'attachant aucune importance à certains badinages, elle ne soit pas scrupuleuse, » et dans cette idée, je me décidai à la convaincre que je lui rendais justice. Je ne me sentais pas coupable envers ses parents, que je jugeais aussi peu soucieux qu'elle ; je ne craignais pas non plus d'être le premier à alarmer sa belle innocence et à introduire dans son âme la ténébreuse lumière de la malice : et, ne voulant être ni dupe du sentiment ni agir contre, je voulus m'éclaircir. J'allonge une main audacieuse sur elle, et par un mouvement involontaire elle recule, rougit, sa gaieté disparaît, et, tournant la tête comme pour chercher quelque chose, elle attendit que son trouble fût passé. Tout cela s'était passé en moins d'une minute. Elle s'approcha de nouveau, laissant apercevoir un peu de honte d'avoir pu se montrer un peu maligne, et la crainte d'avoir mal interprété une action qui, de mon côté, aurait pu être innocente ou du bel usage. Son rire naturel revint bien vite, et, m'ayant fait lire en un clin d'œil dans son âme tout ce que je viens de décrire, je me hâtai de la rassurer; et, voyant que je hasardais trop par l'action, je me proposai d'employer la matinée du lendemain à la faire causer.

Le lendemain, poursuivant mon projet, et la prenant sur un propos qu'elle me tenait, je lui dis qu'il faisait froid, et qu'elle ne le sentirait pas, si elle était à côté de moi.

« Vous incommoderais-je ? me dit-elle.

— Non; mais je pense que, si ta mère survenait, elle serait fâchée.

— Elle ne pensera pas à malice.

— Viens donc. Mais, Lucie, tu sais quel danger tu cours ?

— Certainement; mais vous êtes sage et, qui plus est, abbé.

— Viens, mais avant ferme la porte.

— Non, non; car on penserait... que sais-je? »

Elle se mit enfin à côté de moi en continuant à jaser, sans que je comprisse rien à ce qu'elle disait; car dans cette singulière position, ne voulant point écouter mes désirs, j'avais l'air du plus engourdi des hommes.

La sécurité de cette fille, sécurité qui, bien certainement, n'était pas feinte, m'en imposait au point que j'aurais eu honte de la désabuser. Elle me dit enfin que quinze heures avaient sonné, et que, si le vieux comte Antonio descendait et qu'il nous trouvât comme ça, il lui ferait des plaisanteries qui l'ennuieraient. « C'est un homme, me dit-elle, que, quand je le vois, je me sauve. » Là-dessus elle quitta la place, et sortit.

Je restai longtemps immobile à la même place, hébété, stupéfait et livré au tumulte des sens autant qu'à mes réflexions. Le lendemain, voulant rester calme, je la laissai assise sur mon lit, et les raisonnements dans lesquels je la fis entrer finirent par me prouver qu'elle était à juste titre l'idole de ses honnêtes parents, et que la liberté de son esprit et sa conduite sans gêne ne venaient que de son innocence et de la pureté de son âme. Sa naïveté, sa vivacité, sa curiosité et la rougeur pudique qui couvrait son beau visage lorsque les choses plaisantes qu'elle me disait me forçaient à rire, et dans lesquelles elle n'entendait point malice, tout me faisait connaître que c'était un ange qui ne pouvait manquer de devenir la victime du premier libertin qui entreprendrait de la séduire. Je me sentis assez fort pour n'avoir rien à me reprocher avec elle. La seule pensée m'en faisait frémir, et mon amour-propre garantissait l'honneur de Lucie à ses bons parents qui me l'abandonnaient, fondés sur la bonne opinion qu'ils avaient de mes mœurs. Il me semblait que j'aurais été méprisable à mes propres yeux, si j'avais pu trahir la confiance qu'ils avaient en moi. Je pris donc le parti de me dompter, et, sûr d'obtenir toujours la victoire, je me déterminai à combattre contre moi-même, content que sa seule présence fût la récompense de mes efforts. Je ne connaissais pas encore cet axiome que « tant que le combat dure la victoire est incertaine. »

Sa conversation me plaisant, l'instinct me fit lui dire

qu'elle me ferait plaisir de venir le matin de meilleure heure, de m'éveiller même, si je dormais ; et j'ajoutai, comme pour donner plus de poids à ma prière, que moins je dormais et mieux je me portais ; je trouvai par là le moyen de faire durer nos entretiens trois heures au lieu de deux, sans que cet artifice empêchât qu'au gré de mes vœux le temps ne s'envolât comme un éclair.

Sa mère venait parfois pendant que nous causions, et dès que cette bonne femme la voyait assise sur mon lit, elle n'avait plus rien à lui dire, admirant ma bonté à la souffrir ainsi. Lucie lui donnait cent baisers, et cette trop bonne femme me priait de lui donner des leçons de sagesse et de lui cultiver l'esprit ; mais après son départ Lucie ne croyait pas être plus libre et conservait le même ton sans aucune nuance.

La société de cet ange me faisait souffrir les plus cruelles peines en même temps qu'elle me procurait les plus douces délices. Souvent ses joues à deux doigts de ma bouche me faisaient concevoir le désir de la couvrir de baisers, et mon sang s'enflammait quand je lui entendais dire qu'elle aurait voulu être ma sœur. Mais j'avais assez de retenue pour éviter le moindre contact : car je sentais qu'un seul baiser aurait été l'étincelle qui eût fait sauter en l'air tout l'édifice. Lorsqu'elle partait, je restais ébahi d'avoir remporté la victoire, mais, toujours plus avide de nouveaux lauriers, je soupirais après le lendemain pour renouveler ce doux et dangereux combat. Ce sont les petits désirs qui rendent un jeune homme hardi ; les grands l'absorbent et le contiennent.

Au bout de dix à douze jours, me trouvant dans la nécessité de finir ou de devenir scélérat, je me décidai d'autant mieux pour le premier parti que rien ne m'assurait le succès du second ; car Lucie, devenue héroïne dès que je l'aurais mise dans le cas de se défendre, la porte de la chambre étant ouverte, m'aurait exposé à la honte et à un repentir inutile ; et cette idée m'effrayait. Cependant, pour en finir, je ne savais comment m'y prendre. Je ne pouvais plus résister à une beauté qui, dès la pointe du jour, à peine vêtue, courait avec gaieté, venait auprès de ma couche me demander si j'avais bien dormi, s'approchait familièrement de mes joues, et me mettait pour ainsi dire les paroles sur les lèvres. Dans un moment si dangereux, je détournais la tête, et elle, avec son ton d'innocence, me reprochait d'avoir peur, tandis qu'elle était dans la sécurité, et quand je lui répondais ridiculement qu'elle avait tort de croire que j'eusse peur d'une enfant, elle me répliquait que la différence de deux ans n'était rien.

N'en pouvant plus et sentant à chaque instant s'accroître l'ardeur qui me consumait, je m'arrêtai au parti de la prier elle-même de ne plus venir, et cette résolution me parut sublime et d'un effet immanquable ; mais, en ayant remis l'exécution au jour suivant, je passai une nuit difficile à décrire, obsédé par l'image de Lucie et par l'idée que je la verrais le jour suivant pour la dernière fois. Je me figurai que Lucie, non seulement se prêterait à mon projet, mais qu'elle concevrait de moi la plus haute estime pour le reste de sa vie.

Le lendemain, le jour venait à peine de paraître, voilà Lucie rayonnante, radieuse, le sourire du bonheur sur sa jolie bouche, et sa belle chevelure dans le plus ravissant désordre, qui se précipite vers mon lit, les bras ouverts ; mais, s'arrêtant tout à coup, ses traits prennent l'expression de la tristesse et de l'inquiétude en voyant que je suis pâle, défait, affligé.

« Qu'avez-vous? me dit-elle avec intérêt.

— Je n'ai pu dormir de la nuit.

— Et pourquoi ?

— Parce que je me suis déterminé à vous communiquer un projet, triste pour moi, mais qui me captivera toute votre estime.

— S'il doit vous concilier mon estime, il doit au contraire vous rendre gai. Mais dites-moi, monsieur l'abbé, pourquoi, m'ayant tutoyée hier, me traitez-vous aujourd'hui comme une demoiselle ? Que vous ai-je fait ? Je m'en vais chercher votre café, et vous me direz tout après l'avoir pris : il me tarde de vous entendre. »

Elle part, revient, je prends mon café, et, me voyant toujours sérieux, elle s'efforce de m'égayer, parvient à me faire rire, et elle s'en réjouit. Ayant tout remis à sa place, elle ferme la porte parce qu'il faisait du vent, et, ne voulant pas perdre un mot de ce que j'allais lui dire, elle me dit naïvement de lui faire une petite place à côté de moi. Je fis ce qu'elle voulait, car je me sentais presque inanimé.

Après lui avoir fait une fidèle narration de l'état dans lequel ses charmes m'avaient mis, et lui avoir dépeint toutes les peines que j'avais éprouvées pour avoir voulu résister au vif désir de lui donner des preuves de mon amour, je lui représentai que, ne pouvant plus endurer mes tourments, je me croyais réduit à devoir la prier de ne plus se montrer à mes yeux. L'importance du sujet, la vérité de ma passion, le désir que j'avais que mon expédient lui parût un effort sublime d'un amour parfait, tout me fournit une éloquence particulière. Je m'attachai surtout à lui faire vivement sentir les conséquences affreuses qui pourraient résulter d'une conduite différente de celle que je lui proposais, et combien alors nous pourrions être malheureux.

A la fin de mon long sermon, Lucie, voyant mes

yeux humides de pleurs, se découvrit pour me les essuyer, sans réfléchir que par cette action elle mettait à découvert deux globes dont la beauté était capable de faire faire naufrage au pilote le plus expert.

Après quelques instants d'une scène muette, cette charmante fille me dit d'un ton triste que mes pleurs l'affligeaient, et qu'elle n'aurait jamais cru pouvoir m'en faire verser.

« Tout ce que vous venez de me dire, ajouta-t-elle, me prouve que vous m'aimez beaucoup ; mais je ne sais pas pourquoi vous pouvez en être si alarmé, tandis que votre amour me fait un plaisir infini. Vous voulez me bannir de votre présence parce que votre amour vous fait peur ; mais que feriez-vous donc, si vous me haïssiez ? Suis-je coupable de vous avoir plu ? et si l'amour que je vous ai inspiré est un crime, je vous assure que je n'ai pas eu l'intention d'en vouloir commettre un, et dès lors vous ne pouvez en conscience m'en punir. Je ne puis vous taire cependant que je suis bien aise que vous m'aimiez. Quant au risque que l'on court lorsqu'on aime, et que je connais très bien, nous sommes les maîtres de les braver ; et je m'étonne que, bien qu'ignorante, cela ne me paraisse pas difficile, tandis que vous, qui êtes si savant, à ce que chacun dit, vous en paraissez si effrayé. Ce qui me surprend, c'est que l'amour, n'étant pas une maladie, ait pu vous rendre malade, et que l'effet qu'il fait sur moi soit tout contraire. Serait-il possible que je me trompasse, et que ce que je sens pour vous fût autre chose que de l'amour? Vous m'avez vue si gaie en arrivant ce matin, c'est parce que j'ai rêvé toute la nuit ; mais cela ne m'a point empêchée de dormir ; seulement je me suis éveillée cinq ou six fois pour m'assurer si mon rêve était véritable ; car je rêvais que j'étais auprès de vous ; et quand je voyais que ce n'était pas, je me rendormais bien vite pour rattraper mon rêve, et j'y réussissais. Après cela n'avais-je pas raison ce matin d'être gaie? Mon cher abbé, si l'amour est un tourment pour vous, j'en suis fâchée ; mais serait-il possible que vous fussiez né pour ne pas aimer? Je ferai tout ce que vous m'ordonnerez, excepté que, lors même que votre guérison en dépendrait, je ne cesserai jamais de vous aimer parce que cela n'est pas possible. Si pour guérir cependant vous avez besoin de ne plus m'aimer, faites tout ce que vous pourrez ; car je vous aime mieux vivant sans amour que mort de trop en avoir. Voyez seulement si vous pouvez trouver un autre expédient, car celui que vous m'avez proposé m'afflige. Pensez-y ; il se peut qu'il ne soit pas unique et que vous puissiez en découvrir un moins pénible. Suggerez-m'en un plus exécutable, et fiez-vous à Lucie. »

Ce discours vrai, naïf et naturel, me fit voir combien l'éloquence de la nature est supérieure à celle de l'esprit philosophique. Je serrai pour la première fois cette fille céleste entre mes bras en lui disant ; « Oui, ma chère Lucie, oui, tu peux porter au mal qui me dévore le plus cher adoucissement : abandonne à mes ardents baisers ta bouche divine qui m'assure que tu m'aimes. »

Nous passâmes ainsi une heure dans un silence délicieux qui n'était interrompu que par ces mots que Lucie répétait de temps en temps : « Oh! mon Dieu, est-il vrai que je ne rêve pas? » Je ne cessai pourtant point de respecter son innocence, et cela peut-être parce qu'elle se livrait tout entière et sans la moindre résistance. Mais à la fin, se débarrassant doucement de mes bras, elle me dit avec inquiétude : « Mon cœur commence à parler, il faut que je m'en aille. » Et elle se leva aussitôt.

S'étant un peu rajustée, elle s'assit, et sa mère, étant survenue quelques instants après, me fit compliment sur ma bonne mine et mes belles couleurs ; ensuite elle dit à sa fille d'aller s'habiller pour aller à la messe. Lucie revint une heure après et me dit que le prodige qu'elle avait opéré la rendait tout heureuse et qu'elle s'en glorifiait ; car la santé qu'on me voyait la rendait bien plus sûre de mon amour que l'état pitoyable dans lequel elle m'avait trouvé le matin. « Si ton parfait bonheur, ajouta-t-elle, ne dépend que de moi, fais-le : je n'ai rien à te refuser. »

Dès qu'elle fut sortie, flottant encore entre l'ivresse et la crainte, je réfléchis que je me trouvais au bord du précipice, et que j'avais besoin d'une force surnaturelle pour m'empêcher d'y tomber.

Je restai à Pasean tout le mois de septembre, et les onze dernières nuits de mon séjour, je les passai dans la tranquille et libre possession de Lucie qui, sûre du sommeil de sa mère, venait me trouver et passer entre mes bras les heures les plus délicieuses. Mon ardeur, loin de diminuer, s'accroissait par mon abstinence, à laquelle elle fit tout son possible de me faire renoncer. Elle ne pouvait savourer la douceur du fruit défendu qu'en me le laissant cueillir sans réserve, et l'action d'un contact continuel était trop forte pour qu'une jeune fille pût y résister. Aussi Lucie fit-elle tout son possible pour me donner le change en me disant que j'avais déjà cueilli les dernières faveurs ; mais Bettine m'avait donné de trop bonnes leçons pour que je ne susse pas à quoi m'en tenir ; et j'atteignis la fin de mon séjour sans succomber entièrement à de si douces tentations.

A mon départ de Pasean, je lui promis de revenir au printemps prochain. Nos adieux furent aussi tristes que tendres ; je la laissai dans une situation d'esprit qui fut sans doute la cause de son malheur ; malheur que vingt ans après j'eus lieu de me reprocher en Hollande et que je me reprocherai toujours.

Peu de jours après mon retour à Venise j'avais repris toutes mes habitudes et mon assiduité auprès d'Angela, espérant parvenir au moins au point où j'en étais avec Lucie. Une crainte que je ne trouve pas aujourd'hui dans ma nature, une sorte de terreur panique des conséquences qui pouvaient influer désavantageusement sur mon avenir m'empêchait de jouir. Je ne sais pas si j'ai jamais été parfaitement honnête homme ; mais je sais fort bien que les sentiments que je nourrissais dans ma jeunesse étaient beaucoup plus délicats que ceux que je me suis faits à force de vivre. Une méchante philosophie diminue trop le nombre de ce qu'on appelle préjugés.

Les deux sœurs qui apprenaient à broder au tambour avec Angela étaient ses amies intimes et les confidentes de tous ses secrets. Plus tard, ayant fait leur connaissance, j'appris qu'elles condamnaient ses rigueurs envers moi. Les voyant habituellement avec Angela et connaissant leur intimité, lorsqu'elles étaient seules je leur contais mes plaintes, et, tout plein de l'image de mon inhumaine, je n'avais pas la fatuité de penser que ces jeunes personnes pussent s'amouracher de moi ; mais il m'arrivait souvent de leur parler avec tout le feu qui m'embrasait, ce que je n'osais point faire en présence de l'objet dont j'étais épris. Le véritable amour inspire toujours de la réserve ; on craint de paraître exagérateur en disant tout ce qu'une noble passion inspire ; et l'amant modeste, crainte de dire trop, dit souvent trop peu.

La maîtresse, vieille dévote, qui dans le commencement paraissait indifférente à l'attachement que je témoignais à Angela, finit par se fatiguer de mes visites trop fréquentes, et en fit part au curé, oncle de ma belle. Celui-ci me dit un jour avec douceur que je devais

CHAPITRE IV

moins fréquenter cette maison, car mon assiduité pourrait être mal interprétée et préjudiciable à la réputation de sa nièce. Ces paroles me parurent un coup de foudre ; mais je fus assez maître de moi pour ne rien lui témoigner qui pût lui donner du soupçon, et je me contentai de lui dire que je suivrais son avis.

Trois ou quatre jours après, j'allais chez la maîtresse brodeuse comme pour lui faire une visite, et j'eus soin de ne point m'arrêter auprès de ces jeunes personnes; cependant je trouvai le moyen de glisser dans la main de la sœur aînée un petit billet qui en contenait un autre pour ma chère Angela dans lequel je lui faisais connaître les raisons qui m'avaient obligé à suspendre mes visites, et je ne manquais pas de la prier de songer aux moyens qui pourraient me procurer le bonheur de l'entretenir de mes sentiments. Quant à Nanette, je la priais seulement de remettre mon billet à son amie, en lui faisant connaître que je les verrais le surlendemain et que j'espérais qu'elle trouverait le moyen de me remettre une réponse. Elle fit en effet ma commission à merveille, car deux jours après, ayant renouvelé ma visite, elle me remit un billet sans que personne pût s'en apercevoir.

Le billet de Nanette en contenait un très court d'Angela qui, n'aimant pas écrire, me disait seulement de tâcher de faire tout ce que son amie m'écrivait. Voici le billet de Nanette, que j'ai conservé ainsi que toutes les lettres que je rapporte dans mon histoire :

« Il n'y a rien au monde, monsieur l'abbé, que je ne sois prête à faire pour mon amie. Elle vient chez nous tous les jours de fête, elle y soupe et y passe la nuit. Je vous suggère un moyen de faire connaissance avec Mme Orio, notre tante ; mais, si vous réussissez à vous introduire, je vous préviens qu'il faut avoir soin de ne point montrer que vous avez du goût pour Angela, car notre tante trouverait mauvais que vous vinssiez chez elle pour vous faciliter le moyen de voir quelqu'un qui ne lui appartînt pas. Voici donc le moyen que je vous indique, et auquel je prêterai la main de mon mieux. Mme Orio, quoique femme de condition, n'est pas riche, et elle désire par cette raison d'être inscrite sur la liste des veuves nobles qui aspirent aux grâces de la confraternité du Saint-Sacrement, dont M. de Malipiero est président. Dimanche dernier Angela lui dit que vous possédez les bonnes grâces de ce seigneur, et que le plus sûr moyen d'obtenir son suffrage serait de vous engager à le lui demander. Elle lui dit follement que vous êtes amoureux de moi, que vous n'allez chez notre maîtresse que pour avoir occasion de me parler, et qu'il me serait par conséquent facile de vous engager à vous intéresser pour elle. Ma tante répondit que, comme vous êtes prêtre, il n'y a rien à craindre, et que je pourrais vous écrire de passer chez elle : je refusai. Le procureur Rosa, qui est l'âme de ma tante, était présent à cet entretien ; il s'empressa d'approuver mon refus, disant que c'était à elle de vous écrire et non à moi, qu'elle devait vous prier de lui faire l'honneur de passer chez elle pour une affaire qui l'intéresse, et que, s'il est vrai que vous m'aimiez, vous ne manquerez pas de venir. Là-dessus ma tante vous a écrit le billet que vous trouverez chez vous. Si vous voulez trouver Angela chez nous, différez à venir jusqu'à dimanche. Si vous pouvez obtenir à ma tante la bienveillance de M. de Malipiero, vous deviendrez l'enfant de la maison ; mais vous me pardonnerez, si je vous traite mal, car j'ai dit que je ne vous aimais pas. Vous ferez bien de compter fleurettes à ma tante, qui a soixante ans ; M. Rosa n'en sera point jaloux, et vous vous rendrez cher à toute la maison.

CHAPITRE IV

Quant à moi, je vous ménagerai l'occasion de voir Angela et de lui parler tête à tête : je ferai tout pour vous convaincre de mon amitié. Adieu ! »

Je trouvai ce projet parfaitement bien conçu, et le lendemain, dimanche, ayant reçu le soir le billet de Mme Orio, je me rendis à son invitation. Je fus parfaitement bien accueilli, et cette dame, après m'avoir prié de m'intéresser pour elle, me remit tous les papiers qui pouvaient m'être nécessaires pour la réussite. Je m'engageai obligeamment à la servir, et j'affectai de ne parler que peu à Angela ; mais, en revanche, je faisais semblant d'adresser mes galanteries à Nanette, qui me traitait fort mal. Enfin je captivai l'amitié du vieux procureur Rosa, qui par la suite me fut utile.

J'étais trop intéressé au succès de la demande de Mme Orio pour que ce projet ne m'occupât pas tout entier ; aussi, connaissant l'ascendant de la belle Thérèse Imer sur notre amoureux sénateur, et persuadé que ce vieillard serait heureux de trouver une occasion de lui être agréable, je me déterminai à l'aller voir le lendemain, et j'entrai dans sa chambre sans me faire annoncer. Je la trouvai seule avec le médecin Doro qui, faisant semblant de n'être chez elle qu'en vertu de son ministère, se mit à écrire une recette, lui toucha le pouls et puis s'en alla.

Ce docteur passait pour être amoureux de Thérèse ; M. de Malipiero, qui en était jaloux, lui avait défendu de le recevoir, et elle le lui avait promis. Thérèse savait que j'étais instruit de tout cela : ainsi ma présence dut lui être fort désagréable, car elle n'aurait pas voulu bien certainement que ce vieillard eût été instruit qu'elle se moquait des promesses qu'elle lui faisait. Je crus le moment des plus favorables pour obtenir d'elle tout ce que je pouvais désirer.

Je commençai par lui dire brièvement ce qui m'amenait chez elle, et je ne manquai pas de l'assurer qu'elle pouvait compter sur ma discrétion, et que j'étais incapable de lui nuire. Thérèse, se montrant reconnaissante, s'empressa de m'assurer qu'elle était bien aise de trouver une occasion de m'obliger, et après m'avoir demandé tous les certificats de la dame pour laquelle je m'intéressais, elle s'empressa de me montrer ceux d'une autre dame pour laquelle elle avait promis de parler, ajoutant qu'elle me promettait de la sacrifier à ma protégée, et elle tint parole ; car dès le surlendemain je fus en possession du décret, signé de Son Excellence en sa qualité de président de fraternité des pauvres. Mme Orio fut d'abord inscrite pour les grâces qu'on tirait au sort deux fois par an, en attendant mieux.

Nanette et sa sœur Marton étaient orphelines et filles d'une sœur de Mme Orio. Cette bonne dame n'avait pour toute fortune que la maison où elle habitait et dont elle louait le premier étage, et une pension que lui faisait son frère, secrétaire du conseil des Dix. Elle n'avait chez elle que ses deux charmantes nièces, dont l'aînée avait seize ans et la cadette quinze. Au lieu de domestique, elle avait une vieille femme qui, pour un écu par mois, allait tous les jours lui chercher l'eau et faire son ménage. Le procureur Rosa était son seul ami ; il avait comme elle soixante ans et n'attendait pour l'épouser que le moment où il serait veuf.

Les deux sœurs couchaient ensemble au troisième dans un large lit, où Angela était en tiers tous les jours de fête.

Dès que je me vis possesseur de l'acte que désirait Mme Orio, je m'empressai d'aller faire visite à la maîtresse à broder, afin d'avoir occasion de remettre à Nanette un billet où je lui faisais part de l'heureux succès de mes démarches, en la prévenant que j'irais le surlendemain, qui était un jour de fête, remettre à sa tante le décret de mon sénateur; et je n'oubliais pas de lui faire les plus vives instances pour qu'elle me ménageât un tête-à-tête avec ma belle.

Le surlendemain, Nanette, attentive à mon arrivée, me remit adroitement un billet en me disant de trouver le moyen de le lire avant de sortir de la maison. J'entre et je vois, auprès de Mme Orio, Angela, le vieux procureur et Marton. Pressé de lire mon billet, je refuse la chaise qu'on me présente et, ayant remis à Mme Orio l'acte qui lui assurait la grâce qu'elle désirait, je ne lui demande d'autre récompense que de lui baiser la main, prétextant le besoin de sortir sans retard.

« Oh! mon cher abbé, me dit cette dame, vous m'embrasserez, et personne n'y trouvera à redire, puisque j'ai trente ans de plus que vous. » Elle aurait pu dire quarante-cinq sans se tromper.

Je lui donnai deux baisers, dont elle fut sans doute satisfaite, car elle me dit d'aller aussi embrasser ses deux nièces; mais elles prirent la fuite, et Angela seule brava mon audace. Ensuite la veuve m'invita à m'asseoir....

« Je ne le puis, madame.
— Pourquoi donc, je vous prie?
— J'ai...
— J'entends. Nanette, montre à monsieur l'abbé.
— Ma tante, dispensez-moi, je vous prie.
— Va donc, Marton.
— Ma tante, faites-vous obéir par mon aînée.
— Hélas! dis-je, madame, ces demoiselles ont bien raison. Je m'en vais.
— Non, monsieur l'abbé, mes nièces sont de véritables sottes; monsieur Rosa aura la bonté... »

7.

Le bon procureur me prend affectueusement par la main et me mène au troisième où il me laisse seul. Libre alors, je lis le billet conçu en ces termes :

« Ma tante vous priera à souper ; n'acceptez pas. Partez dès que nous nous mettrons à table, et Marton ira vous éclairer jusqu'à la porte de la rue ; mais ne sortez pas. Dès que la porte sera refermée, tout le monde vous croyant parti, vous monterez à tâtons jusqu'au troisième étage, où vous nous attendrez. Nous monterons dès que M. Rosa sera parti et notre tante couchée. Il ne tiendra qu'à Angela de vous accorder durant toute la nuit un tête-à-tête que je vous souhaite très heureux. »

Quelle joie ! quelle reconnaissance pour le hasard qui me faisait lire ce billet à l'endroit même où je devais attendre l'objet de mon amour ! Sûr de m'y retrouver sans la moindre difficulté, je redescends chez Mme Orio tout plein de mon bonheur.

CHAPITRE V

Nuit fâcheuse. — Je deviens amoureux des deux sœurs et j'oublie Angela. — Bal chez moi : Juliette humiliée. — Mon retour à Pasean. — Lucie malheureuse. — Orage favorable.

Rentré dans le salon, Mme Orio, après m'avoir fait mille remerciements, me dit qu'à l'avenir je devais jouir de tous les droits d'ami de la maison ; ensuite nous passâmes quatre heures à rire et à plaisanter.

L'heure du souper étant venue, je fis des excuses si bien tournées que Mme Orio fut forcée de les admettre.

CHAPITRE V   119

Marton prit alors la lumière pour aller m'éclairer, mais la tante, croyant Nanette ma favorite, lui donna si impérativement l'ordre de m'accompagner qu'elle dut obéir. Celle-ci descend rapidement l'escalier, ouvre la porte qu'elle referme avec bruit et, éteignant la lumière, elle rentre en me laissant à l'obscurité. Je monte doucement et, arrivé au troisième, j'entre dans la chambre de ces demoiselles, et, me plaçant sur un canapé, j'attends l'heure fortunée du berger.

Je restai là environ une heure dans les plus douces rêveries ; enfin j'entendis ouvrir et refermer la porte de la rue, et quelques minutes après je vois entrer les deux sœurs et mon Angela. Je l'attire auprès de moi, et ne voyant qu'elle, je passe deux heures tout entières à lui parler. Minuit sonne : on me plaint de n'avoir point soupé, mais leur commisération me choque ; je réponds qu'au sein du bonheur je ne pouvais me sentir incommodé d'aucun besoin. On me dit que je suis en prison, que la clef de l'entrée était sous le chevet de la tante qui n'ouvrait la porte que pour aller à la première messe. Je leur montre mon étonnement qu'elles puissent croire que ce soit une mauvaise nouvelle pour moi ; je me réjouis au contraire d'avoir cinq heures devant moi, et d'être sûr que je les passerais avec l'objet de mon adoration. Une heure après, Nanette se mit à rire ; Angela voulut en savoir la raison, et la lui ayant dite à l'oreille, Marton se prit à rire aussi. Intrigué, je veux à mon tour savoir ce qui excite leur hilarité, et Nanette enfin, affectant un air mortifié, me dit qu'elles n'avaient point d'autre chandelle et que dans quelques instants nous serions dans les ténèbres. Cette nouvelle me comble de joie ; mais je la dissimule, et leur dis que j'en étais fâché pour elles. Je leur propose alors d'aller se coucher et de dormir tranquilles, qu'elles pouvaient compter sur mon respect. Cette proposition les fit rire.

« Que ferons-nous à l'obscur ?

— Nous causerons. »

Nous étions quatre ; il y avait trois heures que nous parlions et j'étais le héros de la pièce. L'amour est grand poète : sa matière est inépuisable ; mais, si la fin à laquelle il vise n'arrive jamais, il se lasse et devient muet. Mon Angela écoutait : mais, peu verbeuse, elle répondait rarement, et faisait plutôt parade de bon sens que d'esprit. Pour affaiblir mes arguments, elle se contentait souvent de me lancer un proverbe, comme les Romains lançaient la catapulte. Elle se retirait, ou avec la plus désagréable douceur elle repoussait mes pauvres mains toutes les fois que l'amour les appelait à mon secours. Malgré cela je continuais à parler et à gesticuler sans perdre courage ; mais j'étais au désespoir quand je m'apercevais que mes arguments trop subtils l'étourdissaient au lieu de la persuader, et qu'au lieu d'attendrir son cœur ils ne faisaient que l'ébranler. D'un autre côté, j'étais tout étonné de voir sur la physionomie des deux sœurs l'impression qu'y faisaient les traits que je lançais à Angela. Cette courbe métaphysique me semblait hors de nature : ç'aurait dû être un angle. Malheureusement j'étudiais alors la géométrie. Ma position était telle que, malgré la saison, je suais à grosses gouttes. Enfin, la lumière étant près de s'éteindre, Nanette se leva pour l'emporter.

A la première apparition des ténèbres, mes bras se lèvent naturellement pour se saisir de l'objet nécessaire à la situation de mon âme ; mais, ne trouvant rien, je me mets à rire de ce qu'Angela avait saisi l'instant d'avance pour s'assurer de n'être pas surprise. Je fus une heure à dire tout ce que l'amour pouvait m'inspirer de plus gai, de plus tendre, pour la persuader à venir reprendre sa place. Il me paraissait impossible que ce ne fût pas une plaisanterie.

Enfin, l'impatience commençant à s'en mêler : « Ce badinage, lui dis-je, est trop long : il est contre nature, puisque je ne saurais courir après vous ; et je m'étonne de vous entendre rire, car dans une conduite aussi étrange, je ne puis que supposer que vous vous moquez de moi. Venez donc vous asseoir, et puisque je dois vous parler sans vous voir, que mes mains m'assurent que je ne parle pas à l'air. Si vous vous moquez de moi, vous devez sentir que vous m'insultez, et l'amour ne doit pas, je crois, être mis à l'épreuve de l'insulte.

— Eh bien ! calmez-vous ; je vous écoute sans perdre une seule de vos paroles ; mais vous devez sentir que je ne puis pas me mettre décemment auprès de vous dans cette obscurité.

— Vous voulez donc que je me tienne ici jusqu'à l'aube du jour ?

— Jetez-vous sur le lit et dormez.

— Je vous admire de trouver la chose possible et combinable avec mes feux. Allons, je vais m'imaginer que nous jouons à colin-maillard. »

Alors, m'étant levé, je me mets à chercher en long et en large, mais toujours en vain. Lorsque je saisissais quelqu'un, c'était toujours Nanette ou Marton qui, par amour-propre, se nommaient dans l'instant ; et moi, sot Don Quichotte, dans l'instant je lâchais prise ! L'amour et le préjugé m'empêchaient de sentir combien ce respect était ridicule. Je n'avais pas encore lu les anecdotes de Louis XIII, roi de France ; mais j'avais lu Bocace. Je continuais à chercher en lui reprochant sa dureté et en lui représentant qu'elle devait à la fin se laisser trouver ; mais elle me répondait qu'elle devait avoir la même difficulté de me rencontrer. La chambre n'était pas grande et j'étais enragé de ne pouvoir l'attraper.

Moins las qu'ennuyé, je m'assis et je passai une heure à raconter l'histoire de Roger lorsque Angélique disparut au moyen de la bague enchantée que trop bonnement l'amoureux chevalier lui avait remise :

> Cosi dicendo, intorno à la fortuna
> Brancolando n'andava come cieco.
> O quante volte abbraccio l'aria vana
> Sperando la donzella abbracciar seco [1].

Angela ne connaissait pas l'Arioste, mais Nanette l'avait lu plusieurs fois. Elle se mit à défendre Angélique, accusant la bonhomie de Roger qui, s'il avait été sage, n'aurait jamais dû confier la bague à la coquette. Nanette m'enchanta ; mais j'étais encore trop neuf pour faire les réflexions convenables à un retour sur moi-même.

Je n'avais plus qu'une seule heure devant moi, et il ne fallait pas attendre le jour, car Mme Orio serait plutôt morte que tentée de manquer la messe. Je passai donc cette dernière heure à parler seul à Angela pour la persuader et puis la convaincre qu'elle devait venir s'asseoir auprès de moi. Mon âme passa par toutes les gradations du creuset, et le lecteur ne saurait s'en faire une idée claire, à moins qu'il ne se soit trouvé dans le même cas. Après avoir épuisé les raisons les plus persuasives, je passai à la prière et enfin aux larmes ; mais, voyant que tout était inutile, le sentiment qui s'empara de moi fut cette noble indignation qui ennoblit la colère. Je serais parvenu à battre le fier monstre qui avait pu me tenir cinq heures entières dans la plus cruelle des dé-

---

[1]. Tout en parlant ainsi, il allait autour de la fortune en chancelant comme un aveugle. Oh ! combien de fois il embrassa l'air espérant embrasser la belle!

tresses, si je ne me fusse trouvé dans l'obscurité. Je lui dis toutes les injures qu'un amour méprisé peut suggérer à un esprit irrité. Je l'accablai de malédictions fanatiques ; je lui jurai que tout mon amour s'était changé en haine, et je finis par la prévenir de se garder de moi, car je la tuerais dès qu'elle s'offrirait à mes yeux.

Mes invectives finirent avec les ténèbres. À l'apparition des premiers rayons de l'aurore, et au bruit que firent la grosse clef et le verrou lorsque Mme Orio ouvrit la porte pour aller mettre son âme dans le repos quotidien qui lui était nécessaire, je me disposai à partir, prenant mon manteau et mon chapeau. Mais comment peindre la consternation de mon âme quand, glissant le regard sur ces trois jeunes personnes, je les vis fondant en larmes ! Honteux, désespéré, je me sentis un instant l'envie de me détruire ; et, m'asseyant de nouveau, je réfléchis à ma brutalité, me reprochant d'avoir mis en pleurs ces trois charmantes personnes. Il me fut impossible de proférer une parole ; le sentiment me suffoquait ; les larmes vinrent à mon secours et je m'y livrai avec volupté. Nanette étant venue me dire que sa tante ne tarderait pas à rentrer, j'essuyai mes yeux, et sans chercher à les regarder je m'enfuis sans leur rien dire, et j'allai me mettre au lit, mais sans pouvoir dormir.

À midi M. de Malipiero, me voyant extrêmement changé, m'en demanda la raison, et ayant besoin de soulager mon cœur, je lui dis tout. Le sage vieillard ne rit pas, mais par des réflexions sensées il me mit du baume dans l'âme. Il se voyait dans mon cas avec sa cruelle Thérèse. Cependant à table il fut forcé de rire quand il me vit dévorer les morceaux. Je n'avais pas soupé ; il me félicita sur mon heureuse constitution.

Déterminé à ne plus aller chez Mme Orio, je soutins ces jours-là une thèse de méthaphysique où je disais que tout être dont on ne pouvait avoir qu'une idée abstraite ne pouvait exister qu'arbitrairement; et j'avais raison; mais il ne fut pas difficile de présenter ma thèse sous une lueur d'impiété, et on me condamna à chanter la palinodie. Peu de jours après je me rendis à Padoue, où je fus promu au doctorat *utroque jure*.

De retour à Venise, je reçus de M. Rosa un billet où il me priait de la part de Mme Orio d'aller la voir. Sûr de n'y point trouver Angela, j'y allai dès le soir même, et les deux aimables sœurs dissipèrent par leur gaieté la honte que j'avais de reparaître devant elles au bout de deux mois. Ma thèse et mon doctorat firent valoir mes excuses auprès de Mme Orio, qui n'avait d'autre plainte à me faire. sinon que je n'allais plus chez elle.

A mon départ. Nanette me remit une lettre qui contenait un billet d'Angela; le voici : « Si vous avez le courage de passer encore une nuit avec moi, vous n'aurez pas à vous plaindre, car je vous aime; et je désire savoir de votre bouche même si vous auriez continué à m'aimer, si j'avais consenti à me rendre méprisable. »

Voici la lettre de Nanette, qui seule avait de l'esprit :

« M. Rosa s'étant engagé à vous faire revenir chez nous, je prépare cette lettre pour vous faire savoir qu'Angela est au désespoir de vous avoir perdu. La nuit que vous avez passée avec nous fut cruelle, j'en conviens, mais il me semble qu'elle ne devait pas vous faire prendre le parti de ne plus venir voir au moins Mme Orio. Je vous conseille, si vous aimez encore Angela, de courir encore le risque d'une nuit. Elle se justifiera peut-être, et vous en sortirez content. Venez donc. Adieu ! »

Ces deux lettres me firent plaisir, car je voyais le plaisir de me venger d'Angela par le plus froid mépris.

CHAPITRE V

Je me rendis donc chez ces dames le premier jour de fête, ayant dans mes poches deux bouteilles de vin de Chypre et une langue fumée ; mais je fus bien surpris de ne pas y trouver ma cruelle. Nanette, faisant tomber le discours sur son compte, me dit que le matin à l'église elle lui avait dit qu'elle ne pourrait venir qu'à l'heure du souper. Comptant là-dessus, je n'acceptai pas l'invitation que me fit Mme Orio, et avant qu'ils se missent à table, je sortis comme la première fois, et j'allai me mettre à l'endroit concerté. Il me tardait de jouer le rôle que j'avais médité, car j'étais sûr que, quand bien même Angela se serait décidée à changer de système, elle ne m'aurait accordé que de légères faveurs, et je n'en voulais plus : je ne me sentais plus dominé que par un violent désir de vengeance.

Trois quarts d'heure après, j'entends fermer la porte de la rue, et bientôt je vois paraître devant moi Nanette et Marton.

« Où est donc Angela? dis-je à Nanette.

— Il faut qu'elle n'ait pu ni venir ni nous le faire dire ; cependant elle doit être sûre que vous êtes ici.

— Elle croit m'avoir attrapé ; et effectivement je ne m'y attendais pas. Au reste, vous la connaissez maintenant. Elle se moque de moi ; elle triomphe. Elle s'est servie de vous pour me faire donner dans le panneau, et elle y a gagné : car, si elle était venue, c'est moi qui me serais moqué d'elle.

— Oh! pour cela, permettez que j'en doute.

— N'en doutez pas, belle Nanette, et vous en serez convaincue par l'agréable nuit que nous passerons sans elle.

— C'est-à-dire qu'en homme d'esprit vous saurez vous adapter à un pis-aller ; mais vous vous coucherez ici, et nous irons coucher sur le canapé dans l'autre chambre.

— Je ne vous en empêcherai pas, mais vous me joueriez le plus mauvais tour : d'ailleurs, je ne me coucherai pas.

— Quoi! vous auriez la force de passer sept heures tête à tête avec nous? Je suis sûre que, lorsque vous ne saurez plus que dire, vous vous endormirez.

— Nous verrons. En attendant voici des provisions. Aurez-vous la cruauté de me laisser manger seul? Avez-vous du pain?

— Oui, et nous ne serons pas cruelles; nous souperons une seconde fois.

— C'est de vous que je devrais être amoureux. Dites-moi, belle Nanette, si j'étais épris de vous comme je l'étais d'Angela, me rendriez-vous malheureux comme elle?

— Vous semble-t-il que pareille question puisse être faite? Elle est d'un fat. Tout ce que je puis vous dire, c'est que je n'en sais rien. »

Elles mirent vite trois couverts, apportèrent du pain, du fromage de Parme et de l'eau, en riant de tout cela, et puis nous nous mîmes en besogne. Le chypre, auquel elles n'étaient point accoutumées, leur monta à la tête, et leur gaieté devint délicieuse. J'étais étonné, en les considérant, de n'avoir pas plus tôt reconnu leur mérite.

Après notre petit souper qui fut délicieux, assis entre elles deux et leur prenant la main que je portai à mes lèvres, je leur demandai si elles étaient mes vraies amies, et si elles approuvaient la manière indigne dont Angela m'avait traité. Elles me répondirent ensemble que je leur avais fait verser des larmes.

« Laissez donc, repris-je, que j'aie pour vous la tendresse d'un frère, et partagez-la comme si vous étiez mes sœurs : donnons-nous-en des gages dans l'innocence de nos cœurs, et jurons-nous une fidélité éternelle. »

Le premier baiser que je leur donnai ne fut ni le produit d'un sentiment amoureux ni le désir de les séduire, et de leur côté elles m'assurèrent quelques jours après qu'elles ne me le rendirent que pour m'assurer qu'elles partageaient mes honnêtes sentiments de fraternité; mais ces baisers innocents ne tardèrent pas à devenir de flamme et à porter en nous un incendie dont nous dûmes être fort surpris, car nous les suspendîmes quelques instants après en nous entre regardant tout étonnés et fort sérieux. S'étant levées l'une et l'autre sans affectation, je me trouvai seul dans la réflexion. Il n'était pas étonnant que le feu que ces baisers avaient allumé dans mon âme et qui circulait dans mes veines m'eût rendu tout à coup éperdûment amoureux de ces aimables personnes. Elles étaient l'une et l'autre plus jolies qu'Angela, et Nanette par l'esprit comme Marton par le caractère doux et naïf lui étaient infiniment supérieures. J'étais tout surpris de n'avoir pas plus tôt reconnu leur mérite; mais ces demoiselles étant nobles et fort honnêtes, le hasard qui les avait mises entre mes mains ne devait pas leur devenir fatal. Je n'avais pas la fatuité de croire qu'elles m'aimaient, mais je pouvais supposer que mes baisers avaient fait sur elles le même effet que les leurs avaient fait sur moi; et dans ce raisonnement je voyais avec évidence qu'en employant la ruse et ces tournures dont elles ne devaient pas connaître la force il ne me serait pas difficile, dans le courant de la longue nuit que je devais passer avec elles, de les faire consentir à des complaisances dont les suites pouvaient devenir très décisives. Cette pensée me fit horreur, et je m'imposai la loi sévère de les respecter, ne doutant pas que je n'eusse la force nécessaire pour l'observer.

Dès qu'elles reparurent, je vis sur leurs traits le caractère de la sécurité et du contentement, et je me donnai bien vite le même vernis, bien déterminé à ne plus m'exposer à l'ardeur de leurs baisers.

Nous passâmes une heure à parler d'Angela, et je leur dis que je me sentais déterminé à ne la plus voir, persuadé que j'étais qu'elle ne m'aimait pas.

« Elle vous aime, me dit la naïve Marton, et j'en suis sûre : mais, si vous ne pensez pas à l'épouser, vous ferez bien de rompre entièrement avec elle, car elle est décidée à ne pas même vous accorder un seul baiser tant que vous ne serez pas son amoureux : il faut donc vous décider à la quitter ou vous attendre à ne la trouver complaisante en rien.

— Vous raisonnez comme un ange : mais comment pouvez-vous être sûre qu'elle m'aime?

— J'en suis très-sûre, et, dans l'amitié fraternelle que nous nous sommes promise, je puis vous dire comment. Lorsque Angela couche avec nous, elle m'embrasse tendrement en m'appelant son cher abbé. »

A ces mots, Nanette, éclatant de rire, lui mit la main sur la bouche ; mais cette naïveté me mit tellement en émoi, que j'eus bien de la peine à me contenir.

Marton dit à Nanette qu'ayant beaucoup d'esprit, il était impossible que j'ignorasse ce qui se passait entre de jeunes filles qui couchaient ensemble.

« Sans doute, m'empressai-je de dire, personne n'ignore ces bagatelles, et je ne crois pas, ma chère Nanette, que vous ayez trouvé dans cette confidence amicale votre sœur trop indiscrète.

— C'est une affaire faite ; mais ce sont des choses qui ne se disent pas. Si Angela le savait!...

— Elle serait au désespoir ; mais Marton m'a donné une telle marque d'amitié que je lui en serai reconnaissant jusqu'à la mort. Au reste, c'en est fait : je déteste

CHAPITRE V

Angela et je ne lui parlerai plus. C'est une personne fausse ; elle ne vise qu'à ma perte.

— Mais, si elle vous aime, elle n'a pas tort de vous vouloir pour époux.

— D'accord ; mais elle ne pense qu'à elle ; car, sachant ce que je souffre, si elle m'aimait pour moi, pourrait-elle en agir ainsi ? En attendant son imagination lui fournit les moyens d'apaiser ses désirs avec cette charmante Marton qui veut bien lui servir de mari. »

A ces mots les éclats de rire de Nanette redoublèrent ; mais moi je tins mon sérieux et continuai à parler à sa sœur sur le même ton, faisant le plus grand éloge de sa sincérité. Je lui dis enfin que sans doute, par droit de réciprocité, Angela à son tour devait lui servir de mari ; mais elle me dit en riant qu'elle n'était mari que de Nanette, et Nanette dut en convenir.

« Mais comment, repris-je alors, Nanette dans ses transports nomme-t-elle son mari ?

— Personne n'en sait rien.

— Vous aimez donc quelqu'un, Nanette ?

— C'est vrai, mais personne ne saura mon secret. »

Cette retenue me suggéra que je pourrais bien être dans ce secret et que Nanette était la rivale d'Angela. Une conversation aussi attrayante me fit peu à peu perdre l'envie de passer une nuit oisive avec ces deux charmantes filles faites pour l'amour.

« Je suis bien heureux, leur dis-je, de n'avoir pour vous que des sentiments d'amitié, car sans cela je me trouverais fort embarrassé de passer la nuit avec vous, sans être tenté de vous donner des preuves de ma tendresse, et d'en recevoir ; car vous êtes l'une et l'autre jolies à ravir et faites pour faire tourner la tête à tout homme que vous mettrez à même de vous connaître à fond. »

En continuant de parler ainsi, je fis semblant d'avoir envie de dormir. Nanette, s'en apercevant la première, me dit :

« Ne faites point de façons ; mettez-vous au lit : nous irons dans l'autre chambre nous coucher sur le canapé.

— Je me croirais, leur dis-je, le plus lâche des hommes, si je faisais cela. Causons ; l'envie de dormir me passera. Je ne suis en peine que pour vous. Allez vous coucher, et moi, mes charmantes amies, je passerai dans l'autre chambre. Si vous me craignez, enfermez-vous ; mais vous auriez tort, car je ne vous aime qu'avec des entrailles de frère.

— Nous ne ferons jamais cela, me dit Nanette ; mais laissez-vous persuader ; couchez-vous ici.

— Habillé, je ne puis dormir.

— Déshabillez-vous ; nous ne vous regarderons pas.

— Je ne crains pas cela ; mais je ne pourrais jamais m'endormir en vous voyant obligées à veiller à cause de moi.

— Nous nous coucherons aussi, me dit Marton, mais sans nous déshabiller.

— C'est une méfiance qui offense ma probité. Dites-moi, Nanette, si vous me croyez honnête homme ?

— Oui, certainement.

— Fort bien, mais vous devez m'en convaincre ; et pour cela couchez-vous à mes côtés, toutes déshabillées, et comptez sur la parole d'honneur que je vous donne de ne point vous toucher. Au reste, vous êtes deux contre un : que pouvez-vous craindre ? Ne serez-vous pas maîtresses de sortir du lit, si je cesse d'être sage ? Bref, si vous ne consentez pas à me donner cette marque de confiance, au moins quand vous me verrez endormi, je ne me coucherai pas. »

Alors, cessant de parler, je fis semblant de m'endor-

CHAPITRE V

mir. S'étant entretenues un moment entre elles à voix basse, Marton me dit d'aller me coucher, qu'elles me suivraient dès qu'elles me verraient endormi. Nanette m'ayant confirmé la promesse, je leur tournai le dos, me déshabillai et, leur ayant souhaité le bonsoir, je me couchai. Dès que je fus au lit, je fis semblant de dormir ; mais bientôt le sommeil s'empara de moi tout de bon, et je ne me réveillai que lorsqu'elles vinrent se coucher. Alors, m'étant retourné comme pour me rendormir, je restai tranquille jusqu'à ce que je fusse le maître de les croire endormies, et si elles ne l'étaient pas, il ne tenait qu'à elles d'en faire le semblant. Elles m'avaient tourné le dos, et la lumière était éteinte : j'agissais donc au hasard, et j'adressai mes premiers hommages à celle qui était à ma droite, ignorant si c'était Nanette ou Marton. Je la trouvai accroupie et enveloppée dans le seul vêtement qu'elle eût conservé. Ne brusquant rien et ménageant sa pudeur, je la mis par degrés dans le cas de s'avouer vaincue et persuadée que le meilleur parti qu'elle eût à prendre était de continuer à faire semblant de dormir et à me laisser faire. Bientôt, la nature en elle agissant de concert avec moi, j'atteignis au but, et mes efforts couronnés d'un plein succès ne me laissèrent aucun doute sur l'obtention des prémices auxquelles le préjugé peut-être nous fait ajouter tant de prix. Ravi d'avoir savouré une jouissance que je venais de goûter complètement pour la première fois, je quitte doucement ma belle pour aller porter à l'autre un nouveau tribut de mon ardeur. Je la trouvai immobile, couchée sur le dos, dans l'état d'une personne qui dort d'un sommeil profond et tranquille. Ménageant les approches, comme si j'avais craint de l'éveiller, je commençai par flatter ses sens, m'assurant qu'elle était aussi novice que sa sœur ; et dès qu'un mouvement naturel m'eut fait sentir que l'amour agréait l'offrande, je me mis en devoir de consommer le sacrifice. Alors, cédant tout à coup à la vivacité du sentiment qui l'agitait, et comme fatiguée du rôle simulé qu'elle avait adopté, elle me serra étroitement dans ses bras à l'instant de la crise, me couvrit de baisers, me rendant transports pour transports, et l'amour confondit nos âmes dans une égale volupté.

A ces signes, je crus reconnaître Nanette; je le lui dis.

« Oui, c'est moi, dit-elle, et je me déclare heureuse ainsi que ma sœur, si vous êtes honnête et constant.

— Jusqu'à la mort, mes anges; et comme tout ce que nous avons fait est l'œuvre de l'amour, qu'il ne soit plus entre nous question d'Angela. »

Je la priai ensuite de se lever pour aller allumer des bougies; mais Marton, pleine de complaisance, se leva à l'instant et nous laissa ensemble. Quand je vis Nanette entre mes bras animée du feu de l'amour, et Marton près de nous, une bougie à la main, et qui semblait par ses regards nous accuser d'ingratitude de ce que nous ne lui disions rien, tandis qu'ayant été la première à se rendre à mes caresses, elle avait encouragé sa sœur à l'imiter, je sentis tout mon bonheur.

« Levons-nous, mes amies, leur dis-je, et jurons-nous une amitié éternelle. »

Dès que nous fûmes levés, nous fîmes ensemble des ablutions qui les firent beaucoup rire, et qui renouvelèrent nos ardeurs; ensuite, dans le costume de l'âge d'or, nous achevâmes ce que nous avions laissé à notre souper. Après nous être dit cent choses que, dans l'ivresse des sens, il n'est permis qu'à l'amour d'interpréter, nous nous recouchâmes, et la plus délicieuse des nuits se passa dans les témoignages réciproques de notre ardeur. Ce fut Nanette qui reçut la dernière les preuves de ma tendresse; car Mme Orio étant sortie pour aller à la messe, je fus obligé de hâter mon départ en les assurant qu'elles avaient éteint dans mon cœur tous mes sentiments pour Angela. Arrivé chez moi, je me couchai et dormis du sommeil le plus doux jusqu'à l'heure du dîner.

M. de Malipiero me trouva l'air joyeux et les yeux fatigués; mais, discret, je lui laissai croire tout ce qu'il voulut sans lui rien dire. Le surlendemain je fis une visite à Mme Orio, et comme Angela n'y était pas, je restai à souper, et je me retirai en même temps que M. Rosa. Nanette pendant ma visite trouva le moment de me remettre une lettre et un petit paquet. Le paquet contenait un morceau de cire sur lequel était l'empreinte d'une clef, et le billet me disait de faire faire la clef et de m'en servir pour aller passer les nuits avec elles quand j'en aurais envie. Elle m'informait en outre qu'Angela avait été passer avec elles la nuit du lendemain, et que dans les habitudes où elles étaient elle avait deviné tout ce qui s'était passé; qu'elles en étaient convenues en lui reprochant qu'elle en avait été la cause; que là-dessus elle leur avait dit les plus fortes injures, promettant qu'elle ne remettrait plus les pieds chez elles, mais que cela leur était fort égal.

Quelques jours après la fortune nous délivra d'Angela; son père, ayant été appelé à Vicence pour une couple d'années afin d'y peindre à fresco des appartements, l'emmena avec lui. Je me trouvai par son absence tranquille possesseur de ces deux charmantes filles, avec lesquelles je passai au moins deux nuits par semaine, m'introduisant facilement chez elles au moyen de la clef, que j'avais eu soin de faire faire.

Nous étions vers la fin du carnaval, lorsqu'un jour M. Manzoni me dit que la célèbre Juliette désirait me parler, et qu'elle avait été très fâchée de ne plus me voir. Curieux de savoir ce qu'elle avait à me dire, je me rendis chez elle avec lui. Après m'avoir fait une réception assez polie, elle me dit qu'elle savait que j'avais chez moi une belle salle et qu'elle désirait que je lui donnasse un bal, dont elle ferait tous les frais. J'y consentis. Elle me remit vingt-quatre sequins et envoya chez moi ses gens pour garnir ma salle et mes chambres de lustres, n'ayant pour ma part à m'occuper que de l'orchestre et du souper.

M. de Sanvitali était déjà parti, et le gouvernement de Parme lui avait donné un économe. J'ai vu ce seigneur à Versailles dix ans après; il était décoré des ordres du roi en qualité de grand écuyer de la fille aînée de Louis XV, duchesse de Parme, qui, comme toutes les princesses de France, ne pouvait pas s'accoutumer au séjour de l'Italie.

Mon bal eut lieu et tout y alla bien. Les convives étaient tous de la coterie de Juliette, à l'exception de Mme Orio, de ses nièces et du procureur Rosa, qui se trouvaient dans la chambre à côté et qu'on m'avait permis d'amener comme personnes sans conséquence.

Après le souper et tandis qu'on dansait des menuets, la belle me prit à part et me dit :

« Menez-moi dans votre chambre ; il m'est venu une idée plaisante : nous rirons. »

Ma chambre était au troisième : je l'y menai. Dès que nous y fûmes, je lui vis fermer le verrou : je ne savais que penser.

« Je veux, me dit-elle, que vous m'habilliez complètement en abbé avec un de vos habits, et je vous habillerai en femme avec ma robe. Nous descendrons ainsi déguisés et nous danserons ensemble. Vite, mon cher ami, commençons par nous coiffer. »

Sûr d'une bonne fortune, et charmé de la rareté de

CHAPITRE V

l'aventure, je lui arrange vite ses longs cheveux en rond, et je me laisse coiffer à mon tour. Elle me met du rouge, des mouches ; je me prête à tout, et lui en montrant mon contentement, elle m'accorde un doux baiser de très bonne grâce, à condition que je n'en demanderais pas davantage.

« Tout, lui dis-je, ne peut dépendre que de vous, belle Juliette ; mais je vous préviens que je vous adore. »

Je mets sur mon lit une chemise, un petit collet, des caleçons, des bas noirs, enfin un habit complet. Elle s'en approche et, en laissant tomber sa jupe, elle passe adroitement les caleçons qu'elle trouve bien ; mais, quand elle en fut à la culotte, il y eut obstacle, la ceinture est trop étroite, et le seul remède est de découdre par derrière, ou de couper, s'il le faut. Je me charge de tout, et, m'asseyant sur le pied du lit, elle se met devant moi en me tournant le dos. Je travaille, mais il lui semble que je veux trop voir, que je m'y prends mal et que je touche où il n'est pas nécessaire : elle s'impatiente, me laisse, déchire et s'arrange comme elle peut. Je l'aide ensuite à se chausser et je lui passe la chemise ; mais en arrangeant le jabot et le petit collet elle trouve mes mains trop curieuses, car sa poitrine n'était pas bien fournie. Elle me dit mille injures, m'appelle malhonnête : je la laisse dire. Je tenais à ne pas lui paraître dupe ; et d'ailleurs je pensais qu'une femme qu'on avait payée cent mille ducats valait bien la peine d'être observée. Enfin, sa toilette achevée, voilà mon tour. J'ôte vite ma culotte, malgré son opposition, et elle doit me mettre une chemise, puis une jupe, et m'habiller enfin. Mais tout à coup, devenue coquette, elle se fâche de ce que je ne cache point l'effet très apparent de ses charmes, et elle se refuse à m'accorder la faveur qui, dans un instant, m'aurait rendu le calme. Je veux lui donner un baiser ; elle s'y refuse ; je m'impatiente et malgré elle je la rendis témoin du terme de mon irritation. A cette vue, elle me dit des injures, je lui démontre son tort ; mais tout est inutile. Quoique fâchée, elle fut pourtant obligée de finir ma toilette.

Il est évident qu'une honnête femme qui se serait exposée à une semblable aventure aurait eu de tendres intentions, et qu'elle ne se serait point démentie au moment où elle les aurait vues partagées ; mais les femmes de l'espèce de Juliette sont dominées par un esprit de contradiction qui les rend ennemies d'elles-mêmes. Au reste, Juliette se trouva attrapée quand elle vit que je n'étais pas timide, et ma facilité lui parut un manque de respect. Elle aurait bien voulu que je lui dérobasse quelques faveurs légères qu'elle m'aurait accordées sans conséquence ; mais j'aurais trop flatté son amour-propre.

Notre déguisement étant achevé, nous descendîmes ensemble dans la salle où des applaudissements réitérés nous mirent bientôt en bonne humeur. Tout le monde me supposait une bonne fortune que je n'avais pas eue ; mais j'étais bien aise de la laisser croire ; et je me mis à danser avec mon faux abbé que j'étais fort fâché de trouver charmant. Juliette me traita si bien toute la nuit que, prenant ses nouvelles manières pour une sorte de repentir, je fus au moment de m'en vouloir de mes procédés envers elle : ce fut un mouvement de faiblesse dont je fus puni.

Après la contredanse, tous les cavaliers s'étant crus en droit de prendre des libertés avec le feint abbé, je m'émancipai à mon tour avec les jeunes filles qui auraient craint de se rendre ridicules, si elles s'étaient opposées à mes caresses.

M. Querini fut assez sot pour venir me demander si

j'avais gardé ma culotte ; et comme je lui répondis que j'avais été obligé de la donner à Juliette, il alla tristement s'asseoir dans un coin de la salle et ne voulut plus danser.

Bientôt toute la compagnie ayant remarqué que j'avais une chemise de femme, personne ne douta plus que le sacrifice n'eût été consommé, Marton et Nanette exceptées, qui n'imaginèrent point que je pusse leur faire une infidélité. Juliette s'aperçut qu'elle avait fait une grande étourderie : mais le mal était fait; il n'y avait plus de remède.

Quelque temps après, étant retournés dans ma chambre, et la croyant repentie, me sentant d'ailleurs quelques velléités pour elle, je crus pouvoir l'embrasser et lui prendre la main pour lui prouver que j'étais prêt à lui donner satisfaction ; mais, au même instant elle me donna un si violent soufflet que, dans mon indignation, peu s'en fallut que je ne le lui rendisse. Je me déshabille à la hâte et sans la regarder; elle en fait autant, et nous redescendons ; mais, malgré l'eau fraîche dont j'avais fait de copieuses ablutions, chacun put voir sur ma figure la marque de la grosse main qui s'y était reposée.

Avant de s'en aller, me prenant à part, elle me dit du ton le plus ferme et le plus décidé que, si j'avais envie de me faire jeter par la fenêtre, je n'avais qu'à paraître chez elle, et qu'elle me ferait assassiner, si ce qui était arrivé devenait public. Je me gardai bien de lui fournir les motifs de faire l'un ou l'autre; mais je ne pus empêcher qu'on sût que nous avions troqué nos chemises. Personne ne m'ayant plus vu chez elle, tout le monde crut qu'elle avait été obligée de donner cette satisfaction à M. Querini. Le lecteur verra comment six ans après cette singulière fille dut faire semblant d'avoir oublié cette histoire.

Je passai le carême, partie avec mes deux anges et toujours plus heureux, partie à étudier la physique expérimentale au couvent de la Salute, et mes soirées chez M. de Malipiero avec l'assemblée qui s'y réunissait. Mais à Pâques, voulant tenir parole à la comtesse de Mont-Réal, impatient de revoir ma chère Lucie, je me rendis à Pasean. J'y trouvai une réunion tout à fait différente de celle qui y était l'automne passée. Le comte Daniel, l'aîné de la famille, avait épousé une comtesse Gozzi, et un jeune et riche fermier, qui avait épousé une filleule de la vieille comtesse, y était admis avec sa femme et sa belle-sœur. Le souper me parut fort long. On m'avait logé dans la même chambre, et il me tardait de voir Lucie que je me proposais alors de ne plus traiter comme un enfant. Ne l'ayant pas vue avant de me coucher, je l'attendais sans faute le lendemain à mon réveil ; mais au lieu d'elle, qui vois-je paraître ? une grosse vilaine servante. Je lui demande des nouvelles de la famille, mais elle ne me répond qu'en patois, et je n'apprends rien.

Inquiet, je me demande ce qu'est devenue Lucie. Aurait-on découvert notre intimité ? Serait-elle malade ? morte ? Je me tais, je m'habille et je me promets bien de la chercher. « Si on lui a défendu de me voir, me dis-je, je me vengerai ; car d'une façon ou d'autre je trouverai le moyen de lui parler, et par esprit de vengeance je ferai avec elle ce que l'honneur malgré l'amour m'a empêché de faire. » Mais voilà le concierge qui entre d'un air triste. Je lui demande d'abord comment se porte sa femme, sa fille : mais à ce nom ses yeux se remplissent de larmes.

« Est-elle morte ?

— Plût à Dieu qu'elle le fût !

— Qu'a-t-elle fait ?

— Elle s'en est allée avec le coureur de M. le comte Daniel, et nous ne savons pas où elle peut être. »

Sa femme arrive, et, en entendant ce discours, sa douleur se renouvelle ; elle s'évanouit. Le concierge, me voyant sincèrement associé à son affliction, me dit qu'il n'y avait que huit jours que ce malheur lui était arrivé.

« Je connais l'Aigle, lui-dis-je ; c'est un coquin : vous l'a-t-il demandée en mariage ?

— Non, car il était sûr que nous ne la lui aurions pas accordée.

— Je m'étonne de Lucie.

— Il l'a séduite, et ce ne fut qu'après sa fuite que nous soupçonnâmes la vérité ; elle était devenue très grosse.

— Il y avait donc longtemps qu'ils se voyaient ?

— Elle l'a connu environ un mois après votre départ. Il faut qu'il l'ait ensorcelée, car Lucie était une colombe, et vous pouvez, je crois, en rendre bon témoignage.

— Et personne ne sait où ils sont ?

— Personne, et Dieu sait ce que ce malheureux fera d'elle. »

Aussi affligé que ces honnêtes gens, je sortis et j'allai m'enfoncer dans le bois pour digérer ma tristesse. J'y passai deux heures en réflexions de bon et de mauvais aloi qui commençaient toutes par des si. Si j'étais arrivé comme je l'aurais pu, il y a huit jours, la tendre Lucie m'aurait tout confié, et j'aurais empêché ce meurtre. Si j'en avais agi avec elle comme avec Nanette et Marton, elle ne se serait pas trouvée à mon départ dans un état d'irritation qui a dû être la principale cause de sa faute, et elle ne serait pas devenue la proie de ce scélérat. Si elle ne m'avait pas connu avant le coureur, son âme encore pure ne l'aurait pas écouté. J'étais au désespoir d'être forcé de me reconnaître l'agent de l'infâme séducteur. J'avais travaillé pour lui.

> El fior che sol potea pormi fra dei,
> Quel fior che intatto io mi venia serbando
> Per non turbar, ohimè ! l'animo casto,
> Ohimè ! il bel fior colui m'ha colto, e gusto [1].

Il est certain que, si j'avais su où la trouver, je serais parti sur-le-champ pour l'aller chercher; mais on n'avait pas les moindres indices sur le lieu où elle pouvait être.

Avant que le malheur de Lucie me fût connu, j'étais vain, orgueilleux même d'avoir eu assez d'empire sur moi pour la laisser intacte ; mais alors j'étais honteux et repentant de ma retenue, et je me promis bien à l'avenir une conduite plus sage sur cet article. Ce qui me désolait, c'était de voir en perspective cette malheureuse fille dans la misère et peut-être dans l'opprobre, détester mon souvenir et me haïr comme première cause de son malheur. Ce fatal événement me fit adopter un nouveau système que, dans la suite, je poussai souvent trop loin.

J'allai rejoindre dans le jardin la bruyante compagnie, qui me reçut si bien et me mit en si belle humeur, que je fis à dîner les délices de la table. Mon affliction était si grande que je devais ou la sauter à pieds joints, ou partir. Ce qui me donna un puissant élan fut la figure, et encore plus le caractère tout à fait nouveau pour moi de la nouvelle mariée. Sa sœur était plus jolie, mais une novice commençait à m'alarmer ; j'y voyais trop de besogne.

---

[1] Et la fleur qui seule pouvait me placer parmi les dieux,
Cette fleur que je venais cueillir intacte,
Pour ne point troubler hélas! l'âme chaste,
Hélas! il l'a cueillie et gâtée.

CHAPITRE V

Cette nouvelle mariée, âgée de dix-neuf à vingt ans, attirait l'attention de toute la compagnie par ses manières empruntées. Parleuse, la mémoire farcie de maximes, souvent à perte de vue, et dont elle croyait devoir faire parade, dévote et amoureuse de son mari jusqu'à ne point cacher la peine qu'elle éprouvait à table lorsque assis en face de sa sœur, il s'en montrait enchanté, elle prêtait beaucoup au comique. Son mari était un étourdi qui peut-être aimait beaucoup sa femme, mais qui, par bon ton, croyait devoir se montrer indifférent, et qui, par vanité, trouvait plaisir à lui donner des motifs de jalousie. A son tour, elle avait peur de passer pour sotte en ne les relevant pas. La bonne compagnie la gênait précisément parce qu'elle voulait y paraître faite. Quand je débitais des sornettes, elle m'écoutait attentivement, et, voulant ne pas paraître bornée, elle riait hors de propos. Sa singularité, ses gaucheries et sa prétention me donnèrent envie de mieux la connaître, et je me mis à lui faire ma cour.

Mes soins grands et petits, mes attentions, mes singeries mêmes, tout fit bientôt connaître à chacun que j'avais jeté un dévolu sur elle. On en avertit publiquement le mari qui, faisant l'intrépide, avait l'air de plaisanter quand on lui disait que j'étais redoutable. De mon côté, je contrefaisais le modeste et parfois l'insouciant. Quant à lui, conséquent dans son rôle, il m'excitait à cajoler sa femme qui, à son tour, jouait fort mal la *disinvolta*[1].

Il y avait cinq ou six jours que je lui faisais assidûment ma cour, quand, me promenant avec elle dans le jardin, elle eut l'imprudence de me dire les raisons de ses inquiétudes et le tort que son mari avait de lui en donner des motifs. Je lui dis avec le ton de l'amitié que le moyen le plus propre à le corriger était de ne point

---

1. *Disinvolta*, alerte, sans gêne, sans embarras.

paraître s'apercevoir des préférences de son mari pour sa sœur, et de faire semblant d'être amoureuse de moi ; et pour mieux l'engager à suivre mes conseils, je lui dis que ce que je lui proposais était difficile, et qu'il fallait avoir beaucoup d'esprit pour jouer un rôle aussi faux. J'avais touché le point sensible, car elle m'assura qu'elle le jouerait à merveille : malgré son assurance, elle s'en acquitta si mal que tout le monde s'aperçut que le projet était de mon cru.

Quand je me trouvais seul avec elle dans les allées du jardin, sûr que nous n'étions vus de personne, et que je voulais la mettre tout de bon à son rôle, elle employait le dangereux moyen de s'enfuir, me laissant seul, et allait rejoindre ainsi la société ; de sorte que, quand je reparaissais, on ne manquait pas de m'appeler mauvais chasseur. Je ne manquais pas de lui reprocher sa fuite dès que j'en trouvais l'occasion, et de lui représenter le triomphe qu'elle préparait par là à son mari. Je louais son esprit, je déplorais son éducation ; je lui disais que le ton et les manières que je prenais avec elle étaient ceux de la bonne compagnie, et qu'elles prouvaient tout le cas que je faisais de son esprit ; mais, au milieu de mes beaux discours, le onze ou le douzième jour elle me déconcerta en me disant qu'étant prêtre je devais savoir que toute liaison amoureuse était un péché mortel, que Dieu voyait tout, et qu'elle ne voulait ni se damner, ni s'exposer à dire à un confesseur qu'elle s'était oubliée au point de pécher avec un prêtre. Je lui objectai que je n'étais point prêtre, mais je fus terrassé lorsqu'elle me demanda si ce que je voulais entreprendre était au nombre des péchés ; car, n'ayant pas eu le courage de le nier, je sentis que je devais en finir.

La réflexion m'ayant facilement rendu calme, ma nou-

CHAPITRE V

velle conduite fut remarquée à table, et le vieux comte, d'un caractère plaisant, disait hautement que cela annonçait une affaire faite. Je crus la chose favorable, je dis à ma cruelle dévote que le monde en jugeait ainsi ; mais j'y perdais mon latin : le hasard me servit mieux, et voici ce qui amena le dénouement de cette intrigue.

Le jour de l'Ascension nous allâmes tous faire une visite à Mme Bergali, célèbre dans le Parnasse italien. Devant retourner à Pasean le soir même, ma jolie fermière voulait se placer dans une voiture à quatre places dans laquelle était monté son mari, ainsi que sa sœur, tandis que j'étais seul dans une jolie calèche à deux roues. Je fis du bruit ; je me récriai sur cette marque de défiance, et la compagnie lui remontra qu'elle ne pouvait pas me faire cet affront. Elle vint, et ayant dit au postillon que je voulais aller par le plus court, il se sépara des autres voitures, prenant le chemin du bois de Cequini. Le ciel était beau quand nous partîmes, mais en moins d'une demi-heure il s'éleva un orage de l'espèce de ceux qu'on voit fréquemment dans le Midi, qui ont l'air de vouloir bouleverser la terre et les éléments, et qui finissent en rien, le ciel redevenant serein, l'air étant rafraîchi ; de sorte qu'ils font beaucoup plus de bien que de mal.

« Ah ! ciel ! s'écria ma fermière, nous allons essuyer un orage.

— Oui, lui dis-je, et quoique la calèche soit couverte, la pluie abîmera votre bel habit ; j'en suis fâché.

— Patience quant à l'habit, mais je crains le tonnerre.

— Bouchez-vous les oreilles.

— Et la foudre ?

— Postillon, allons quelque part nous mettre à couvert.

— Il n'y a des maisons, monsieur, qu'à une demi-lieue d'ici ; et avant que nous puissions les atteindre, l'orage sera passé. »

Il poursuit tranquillement son chemin, et voilà les éclairs qui se succèdent, la foudre qui gronde, et ma fermière qui tremble. La pluie commence à tomber à verses : j'ôte mon manteau pour nous couvrir par devant, et au même instant, ébloui par un éclair, nous voyons tomber la foudre à cent pas de nous. Les chevaux se cabrent et ma pauvre compagne est saisie de convulsions spasmodiques. Elle se jette sur moi, me serre étroitement. Je me baisse pour relever le manteau qui était tombé, et profitant de la circonstance, je la découvre. Elle fait un mouvement pour rabaisser sa robe, mais au même instant un nouveau coup de tonnerre éclate et lui ôte la force de se mouvoir. Cherchant à la couvrir de mon manteau, je l'attire à moi, et le mouvement de la voiture secondant ce mouvement, elle tombe sur moi dans la position la plus heureuse. Je ne perds pas de temps, et faisant semblant d'arranger ma montre dans mon gousset, je me prépare à l'assaut. De son côté, sentant que, si elle ne m'empêchait pas bien vite, il ne lui resterait aucun moyen de m'échapper, elle fait un effort ; mais, la retenant, je lui dis que, si elle ne faisait pas semblant d'être évanouie, le postillon verrait tout en se tournant ; et lui laissant le plaisir de m'appeler impie, mauvais sujet et tout ce qu'elle voulut, je remportai la victoire la plus complète qu'athlète ait jamais remportée.

La pluie continuait à tomber par torrents, le vent qui était très-fort nous venait en face, et réduite à rester dans sa position, elle me dit que je la perdais d'honneur, puisque le postillon pouvait tout voir.

« Je le vois, lui répondis-je, il ne pense pas à se retourner ; et quand bien même, le manteau nous met à l'abri de ses regards : soyez sage et tenez-vous comme évanouie, car je ne vous lâche point. »

Elle semble se résigner et me demande comment je pouvais défier la foudre.

« Elle est d'accord avec moi, lui dis-je. » Et presque tentée de croire que je dis vrai, sa frayeur s'évanouit et, sentant mon extase, me demande si j'ai fini. Je souris et lui dis que non, puisque je voulais son consentement jusqu'à la fin de l'orage.

« Consentez, ou je laisse tomber le manteau.

— Homme affreux qui m'avez rendue malheureuse pour le reste de mes jours, êtes-vous content, à présent?

— Non.

— Que voulez-vous encore ?

— Un déluge de baisers.

— Que je suis malheureuse! Eh bien! tenez.

— Dites que vous me pardonnez, et convenez que vous avez partagé mes plaisirs.

— Vous le savez bien : oui, je vous pardonne. »

Alors, lui rendant la liberté et usant à son égard de certaines complaisances, je la priai d'en avoir pour moi de pareilles ; ce qu'elle fit avec le sourire sur les lèvres.

« Dites-moi que vous m'aimez, lui dis-je.

— Non, car vous êtes un athée et l'enfer vous attend. »

Le beau temps étant revenu et l'ordre rétabli, je lui dis en lui baisant les mains qu'elle pouvait être sûre que le postillon n'avait rien vu, et que j'étais certain de l'avoir guérie de la peur du tonnerre, et qu'elle ne révélerait à personne le secret qui avait opéré sa guérison. Elle me répondit que pour le moins elle était bien sûre que jamais femme n'avait été guérie par un pareil remède.

« Cela, repris-je, doit être arrivé en mille ans un million de fois. Je vous dirai même que j'y ai compté en montant dans la calèche, car je ne voyais pas d'autre moyen de parvenir à vous posséder. Consolez-vous, et croyez qu'il n'y a pas de femme peureuse qui, dans votre cas, eût pu résister.

— Je le crois, mais à l'avenir je ne voyagerai plus qu'avec mon mari.

— Vous ferez mal, car votre mari n'aurait pas eu l'esprit de vous consoler comme je l'ai fait.

— C'est encore vrai. On gagne avec vous de singulières connaissances : mais nous ne voyagerons plus tête à tête. »

Tout en causant de la sorte, nous arrivâmes à Pascan une heure avant les autres. Nous descendîmes, et ma belle courut s'enfermer dans sa chambre, tandis que je cherchais dans ma bourse un écu pour le postillon. Je vis qu'il riait.

« De quoi ris-tu ? lui dis-je.

— Vous le savez bien.

— Tiens, voilà un ducat, et surtout sois discret. »

CHAPITRE VI

Mort de ma grand'mère et ses conséquences. — Je perds les bonnes grâces de M. de Malipiero. — Je n'ai plus de maison. — La Tintoretta. — On me met dans un séminaire. — On me chasse. — On me met dans un fort.

Pendant le souper, on ne parla que de l'orage, et le fermier, qui connaissait la faiblesse de sa femme, me dit qu'il était bien sûr que je ne voyagerais plus avec elle.

« Ni moi avec lui, ajouta vite la fermière, car c'est

un impie qui conjurait la foudre par des plaisanteries. »

Cette femme eut le talent de m'éviter si adroitement que je ne pus plus me trouver un instant tête à tête avec elle.

A mon retour à Venise, ayant trouvé ma bonne grand'-mère malade, je dus interrompre toutes mes habitudes, car je l'aimais trop pour ne pas lui prodiguer tous mes soins : aussi je ne la quittai pas un moment jusqu'à ce qu'elle eut rendu le dernier soupir. Il lui fut impossible de me rien laisser, car elle m'avait donné de son vivant tout ce qu'elle avait pu ; mais sa mort n'en eut pas moins des suites telles que je fus obligé de prendre un autre genre de vie.

Un mois après sa mort, je reçus une lettre de ma mère qui m'annonçait que, ne voyant point d'apparence qu'elle pût retourner à Venise, elle avait pris le parti d'abandonner la maison qu'elle y payait ; qu'elle avait informé l'abbé Grimani de ses intentions et que je devais me conduire et me régler d'après sa volonté. Il était chargé de vendre le mobilier et de me mettre dans une bonne pension, ainsi que mes frères et ma sœur. Je crus devoir me rendre chez Grimani pour l'assurer qu'il me trouverait toujours soumis à ses ordres.

Le loyer de la maison était payé jusqu'à la fin de l'année ; mais, prévenu qu'à cette époque je n'aurais plus de logement et qu'on vendrait tous les meubles, je ne me gênai plus dans mes besoins. J'avais déjà vendu du linge, des tapisseries, de la porcelaine ; je m'attaquai alors aux glaces, aux lits, etc. Je ne me dissimulais point qu'on trouverait cela fort mauvais ; mais je savais que c'était l'héritage de mon père, auquel ma mère n'avait aucun droit ; et pour ce qui était de mes frères, nous avions le temps de nous expliquer.

Quatre mois après, ma mère m'écrivit de nouveau. Sa

lettre était datée de Varsovie et en contenait une autre. Voici la traduction de celle de ma mère :

« J'ai fait ici, mon cher fils, la connaissance d'un savant moine minime, Calabrais, dont les grandes qualités m'ont fait penser à vous chaque fois qu'il m'a honorée d'une visite. Je lui dis, il y a un an, que j'avais un fils qui se destinait à l'état ecclésiastique, mais que je n'avais pas les moyens de l'entretenir, et il me répondit que ce fils deviendrait le sien, si je pouvais obtenir de la reine sa nomination à un évêché dans son pays. L'affaire, ajouta-t-il, serait faite, si elle voulait avoir la bonté d'écrire et de le recommander à sa fille, la reine de Naples. »

« Pleine de confiance en Dieu, je me suis jetée aux pieds de Sa Majesté et j'ai trouvé grâce. La reine ayant daigné écrire à sa fille, ce respectable prélat a été élu par le pape à l'évêché de Martorano ; et en conséquence de sa parole, mon fils, il vous prendra avec lui vers le milieu de l'année prochaine ; car pour aller en Calabre il doit passer par Venise. Il vous l'écrit lui-même dans la lettre ci-incluse ; répondez-lui de suite, et adressez-moi votre lettre ; je la lui remettrai. Il vous acheminera aux plus grandes dignités de l'Église ; et imaginez quelle sera ma consolation, si dans vingt ou trente ans d'ici je puis avoir le bonheur de vous voir au moins évêque vous-même ! En attendant son arrivée, l'abbé Grimani aura soin de vous. Je vous donne ma bénédiction, et suis, » etc.

La lettre de l'évêque était en latin et me répétait ce que me disait ma mère. Elle était du reste pleine d'onction, et me prévenait qu'il ne s'arrêterait que trois jours à Venise.

Je répondis en conséquence.

Ces deux lettres me tournèrent la tête. Adieu, Venise ! Certain que j'avais la perspective de la plus brillante fortune, il me tardait d'entrer dans la carrière qui devait

CHAPITRE VI

m'y mener, et je me félicitais de ne sentir aucun regret de tout ce que j'allais quitter dans ma patrie. Les vanités sont passées, me disais-je, et ce qui m'intéressera à l'avenir sera grand et solide. M. Grimani me fit les plus grands compliments sur mon sort et m'assura qu'il mettrait tous ses soins pour me trouver une bonne pension où j'entrerais au commencement de l'année et où j'attendrais l'arrivée de l'évêque.

M. de Malipiero qui, dans son espèce, était un sage, et qui voyait qu'à Venise, plongé dans les plaisirs et la dissipation, je ne faisais que perdre un temps précieux, fut charmé de me voir à la veille d'aller accomplir ma destinée ailleurs, et de la promptitude avec laquelle je me soumettais à ce que la circonstance m'offrait. Il me fit alors une leçon que je n'ai jamais oubliée. « Le fameux précepte des stoïciens, me dit-il, *sequere deum*, se rend absolument par ces mots : Abandonne-toi à ce que le sort te présente, lorsque tu ne te sens pas une forte répugnance à te livrer. C'était, ajouta-t-il, le démon de Socrate *sæpe revocans, raro impellens* [1], et c'était de là que venait le *fata viam inveniunt* [2] des mêmes stoïciens. »

C'est en cela que consistait la science de M. de Malipiero ; car il était savant sans avoir étudié d'autre livre que celui de la nature morale. Cependant, comme pour me prouver que rien n'est parfait et que tout a son bon et son mauvais côté, il m'arriva un mois après, en suivant ses propres maximes, une affaire qui me valut sa disgrâce et qui ne m'apprit rien.

M. le sénateur croyait savoir reconnaître sur la physionomie des jeunes gens des signes qui indiquaient l'empire absolu que la fortune exercerait sur eux. Lors-

---

1. Qui arrête souvent et qui excite rarement.
2. Le destin sait nous guider.

qu'il croyait voir cela, il s'attachait le sujet pour l'instruire à seconder la fortune par une sage conduite ; et il disait à ce sujet, avec beaucoup de vérité, que la médecine entre les mains de l'imprudent est un poison, comme le poison est un remède entre les mains du sage.

Il avait de mon temps trois favoris pour lesquels il faisait, sous les rapports de leur éducation, tout ce qui lui était possible. C'était, outre moi, Thérèse Imer que le lecteur connaît en partie, et qu'il connaîtra mieux par la suite ; le troisième était la fille du barcarol Gardela, plus jeune que moi de trois ans, et qui portait, en joli, sur sa physionomie quelque chose de ravissant. Pour la mettre sur la voie, le spéculatif vieillard lui faisait apprendre à danser ; car, disait-il, il est impossible que la bille entre dans la blouse, à moins qu'on ne la pousse. Cette jeune fille est la même qui, sous le nom d'Augusta, a brillé à Stuttgardt. Elle fut la première maîtresse titrée du duc de Wirtemberg l'an 1757. Elle était charmante. Je l'ai vue la dernière fois à Venise, où elle est morte il y a deux ans. Son mari, Michel de l'Agata, s'est empoisonné peu de temps après sa mort.

Un jour, après nous avoir fait dîner tous trois avec lui, le sénateur nous laissa seuls pour aller faire la sieste ; c'était son ordinaire. La petite Gardela, devant aller prendre sa leçon, sortit peu d'instants après, de sorte que je me trouvai tête à tête avec Thérèse, que je trouvais fort de mon goût, quoique je ne lui eusse jamais conté fleurettes. Assis tout près l'un de l'autre à une petite table, le dos tourné à la porte du cabinet où nous croyions notre patron endormi, il nous prit envie à certain propos de vérifier la différence de notre conformation : mais au plus intéressant de la besogne un violent coup de canne sur les épaules, suivi d'un second, qui

CHAPITRE VI

l'aurait été sans doute de bien d'autres, si je n'avais gagné le large, nous força à laisser notre œuvre imparfaite. Je m'enfuis précipitamment sans manteau ni chapeau, et j'allai m'enfermer chez moi.

J'y étais à peine depuis un quart d'heure lorsque je reçus ces deux objets par la vieille gouvernante du sénateur, avec un billet qui m'avertissait de ne plus remettre les pieds dans le palais de Son Excellence. Sans perdre un instant, je lui répondis en ces termes : « Vous m'avez battu étant en colère, vous ne pouvez par conséquent vous vanter de m'avoir donné une leçon ; et je veux n'avoir rien appris. Je ne saurais non plus vous pardonner qu'en oubliant que vous êtes un sage, et je ne l'oublierai jamais. »

Ce seigneur eut peut-être raison de n'être pas content du spectacle que nous lui procurions ; mais avec toute sa prudence il en agit fort imprudemment ; car tous les domestiques devinèrent le motif de mon exil, et par suite toute la ville rit de mon histoire. Il n'osa point faire de reproches à Thérèse, ainsi qu'elle me le dit quelque temps après ; mais comme de raison elle n'osa point demander ma grâce.

Le temps où je devais quitter le logement de mon père s'approchait. Un beau matin je vois paraître devant moi un homme d'à peu près quarante ans, en perruque noire, manteau d'écarlate et à teint fortement basané, lequel me remit un billet de M. Grimani, qui m'ordonnait de lui consigner tous les meubles de la maison, conformément à l'inventaire dont il était porteur et dont un double était entre mes mains. Ayant pris mon inventaire, je lui fis voir tous les meubles qui y étaient portés lorsqu'ils n'avaient pas pris une autre direction, et lorsqu'ils étaient absents, je lui disais que je savais ce qu'ils étaient devenus. Mais le butor, prenant un ton de maître, me dit, en élevant la voix, qu'il voulait savoir ce que j'en avais fait. Ce ton me déplaisant, je lui répondis que je n'avais point de comptes à lui rendre, et comme il continuait à élever la voix, je lui conseillai de s'en aller au plus vite et d'une façon à lui prouver que je savais que chez moi j'étais le plus fort.

Me croyant obligé d'informer M. Grimani de ce qui venait de se passer, je m'y rendis à son lever ; mais j'y trouvai mon homme qui lui avait tout conté. L'abbé, après une verte mercuriale que je dus souffrir en silence, me demanda compte de tout ce qui manquait. Je lui dis que j'avais été obligé de le vendre pour ne point faire des dettes. Là-dessus il me traita de coquin, me dit que je n'en étais pas le maître et qu'enfin il savait bien ce qu'il ferait, et finit par m'ordonner de sortir de chez lui à l'instant.

Outré de colère, je cours chercher un juif pour lui vendre tout ce qui restait ; mais au moment où je voulais rentrer chez moi, je trouve un huissier à ma porte, lequel me remet un exploit. Je le lis et je le trouve fait à l'instance d'Antoine Razzetta. C'était l'homme au teint rôti. Les scellés étaient déjà à toutes les portes, et je ne pus pas même entrer dans ma chambre, car l'huissier en partant avait eu soin d'y laisser une garde. Je ne perds pas de temps, je cours chez M. Rosa, à qui je conte succinctement l'affaire.

Il prend l'exploit et, après l'avoir lu, il me dit :

« Ces scellés seront levés demain matin, et je vais en attendant faire citer Razzetta devant l'*avoyador*. Pour cette nuit, mon cher, vous irez coucher chez quelque ami. C'est une violence, mais il vous la payera cher. Cet homme agit ainsi par ordre de M. Grimani.

— C'est son affaire. »

J'allai passer la nuit avec mes anges, et le lendemain

matin, les scellés ayant été levés, je rentrai chez moi. Razzetta n'ayant point comparu, M. Rosa en mon nom le cita au criminel pour le faire décréter de prise de corps, s'il ne comparaissait point après la seconde sommation. Le troisième jour M. Grimani m'écrivit un billet dans lequel il m'ordonnait de me rendre chez lui. J'obéis sur-le-champ. Dès que je parus, il me demanda d'un ton brusque ce que je prétendais faire.

« Me mettre, lui dis-je, à l'abri de la violence, sous la protection des lois, et me défendre contre un homme avec lequel je n'aurais jamais dû avoir rien à faire, et qui m'a forcé d'aller passer la nuit dans un mauvais lieu.

— Dans un mauvais lieu?

— Certainement. Pourquoi m'a-t-on empêché arbitrairement de rentrer chez moi?

— Vous y êtes à présent. Mais allez d'abord dire à votre procureur de suspendre toute procédure, puisque Razzetta n'a rien fait que par mon ordre. Vous alliez peut-être vendre tout le reste des meubles : on y a remédié. Vous avez une chambre à Saint-Jean-Chrysostome dans une maison qui m'appartient, et dont le premier étage est occupé par la Tintoretta, notre première danseuse. Faites-y porter vos effets, et venez dîner tous les jours avec moi. J'ai mis votre sœur dans une bonne pension et votre frère dans une autre : ainsi tout se trouvera pour le mieux. »

J'allai de suite rendre compte à M. Rosa de tout ce qui venait de se passer, et m'ayant conseillé de faire tout ce que voudrait M. Grimani, je n'y mis aucune opposition. C'était d'ailleurs une satisfaction pour moi, d'autant plus que l'admission à sa table m'honorait. Outre ce motif, j'étais curieux de mon nouveau logement chez la Tintoretta, car on parlait beaucoup de cette fille à cause d'un prince de Waldeck qui faisait de grandes dépenses pour elle.

L'évêque devait arriver dans le courant de l'été : je n'avais donc guère que six mois à attendre à Venise pour me voir lancé peut-être vers le pontificat. Je voyais tout en beau, et mon esprit s'élançait radieux dans l'espace : mes châteaux en Espagne étaient des plus engageants.

J'allai dîner chez M. Grimani et je me trouvai assis à côté de Razzetta, société désagréable et que pendant tout le repas je fis semblant de ne pas voir. Après le dîner je me rendis pour la dernière fois à ma belle maison à Saint-Samuel, d'où je fis transporter dans une gondole tout ce qui m'appartenait à mon nouveau logement.

La demoiselle Tintoretta, que je ne connaissais pas, mais dont je connaissais les allures et le caractère, était danseuse médiocre, ni belle ni laide, mais fille d'esprit. Le prince de Waldeck dépensait beaucoup pour elle, mais il ne l'empêchait pas de conserver son ancien protecteur, noble Vénitien de la famille Lin, aujourd'hui éteinte, alors âgé de soixante ans, et qui se trouvait chez elle à toutes les heures du jour.

Ce seigneur, qui me connaissait, vint à l'entrée de la nuit me complimenter de la part de la demoiselle, et me dire qu'elle était charmée de m'avoir chez elle et qu'elle verrait avec plaisir que je fréquentasse ses assemblées.

Pour m'excuser, je dis à M. Lin que j'ignorais être chez elle, que M. Grimani ne m'en avait rien dit, que sans cela je me serais fait un devoir de lui présenter mes hommages, même avant d'être venu m'installer dans sa maison. Après ces excuses, je me mis en devoir de suivre l'ambassadeur, qui me présenta à sa maîtresse, et la connaissance fut faite.

Elle me reçut en princesse, ôtant son gant pour me donner sa main à baiser et déclinant mon nom à cinq ou six étrangers présents dont elle me dit ensuite les noms un à un ; après quoi elle me fit asseoir à ses côtés. Elle était Vénitienne, et trouvant ridicule qu'elle me parlât français, je lui dis que je ne comprenais pas cette langue, et que je la priais de me parler italien. Étonnée que je ne susse pas le français, elle me dit d'un air mortifié que je ferais mauvaise figure chez elle, où l'on ne parlait guère d'autre langue, vu qu'elle recevait beaucoup d'étrangers. Je lui promis de l'apprendre. Le prince arriva une heure après ; elle me présenta, et j'en fus parfaitement accueilli. Il parlait fort bien l'italien, et durant tout le carnaval il fut on ne peut plus gracieux avec moi. Vers la fin il me donna une tabatière d'or en récompense d'un très mauvais sonnet que j'avais fait pour sa belle Grizellini. C'était le nom de famille de la Tintoretta, à qui on avait donné ce surnom parce que son père avait été teinturier.

La Tintoretta avait beaucoup plus de qualités que Juliette pour captiver des hommes raisonnables. Elle aimait la poésie, et sans l'évêque, que j'attendais, j'en serais devenu amoureux. Elle était amoureuse d'un jeune médecin plein de mérite, nommé Righelini, mort à la fleur de l'âge et que je regrette encore. J'aurai occasion d'en parler dans douze ans d'ici.

Vers la fin du carnaval, ma mère ayant écrit à l'abbé Grimani qu'il serait honteux que l'évêque me trouvât logé avec une danseuse, il se décida à me loger avec décence et dignité. Il se consulta avec le curé Tosello, et ces deux messieurs trouvèrent que rien ne serait si beau que de me mettre dans un séminaire.

Tout fut arrêté à mon insu, et le curé se chargea de m'en informer en cherchant à me persuader d'y aller de bonne grâce. Mais, quand je l'entendis se servir d'un style calmant et fait exprès pour dorer la pilule, je ne pus m'empêcher d'éclater de rire ; et je dus singulièrement le surprendre quand je lui dis que j'étais prêt à me rendre partout où il trouverait bon que j'allasse.

L'idée de ces messieurs était extravagante ; car à l'âge de dix-sept ans et tel que j'étais on n'aurait jamais dû penser à me mettre dans un séminaire ; mais toujours socratique et ne me sentant aucune aversion, la chose au reste me paraissant plaisante, non seulement j'y consentis, mais il me tardait même d'y être. Je dis à M. Grimani que j'étais prêt à tout, pourvu que Razzetta n'eût pas à s'en mêler. Il me le promit, mais il ne me tint pas parole après le séminaire. Je n'ai jamais pu décider si cet abbé Grimani était bon parce qu'il était bête, ou si sa bêtise était un défaut de sa bonté, mais tous ses frères étaient de la même pâte. Le plus mauvais tour que la fortune puisse jouer à un homme d'esprit, c'est de le mettre dans la dépendance d'un sot. Peu de jours après, le curé m'ayant fait habiller en séminariste, me conduisit à Saint-Cyprien de Muran pour me présenter au recteur.

L'église patriarcale de Saint-Cyprien est desservie par des moines somasques. C'est un ordre institué par le bienheureux Jérôme Miani, noble Vénitien. Le recteur me reçut avec une tendre affection et beaucoup d'affabilité ; mais au discours plein d'onction qu'il me fit je crus m'apercevoir qu'il croyait qu'on me mettait au séminaire pour me punir, ou au moins pour m'empêcher de continuer à mener une vie répréhensible, et cela blessant mon amour-propre, je m'empressai de lui dire :

« Mon père, je n'imagine pas que personne ait la prétention de me punir.

— Non, non, mon fils, reprit-il ; je voulais vous dire

que vous vous trouverez très content chez nous. »

On me fit voir ensuite dans trois chambres au moins cent cinquante séminaristes, dix à douze écoles, le réfectoire, le dortoir, les jardins pour les heures de récréation, et on s'efforça de me faire envisager dans ce lieu la vie la plus heureuse qu'un jeune homme pût désirer, au point qu'à l'arrivée de l'évêque je la regretterais. En même temps ils avaient l'air de m'encourager en me disant que j'y resterais tout au plus cinq ou six mois. Leur éloquence me faisait rire.

J'entrai au séminaire au commencement de mars et je m'y préparai en passant la nuit de la veille entre mes deux amies, qui mouillèrent leur couche d'abondantes larmes : elles ne concevaient pas, non plus que leur tante et le bon M. Rosa, qu'un jeune homme de mon humeur pût avoir tant de docilité.

La veille de mon entrée au séminaire j'avais eu soin de remettre en dépôt tous mes papiers à Mme Manzoni. C'était un gros paquet que je n'ai retiré des mains de cette respectable femme que quinze ans après. Elle vit encore, à l'âge de quatre-vingt-dix ans, ayant conservé sa bonne humeur et sa santé. Elle me reçut en riant, et me dit que je ne resterais pas un mois à mon séminaire.

« Pardonnez-moi, madame, car j'y vais avec plaisir, et j'y attendrai mon évêque.

— Vous ne vous connaissez pas vous-même, et vous ne connaissez pas votre évêque, avec lequel vous ne resterez pas non plus. »

Le curé m'accompagna au séminaire avec une gondole ; mais à Saint-Michel il fut obligé de faire arrêter à cause d'un violent vomissement qui me prit tout à coup : le frère apothicaire me rétablit avec l'eau de mélisse.

Je devais cette faiblesse sans doute à l'encens que j'avais trop abondamment brûlé sur l'autel de l'amour. Un amant qui sait ce qu'on éprouve quand on est avec un objet aimé que l'on craint de voir pour la dernière fois se figurera aisément mon état pendant les derniers instants que je comptais passer avec mes deux amies. On ne veut jamais qu'une offrande soit la dernière, et on ne cesse d'en faire que lorsque l'encens est épuisé.

Le curé me laissa entre les mains du recteur, et l'on porta mes effets dans le dortoir où j'allai placer mon manteau et mon chapeau. On ne me mit pas dans la classe des adultes, parce que, malgré ma taille, je n'en avais pas l'âge. J'avais d'ailleurs la vanité de conserver encore mon poil follet, parce qu'il ne laissait pas douter de ma jeunesse : c'était un ridicule sans doute; mais à quel âge l'homme cesse-t-il d'en avoir? On se défait plus aisément des vices que des ridicules. La tyrannie n'a pas exercé sur moi son empire jusqu'à m'obliger de me faire raser : c'est en cela seulement que je l'ai trouvée tolérante.

« Dans quelle école, me dit le recteur, voulez-vous être admis ?

— Dans la dogmatique, mon très révérend père; je veux apprendre l'histoire de l'Église.

— Je vais vous conduire chez le père examinateur.

— Je suis docteur, mon révérend, et je ne veux pas subir d'examen.

— Il est nécessaire, mon cher fils ; venez. »

Cette nécessité me parut une insulte; j'en étais outré; mais par une sorte d'esprit de vengeance je conçus sur-le-champ le projet de les mystifier, et cette idée me mit en belle humeur. Je répondis si mal à toutes les questions que l'examinateur me fit en latin, je fis tant de solécismes, qu'il se vit obligé de m'envoyer à la classe inférieure de la grammaire, où, à ma grande satisfaction, je me vis camarade d'une vingtaine de petits garçons de dix ans qui, dès qu'ils surent que j'étais docteur, ne faisaient que répéter : *Accipiamus pecuniam et mittamus asinum in patriam suam*[1].

L'heure de la récréation m'était surtout agréable ; car mes camarades de dortoir, qui tous étaient au moins en philosophie, me regardaient avec un air de mépris plaisant ; et comme ils parlaient entre eux de leurs thèses sublimes, ils se moquaient de moi de me voir écouter attentivement leurs disputes qui devaient être des énigmes pour moi. J'étais loin de penser à me trahir ; mais un accident inévitable vint me démasquer.

Le père Barbarigo, somasque, du couvent de la Salute de Venise, qui m'avait eu dans ses classes de physique, étant venu faire une visite au recteur, me vit au sortir de la messe et me fit mille compliments. La première chose qu'il me demanda fut à quelle science je m'occupais, et il crut que je badinais lorsque je lui répondis que j'étais à la grammaire. Le recteur étant survenu, je le quittai, et nous allâmes chacun à sa classe. Une heure après, voilà le recteur qui vient m'appeler.

« Pourquoi, me dit-il, avez-vous fait l'ignorant à l'examen ?

— Pourquoi, lui répondis-je, avez-vous eu l'injustice de m'y soumettre ? »

Il me conduisit alors, ayant l'air un peu fâché, à l'école de dogmatique, où mes camarades de dortoir furent fort étonnés de me voir ; et l'après-midi pendant la récréation, se montrant tous mes amis et me faisant cercle, ils me mirent de bonne humeur.

L'un d'eux, âgé de quinze ans et qui aujourd'hui, s'il est vivant, est évêque, me frappa par sa figure et ses talents. Il m'inspira une vive amitié, et aux heures de

---

1. Prenons l'argent et renvoyons l'âne dans sa patrie.

récréation, au lieu de jouer aux quilles avec les autres, je me promenais constamment avec lui. Nous parlions poésie, et les plus belles odes d'Horace faisaient nos délices. Nous préférions l'Arioste au Tasse, et Pétrarque captivait toute notre admiration, comme Tassoni et Muratori, qui l'avaient critiqué, étaient l'objet de notre mépris. Nous devînmes en quatre jours si bons amis, que nous étions jaloux l'un de l'autre, au point que, quand l'un de nous quittait l'autre pour se promener avec un tiers, nous nous boudions comme deux amants.

Un moine laïque surveillait notre dortoir, et ses fonctions étaient d'y conserver la police. Toute la chambrée après souper, précédée par ce moine qu'on appelle préfet, se rendait au dortoir. Là chacun s'approchait de son lit, et après avoir fait sa prière à voix basse, se déshabillait et se couchait tranquillement. Lorsque le préfet voyait que tous les élèves étaient couchés, il se mettait dans son lit. Une grande lanterne éclairait ce lieu qui était un parallélogramme de quatre-vingts pas sur dix. Des lits étaient placés à égales distances, et à la hauteur de chaque lit il y avait un prie-Dieu, un siège et la malle du séminariste. À l'un des bouts était le lavoir et à l'autre le lit du préfet. Le lit de mon ami était en face du mien, et nous avions la lanterne entre deux.

L'occupation principale du préfet était de veiller à ce qu'un élève n'allât point se coucher avec un autre, car on ne supposait jamais cette visite innocente. C'était un crime capital : le lit n'étant que pour y dormir et non pour s'y entretenir avec un camarade, on était convenu qu'un séminariste ne pouvait découcher que dans des vues immorales. Du reste, libre et tranquille dans son lit, il pouvait y faire ce qu'il voulait ; tant pis pour lui, s'il abusait de cette liberté. On a remarqué en Allemagne que les associations de jeunes gens où les directeurs s'éver-

CHAPITRE VI

tuent pour prévenir l'onanisme sont celles où ce vice règne davantage.

Les auteurs de ces règlements étaient de sots ignorants qui ne connaissaient ni la nature ni la morale. La nature a des besoins qui doivent être satisfaits, et Tissot n'a raison que par rapport aux jeunes gens qui abusent de cette faculté ; mais cet abus serait extrêmement rare, si les directeurs étaient prudents et sages, et qu'ils ne s'avisassent point d'en faire un objet de défense spéciale ; car alors les jeunes gens se portent à des excès dangereux par le seul plaisir de la désobéissance, penchant si naturel à tous les hommes qu'il a commencé par Adam et Ève.

Dans la nuit du neuvième ou du dixième jour de mon séjour au séminaire, je sentis quelqu'un venir se coucher près de moi. Il me prit d'abord la main qu'il me serra en me disant son nom, et j'eus de la peine à m'empêcher de rire. C'était mon ami qui, s'étant éveillé et ayant vu la lanterne éteinte, avait eu la lubie de venir me faire une visite. Quelques instants après je le priai de s'en aller, de crainte que le préfet ne vînt à s'éveiller; car alors nous nous serions trouvés fort embarrassés et accusés peut-être de quelque abomination. Au même instant où je lui donnais ce bon conseil, nous entendîmes marcher et l'abbé s'échappa ; mais dans le moment j'entendis quelqu'un qui tombait, et aussitôt le préfet de crier d'une voix rauque :

« Ah ! scélérat ! A demain, à demain ! »

Ensuite, ayant rallumé la lanterne, il alla se recoucher.

Le lendemain, avant le son de la cloche qui est le signal du lever, le recteur, accompagné du préfet, entra dans le dortoir et nous dit : « Écoutez-moi tous. Vous n'ignorez pas le désordre de cette nuit. Deux de vous doivent être coupables, mais je veux leur pardonner ; et pour ménager leur honneur, je promets qu'ils ne seront point connus. Vous viendrez tous vous confesser à moi avant l'heure de la récréation. »

A ces mots, il sortit et nous nous levâmes. L'après-dîner, conformément à ses ordres, nous allâmes tous nous confesser à lui ; après quoi nous nous rendîmes au jardin, où l'abbé me conta qu'ayant eu le malheur de heurter le préfet, il avait cru devoir le renverser, ce qui lui avait donné le temps de regagner son lit sans être reconnu.

« Et maintenant, lui dis-je, vous êtes sûr de votre pardon, car très sagement vous avez confessé votre faute.

— Vous plaisantez, me répondit mon ami, le bon recteur n'en aurait pas su plus qu'il n'en sait quand bien même la visite que je vous ai faite aurait été criminelle.

— Vous avez donc fait une confession subreptice, car vous étiez coupable de désobéissance ?

— Cela se peut, mais il ne doit s'en prendre qu'à lui-même, puisqu'il nous y a forcés.

— Mon cher ami, vous raisonnez à merveille, et actuellement le révérendissime doit savoir que notre chambrée est plus savante que lui. »

Cette affaire se serait terminée là, si quelques nuits après je n'avais eu le caprice à mon tour de rendre à mon ami la visite que je lui devais. Vers une heure après minuit, ayant eu besoin de me lever, et entendant ronfler le préfet, j'étouffai vite le lumignon et j'allai me mettre à côté de mon ami. Il me reconnut et partagea ma joie, mais attentifs l'un et l'autre au ronflement de notre gardien. Dès qu'il cessa de ronfler, voyant le danger, je me relève et je regagne mon lit sans perdre un instant ; mais à peine y suis-je que voilà deux surprises pour une. La première, c'est que je me trouve à côté de quelqu'un ; la seconde, je vois le préfet en chemise, une bougie à la main, allant lentement et regardant à droite et à gauche les lits des séminaristes. Je concevais que le préfet eût pu allumer une bougie dans un instant ; mais comment concevoir ce que je voyais? Un de mes camarades, le dos tourné de mon côté et dormant profondément. Je prends le parti irréfléchi de faire semblant de dormir aussi. A la seconde ou troisième secousse du préfet, je fais semblant de me réveiller, et l'autre se réveille tout de bon. Étonné de se voir dans mon lit, il fait des excuses :

« Je me suis trompé, me dit-il, en revenant de quelque part à l'obscur, et trouvant votre lit vide, je l'ai pris pour le mien.

— Cela se peut, lui répliquai-je, car j'ai eu besoin de me lever aussi.

— Mais, dit le préfet, comment se fait-il qu'en revenant vous vous soyez couché sans rien dire, quand vous avez trouvé votre place occupée? et comment, étant à l'obscur, n'avez-vous pas soupçonné que vous vous trompiez de lit ?

— Je ne pouvais pas me tromper, car à tâtons j'ai trouvé le piédestal de ce crucifix, ce qui ne m'a laissé aucun doute ; et pour ce qui est de l'écolier, je ne m'en suis pas aperçu.

— Cela n'est pas vraisemblable, » reprit l'Argus.

Et en disant cela il se dirige vers la lampe dont il trouve la mèche écrasée.

« Le lumignon est noyé, messieurs, la lampe ne s'est pas éteinte d'elle-même : c'est l'œuvre de l'un de vous. Nous verrons cela demain. »

Mon sot de camarade s'en alla dans son lit, le préfet ralluma la lampe, et se recoucha. Après cette scène, qui avait réveillé toute la chambrée, je me rendormis tranquillement jusqu'à l'apparition du recteur qui, à la pointe du jour, entra d'un air furieux, accompagné de son satellite, le préfet.

Le recteur, après avoir examiné le local et fait subir un long interrogatoire à mon coaccusé, qui naturellement devait être jugé le plus coupable, et à moi qui ne pouvais jamais être convaincu, il se retira en nous ordonnant à tous de nous habiller et de nous rendre à l'église pour y entendre la messe. Aussitôt que nous fûmes prêts, il rentra, et nous adressant la parole à tous deux, il nous dit avec un ton de douceur : « Vous êtes convaincus d'un accord scandaleux, car vous avez dû l'être pour éteindre la lampe. Je veux croire la cause de tout ce désordre, sinon innocente, au moins ne procédant que d'une extrême légèreté ; mais la chambrée scandalisée, la discipline outragée et la police de la maison exigent une réparation. Sortez. »

Nous obéîmes ; mais à peine fûmes-nous entre les deux portes du dortoir, que quatre domestiques nous saisirent, nous attachèrent les mains derrière le dos et nous reconduisirent dans la salle où ils nous firent mettre à genoux devant le grand crucifix. Dans cette posture, le recteur leur dit d'exécuter ses ordres, et ces satellites nous appliquèrent à chacun sept à huit coups de corde ou de bâton, que je reçus sans la moindre plainte, ainsi que mon sot compagnon. Mais aussitôt qu'on m'eût détaché, je demandai au recteur si je pouvais écrire deux lignes au pied même du crucifix. Il me fit de suite apporter de l'encre et du papier, et je traçai ces lignes :

« Je jure par ce Dieu que je n'ai jamais parlé au séminariste qu'on a trouvé dans mon lit. Mon innocence par conséquent exige que je proteste et que j'en appelle de cette infâme violence à monseigneur le patriarche. »

Mon compagnon de souffrances signa la protestation avec moi ; ensuite, m'adressant à tous les élèves présents, je leur en fis lecture, les sommant de dire en vérité si quelqu'un pouvait dire le contraire de ce que j'avais écrit. Tous aussitôt d'une voix unanime dirent qu'on ne nous avait jamais vus parler ensemble, et qu'on ne pouvait pas savoir qui avait éteint la lampe. Le recteur sortit sifflé, honni et interdit ; mais il ne nous en envoya pas moins en prison au cinquième étage et séparés l'un de l'autre. Une heure après on vint m'apporter ma malle, mon lit et tous mes effets, et chaque jour on m'y apporta mes repas. Le quatrième jour, le curé Tosello vint me prendre avec ordre de me mener à Venise. Je lui demandai s'il était informé de mon affaire ; il me répondit qu'il venait de parler à l'autre séminariste, qu'il savait tout, qu'il nous croyait innocents, mais que le recteur ne voulait pas avoir tort, et qu'ainsi il ne savait qu'y faire.

Je jetai bas mon accoutrement de séminariste, reprenant le costume que je portais à Venise, et tandis qu'on transportait mes effets sur un bateau, je montai dans la gondole de M. Grimani avec laquelle le curé était venu, et nous partîmes. Chemin faisant, le curé dit au batelier de déposer mes effets au palais Grimani ; ensuite il me dit que cet abbé lui avait ordonné de me dire, en me descendant à Venise, que, si j'avais la hardiesse de me présenter chez lui, ses domestiques avaient ordre de me chasser.

Il me descendit aux Jésuites, n'ayant pas le sou, et ne possédant absolument que ce que j'avais sur moi.

J'allai dîner chez Mme Manzoni, qui rit de bon cœur de voir sa prophétie accomplie. Après dîner je me rendis chez M. Rosa, pour agir contre la tyrannie par les voies de la justice, et après avoir entendu le cas, il me promit de m'apporter le soir chez Mme Orio une sommation extrajudiciaire. Je me rendis chez cette dame pour l'y attendre et pour m'y égayer de la surprise que j'allais causer à mes deux charmantes amies. Elle fut extrême, et le récit de ce qui m'était arrivé ne les étonna pas moins que ma présence. M. Rosa vint et me fit lire l'acte qu'il avait dressé, mais qu'il n'avait pas eu le temps de faire notarier, me promettant qu'il serait en règle le lendemain.

Je sortis pour aller souper chez mon frère François qui était en pension chez un peintre nommé Guardi : la tyrannie l'opprimait comme moi, mais je lui promis de l'en délivrer. Vers minuit, j'allai trouver mes deux aimables sœurs qui m'attendaient avec une tendre impatience ; mais, je dois l'avouer en toute humilité, le chagrin que j'éprouvais fit tort à l'amour, malgré les quinze jours d'absence et d'abstinence. Mon chagrin les affectait, et elles me plaignirent de bon cœur. Je les consolai en leur assurant qu'il se passerait, et que le temps perdu se réparerait.

Ne sachant de quel côté diriger mes pas et n'ayant pas le sou, j'allai à la bibliothèque Saint-Marc, où je restai jusqu'à midi. J'en sortis alors dans l'intention d'aller dîner chez Mme Manzoni ; mais en sortant je fus accosté par un soldat qui me dit que quelqu'un voulait me parler dans une gondole qu'il me montra. Je lui répondis que, si quelqu'un voulait me parler, il n'avait qu'à venir ; mais il me répondit doucement qu'il avait là un compagnon pour m'y faire aller par force, et sans nulle hésitation je m'y rendis. J'abhorrais l'éclat et la honte de la publicité. J'aurais pu résister, car les soldats n'étaient pas armés, et on ne m'aurait pas arrêté, car cette façon d'arrêter quelqu'un n'était point permise à

Venise; mais je n'y pensai pas. Le *sequere deum*[1] s'en mêla; d'ailleurs je ne me sentais aucune répugnance. Il y a d'ailleurs des moments d'abandon où l'homme brave ne l'est pas ou dédaigne de l'être.

J'entre dans la gondole; on tire le rideau et je vois... mon mauvais génie, Razzetta, et un officier. Les deux soldats allèrent s'asseoir à la proue : je reconnus la gondole de M. Grimani, qui se détacha du rivage, prenant la direction du Lido. Les deux individus ne me disant pas le mot, je gardai le plus profond silence. Au bout d'une demi-heure, la gondole s'arrêta à la petite porte du fort Saint-André, à l'embouchure de la mer Adriatique, à l'endroit même où s'arrête le *Bucentaure* lorsque, le jour de l'Ascension, le doge va épouser la mer.

La sentinelle appelle le caporal, nous descendons, et l'officier qui m'accompagnait me présente au major en lui remettant une lettre. Celui-ci, après avoir lu, ordonne à M. Zen, son adjudant, de me consigner au corps-de-garde. Un quart d'heure après je vis partir mes conducteurs, et M. Zen vint me remettre trois livres et demie, en me disant que j'en recevrais autant chaque semaine. C'était tout juste la paye d'un simple soldat.

Je n'éprouvai aucun mouvement de colère, mais je me sentis pénétré de la plus forte indignation. Vers le soir je me fis acheter quelque chose à manger afin de ne pas mourir d'inanition; puis, étendu sur le lit de camp, je passai la nuit au milieu des soldats sans pouvoir fermer l'œil, car ces Esclavons ne firent que chanter, manger de l'ail et fumer un mauvais tabac qui infectait l'air, et boire du vin esclavon qui est noir comme de l'encre, et que ces gens-là seuls peuvent boire.

---

1. Suis le génie conducteur.

Le lendemain, de très bonne heure, le major Pelodoro (c'était le nom du gouverneur du fort) me fit monter chez lui, et me dit qu'en me faisant passer la nuit au corps-de-garde il n'avait fait qu'obéir à l'ordre qu'il avait reçu de Venise du président de la guerre, qu'on désigne par la qualification de Sage à l'écriture. « Actuellement, monsieur l'abbé, je n'ai d'autre ordre que de vous tenir aux arrêts dans le fort et de répondre de vous. Je vous donne donc pour prison toute la forteresse. Vous aurez une bonne chambre où vous trouverez votre lit et votre malle. Promenez-vous où il vous plaira, et souvenez-vous que, si vous vous échappez, vous serez la cause de ma perte. Je suis fâché qu'on m'ait prescrit de ne vous donner que dix sous par jour, mais, si vous avez à Venise des amis qui puissent vous donner de l'argent, écrivez-leur, et fiez-vous à moi pour la sûreté de vos lettres. Allez vous coucher, si vous en avez besoin. »

On me conduisit dans ma chambre; elle était belle et au premier étage avec deux fenêtres d'où j'avais une vue superbe. Je trouvai mon lit, et je vis avec plaisir ma malle qu'on n'avait point forcée et dont j'avais les clefs. Le major avait eu l'attention de faire mettre sur ma table toutes les choses nécessaires pour écrire. Un soldat esclavon vint poliment me dire qu'il me servirait, et que je le payerais quand je pourrais, car tout le monde savait que je n'avais que dix sous. Je me fis d'abord apporter une bonne soupe, et après l'avoir mangée, je me mis au lit, où je dormis neuf heures d'un profond sommeil. À mon réveil le major me fit inviter à souper, et je commençai à voir que cela n'irait pas si mal.

Je monte chez cet honnête homme, que je trouve en grande compagnie. Après m'avoir présenté à son épouse, il me nomma toutes les personnes présentes. Plusieurs officiers, l'aumônier du fort, un nommé Paoli Vida, mu-

CHAPITRE VI

sicien de l'église Saint-Marc, et sa femme, jolie personne, belle-sœur du major, et que le mari faisait habiter au fort parce qu'il était fort jaloux — et les jaloux sont toujours mal logés à Venise — avec quelques autres dames entre deux âges, mais que leur bonté me fit trouver charmantes, composaient cette réunion.

Gai comme je l'étais par caractère, cette honnête compagnie à table me mit facilement de bonne humeur. Tout le monde ayant témoigné le désir de connaître le détail des raisons qui avaient pu porter M. Grimani à me faire mettre au fort, je leur fis le récit sincère de tout ce qui m'était arrivé depuis la mort de ma grand'mère. Cette narration me fit parler pendant trois heures sans aigreur et même en plaisantant sur des choses qui, racontées autrement, auraient pu déplaire; et la société satisfaite me témoigna le plus grand intérêt, au point qu'avant de nous séparer chacun m'assura de son amitié et me fit offre de ses services. C'est un bonheur que, jusqu'à l'âge de cinquante ans, j'ai toujours eu, quand je me suis trouvé dans l'oppression. Dès que j'ai trouvé d'honnêtes gens curieux de connaître l'histoire du malheur qui m'accablait, et que je la leur ai contée, je leur ai inspiré de l'amitié, et cet intérêt qui m'était nécessaire pour me les rendre favorables et utiles.

L'artifice que j'employais pour cela était de conter la chose simplement et telle qu'elle était, sans même omettre les circonstances qui pouvaient m'être nuisibles. C'est un secret que tous les hommes ne savent pas employer, parce que la plus grande partie du genre humain est composée de poltrons, et que pour être toujours vrai il faut avoir du courage. J'ai appris par expérience que la vérité est un talisman dont le charme est immanquable, pourvu qu'on ne la prodigue pas à des coquins; et je crois qu'un coupable qui ose la dire ouvertement à un juge intègre est plus aisément absous qu'un innocent qui tergiverse. Bien entendu que le narrateur doit être jeune, ou au moins dans la force de l'âge ; car l'homme vieux a pour ennemi la nature entière.

Le major plaisanta beaucoup sur la visite faite et rendue au lit du séminariste ; mais l'aumônier et les femmes le grondèrent. Il me conseilla d'écrire toute mon histoire au Sage à l'écriture, s'engageant à la lui remettre et m'assurant qu'il deviendrait mon protecteur. Toutes les femmes m'engagèrent à suivre ce conseil.

CHAPITRE VII

Mon court séjour dans le fort Saint-André. — Mon premier repentir galant. — Plaisir d'une vengeance et belle preuve d'un alibi. — Arrêt du comte Bonafede. — Mon élargissement. — Arrivée de l'évêque. — Je quitte Venise.

Le fort, où la république ne tenait ordinairement qu'une garnison de cent Esclavons invalides, se trouvait contenir alors deux mille Albanais, qu'on désignait par le nom de Cimariotes.

Le ministre de la guerre, connu dans la république sous la dénomination de Sage à l'écriture, ainsi que je l'ai déjà dit, les avait fait venir du Levant à l'occasion d'une promotion. On voulut que les officiers fussent à portée de faire valoir leur mérite et de le voir récompensé. Ils étaient tous natifs de cette partie de l'Épire qu'on nomme Albanie et qui appartient à la république. Il y avait alors vingt-cinq ans qu'ils s'étaient distingués dans la dernière guerre que la république ait soutenue contre les Turcs. C'était pour moi un spectacle à la fois nouveau et surprenant de voir dix-huit à vingt officiers tous vieux et tous bien portants, ayant la figure couverte de cicatrices ainsi que la poitrine que, par luxe guerrier, ils portaient toute découverte. Le lieutenant-colonel se distinguait particulièrement par ses blessures, car, sans hyperbole, il avait le quart de la tête de moins. Il n'avait qu'un œil, qu'une oreille, et on ne lui voyait point la mâchoire, Il mangeait cependant fort bien, parlait de même et était d'une humeur très gaie. Il avait avec lui toute sa famille composée de deux jolies filles, que leur costume rendait encore plus intéressantes, et de sept garçons tous soldats. Cet homme avait six pieds, d'une stature superbe et pourtant si laid de figure, à cause de ses énormes blessures, qu'il était hideux à voir. Malgré cela, je lui trouvai quelque chose de si attrayant que je l'aimai de prime abord, et j'aurais beaucoup aimé à m'entretenir avec lui, sans la forte odeur d'ail que sa bouche exhalait en parlant. Tous ces Albanais en avaient toujours les poches pleines, et une gousse d'ail pour eux est à peu près ce qu'est une dragée pour nous. Peut-on douter d'après cela que ce légume ne soit un poison? Le seule propriété médicale qu'il ait, c'est de ranimer l'appétit en donnant du ton à un estomac affaibli.

Cet homme ne savait pas lire, mais il n'en était pas honteux ; car, à l'exception du prêtre et du chirurgien, aucun ne possédait ce talent. Tous, officiers et soldats, avaient la bourse pleine d'or, et la moitié au moins étaient mariés. Aussi y avait-il dans le fort cinq ou six cents femmes, et une pépinière d'enfants. Ce spectacle, neuf pour moi, m'intéressait beaucoup. Heureuse jeunesse ! je te regrette parce que tu m'offrais souvent du nouveau ; et cette raison me fait détester la vieillesse qui ne m'offre que des choses connues, à moins que ce ne soit dans les gazettes, dont alors l'existence m'importait fort peu.

Libre dans ma chambre, je fis l'inventaire de ma malle et, en ayant retiré tout ce que j'avais d'ecclésiastique, je fis appeler un juif et je le lui vendis impitoyablement. Ma seconde opération fut d'envoyer à M. Rosa les reçus de tous les effets que j'avais mis en gage, en le priant de vouloir bien les faire vendre sans exception, et de m'en envoyer le surplus. Moyennant cette double opération, je me vis en état de céder à mon soldat les misérables dix sous qu'on me donnait par jour. Un autre soldat, qui avait été perruquier, avait soin de ma chevelure, que la discipline du séminaire m'avait forcé de négliger. Je me promenais dans les casernes pour y chercher quelque distraction ; la demeure du major pour le sentiment et celle de l'Albanais pour un peu d'amour étaient mes seuls refuges. Ce dernier, étant sûr que son colonel serait nommé brigadier, sollicitait le commandement du régiment ; mais il avait un concurrent et il craignait qu'il ne l'emportât sur lui. Je m'avisai de lui faire un placet, court, mais si vigoureux, que le Sage, après lui avoir demandé qui l'avait fait, lui accorda ce qu'il demandait. A son retour au fort, ce brave homme, la joie dans le cœur, me dit en me pressant contre sa poitrine qu'il m'en devait toute l'obligation ; et après m'avoir donné à dîner en famille, où ses mets à l'ail me brûlèrent l'âme, il me fit présent de douze boutargues et de deux livres de tabac turc excellent.

L'effet de mon placet fit croire à tous les autres officiers qu'ils ne parviendraient à rien sans le secours de ma plume, et je ne la refusai à personne, ce qui me suscita des querelles, car je servais en même temps le rival de celui que j'avais servi d'avance et qui m'avait

CHAPITRE VII

payé ; mais, me trouvant en possession d'une quarantaine de sequins, je me moquais de tout, ne craignant plus la misère. Cependant il m'arriva un accident qui me fit passer six semaines fort désagréablement.

Le 2 du mois d'avril, fatal anniversaire de mon entrée dans ce monde, au moment où je venais de me lever, je vois entrer dans ma chambre une belle Grecque qui me dit que son mari, enseigne, avait tout le mérite possible pour devenir lieutenant, et qu'il le deviendrait, si son capitaine ne lui en voulait, à cause du refus qu'elle lui avait fait de certaines complaisances qu'elle ne devait accorder qu'à son époux. Elle me présenta des certificats et me pria de lui faire un placet qu'elle irait elle-même porter au Sage ; et pour achever, elle ajouta qu'étant pauvre elle ne pouvait récompenser ma peine que par son cœur. Je lui répondis que son cœur ne devait être que le prix des désirs, et je la traitai en conséquence, sans trouver d'autre résistance que celle qu'une jolie femme ne manque jamais de faire par acquit. Je la renvoyai ensuite en lui disant de revenir vers midi, qu'elle trouverait l'écrit tout prêt. Elle fut exacte, et ne trouva pas mauvais de me récompenser une seconde fois, et enfin le soir, sous prétexte de quelques corrections, elle vint me fournir l'occasion d'une troisième récompense.

Mais, hélas ! tout n'est point rose dans les plaisirs, car le matin du troisième jour je m'aperçus avec horreur que j'avais trouvé un serpent caché sous les fleurs. En six semaines de privations et de soins, je me vis parfaitement rétabli.

Un jour, ayant revu ma belle Grecque, j'eus la sottise de lui faire des reproches ; mais elle me déconcerta en me répondant en riant qu'elle ne m'avait donné que ce qu'elle avait, et que j'avais eu tort de ne pas prendre mes précautions. Le lecteur se figurerait difficilement le chagrin et la honte que ce malheur me causa. Je me regardais comme un homme dégradé, et voici, à cause de cet accident, un trait qui pourra donner aux curieux une idée de mon étourderie.

Mme Vida, belle-sœur du major, se trouvant un matin tête à tête avec moi, me confia dans un doux abandon le tourment que son jaloux mari lui faisait éprouver, et la cruauté qu'il avait de la laisser coucher seule depuis quatre ans, quoiqu'elle fût à la fleur de son âge. « Dieu fasse, ajouta-t-elle, qu'il ne vienne pas à savoir que vous avez passé une heure avec moi, car il me désespérerait. »

Pénétré de son chagrin, la confiance amenant la confiance, j'eus la balourdise de lui confier l'état où m'avait mis la cruelle Grecque, lui disant que je le sentais d'autant plus que j'aurais été heureux de la venger de la froideur de son jaloux. A ces mots où j'avais laissé percer toute la candeur de la bonne foi, elle se leva et me dit avec un ton d'aigreur et de colère toutes les injures qu'une honnête femme outragée aurait pu se permettre contre un audacieux qui se serait oublié. Confondu, et concevant fort bien en quoi je lui avais manqué, je lui tirai ma révérence, et elle, continuant sur le même ton, me défendit de me remontrer chez elle, disant que j'étais un fat indigne de parler à une femme de bien. Je m'empressai de lui dire en partant qu'une femme de bien devait être plus réservée qu'elle sur cet article, et je ne fus pas longtemps à réfléchir que, si, au lieu de lui confier mes douleurs, je m'étais bien porté, elle aurait trouvé fort bien que je l'eusse consolée.

J'eus, peu de jours après, un motif plus réel de me repentir d'avoir connu la Grecque. C'était le jour de l'Ascension. Comme c'était près du fort que se faisait la cérémonie du *Bucentaure*, M. Rosa y mena Mme Orio et

CHAPITRE VII

ses deux gentilles nièces, et j'eus le plaisir de leur donner à dîner dans ma chambre. Je me trouvai ensuite seul avec mes amies dans le secret d'une casemate, et c'est là qu'elles me couvrirent de leurs baisers. Je sentis qu'elles s'attendaient à quelques preuves de mon amour ; mais, pour cacher ma peine, je fis semblant de craindre quelque surprise, et force leur fut de s'en contenter.

J'avais écrit à ma mère le détail de ce qui m'était arrivé et le traitement que Grimani se permettait de me faire éprouver ; elle me répondit qu'elle avait écrit en conséquence à cet abbé, et qu'elle ne doutait pas qu'il ne me fît mettre en liberté ; et que, pour ce qui regardait les meubles qu'il avait fait vendre par Razzetta, M. Grimani s'était engagé à en faire le patrimoine de mon plus jeune frère. Cette dernière clause était une imposture ; car ce patrimoine ne fut établi treize ans plus tard que fictivement. Je parlerai en son lieu de ce malheureux frère qui est mort misérable à Rome il y a vingt ans.

A la mi-juin les Cimariotes retournèrent dans le Levant, et il ne resta plus dans le fort que la garnison ordinaire. L'ennui me gagna dans l'espèce d'abandon où je me trouvais, ce qui me donnait des accès de colère terribles.

La chaleur était très forte et m'incommodait beaucoup, ce qui m'obligea d'écrire à M. Grimani pour lui demander deux habits d'été, lui indiquant l'endroit où ils devaient se trouver, si Razzetta ne les avait point vendus. Huit jours après, me trouvant chez le major, je vois entrer cet indigne personnage accompagné d'un individu qu'il présenta sous le nom de Petrillo, célèbre favori de l'impératrice de Russie, lequel venait de Saint-Pétersbourg. Il aurait dû dire *infâme* au lieu de célèbre, et *bouffon* au lieu de favori,

La major les invita à s'asseoir, et Razzetta, prenant un

paquet des mains du gondolier de Grimani, me le remit en disant : « Voilà les guenilles que je t'apporte. » Je lui répondis : « Le jour viendra où je t'apporterai ton *rigano*[1]. » A ces mots ce drôle osa lever sa canne ; mais le major indigné lui fit baisser le ton en lui demandant s'il avait envie de passer la nuit au corps-de-garde. Petrillo, qui n'avait pas encore parlé, me dit alors qu'il était fâché de ne m'avoir pas trouvé à Venise, que je l'aurais mené en des lieux que je devais connaître.

« Nous y aurions probablement trouvé ta femme, lui répondis-je.

— Je me connais en physionomie, ajouta-t-il, et tu seras pendu un jour. »

Je frémissais de colère, et le major, qui sans doute partageait les dégoûts que me causaient ces propos, se leva en leur disant qu'il avait des affaires à terminer ; et ils partirent. Le major me dit en me quittant que le lendemain il irait se plaindre au Sage, et qu'il aurait raison de l'insolence de Razzetta.

Resté seul en proie à la plus profonde indignation, je ne fus plus possédé que du désir de me venger.

Le fort était entièrement entouré d'eau, et aucune sentinelle ne pouvait voir mes fenêtres. Un bateau placé en cet endroit aurait donc pu me mener à Venise pendant la nuit, et me ramener au fort avant le jour. Il ne s'agissait que de trouver un batelier qui, pour de l'argent, voulût s'exposer à aller aux galères, s'il était découvert. Entre plusieurs qui venaient porter des provisions au fort, j'en choisis un dont la mine me plut, et lui ayant promis un sequin, il me promit une réponse pour le lendemain. Il fut exact et me dit qu'il était prêt. Il m'apprit qu'avant de me servir il avait voulu s'informer

---

[1]. Habit des forçats.

CHAPITRE VII

si j'étais détenu pour des choses importantes, mais que, l'épouse du major lui ayant dit que je ne l'étais que pour des fredaines, je pouvais compter sur lui. Là-dessus nous convînmes qu'il se trouverait sous ma fenêtre au commencement de la nuit, ayant à son bateau un mât assez long pour que je pusse m'y glisser dedans.

A l'heure convenue, tout étant prêt, je me glisse dans la barque et nous voguons. Je débarquai à la rive des Esclavons, donnant ordre au batelier de m'attendre ; et, enveloppé d'une capote de marinier, je me dirigeai droit à Saint-Sauveur, et je me fis conduire à la porte de Razzetta par un garçon de café.

Certain qu'il ne serait pas à la maison à cette heure-là, je sonnai, et j'entendis ma sœur qui me disait que, si je voulais lui parler, je devais y aller le matin. Satisfait, j'allai m'asseoir au pied du pont pour voir de quel côté il entrait dans la rue, et un peu avant minuit je le vis arriver du côté de la place Saint-Paul. N'ayant pas besoin d'en savoir davantage, j'allai rejoindre le bateau et je rentrai au fort sans aucune difficulté, et à cinq heures du matin toute la garnison put me voir promener dans l'enceinte.

Ayant tout le temps de réfléchir, voici les mesures que je pris afin de pouvoir assouvir ma haine avec sécurité et prouver mon alibi, si je venais à tuer mon bourreau comme j'en avais l'intention.

Le jour avant la nuit fixée pour mon expédition, je me promenai avec le jeune Zen, fils de l'adjudant, qui n'avait que douze ans, mais qui m'amusait beaucoup par ses finesses. Je parlerai de lui dans l'année 1774. Tout en me promenant avec cet enfant, je fis semblant de me donner une entorse en sautant à bas d'un bastion. Je me fis porter dans ma chambre par deux soldats, et le chirurgien du fort, croyant que je m'étais luxé le pied, me condamna à garder le lit après m'avoir appliqué à la cheville des serviettes imbibées d'eau-de-vie camphrée. Tout le monde vint me voir, et je voulus que mon soldat me servît de garde et couchât dans ma chambre. Je le connaissais, je savais qu'un verre d'eau-de-vie suffisait pour le griser et le faire dormir d'un profond sommeil. Dès que je le vis endormi, je renvoyai le chirurgien et l'aumônier qui habitait au-dessus de ma chambre, et à dix heures et demie je descendis dans le bateau.

Arrivé à Venise, j'allai dans une boutique où j'achetai un bon bâton, et j'allai m'asseoir sur le seuil d'une porte à l'entrée de la rue du côté de la place Saint-Paul. Un petit canal qui passe au bout de la rue me parut fait exprès pour y jeter mon ennemi. Aujourd'hui ce canal n'existe plus.

A minuit moins un quart, je vois venir mon homme à pas lents et mesurés. Je sors de la rue à pas rapides, me tenant près du mur pour l'obliger à me faire place, et je lui assène le premier coup sur la tête, le second sur le bras, et le troisième, plus allongé, le force à tomber dans le canal en criant et me nommant. Au même instant je vois sortir d'une maison à ma gauche un Forlan (citoyen de Forli) avec une lanterne à la main. Un coup de bâton sur cette main lui fait tomber la lanterne, et la peur le fait fuir à toutes jambes. Je jette mon bâton, je traverse la place comme un trait, je franchis le pont, et, tandis que l'on accourt vers le lieu où le bruit s'était fait entendre, je regagne la barque, je saute dedans, et bientôt un vent fort, mais favorable, gonflant la voile que nous tendîmes à l'instant, me ramena au fort. Il sonnait minuit au moment où je rentrais dans ma chambre par la fenêtre. Je me déshabille promptement, et, dès que je suis dans mon lit, je réveille le soldat à cris perçants, lui disant d'aller chercher le chirurgien, que je me mourais d'une colique.

L'aumônier, réveillé par mes cris, descend et me trouve en convulsions. Espérant que le diascordium me soulagerait, ce brave homme court en chercher et me l'apporte ; mais, pendant qu'il va chercher de l'eau, au lieu de le prendre, je le cache. Après une demi-heure de grimaces, je dis que je me sentais beaucoup mieux, et, remerciant tout le monde, je priai qu'on se retirât, ce que chacun fit en me souhaitant un bon sommeil.

Le matin, ne me levant pas à cause de ma prétendue entorse, quoique j'eusse parfaitement bien dormi, le major eut la bonté de venir me voir avant de partir pour Venise, et il me dit que ma colique venait sans doute du melon que j'avais mangé la veille.

A une heure après-midi le major revint.

« J'ai, me dit-il tout riant, une bonne nouvelle à vous donner. Razzetta a été vigoureusement rossé cette nuit et jeté dans un canal.

— On ne l'a pas assommé ?

— Non, mais tant mieux pour vous, car votre affaire en serait bien plus mauvaise : on est sûr, dit-on, que c'est vous qui avez commis ce crime.

— Je suis bien aise qu'on le croie ; cela me venge en partie ; mais il sera difficile qu'on le prouve.

— Assurément. En attendant, Razzetta a déclaré vous avoir reconnu ainsi que le Forlan à qui vous avez, dit-il, écrasé la main d'un coup de bâton pour lui faire tomber sa lanterne. Razzetta a le nez cassé, trois dents de moins et une contusion au bras droit. On vous a dénoncé à l'avogador (procureur général), et M. Grimani a écrit au Sage à l'écriture pour se plaindre de ce qu'il vous avait mis en liberté sans l'en avertir. Je suis arrivé au bureau de la guerre précisément comme le Sage lisait la lettre, et j'ai assuré Son Excellence que c'est un faux soupçon, car je venais de vous quitter dans votre lit où vous étiez retenu par une entorse : je lui ai dit aussi qu'à minuit vous vous sentiez mourir d'une colique.

— Est-ce à minuit que Razzetta a été rossé?

— A ce que dit la déclaration. Le Sage a écrit sur-le-champ à M. Grimani pour lui certifier que vous n'aviez point quitté le fort, que vous y êtes encore, et que la partie plaignante peut, si elle le veut, envoyer des commissaires pour vérifier le fait. Attendez-vous donc, mon cher abbé, à des interrogatoires.

— Je m'y attends, et je répondrai que je suis fâché d'être innocent. »

Trois jours après un commissaire vint au fort avec un scribe (greffier) de l'avogarie, et le procès fut bientôt fini ; car, comme tout le fort connaissait mon entorse, le chapelain, le chirurgien, le soldat et plusieurs autres qui n'en savaient rien, jurèrent qu'à minuit j'étais dans mon lit et tourmenté d'une affreuse colique. Dès que mon alibi fut authentiquement prouvé, l'avogador condamna Razzetta et le crocheteur à payer les frais, sans préjudice de mes droits.

Après ce jugement, le major me conseilla d'adresser au Sage un placet qu'il se chargea de lui remettre lui-même, et dans lequel je demandais mon élargissement. Je prévins M. Grimani de cette démarche, et huit jours après le major m'annonça que j'étais libre, et que ce serait lui-même qui me présenterait à cet abbé. C'était à table et dans un moment de gaieté qu'il me donna cette nouvelle. N'y ajoutant pas foi et voulant faire semblant d'y croire, je lui dis par galanterie que sa maison me plaisait plus que le séjour de Venise, et que pour l'en convaincre je resterais encore huit jours, s'il voulait me le permettre. On me prit au mot avec des cris de joie. Mais deux heures après, m'ayant confirmé la nouvelle et n'en pouvant plus douter, je me repentis du sot présent de huit jours que je lui avais fait ; mais je n'eus pas le courage de me dédire, car les démonstrations de joie, surtout de la part de sa femme, avaient été si vives, que je me serais rendu méprisable en me rétractant. Cette bonne femme savait que je lui devais tout, et elle craignait que je ne le devinasse pas.

Voici le dernier événement qui m'arriva dans le fort : je ne crois pas devoir le laisser dans l'oubli.

Le lendemain, un officier en uniforme national entra chez le major, accompagné d'un homme d'une soixantaine d'années, portant épée ; et, lui ayant remis une lettre portant le cachet du bureau de la guerre, il repartit dès que le major lui eut remis une réponse.

Le major, après le départ de l'officier, s'adressant au vieux monsieur qu'il qualifia de comte, lui dit que, par ordre supérieur, il le retenait aux arrêts, et qu'il lui donnait tout le fort pour prison. Le comte ayant alors voulu lui remettre son épée, le major la refusa noblement et le conduisit à la chambre qu'il lui destinait. Une heure après un domestique à livrée vint lui porter un lit et une malle, et le lendemain matin le même domestique, étant entré chez moi, me pria au nom de son maître de lui faire l'honneur d'aller déjeuner avec lui. Je me rendis à son invitation, et voici ce qu'il me dit en m'accueillant :

« Monsieur l'abbé, on a tant parlé à Venise de la bravoure avec laquelle vous avez prouvé votre alibi incroyable, que je n'ai pu résister au plaisir de faire votre connaissance.

— Mais, monsieur le comte, mon alibi étant très réel, il n'y a point de bravoure à le prouver. Permettez-moi de vous dire que ceux qui en doutent me font un mauvais compliment, car...

I.   11

— N'en parlons plus, et excusez-moi. Mais, puisque nous sommes devenus camarades, j'espère que vous m'accorderez votre amitié. Déjeunons. »

Pendant le déjeuner, le comte, ayant appris qui j'étais, voulut, après le repas, me rendre confidence pour confidence, et me dit :

« Je m'appelle comte de Bonafede. Jeune encore, je servis sous le prince Eugène; mais, ayant quitté le service militaire, j'embrassai la carrière civile en Autriche, d'où, à la suite d'un duel, je passai en Bavière. A Munich, ayant fait la connaissance d'une demoiselle de condition, je l'enlevai et la conduisis à Venise où je l'épousai. J'y suis depuis vingt ans, j'ai six enfants et toute la ville me connaît. Il y a huit jours que j'envoyai mon laquais à la poste de Flandre pour retirer mes lettres, mais on les lui refusa parce qu'il n'avait pas de quoi en payer le port. Je m'y rendis moi-même, mais j'eus beau dire que j'en payerais le port à l'ordinaire suivant, on me refusa mes lettres. Outré, je monte chez le baron de Taxis, directeur de cette poste, et je me plains; mais il me répond si grossièrement qu'on n'a rien fait que par ses ordres, et que mes lettres ne me seraient remises que lorsque j'en payerais le port, que je fus pétrifié d'indignation. Me sentant chez lui, j'eus assez de force pour me contenir, mais un quart d'heure après je lui écrivis un billet pour lui demander satisfaction, l'avertissant que je ne marcherais plus qu'avec mon épée et que je le forcerais à me la donner partout où je le rencontrerais.

— Je ne l'ai trouvé nulle part; mais hier je fus accosté par le secrétaire des inquisiteurs, qui me dit que je devais oublier les impolitesses du baron, et aller avec un officier qu'il m'indiqua me constituer prisonnier dans ce fort, m'assurant qu'il ne m'y laisserait que huit jours.

CHAPITRE VII

J'aurai donc, monsieur l'abbé, le plaisir de les y passer avec vous. »

Je lui répondis que j'étais libre depuis vingt-quatre heures, mais que, pour lui donner une marque de reconnaissance pour la confidence qu'il venait de me faire, j'aurais l'honneur moi-même de lui tenir compagnie. M'étant déjà engagé avec le major, c'était un mensonge officieux que la politesse approuve.

Dans l'après-midi, me trouvant avec lui sur le donjon du fort, je lui fis observer une gondole à deux rames qui se dirigeait vers la petite porte, et, après y avoir braqué sa lunette, il me dit que c'étaient sa femme et sa fille qui venaient le voir. Nous allâmes à la rencontre de ces dames, dont l'une pouvait avoir mérité d'être enlevée : l'autre, jeune personne de quatorze à seize ans, me parut être une beauté d'une espèce nouvelle. Elle avait les cheveux d'un beau blond clair, de beaux yeux bleus, le nez aquilin, une belle bouche entr'ouverte et riante qui laissait voir un râtelier blanc comme son teint, si l'incarnat de la rose n'eût empêché d'en voir toute la blancheur. Sa taille, à force d'être fine, paraissait fausse, mais sa poitrine parfaitement formée semblait un autel où l'amour se serait plu à respirer le plus doux encens. C'était, au reste, un nouveau genre de luxe étalé par la maigreur ; mais, extasié par son aspect, mes yeux insatiables ne pouvaient s'en détacher, et mon imagination lui prêtait tout l'embonpoint qu'on aurait pu lui désirer. Enfin, portant mes regards sur ses yeux, je crus voir dans son air riant qu'elle me disait : « Dans deux ans tout au plus on y verra tout ce que vous imaginez. »

Elle était élégamment parée à la mode du temps, ayant de grands paniers et le costume des filles nobles qui n'ont pas encore atteint l'âge de puberté, quoique la jeune comtesse fût déjà nubile. Il ne m'était jamais arrivé de regarder la poitrine d'une demoiselle de condition avec moins de ménagement ; mais il me semblait qu'il devait être permis de regarder un endroit où il n'y avait rien qu'en espérance.

Monsieur et Madame s'étant d'abord entretenus en allemand, le comte me présenta dans les termes les plus flatteurs, et on me dit tout ce qu'on peut dire de plus gracieux. Le major étant survenu et se croyant obligé de conduire la comtesse pour voir le fort, je sus tirer le meilleur parti de l'infériorité de mon rang. J'offris le bras à la demoiselle, et le comte monta dans sa chambre.

Ne sachant encore servir les dames qu'à la vieille mode de Venise, Mademoiselle me trouva gauche ; je croyais la servir très noblement en lui mettant la main sous le bras ; mais elle se retira en éclatant de rire.

Sa mère s'étant retournée pour savoir de quoi elle riait, je fus confondu en lui entendant dire que je l'avais chatouillée. « Voilà, me dit-elle, comment on donne le bras à une demoiselle ; » et elle passa sa main sous mon bras, que j'arrondis sans doute fort gauchement, ayant quelque peine à reprendre ma contenance.

Croyant sans doute avoir affaire au plus sot des novices, elle dut se proposer de s'amuser à mes dépens. Elle commença par me dire qu'en arrondissant ainsi le bras je l'éloignais de ma taille, et que je me trouvais hors de dessin. Je lui avouai que je ne savais pas dessiner, et je lui demandai en même temps si c'était un de ses talents.

« J'apprends, me répondit-elle, et, lorsque vous viendrez nous voir, je vous montrerai Adam et Ève du chevalier Liberi, que j'ai copiés, et que les professeurs ont trouvés beaux, sans qu'ils sussent qu'ils étaient de moi.

— Pourquoi vous cacher?

— C'est que ces deux figures sont trop nues.

— Je ne suis pas curieux de votre Adam, mais je verrai votre Ève avec plaisir, et je vous garderai le secret. »

Cela la fit rire de nouveau, et sa mère se retourna encore. Je faisais le nigaud ; car, voyant le parti que je pourrais tirer de sa prévention, je formai ce projet au moment même où elle voulut m'apprendre à donner le bras.

Dans l'idée qu'elle avait de mon idiotisme, elle crut pouvoir me dire qu'elle trouvait son Adam beaucoup plus beau qu'Ève, car elle n'y avait rien omis, qu'on y distinguait tous les muscles. tandis qu'on n'en voyait point dans Ève.

« C'est, ajouta-t-elle, une figure sur laquelle on ne voit rien.

— Mais c'est positivement ce qui m'intéressera.

— Non, Adam, croyez-moi, vous plaira davantage. »

Cette conversation m'avait fort altéré. J'étais en pantalon de toile, car la chaleur était très forte... je craingnais que la mère et le major, qui n'étaient qu'à quelques pas devant nous, ne vinssent à se retourner... j'étais sur les épines. Pour mettre le comble à mon embarras, la jeune personne en faisant un faux pas fait descendre le quartier d'un de ses souliers, et, allongeant son joli pied, elle me pria de la rechausser. Je mets un genou en terre, et, sans y penser sans doute, elle releva un peu sa robe... elle avait de grands paniers et point de jupon... c'en était assez pour me faire tomber mort. Aussi en me relevant me demanda-t-elle si je me trouvais mal.

Un instant après, en sortant d'une casemate, sa coiffe s'étant un peu dérangée, elle me pria de la lui raccommoder; mais, obligée de baisser la tête, mon état ne put lui rester secret. Pour me tirer d'embarras, elle me demanda qui m'avait fait le cordon de ma montre : je lui dis que c'était un présent de ma sœur. Elle me pria de le lui laisser voir; mais, lui ayant dit qu'il était fixé au gousset, et n'en voulant rien croire, je lui dis qu'elle pouvait s'en assurer. Elle y porta la main, et je fus indiscret par un mouvement involontaire, mais naturel. Elle dut m'en vouloir, car elle vit qu'elle avait mal jugé ; et devenue plus timide, n'osant plus rire, nous rejoignîmes sa mère et le major qui lui montrait dans une guérite le corps du maréchal de Schulenburg, qu'on y avait déposé en attendant qu'on lui eût fait un mausolée. Quant à moi, j'éprouvais une véritable honte. Il me semblait que j'étais le premier coupable qui eût alarmé sa vertu, et je ne me serais refusé à rien, si l'on m'eût indiqué un moyen de lui faire réparation.

Telle était alors ma délicatesse, fondée cependant sur l'opinion que j'avais de la personne que j'avais offensée ; opinion dans laquelle je pouvais me tromper. Le temps, je dois l'avouer, a successivement réduit cette délicatesse à rien ; et cependant je ne me crois pas plus méchant que mes égaux en âge et en expérience.

Nous allâmes retrouver le comte, et la journée se passa assez tristement. Vers le soir, les dames repartirent ; mais, avant leur départ, la mère me fit promettre de les aller voir à Venise.

Cette jeune personne, que je croyais avoir insultée, me laissa une si forte impression, que je passai sept jours dans la plus grande impatience ; mais il ne me tardait de la revoir que pour lui demander pardon et la convaincre de mon repentir.

Le lendemain le fils aîné du comte vint le voir. Il était laid, mais je lui trouvai l'air noble et un esprit très modeste. Vingt-cinq ans plus tard, je l'ai trouvé cadet

CHAPITRE VII

aux gardes du roi d'Espagne. Il avait servi vingt ans en qualité de simple garde pour parvenir à ce mince grade. Je parlerai de lui quand il en sera temps ; mais en attendant je dirai qu'il me soutint que je ne l'avais jamais connu : son amour-propre avait besoin de ce mensonge qui me fit pitié.

Le matin du huitième jour, le comte sortit du fort, et j'en partis le même soir, donnant au major rendez-vous dans un café de la place Saint-Marc, d'où nous devions nous rendre ensemble chez l'abbé Grimani. Je pris congé de son épouse, femme dont la mémoire me sera toujours chère, et elle me dit : « Je vous remercie de tout ce que vous avez fait pour prouver votre alibi ; mais remerciez-moi d'avoir eu le talent de vous bien connaître. Mon mari n'a rien su qu'après. »

Arrivé à Venise, j'allai chez Mme Orio, où je fus le bienvenu ; j'y soupai, et mes deux charmantes amies, qui désiraient que l'évêque mourût en voyage, me donnèrent la plus douce hospitalité.

Le lendemain à midi, le major s'étant ponctuellement trouvé au rendez-vous, nous allâmes chez Grimani. Il me reçut avec l'air d'un coupable qui demande grâce, et sa sottise me confondit quand je l'entendis me prier de pardonner Razzetta et son compagnon qui s'étaient mépris. Il me dit ensuite que l'arrivée de l'évêque était imminente, qu'il avait ordonné qu'on me donnât une chambre et que je pourrais manger à sa table. Après cela, il me mena chez M. Valavero, homme d'esprit et qui n'était plus Sage à l'écriture, son semestre étant fini ; je lui présentai mes hommages et nous causâmes vaguement jusqu'au départ du major. Quand cet officier fut parti, il me pria de lui avouer que c'était moi qui avait rossé Razzetta. J'en convins sans détour, et l'histoire que je lui fis de l'affaire l'amusa beaucoup. Il réfléchit que, n'ayant pu faire mon coup à minuit, les sots s'étaient trompés dans leur dénonciation, mais qu'au reste je n'aurais pas eu besoin de cela pour prouver mon alibi, car mon entorse, qui passait pour réelle, m'aurait suffi.

Mais le lecteur n'a pas oublié que j'avais un grand poids sur le cœur, et il me tardait effectivement beaucoup de m'en débarrasser. Je devais voir la déesse de mes pensées, obtenir mon pardon ou mourir à ses pieds.

Je trouve aisément la maison ; le comte n'y était pas. Madame me reçoit de la manière la plus obligeante ; mais sa vue me cause un tel étonnement, que je ne sais que lui dire. Je croyais aller voir un ange, la trouver dans un paradis, et je ne vois qu'un grand salon orné de quatre chaises de bois vermoulu et d'une vieille table toute sale. Le jour y pénétrait à peine, car les volets étaient presque fermés. Ç'aurait pu être pour empêcher la chaleur d'entrer ; mais je vis que c'était pour cacher les carreaux qui étaient tous brisés. Ce quart de jour ne m'empêcha pas de remarquer que Mme la comtesse était enveloppée dans une robe en lambeaux et que sa chemise n'était rien moins que propre. Me voyant distrait, elle me quitta en me disant qu'elle allait m'envoyer sa fille, laquelle un instant après se présenta d'un air noble et facile, en me disant qu'elle m'attendait avec impatience, mais non pas à cette heure où elle n'avait coutume de recevoir personne.

J'étais embarrassé de lui répondre, car il me semblait que ce n'était pas elle. Son misérable déshabillé me la faisait presque paraître laide, et je m'étonnais de l'effet qu'elle avait produit sur moi au fort. Voyant sur ma figure la surprise que j'éprouvais et une partie de ce qui se passait dans mon âme, elle me laissa voir sur la sienne, non pas du dépit, mais une mortification qui me fit pitié. Si elle avait su ou osé philosopher, elle aurait eu le droit de mépriser en moi un homme qu'elle n'avait intéressé que par sa parure, ou par l'opinion qu'elle lui avait fait concevoir de sa noblesse ou de sa fortune ; mais elle entreprit de me remonter par sa sincérité. Si elle avait pu réussir à mettre en jeu le sentiment, elle se sentait sûre de le faire plaider en sa faveur.

« Je vous vois surpris, monseur l'abbé, et je n'en ignore pas la raison. Vous vous êtes attendu, sans doute, à trouver la magnificence et vous n'avez trouvé que l'aspect de la misère. Le gouvernement ne donne à mon père que de faibles appointements et nous sommes neuf. Obligés d'aller à l'église les jours de fêtes, et devant paraître comme notre condition l'exige, nous sommes souvent forcés de nous passer de dîner pour aller retirer les habits que le besoin nous a forcés de mettre en gage. Nous les y remettons le lendemain. Si le curé ne nous voyait point à la messe, il effacerait nos noms de la liste de ceux qui participent aux aumônes de la confraternité des pauvres ; et ce sont ces aumônes qui nous soutiennent. »

Quel récit ! Elle devina. Le sentiment s'était emparé de moi, mais pour me rendre moins ému que honteux. N'étant pas riche et ne me sentant plus amoureux, après avoir poussé un profond soupir, je devins plus froid que glace. Néanmoins, sa situation m'étant pénible, je lui répondis honnêtement, lui parlant raison avec douceur et lui témoignant de l'intérêt.

« Si j'étais riche, lui dis-je, je vous prouverais facilement que vous n'avez point confié vos malheurs à un ingrat insensible ; mais je ne le suis pas, et, me trouvant à la veille de mon départ, mon amitié même ne saurait vous être utile. »

Me rejetant alors sur les lieux communs, je lui dis

que je ne désespérais pas que ses charmes ne lui assurassent le bonheur.

« Cela, me répondit-elle d'un ton réfléchi, peut arriver, pourvu que celui qui les trouvera puissants sache qu'ils sont inséparables de mes sentiments, et qu'en s'y conformant il me rendra la justice qui m'est due. Je n'aspire qu'à un nœud légitime, sans prétendre ni à noblesse ni à richesse ; je suis désabusée sur l'une et je sais me passer de l'autre, car il y a longtemps qu'on m'a accoutumée à l'indigence, et même à me passer du nécessaire ; ce qui n'est pas facile à comprendre. Mais allons voir mes dessins.

— Vous avez bien de la bonté, mademoiselle. »

Hélas ! je ne m'en souvenais plus, et son Eve ne pouvait m'intéresser. Je la suivis.

J'entre dans un chambre où je vois une table, une chaise, un petit miroir et un lit retroussé, où on ne voyait que le dessous de la paillasse, voulant peut-être par là laisser le spectateur libre de s'imaginer qu'il y avait des draps ; mais ce qui me rebuta fut une certaine exhalaison dont la cause était récente : je fus anéanti ; et, si j'avais encore été amoureux, cet antidote aurait suffi pour opérer instantanément ma guérison radicale. Je ne me sentis plus possédé que du besoin de sortir pour ne plus revenir ; et je regrettais de ne pouvoir point verser sur la table une poignée de ducats : je me serais trouvé en conscience quitte du prix de ma rançon.

La pauvre demoiselle me montra ses dessins ; ils me semblèrent beaux et je les louai sans m'arrêter sur son Ève ni plaisanter sur son Adam. Je lui demandai, comme par manière d'acquit, pourquoi, ayant du talent, elle n'en tirait pas parti en apprenant à peindre en pastel.

« Je le voudrais, me répondit-elle, mais la seule boîte de couleurs coûte deux sequins.

CHAPITRE VII

— Me pardonnerez-vous, si j'ose vous en donner six?
— Hélas! je les accepte avec reconnaissance, et je suis heureuse d'avoir contracté cette obligation avec vous. »

Ne pouvant retenir ses larmes, elle se tourna pour me les dérober, et je saisis cet instant pour mettre la somme sur la table, et comme par politesse et pour lui épargner une certaine humiliation, je lui donnai sur les lèvres un baiser qu'il ne tint qu'à elle de qualifier de tendre, désirant qu'elle n'attribuât ma modération qu'au respect qu'elle m'avait inspiré. Je la quittai alors, lui promettant de revenir une autre fois pour voir son père. Je n'ai point tenu parole. Dans dix ans, le lecteur verra dans quelle situation je l'ai revue.

Que de réflexions je fis en sortant de cette maison! Quelle école! Je comparai la réalité et l'imagination, et je fus forcé de donner la préférence à la dernière, puisque c'est toujours d'elle que la réalité dépend. Je commençai à pressentir alors, ce qui m'a été clairement démontré par la suite, que l'amour n'est qu'une curiosité plus ou moins vive jointe au penchant que la nature a mis en nous de veiller à la conservation de l'espèce. Et en effet, la femme est comme un livre qui, bon ou mauvais, doit commencer par plaire par le frontispice; s'il n'est pas intéressant, il n'inspire pas le désir d'être lu, et ce désir est en rapport direct avec l'intérêt qu'il inspire. Le frontispice de la femme va de haut en bas comme celui d'un livre; et ses pieds, qui intéressent tous les hommes qui partagent mes goûts, offrent le même attrait que l'édition de l'ouvrage. Si le plus grand nombre d'amateurs ne font que peu ou point d'attention aux pieds d'une femme, la plupart des lecteurs aussi ne font aucun cas de l'édition. Dans tous les cas, les femmes ont raison d'avoir grand soin de leur figure, de leur mise et de leur tenue ; car ce n'est que par là qu'elles peuvent faire naître la curiosité de les lire à ceux à qui la nature n'a pas accordé à leur naissance le privilège de la cécité. Or, de même que les hommes qui ont lu beaucoup de livres finissent par vouloir lire les livres nouveaux, fussent-ils mauvais, un homme qui a connu beaucoup de femmes, toutes belles, finit par être curieux des laides lorsqu'il les trouve neuves. Son œil a beau voir le fard qui lui cache la réalité, sa passion devenue vice lui suggère un argument favorable au faux frontispice. Il se peut, dit-il, que l'ouvrage vaille mieux que le titre, et la réalité mieux que le fard qui la cache. Il tente alors de parcourir le livre, mais il n'a point encore été feuilleté, il trouve de la résistance ; le livre vivant veut être lu en règle, et le légomane devient victime de la coquetterie, monstre persécuteur de tous ceux qui font le métier d'aimer.

Homme d'esprit qui as lu ces dernières lignes, souffre que je te dise que, si elles ne contribuent pas à te désabuser, tu es perdu ; c'est-à-dire que tu seras la victime du beau sexe jusqu'aux derniers instants de ta vie. Si ma franchise n'a rien qui te déplaise, je t'en fais mon compliment.

Vers le soir j'allai faire une visite à Mme Orio, afin d'avoir occasion de dire à ses charmantes nièces que, logeant chez Grimani, je ne pouvais pas commencer par découcher. J'y trouvai le constant et vieux Rosa, qui me dit qu'on ne parlait que de mon alibi et que, cette célébrité ne pouvant dériver que de la certitude où l'on était de sa fausseté, je devais craindre de la part de Razzetta une vengeance dans le même goût, et que je ferais prudemment de me tenir sur mes gardes, surtout pendant la nuit. Sentant toute l'importance de l'avis de ce sage vieillard, je ne sortais plus qu'en compagnie, ou en gondole. Mme Manzoni m'approuva beaucoup; elle me dit que la justice avait dû m'absoudre, mais que, l'opinion générale sachant à quoi s'en tenir, Razzetta ne pouvait pas m'avoir pardonné.

Trois ou quatre jours après, M. Grimani m'annonça l'arrivée de l'évêque. Il logeait à son couvent des minimes à Saint-François de Paule. Il me présenta lui-même à ce prélat comme un bijou qu'il chérissait, et comme s'il n'y eût eu que lui qui eût pu le montrer.

Je vis un beau moine, portant sa croix d'évêque. Il m'aurait rappelé le père Mancia, s'il n'avait eu l'air plus robuste et moins réservé. Il avait trente-quatre ans, et il était évêque par la grâce de Dieu, du Saint-Siège et de ma mère. Après m'avoir donné sa bénédiction, que je reçus à genoux, et sa main à baiser, il me serra contre sa poitrine, m'appelant en latin son cher fils, et ne me parlant dans la suite qu'en cette langue. L'idée me vint qu'il devait avoir honte de parler italien parce qu'il était Calabrais, mais il me détrompa en adressant la parole en italien à l'abbé Grimani.

Il me dit que, ne pouvant me prendre avec lui à Venise, je devais me rendre à Rome où M. Grimani me dirigerait, et que je recevrais son adresse à Ancône d'un de ses amis, moine minime, nommé Lazari, lequel me fournirait aussi les moyens de faire le voyage. « Une fois à Rome, ajouta-t-il, nous ne nous séparerons plus, et nous irons ensemble à Martorano en passant par Naples. Venez me voir demain de bonne heure; dès que j'aurai dit la messe, nous déjeunerons ensemble. Je partirai après-demain. »

M. Grimani me conduisit chez lui en me tenant un discours de morale qui manqua dix fois de me faire éclater de rire. Il m'avertit, entre autres choses, que je ne devais pas me livrer beaucoup à l'étude, parce qu'en

Calabre l'air étant épais, le trop d'application pourrait me rendre pulmonique.

Je me rendis chez l'évêque le lendemain dès la pointe du jour. Après la messe et le chocolat, il me catéchisa pendant trois heures de suite. Je m'aperçus clairement que je ne lui avais point plu ; mais je fus content de lui. Il me parut un galant homme ; d'ailleurs, étant celui qui devait m'acheminer au grand trottoir de l'Église, je me sentais prévenu pour lui ; car dans ce temps-là, malgré la bonne idée que j'avais de ma personne, je n'avais pas la moindre confiance en moi.

Après le départ de ce bon évêque, M. Grimani me donna une lettre qu'il lui avait laissée et que je devais remettre au père Lazari, au couvent des minimes, dans la ville d'Ancône. M. Grimani me dit qu'il me ferait aller à Ancône avec l'ambassadeur de Venise, qui était sur son départ. Je devais donc me tenir prêt à partir, et, comme il me tardait d'être hors de ses mains, je trouvai tous les arrangements excellents.

Aussitôt que je fus informé de l'instant où la cour de l'ambassadeur de la république devait s'embarquer, j'allai prendre congé de toutes mes connaissances. Je laissai mon frère François à l'école de M. Joli, célèbre peintre en décor.

La péotte dans laquelle je devais m'embarquer ne devant quitter le rivage qu'au point du jour, j'allai passer cette courte nuit auprès de mes deux anges, qui pour le coup ne se flattèrent plus de me revoir. De mon côté, je ne pouvais rien prévoir, car, m'abandonnant au destin, je croyais que penser à l'avenir était peine inutile. Aussi la nuit se passa-t-elle entre la joie et la tristesse, entre les plaisirs et les larmes. Avant de partir, je leur rendis la clef que j'avais fait faire, et qui m'avait procuré de si doux moments.

CHAPITRE VII

Cet amour, qui fut mon premier, ne m'apprit presque rien sous le rapport de l'école du monde, car il fut parfaitement heureux, et jamais interrompu par aucun trouble ni terni par le moindre intérêt. Nous sentîmes souvent tous trois le besoin d'élever nos âmes vers la Providence éternelle pour la remercier de la protection immédiate avec laquelle elle avait éloigné de nous tous les accidents qui auraient pu troubler la douce paix dont nous avions joui.

Je laissai à Mme Manzoni tous les papiers et tous les livres défendus que j'avais. Cette bonne femme, qui avait vingt ans de plus que moi et qui, croyant à la fatalité, s'amusait à feuilleter son grand livre, me dit en riant qu'elle était sûre de me rendre tout ce que je lui laissais au plus tard dans le courant de l'année suivante. Ses prédictions m'étonnèrent et me firent plaisir; et comme j'avais beaucoup de respect pour elle, il me semblait que je devais l'aider à les vérifier. Au reste, ce qui lui faisait prévoir l'avenir n'était ni superstition, ni un vain pressentiment toujours condamné par la raison, mais bien sa connaissance du monde et du caractère de la personne à laquelle elle s'intéressait. Elle riait de ce qu'elle ne se trompait jamais.

Je m'embarquai à la petite place Saint-Marc. La veille M. Grimani m'avait donné dix sequins, ce qui selon lui devait me suffire pour vivre pendant tout le temps que j'avais à passer au lazaret d'Ancône pour y faire ma quarantaine; et après ma sortie, il n'était pas possible de prévoir que je pusse avoir besoin d'argent. Comme ces messieurs n'en doutaient pas, je devais partager leur certitude : mon insouciance m'épargna le soin d'y penser. Il est vrai que ce que j'avais dans ma bourse à l'insu de tout le monde me donnait quelque assurance : quarante-deux sequins relevaient beaucoup mon jeune courage : aussi je partis la joie dans l'âme et sans rien regretter.

CHAPITRE VIII

Mes malheurs à Chiozza. — Le père Stephano, récollet. — Lazaret d'Ancône. — L'esclave grec. — Mon pèlerinage à Notre-Dame de Lorette. — Je vais à Rome à pied, et de là à Naples, pour trouver l'évêque, que je ne trouve pas. — La fortune m'offre les moyens d'aller à Martorano, d'où je repars bien vite pour retourner à Naples.

La cour de l'ambassadeur, qu'on appelait la grande cour, me parut à moi fort petite. Elle était composée d'un maître d'hôtel milanais, nommé Carnicelli, d'un abbé qui lui servait de secrétaire parce qu'il ne savait pas écrire, d'une vieille qualifiée de femme de charge, d'un cuisinier avec sa laide femme et de huit ou dix domestiques.

Nous arrivâmes à Chiozza à midi. Dès que nous fûmes descendus, je demandai poliment au Milanais où j'irais loger, et sa réponse fut : « Où vous voudrez, pourvu que vous fassiez connaître votre demeure à cet homme pour qu'il puisse vous aller prévenir quand la tartane sera prête à mettre à la voile. Mon devoir est, ajouta-t-il, de vous déposer au lazaret d'Ancône franc de dépenses du moment où nous partirons d'ici ainsi : jusqu'alors divertissez-vous. »

L'homme qu'il m'avait indiqué était le maître de la tartane. Je lui demandai où je pouvais loger. « Chez moi, me dit-il, si vous vous contentez de coucher dans un grand lit avec M. le cuisinier, dont la femme restera à bord de la tartane. »

CHAPITRE VIII

Je n'avais rien de mieux à faire que d'accepter, et un matelot, chargé de ma malle, me mena chez cet honnête homme. Il fallut placer ma malle sous le lit, car ce lit remplissait toute la chambre. Après avoir ri de cela, car il ne me convenait pas de faire le difficile, j'allai dîner à l'auberge, puis j'allai voir l'endroit. Chiozza est une presqu'île, port de mer dépendant de Venise, et peuplé de dix mille habitants matelots, pêcheurs, marchands, gens de chicane, et employés aux gabelles et aux finances de la république.

J'aperçois un café ; j'y entre. J'y étais à peine qu'un jeune docteur en droit avec lequel j'avais étudié à Padoue vient m'embrasser et me présente ensuite à un apothicaire qui avait sa pharmacie à côté, en me disant que c'était chez lui que s'assemblaient tous les gens de lettres. Quelques instants après un grand moine jacobin, borgne, que j'avais connu à Venise et qui se nommait Corsini, vint et me fit les plus grandes politesses. Il me dit que j'arrivais fort à propos pour assister au pique-nique que les académiciens macaroniques faisaient le lendemain après une séance de l'académie où chaque membre récitait un morceau de sa façon. Il m'engagea à être de la partie et à honorer l'assemblée en lui faisant part d'une de mes productions. J'acceptai et, ayant lu dix stances que j'avais faites pour l'occasion, je fus reçu membre par acclamation. Je figurai encore mieux à table qu'à la séance, car je mangeai tant de macaroni qu'on me jugea digne d'être déclaré prince.

Le jeune docteur, académicien aussi, me présenta à sa famille. Ses parents, fort à leur aise, me firent mille honnêtetés. Il avait une sœur fort aimable ; mais une seconde, qui était professe, me parut être un prodige. J'aurais pu passer au sein de cette charmante famille mon séjour à Chiozza fort agréablement ; mais il était écrit que je ne devais, dans cet endroit, avoir que des chagrins. Le jeune docteur me prévint que le jacobin Corsini était un fort mauvais sujet, qu'il n'était bien vu nulle part et que je ferais bien de l'éviter. Je le remerciai cordialement de l'avis, mais ma légèreté m'empêcha d'en profiter. Tolérant par caractère et trop étourdi pour craindre des pièges, j'eus la folie de croire que ce moine pourrait, au contraire, me procurer beaucoup d'agréments.

Le troisième jour, me trouvant avec ce mauvais sujet, il me mena dans un mauvais endroit, où j'aurais bien pu avoir accès sans sa recommandation; et pour faire le brave, je fis l'aimable avec une malheureuse dont la laideur seule aurait dû m'éloigner. De là il me mena souper dans une auberge où nous trouvâmes quatre vauriens de sa façon. Après le souper, l'un d'eux fit une banque de pharaon à laquelle on m'engagea à prendre part. Je me laissai séduire par cette mauvaise honte qui perd si souvent la jeunesse, et, après avoir perdu quatre sequins, je voulus me retirer; mais mon honnête ami le jacobin sut m'engager d'en hasarder quatre autres de moitié avec lui. Il fit la banque, elle sauta. Je ne voulais plus jouer; mais Corsini, faisant semblant de me plaindre, et se montrant très affligé d'être la cause de ma perte, me conseilla de faire moi-même une banque de vingt sequins: on me débanqua. L'espoir de rattraper mon argent me fit perdre tout ce que j'avais. Accablé, je me retire et vais me coucher à côté du cuisinier, qui se réveilla en me disant que j'étais un libertin. « C'est vrai, » fut toute ma réponse.

La nature, épuisée par la fatigue et le chagrin, me plongea dans un profond sommeil. Ce fut encore mon indigne bourreau qui vint me réveiller à midi en me disant d'un air triomphant qu'on avait invité un jeune homme fort riche, qu'il viendrait souper avec nous et qu'il ne pouvait que perdre ; qu'ainsi je me referais.

« J'ai perdu tout mon argent ; prêtez-moi vingt sequins.

— Quand je prête, je suis sûr de perdre ; c'est une superstition, mais j'en ai trop fait l'expérience. Tâchez de trouver de l'argent ailleurs, et venez. Adieu ! »

N'osant faire connaître mon état à mon sage ami, je m'informai d'un honnête prêteur sur gages et je vidai ma malle. Après avoir fait l'inventaire de mes effets, l'honnête prêteur me donna trente sequins, à condition que, si dans trois jours, au plus tard, je ne lui rendais pas son argent, tous les effets lui appartiendraient. Je dois l'appeler brave homme, puisque ce fut lui qui m'obligea à garder trois chemises, des bas et des mouchoirs ; car je voulais tout lui donner, ayant un pressentiment que je regagnerais ce que j'avais perdu. Erreur assez commune. Quelques années plus tard, je me vengeai en écrivant une diatribe contre les pressentiments. Je crois que le seul pressentiment auquel l'homme puisse ajouter quelque confiance est celui qui lui prédit du mal : il vient de l'esprit. Celui qui prédit le bonheur vient du cœur, et le cœur est un fou digne de compter sur la folle fortune.

Je n'eus rien de si pressé que d'aller trouver l'honnête société, qui ne craignait rien tant que de ne pas me voir venir. Nous soupâmes sans qu'il fût question de jouer, mais on fit le plus pompeux éloge de mes éminentes qualités, et on célébra la haute fortune qui m'attendait à Rome. Voyant, après table, qu'on ne parlait pas de jouer, poussé par mon mauvais génie, je demandai hautement ma revanche. On me répondit que je n'avais qu'à faire la banque et que tout le monde ponterait. Je la fis, je perdis tout, et je partis en priant le moine de payer à l'hôte ce que je lui devais, ce qu'il promit.

Je me retirai désespéré ; car, pour comble de malheur, je m'aperçus chemin faisant que j'avais trouvé une seconde

Grecque, moins belle, mais tout aussi perfide. Je me couchai abasourdi et je m'endormis, je crois, privé de sentiment. Je demeurai onze heures dans ce pesant sommeil, et à mon réveil, l'esprit accablé, abhorrant la lumière dont il me semblait que j'étais indigne, je fermai les yeux de nouveau, cherchant encore à m'assoupir. Je craignais un réveil parfait dans lequel je me serais trouvé forcé de prendre un parti ; mais l'idée ne me vint pas une seule fois de retourner à Venise, ce que pourtant j'aurais dû faire ; et je me serais plutôt détruit que d'aller confier mon état au jeune docteur. Mon existence m'était à charge, et j'avais la vague espérance de mourir d'inanition sans quitter la place. Ce qui me paraît certain, c'est que je ne me serais point levé, si le bon homme Alban, le maître de la tartane, ne fût venu me secouer en me disant d'aller à bord, qu'on allait mettre à la voile.

Le mortel qui sort d'une grande perplexité, quel qu'en soit le moyen, se sent soulagé. Il me sembla que maître Alban était venu me dire la seule chose qui me restât à faire dans ma détresse ; ainsi donc, m'étant habillé à la hâte, je mis tout mon avoir dans un mouchoir et je courus m'embarquer. Une heure après on leva l'ancre, et le matin la tartane la jeta dans un port d'Istrie nommé Orsara. Tout le monde descendit à terre pour aller voir la ville, qui ne mérite pas ce nom. Elle appartient au pape depuis que la république de Venise en a fait hommage au Saint-Siège.

Un jeune moine récollet, qui se faisait appeler frère Stephano de Belun, et que maître Alban, dévot de Saint-François, avait embarqué par charité, s'approcha de moi en me demandant si j'étais malade.

« Mon père, j'ai du chagrin.

— Vous le dissiperez en venant dîner avec moi chez une de nos dévotes. »

CHAPITRE VIII

Il y avait trente-six heures qu'aucune espèce de nourriture n'était entrée dans mon estomac ; et la grosse mer m'ayant fortement travaillé pendant la nuit, il ne devait rien y rester. Outre cela, mon incommodité érotique me gênait à l'excès, sans compter l'avilissement qui m'accablait l'esprit : je n'avais pas une obole ! Telle était la tristesse de mon état, que je n'avais pas la force de ne pas vouloir quelque chose. J'étais dans une complète apathie, et je suivis machinalement le récollet.

Il me présenta à la dévote en lui disant qu'il me conduisait à Rome, où j'allais prendre l'habit de Saint-François. Ce mensonge me fit horreur, et dans tout autre cas je ne l'aurais pas laissé passer ; mais dans la position où je me trouvais, cette imposture ne me parut que comique. La bonne femme nous donna un bon repas en poissons accommodés à l'huile, qui là est excellente, et nous bûmes du refosco qui me parut exquis. Pendant que nous déjeunions, survint un bon prêtre qui me dit que je ne devais point passer la nuit sur la tartane, mais que je devais accepter un bon lit chez lui et même un bon dîner pour le lendemain, si le vent nous empêchait de partir : j'acceptai sans balancer. Dès que j'eus bien déjeuné, je remerciai sincèrement la bonne dévote et je sortis avec le prêtre pour aller voir la ville. Le soir il me mena chez lui, où il me donna un bon souper, apprêté par sa gouvernante, qui se mit à table avec nous et qui me plut. Son refosco, encore meilleur que celui de la dévote, me fit oublier mes malheurs, et je causai assez gaiement avec lui. Il voulait me lire un poème de sa composition ; mais, ne pouvant plus tenir les yeux ouverts, je lui dis que je l'entendrais volontiers le lendemain.

J'allai me coucher, et, après dix heures d'un profond sommeil, la gouvernante qui épiait l'instant du réveil m'apporta mon café. Je trouvai cette fille charmante ;

mais, hélas ! je n'étais pas en état de lui prouver combien je la trouvais belle.

Me sentant parfaitement disposé en faveur de mon hôte, et voulant écouter son poème avec beaucoup d'attention, je bannis la tristesse, et je fis sur ses vers des remarques qui l'enchantèrent à un tel point que, me trouvant plus d'esprit qu'il ne m'en avait d'abord supposé, il voulut me régaler de la lecture de ses idylles, et ma politesse dut faire à mauvaise fortune bon cœur. Nous passâmes agréablement toute la journée ensemble. La gouvernante eut pour moi les attentions les plus marquées, ce qui me persuada que je lui avais plu ; et me laissant aller à cette idée agréable, je sentis que, par concomitance, elle avait fait ma conquête. Le jour se passa pour ce bon prêtre avec la rapidité de l'éclair, grâce aux beautés que j'avais trouvées dans ses vers qui, franchement, étaient au-dessous du médiocre ; mais pour moi, le temps me parut excessivement long, tant les regards bienveillants de sa ménagère me faisaient désirer l'heure du coucher, malgré la triste situation où je me sentais, tant au physique qu'au moral. Mais telle était la trempe de mon individu, que je m'abandonnais à la joie quand tout aurait dû me plonger dans la tristesse, si j'avais été plus raisonnable.

Le moment arriva enfin. Je trouvai cette aimable fille complaisante jusqu'à un certain point ; mais, ayant fait quelque résistance quand je semblais vouloir accorder à ses charmes un hommage complet, je quittai décemment l'entreprise, bien content d'en être quittes l'un et l'autre à si bon marché, et je me couchai tranquille. Cependant je n'étais pas au bout, car le matin, étant venue m'apporter mon café et son air agaçant m'ayant engagé à lui faire quelques caresses, elle ne résista, me dit-elle, que dans la crainte d'être surprise. La journée se passa au mieux entre le prêtre et moi, et le soir, la belle, ne craignant plus les surprises, moi ayant pris toutes les précautions possibles en pareille circonstance, deux heures entières furent délicieusement employées. Je partis le lendemain.

Le frère Stephano m'amusa toute la journée par ses propos, qui me dévoilèrent l'ignorance mêlée à la fourberie sous le voile de la simplicité. Il me fit voir toutes les aumônes qu'il avait reçues à Orsara, pain, vin, fromage, saucissons, confitures et chocolat. Toutes les sacoches de son saint habit étaient pleines de provisions.

« Avez-vous aussi de l'argent? lui dis-je.

— Que Dieu m'en préserve! Premièrement notre glorieux institut me défend d'en toucher ; ensuite si, lorsque je vais à la quête, je m'avisais d'en recevoir, on s'acquitterait avec un ou deux sous, tandis que ce qu'on me donne en mangeailles vaut dix fois plus. Saint François, croyez-moi, avait beaucoup d'esprit. »

Je réfléchis que ce moine faisait consister la richesse dans ce qui précisément faisait alors ma misère. Il me fit son commensal, et parut tout glorieux de ce que je voulais bien lui faire cet honneur.

La tartane aborda au port de Pola, qu'on appelle Veruda, et nous débarquâmes. Après avoir monté pendant un quart d'heure, nous entrâmes dans la ville, où je consacrai une couple d'heures à visiter les antiquités romaines qui s'y trouvent; car cette ville avait été la capitale de l'empire. Je n'y trouvai pourtant d'autre vestige de grandeur qu'une arène ruinée. Nous retournâmes à Veruda et nous remîmes à la voile. Le lendemain nous nous trouvâmes devant Ancône ; mais, obligés de louvoyer, nous n'y entrâmes que le surlendemain. Ce port, quoiqu'il passe pour un grand monument de Trajan, serait fort mauvais sans une digue faite à grands frais et qui le rend assez bon. J'observai une chose digne de remarque, c'est que dans l'Adriatique le côté du nord est rempli de ports, tandis que le côté opposé n'en a qu'un ou deux. Il est évident que la mer se retire vers le levant et que dans trois ou quatre siècles Venise sera jointe à la terre ferme.

Nous descendîmes à Ancône, au vieux lazaret, où on nous annonça que nous subirions une quarantaine de vingt-huit jours, parce que Venise avait admis, après une quarantaine de trois mois, l'équipage de deux vaisseaux de Messine, où récemment la peste avait exercé ses ravages. Je demandai une chambre pour moi et pour le frère Stephano, qui m'en sut un gré infini. Je louai à des juifs un lit, une table et quelques chaises, m'obligeant de payer le loyer de tout à l'expiration de la quarantaine. Le moine ne voulut que de la paille. Je pense que, s'il avait pu deviner que sans lui je serais peut-être mort de faim, il ne se serait point tant glorifié d'être logé avec moi. Un matelot qui espérait me trouver généreux vint me demander où était ma malle, et, lui ayant répondu que je n'en savais rien, il se donna beaucoup de peine pour la trouver avec maître Alban, qui me donna envie de rire quand il vint me demander excuse de l'avoir oubliée, me promettant qu'il aurait soin de me la faire parvenir en moins de trois semaines.

Le récollet, qui devait en passer quatre avec moi, s'attendait à vivre à mes dépens, tandis que c'était lui que la Providence m'avait envoyé pour m'entretenir. Il avait des provisions avec lesquelles il aurait pu nous nourrir huit jours; mais il fallait penser plus loin.

Après souper donc, je lui fis en style pathétique le tableau de ma situation et du besoin que j'aurais de tout jusqu'à Rome, où je devais être, lui dis-je, secrétaire des commandements des mémoriaux; et qu'on juge de ma surprise quand je vis ce lourdaud s'épanouir au triste récit de mes infortunes !

« Je me charge de vous jusqu'à Rome; dites-moi seulement si vous savez écrire.

— Vous moquez-vous de moi?

— Quelle merveille! moi que vous voyez, je ne sais écrire que mon nom. Il est vrai que je sais l'écrire des deux mains : mais à quoi me servirait d'en savoir davantage?

— Je m'étonne, car je vous croyais prêtre.

— Je ne suis pas prêtre, je suis moine ; je dis la messe, et par conséquent je dois savoir lire. Saint François, dont je suis un indigne fils, ne savait pas lire, et ce fut pour cela qu'il n'a jamais dit la messe. Bref, puisque vous savez écrire, vous écrirez demain en mon nom à toutes les personnes que je vous nommerai, et je vous réponds qu'on nous enverra de quoi faire bombance jusqu'à la fin de la quarantaine. »

Le lendemain il me fit passer la journée à écrire huit lettres, parce qu'il y a dans la tradition orale de son ordre que, lorsqu'un moine aura frappé à sept portes où on lui aura refusé l'aumône, il doit frapper à la huitième avec assurance, car là elle ne lui manquera pas. Comme il avait déjà fait le voyage de Rome, il connaissait toutes les bonnes maisons d'Ancône dévotes à saint François, et tous les supérieurs des couvents riches. Je dus écrire à tous ceux qu'il me nomma, et n'omettre aucun des mensonges qu'il me dictait. Il m'obligea aussi à signer pour lui, m'alléguant que, s'il signait lui-même, on verrait facilement qu'il n'avait pas écrit les lettres, ce qui lui ferait du tort. Car, dit-il, « dans ce siècle corrompu on n'estime que les savants. »

Il me fit farcir les lettres de passages latins, même celles qui étaient adressées à des femmes, et mes remontrances furent inutiles ; car, quand je résistais, il me menaçait de ne plus me donner à manger. Je pris le parti de faire tout ce qu'il voulut. Il me fit dire au supérieur des jésuites qu'il ne s'adressait pas aux capucins parce qu'ils étaient athées, et que c'est pourquoi saint François n'avait jamais pu les souffrir. J'eus beau lui dire qu'au temps où vivait ce saint il n'y avait ni capucins ni récollets ; il me traita d'ignorant. Je crus qu'on le traiterait de fou et que personne n'enverrait rien ; mais j'étais dans l'erreur ; car les provisions arrivèrent en si grande abondance que j'en fus tout surpris. On nous envoya de trois ou quatre côtés du vin pour toute la quarantaine, et d'autant plus que je ne buvais que de l'eau, tant il me tardait de recouvrer la santé ; et quant au manger, nous en recevions journellement plus qu'il n'en aurait fallu pour six personnes ; nous donnions le reste à notre gardien qui avait une nombreuse famille. De tout cela il ne se sentait reconnaissant qu'à saint François, et nullement aux bonnes âmes qui lui faisaient l'aumône.

Il se chargea de faire blanchir mon linge par le gardien ; car je n'aurais pas osé le donner moi-même. Quant à lui, il disait qu'il ne risquait rien, puisque tout le monde savait que les récollets ne s'en servaient point.

Je restais au lit presque toute la journée, et cela me dispensa de me faire voir à ceux qui crurent devoir lui rendre visite. Ceux qui ne vinrent pas lui écrivirent des lettres pleines de disparates adroitement tournées et que je me donnai bien de garde de lui faire sentir. J'eus du reste toutes les peines du monde à lui persuader que ces lettres ne demandaient point de réponse.

Quinze jours de repos et d'un régime sévère me mirent sur la voie d'un parfait rétablissement, et j'allai du matin au soir me promener dans la cour du lazaret ;

CHAPITRE VIII

mais, un marchand turc étant arrivé de Salonique et étant venu loger avec tout son monde au rez-de-chaussée, je dus suspendre mes promenades. Alors le seul plaisir qui me resta fut de passer mes heures sur un balcon donnant sur cette même cour. J'y vis une esclave grecque d'une beauté surprenante et qui m'intéressa beaucoup. Elle passait presque toute la journée assise sur le seuil de la porte, occupée à tricoter ou à lire. Lorsqu'elle levait ses beaux yeux et qu'elle rencontrait les miens, elle baissait modestement la tête, et quelquefois même elle se levait et rentrait à pas lents, ayant l'air de vouloir me dire : « Je ne savais pas que je fusse observée. » Sa taille était svelte et grande, sa figure annonçait la première jeunesse ; elle avait la peau très blanche et les cheveux et les yeux d'un beau noir. Elle était costumée à la grecque, ce qui donnait à tout son être quelque chose d'extrêmement voluptueux.

Oisif dans un lazaret, et tel que la nature et l'habitude m'avaient fait, pouvais-je contempler un objet aussi séduisant pendant une grande partie de la journée sans en devenir fou? Je l'avais entendue parler en langue franque avec son maître, beau vieillard qui s'ennuyait comme elle, et qui ne sortait parfois avec sa pipe à la bouche que pour rentrer l'instant d'après. J'aurais volontiers dit quelques mots à cette charmante fille, si je n'avais eu peur de la faire partir et de ne plus la revoir ; mais, dans cette crainte et ne pouvant plus me contenir, je pris le parti de lui écrire, n'étant pas embarrassé du moyen de lui faire parvenir ma lettre, puisque je n'avais qu'à la laisser tomber du haut du balcon ; mais, n'étant pas sûr qu'elle la ramassât, voici comment je m'y pris pour ne point risquer de faire une fausse démarche.

Saisissant un instant où elle se trouvait seule, je laissai tomber à ses pieds un petit papier plié en forme de lettre ; mais j'eus soin de n'y rien écrire, tenant en même temps une véritable lettre à la main. Dès que je la vis s'incliner pour ramasser la première, je laissai vite tomber la seconde, qu'elle ramassa également, les mettant l'une et l'autre dans sa poche. Un instant après, elle disparut. Ma lettre était à peu près conçue en ces termes : « Ange de l'Orient, je t'adore. Je passerai toute la nuit sur ce balcon, désirant que tu viennes un seul quart d'heure entendre ma voix par le trou qui est sous mes pieds. Nous parlerons à voix basse ; et pour me comprendre, tu pourras monter sur la balle qui est sous le même trou. »

Je priai mon gardien de ne pas m'enfermer comme il le faisait toutes les nuits, et il y consentit, à condition qu'il me surveillerait, car, si je m'avisais de sauter dans la cour, il irait de sa tête ; mais il me promit de ne pas venir sur le balcon.

A minuit, au moment où je commençais à désespérer, je la vois paraître. M'étendant alors de tout mon long, la tête contre le trou du plancher, qui était un carré raboteux de six pouces, je la vis monter sur la balle, et sa tête se trouva à un pied de distance du balcon. Elle était obligée de s'appuyer d'une main contre le mur parce que sa position la faisait chanceler, et dans cet état nous parlâmes de nous, d'amour, de désirs, d'obstacles, d'impossibilité et de ruses. Je lui dis ce qui m'empêchait de sauter dans la cour, et elle m'observa que, quand bien même je ne serais pas retenu par cette raison, nous nous perdrions, vu l'impossibilité de remonter ; qu'en outre Dieu savait ce que le Turc aurait fait d'elle, s'il nous avait surpris ensemble. Alors, me promettant de venir me parler ainsi toutes les nuits, elle mit sa main dans le trou. Hélas ! je ne pouvais me rassasier de la baiser, car il me semblait que de ma vie je n'avais touché une main aussi douce et aussi délicate. Mais quel plaisir quand elle me demanda la mienne ! Je passai vite mon bras droit au travers du trou, de façon qu'elle colla ses lèvres sur le pli du coude. Que de doux larcins ma main se permit alors ! Mais il fallut nous séparer, et je vis avec plaisir en rentrant que le gardien dormait d'un profond sommeil dans un coin de la salle.

Content d'avoir obtenu tout ce que dans cette position gênante je pouvais me promettre, je me creusais le cerveau pour trouver le moyen de me procurer plus de délices la nuit suivante, quand je vis que le génie féminin de ma belle Grecque était plus fécond que le mien.

Se trouvant dans la cour avec son maître, elle lui dit en turc quelque chose qu'il approuva, et bientôt un domestique turc, aidé du gardien, vint placer sous le balcon un gros panier de marchandises. Elle présidait à cet arrangement, et, comme pour faire plus de place au panier, elle fit placer une balle de coton en croix sur les deux autres. Pénétrant son dessein, je tressaillis de joie, car elle se procurait le moyen de s'élever deux pieds plus haut ; mais je réfléchis qu'elle se trouverait dans la position la plus gênante et que, forcée de se courber, elle n'y résisterait pas. Le trou n'était pas assez grand pour qu'elle pût y passer la tête et se mettre à son aise en se tenant debout ; et pourtant il fallait trouver un moyen de parer à cet inconvénient. Je ne vois que celui d'arracher la planche ; mais cette opération n'était pas facile. Je m'y décide pourtant à tout événement, et je vais dans la chambre me munir d'une grosse tenaille. Le gardien n'était pas présent, et, profitant de son absence, je parviens à arracher avec précaution les quatre gros clous qui assujettissaient la planche. Me voyant maître de la soulever à volonté, ayant remis la tenaille à sa place, j'attends la nuit avec une amoureuse impatience.

L'objet de mes désirs vint exactement à minuit. Voyant la peine qu'elle avait pour pouvoir grimper et se fixer sur la nouvelle balle, je déplace la planche et, étendant mon bras tant que je pus, je lui offris un point d'appui solide. Elle se redresse et se trouve agréablement surprise de pouvoir passer sa tête et ses bras dans le trou. Nous ne perdîmes pas de longs instants en compliments ; nous nous félicitâmes seulement d'avoir travaillé de concert à l'obtention du même but.

Si la nuit précédente je m'étais trouvé plus maître d'elle qu'elle ne l'était de moi, cette fois c'était le contraire. Sa main dévorait tout mon être ; mais moi, j'étais arrêté au milieu de ma course. Elle maudissait celui qui avait fait la balle de ne pas l'avoir faite d'un demi-pied plus grosse pour pouvoir se rapprocher davantage de moi. Cela eût été que nous n'aurions pas été contents ; mais elle aurait été plus satisfaite.

Nos plaisirs, quoique stériles, nous occupèrent jusqu'à l'aube du jour. Je remis avec soin la planche et j'allai me coucher avec un extrême besoin de refaire mes forces. Avant de me quitter ma charmante Grecque me prévint que leur petit beiran commençait ce jour-là, qu'il durerait trois jours et que nous ne pourrions nous voir que le quatrième.

La première nuit après le beiran, n'ayant point manqué de venir, elle me dit qu'elle ne pouvait être heureuse sans moi, qu'étant chrétienne, je pouvais l'acheter en l'attendant après ma sortie du lazaret. Cette déclaration me força à lui avouer que je n'en avais pas les moyens, ce qui lui fit pousser un profond soupir. La nuit suivante elle me dit que son maître la vendrait pour deux mille piastres, qu'elle me les donnerait, qu'elle était vierge et que je serais content d'elle. Elle ajouta qu'elle me donnerait une boîte remplie de diamants, dont un seul valait deux mille piastres, et qu'en vendant les autres nous pourrions vivre à notre aise sans jamais craindre la pauvreté. Elle m'assura que le Turc ne s'apercevrait point de la disparition de la boîte, et que d'ailleurs il en soupçonnerait tout le monde plutôt qu'elle.

J'étais amoureux de cette femme, sa proposition m'inquiéta ; mais le lendemain à mon réveil je ne balançai pas. Elle vint à l'heure ordinaire avec la boite; mais, lui ayant dit que je ne pouvais me résoudre à être complice d'un vol, elle soupira, me dit que je ne l'aimais pas comme elle m'aimait, mais qu'elle voyait bien que j'étais bon chrétien.

C'était la dernière nuit, nous nous voyions probablement pour la dernière fois. Le feu qui circulait dans nos veines nous consumait. Elle me propose de la hisser sur le balcon. Quel est l'amant qui aurait osé reculer à une proposition si attrayante? Je me lève et, sans être un nouveau Milon, la prenant sous les bras, je l'attire à moi, et bientôt je vais la posséder. Tout à coup je me sens saisir par les épaules ; c'est le gardien qui me crie : « Que faites-vous ! »

Je laisse échapper le précieux fardeau qui regagne sa chambre, et moi, poussant un cri de rage, je me jette à plat ventre sur le plancher, ne faisant aucun mouvement, malgré les secousses du gardien que j'étais tenté d'anéantir. Je me relevai enfin, et j'allai me coucher sans lui dire un mot, sans même remettre la planche.

Le prieur vint le matin nous déclarer libres. En partant, le cœur navré, j'aperçus la Grecque les yeux baignés de larmes.

Je donnai rendez-vous au père Stephano à la Bourse, et je conduisis le juif, auquel je devais payer le loyer des effets, au couvent des minimes, où le père Lazari me donna dix sequins et l'adresse de l'évêque qui, après avoir fait sa quarantaine aux confins de la Toscane, devait s'être rendu à Rome où je devais le trouver.

Je payai le juif et j'allai ensuite faire un mince repas dans une auberge. Comme j'en sortais pour aller rejoindre mon récollet, j'eus le malheur de rencontrer maître Alban, qui me dit de grosses injures pour lui avoir laissé croire que j'avais oublié ma malle. Je l'apaisai en lui contant mes malheurs et je lui fis un écrit par lequel je déclarais que je n'avais rien à prétendre. Ayant ensuite fait l'achat d'une paire de souliers et d'une redingote, j'allai trouver Stephano, à qui je dis que je voulais aller à Notre-Dame de Lorette, que je l'y attendrais trois jours et que de là nous pourrions nous rendre ensemble à Rome. Il me répondit qu'il ne voulait point passer par Lorette et que je me repentirais d'avoir méprisé la grâce de saint François : je partis toutefois le lendemain et en parfaite santé.

J'arrivai dans la sainte ville las à n'en pouvoir plus ; car c'était pour la première fois de ma vie que j'avais fait quinze milles à pied, ne buvant que de l'eau, parce que le vin cuit dont on fait usage dans ces contrées me brûlait l'estomac, et par une chaleur excessive. Je dois observer ici que, malgré ma misère, je n'avais pas l'air d'un gueux.

En entrant dans la ville, je vis venir de mon côté un abbé avancé en âge, ayant l'air le plus respectable ; et, m'apercevant qu'il m'observait, dès qu'il fut près de moi je le saluai en lui demandant où je pourrais trouver une auberge honnête. « Je vois, me dit-il, qu'une personne comme vous qui voyage à pied vient ici par dévotion. Venez avec moi. »

Il rebrousse chemin, je le suis, et il me mène dans une maison de belle apparence. Après avoir dit deux

CHAPITRE VIII

mots à l'écart à une personne qui me parut être le chef, il partit en me disant d'un air noble : « Vous serez bien servi. » Ma première idée fut qu'on me prenait pour un autre, mais je laissais faire.

On m'introduisit dans un appartement de trois pièces dont la chambre à coucher était tendue en damas, le lit surmonté d'un baldaquin, et fournie d'un secrétaire garni de tous les matériaux pour écrire. Un domestique vint me donner une légère robe de chambre, sortit et revint l'instant d'après avec un second portant du linge et une grande cuve remplie d'eau. On la place devant moi, on me déchausse et on me lave les pieds. Une femme très bien mise, suivie d'une servante, vint un instant après, et, m'ayant fait une profonde révérence, elle se mit en devoir de faire mon lit. Dès que je fus sorti du bain, une cloche se fit entendre, tous se mirent à genoux, je suivis leur exemple : c'était l'*Angelus*. Ensuite on couvrit proprement une petite table, on me demanda quel vin je désirais, et ensuite on m'apporta la gazette et deux flambeaux d'argent. Une heure après, on me servit un souper en maigre délicieux, et avant de me coucher on me demanda si je prendrais mon chocolat avant la messe ou après.

Dès que je fus couché, on m'apporta une lumière de nuit avec un cadran, et je restai seul. Je me trouvai couché dans un lit tel que je n'en ai plus trouvé qu'en France ; il était fait pour guérir de l'insomnie ; mais c'était une maladie que je n'avais pas, et j'y dormis dix heures.

Traité de la sorte, il me fut facile de voir que je n'étais pas dans une auberge ; mais où étais-je ? m'était-il possible de deviner que j'étais dans un hôpital ?

Après le chocolat, voilà un perruquier petit-maître qui se meurt d'envie de parler. Devinant que je ne voulais pas être rasé, il m'offre de tondre mon duvet aux ciseaux, ce qui me ferait paraître plus jeune.

« Qui vous a dit que je pense à cacher mon âge ?

— C'est tout simple, car, si Monsignor ne pensait pas à ça, il se ferait raser depuis longtemps. La comtesse Marcolini est ici ; Monsignor la connaît-il ? je dois l'aller coiffer à midi. »

Voyant que la comtesse Marcolini ne m'intéressait pas, le bavard change de thème.

« Est-ce la première fois que Monsignor loge ici ? Dans tous les États de notre seigneur il n'y a pas un hôpital aussi magnifique que celui-ci.

— Je le crois, et j'en ferai compliment à Sa Sainteté.

— Oh ! il le sait bien ; il y a logé lui-même avant son exaltation. Si monsignor Caraffa ne vous avait pas connu, il ne vous aurait pas présenté. »

Voilà à quoi les perruquiers sont excellents dans toute l'Europe : mais il ne faut pas les interroger, car alors ils mêlent effrontément le vrai et le faux, et au lieu de laisser sonder, ils sondent. Croyant devoir présenter mes hommages à monsignor Caraffa, je me fis conduire chez lui. Ce prélat me reçut très bien, me fit voir sa bibliothèque et me donna pour cicerone un de ses abbés, que je trouvai rempli d'esprit et qui me fit tout voir. Vingt ans plus tard cet abbé me fut utile à Rome, et, s'il vit encore, il est chanoine à Saint-Jean de Latran.

Le lendemain je communiai à la Santa Casa ; le troisième jour fut employé à voir tous les dehors de ce prodigieux sanctuaire, et le lendemain de bonne heure je me remis en route, n'ayant dépensé que trois paoli pour mon perruquier.

A mi-chemin de Macerata, je retrouvai le frère Stephano qui marchait très lentement. Il fut ravi de me revoir et me dit qu'il était parti d'Ancône deux heures

CHAPITRE VIII

après moi, mais qu'il ne faisait que trois milles par jour, très content d'employer deux mois à ce voyage, que même à pied on pouvait aisément faire en huit jours. « Je veux, me dit-il, arriver à Rome frais et bien portant. Rien ne me presse, et, si vous êtes d'humeur de voyager ainsi avec moi, saint François ne sera pas embarrassé de nous défrayer l'un et l'autre. »

Ce lâche était un homme de trente ans, le poil roux, ayant une complexion vigoureuse, véritable paysan qui ne s'était fait moine que pour vivre aisément dans la paresse. Je lui répondis qu'étant pressé, je ne pouvais pas être son compagnon. « Je marcherai aujourd'hui le double, me dit-il, si vous voulez porter mon manteau qui me pèse beaucoup. La chose me parut plaisante ; je mis son manteau et il mit ma redingote ; mais avec ce travestissement nous offrions quelque chose de si comique que nous faisions rire tous les passants. Son manteau équivalait effectivement à la charge d'un mulet. Il avait douze poches toutes pleines, sans compter la poche de derrière, qu'il appelait *il batticulo*, qui seule contenait le double de ce que pouvaient contenir toutes les autres. Pain, vin, viande fraîche et salée, poulets, œufs, fromage, jambon, saucissons : il y avait de tout au moins pour quinze jours.

Lui ayant dit comment j'avais été traité à Lorette, il me dit que, si j'avais demandé à monsignor Caraffa un billet pour tous les hôpitaux jusqu'à Rome, j'aurais trouvé partout le même traitement.

« Les hôpitaux, ajouta-t-il, ont tous la malédiction de saint François, parce qu'on n'y reçoit pas les moines mendiants ; mais du reste nous ne nous en soucions pas, parce qu'ils sont à trop de distance les uns des autres. Nous préférons les maisons des dévots de l'ordre que nous trouvons sur notre chemin.

— Pourquoi n'allez-vous pas loger dans vos couvents?

— Je ne suis pas si bête. D'abord on ne me recevrait pas; car, étant fugitif, je n'ai point d'obédience par écrit qu'ils veulent toujours voir; je risquerais même d'être mis en prison, car c'est une maudite canaille. En second lieu, nous ne sommes pas dans nos couvents aussi bien que chez nos bienfaiteurs.

— Comment, et pourquoi êtes-vous fugitif? »

A cette question, il me fit de son emprisonnement et de sa fuite une histoire pleine d'absurdités et de mensonges. Ce récollet fugitif était un sot qui avait l'esprit d'Arlequin, et qui supposait ceux qui l'écoutaient encore plus sots que lui. Dans sa bêtise cependant il avait une certaine finesse d'astuce. Sa religion était singulière. Ne voulant pas être bigot, il était scandaleux; et pour faire rire ses auditeurs, il se permettait les propos les plus révoltants. Il n'avait aucun goût pour le sexe ni pour les plaisirs charnels, mais par défaut de tempérament seulement; et il prétendait qu'on admirait en lui ce défaut comme une vertu de continence. Tout, dans ce genre, lui semblait matière à faire rire; et quand il était un peu gris, il faisait aux convives des questions si indécentes qu'il faisait rougir tout le monde. Le butor ne faisait qu'en rire.

Lorsque nous fûmes à cent pas de la maison du bienfaiteur qu'il voulait honorer de sa visite, il reprit son lourd manteau. En entrant il donna la bénédiction à tout le monde, et chacun alla lui baiser la main. La maîtresse de la maison l'ayant prié de leur dire la messe, le moine complaisant se fit conduire à la sacristie; mais, ayant saisi l'instant de lui dire à l'oreille : « Avez-vous donc oublié que nous avons déjeuné? » il me répondit sèchement : « Ce ne sont pas vos affaires. »

Je n'osai pas répliquer; mais, en assistant à cette messe,

je dus être fort surpris de voir qu'il n'en connaissait pas les allures. Je trouvai cela plaisant, mais je n'étais pas au plus comique de l'affaire. Dès qu'il eut tant bien que mal achevé sa messe, il alla se mettre au confessionnal, où, après avoir confessé toute la maison, il s'avisa de refuser l'absolution à la fille de l'hôtesse, jeune personne de douze à treize ans, jolie et charmante. Ce refus fut public; il la gronda et la menaça de l'enfer. La pauvre fille toute honteuse sortit de l'église en versant d'abondantes larmes; et moi, tout ému et m'intéressant à elle, je ne pus m'empêcher de dire à Stephano à haute voix qu'il était un fou, en courant après elle pour la consoler; mais elle avait disparu et elle refusa absolument de venir se mettre à table. Cette extravagance m'irrita si fort qu'il me vint envie de le rosser. En présence de tout le monde je le traitai d'imposteur et d'infâme bourreau de l'honneur de cette jeune fille, et lui demandant pourquoi il lui avait refusé l'absolution, il me ferma la bouche en me répondant de sang froid qu'il ne pouvait point trahir le secret de la confession. Je ne voulus point manger, bien déterminé à me séparer de ce coquin. En sortant je fus obligé de recevoir un paolo pour la fausse messe qu'il avait dite. Je devais faire la triste fonction de son boursier.

Dès que nous fûmes sur la grande route, je lui dis que je me séparais de lui dans la crainte de me voir condamner aux galères en continuant à le suivre; et dans les reproches que je lui fis, l'ayant appelé ignorant, scélérat, et l'entendant me dire que je n'étais qu'un gueux, je lui appliquai un vigoureux soufflet auquel il riposta par un coup de bâton; mais, l'ayant désarmé à l'instant, je le laissai là et j'allongeai le pas vers Macerata. Un quart d'heure après, un voiturier qui allait à vide à Tolentino m'ayant offert de m'y mener pour deux paoli, j'acceptai.

De là j'aurais pu aller à Foligno pour six paoli, mais une malheureuse envie d'épargner me fit refuser. Je me portais bien et je crus pouvoir aller facilement à pied à Valcimara ; mais je n'y arrivai qu'après cinq heures de marche et harassé de fatigue. J'étais vigoureux et bien portant, mais cinq heures de chemin suffisaient pour m'accabler de lassitude parce que dans mon enfance je n'avais jamais fait une lieue à pied. On ne saurait trop exercer la jeunesse à la marche.

Le lendemain, m'étant levé refait et disposé à me remettre en route, je veux payer mon hôte, mais quel nouveau malheur ! Qu'on se figure ma triste situation ! je me rappelle que j'avais laissé ma bourse avec sept sequins sur la table de l'auberge à Tolentino. Quelle désolation ! Je rejetai l'idée de retourner sur mes pas pour la réclamer, incertain qu'on voulût me la rendre. Cette bourse pourtant contenait tout mon bien, à l'exception de quelques pièces de cuivre que j'avais dans ma poche. Je payai ma petite dépense et, le cœur navré de chagrin, je me remis en marche, me dirigeant vers Seraval. Je n'étais plus qu'à une lieue de cet endroit quand, en sautant un fossé, je me donnai une entorse qui me força à m'asseoir sur le bord du chemin, n'ayant d'autre ressource que d'y attendre que quelqu'un vînt m'y secourir.

J'y étais depuis une demi-heure lorsqu'un paysan qui vint à passer avec un âne consentit à me porter à Seraval moyennant un paolo. Ce paysan, pour me faire économiser, me mena chez un homme à mine scélérate qui pour deux paoli payés d'avance me logea. Je lui demandai un chirurgien, mais je ne pus l'avoir que le lendemain. Je fis un souper misérable ; après quoi j'allai me coucher dans un lit à faire peur.

J'espérais y dormir et trouver quelque soulagement dans mon sommeil ; mais c'était là précisément

CHAPITRE VIII

que m'attendait mon mauvais génie pour me faire souffrir des peines infernales.

Trois hommes armés de carabines et qui ne ressemblaient pas mal à trois bandits arrivèrent quelque temps après, parlant un jargon que je ne comprenais pas, jurant, pestant, sans avoir aucun égard pour moi. Après avoir bu et chanté jusqu'à minuit, ils se couchèrent sur des bottes de paille, et mon hôte ivre vint, à ma grande surprise, pour se coucher auprès de moi. Révolté de devoir me trouver côte à côte avec un pareil être, je lui dis que je ne le recevrais pas ; mais lui, proférant d'horribles blasphèmes, me répondit que tout l'enfer ne l'empêcherait pas de coucher dans son lit. Je dus lui faire place en m'écriant : « Ciel ! chez qui suis-je donc ! » Il me répondit que j'étais chez le plus honnête sbire de tous les États de l'Église.

Aurais-je pu deviner que le paysan m'aurait conduit au milieu de ces maudits ennemis de tout le genre humain ! Il se couche, mais l'infâme coquin me force bientôt à lui donner un si vigoureux coup sur la poitrine que je le jette en bas du lit. Il se relève et revient à la charge avec effronterie. Sentant que je ne parviendrais pas à le terrasser sans danger, je me lève, heureux qu'il ne s'y opposât point, et, me traînant comme je pus, j'allai passer la nuit sur une chaise. A la pointe du jour, ce bourreau, excité par ses honnêtes compagnons, se leva, et, après qu'ils eurent bu et crié, les étrangers prirent leurs carabines et s'en allèrent.

Après le départ de cette canaille, je passai encore une heure pénible, appelant en vain quelqu'un. Un petit garçon entra enfin, et pour quelques monnaies il alla me chercher un chirurgien. Cet homme, après m'avoir visité, m'assura que trois ou quatre jours de repos me rétabliraient entièrement. Il me conseilla de me faire transporter dans une auberge, ce à quoi je consentis de bon cœur. Dès que j'y fus, je me mis au lit et je fus bien traité ; mais telle était ma situation que je craignais l'instant du rétablissement. J'appréhendais d'être obligé, pour payer l'hôte, de vendre ma redingote, et cette idée me rendait honteux. Je me voyais forcé de réfléchir que, si j'avais su réprimer l'intérêt que m'avait inspiré la jeune fille si mal traitée par Stephano, je ne me serais pas trouvé dans ma triste situation. Je trouvais alors que mon zèle avait été déplacé. Si j'avais pu souffrir le récollet, si, si, si, et tous les si qui déchirent l'âme d'un malheureux qui pense, et qui, après avoir tourné la pensée dans tous les sens, n'en est pas moins malheureux. J'avoue cependant que les réflexions que le malheur excite ne sont point sans avantage pour un jeune homme ; car cela l'habitue à penser, et l'homme qui ne pense pas n'est jamais rien.

Le matin du quatrième jour, me sentant en état de marcher ainsi que le chirurgien me l'avait prédit, je me détermine à prier ce brave homme de vendre ma redingote, désolante nécessité, car les pluies commençaient. Je devais quinze paoli à mon hôte et quatre au chirurgien. Au moment où j'allais le charger de cette douloureuse vente, voilà frère Stephano qui entre et qui se met à rire comme un fou en me demandant si j'avais oublié le coup de bâton.

Je tombais des nues ! Je priai le chirurgien de me laisser seul avec ce moine : il sortit.

Je demande à mes lecteurs comment, avec des rencontres pareilles, s'empêcher d'être exempt de superstition. Ce qui doit étonner ici, c'est la minute, car ce moine arriva au moment où j'allais lâcher le mot. Ce qui m'étonnait encore plus, c'était la force de la Providence, de la fortune, du hasard, comme on voudra l'appeler, de cette très nécessaire combinaison enfin qui voulait, qui me forçait à ne devoir espérer qu'en ce fatal moine qui avait commencé à Chiozza à être mon génie protecteur au moment où avait commencé ma détresse. Cependant quel génie que Stephano ! J'étais forcé de reconnaître dans cette force plutôt une punition qu'une faveur.

Sa présence me fut pourtant agréable, car je ne doutai pas un instant qu'il ne me tirât d'embarras ; et de quelque part qu'il me fût envoyé, je sentis que le mieux que j'avais à faire était de me soumettre à son influence : sa destinée était de me conduire à Rome.

Qui va piano va sano [1], me dit le moine dès que nous fûmes seuls. Il avait mis cinq jours à faire le chemin que j'avais fait en un, mais il se portait bien et n'avait éprouvé aucun malheur. Il me dit qu'il passait, quand on lui avait dit que l'abbé secrétaire des mémoriaux de l'ambassadeur de Venise était malade à l'auberge après avoir été volé à Valcimara.

« Je suis venu vous voir, et puisque vous êtes en bonne santé, nous irons ensemble à Rome ; je ferai six milles par jour pour vous faire plaisir. Oublions tout, et vite allons à Rome.

— Je ne puis pas ; j'ai perdu ma bourse, et je dois vingt paoli.

— Je vais les chercher de par saint François. »

Il revient une heure après, mais avec qui ! avec mon infâme sbire, qui me dit que, si je lui avais confié ma qualité, il m'aurait toujours gardé chez lui.

« Je te donne, ajouta-t-il, quarante paoli, si tu t'engages à me faire avoir la protection de ton ambassadeur ; mais à Rome, si tu n'y réussis pas, tu me les rendras. Tu dois donc me faire un billet.

— Je le veux bien. »

1. Qui va doucement va loin.

Tout fut fait dans un quart d'heure : je reçus l'argent, je payai mes dettes et je partis avec Stephano.

Il n'était guère qu'une heure après midi lorsque, apercevant une chétive maison à cent pas de la route, le moine me dit : « Il y a fort loin encore jusqu'à Collefiorito, il faut nous arrêter là et y passer la nuit. »

J'eus beau lui représenter que nous y serions mal, mes remontrances furent inutiles : je dus me soumettre à sa volonté. Nous trouvons un vieillard décrépit et cacochyme étendu sur son grabat, deux vilaines femmes de trente à quarante ans, trois enfants tout nus, une vache et un maudit chien qui ne faisait qu'aboyer.

La misère était visible ; mais le moine tenace, au lieu de leur faire l'aumône, leur demanda à souper au nom de saint François. « Il faut, dit le moribond à ses femmes, faire cuire la poule et tirer dehors la bouteille que je conserve depuis vingt ans. » En achevant ces mots, il lui prit une quinte de toux si forte, que je crus le voir expirer. Le moine s'approche de lui et lui promet que saint François le fera rajeunir. Touché de pitié à l'aspect de cette misère, je voulus m'en aller seul à Collefiorito et l'y attendre, mais les femmes s'y opposèrent, et je restai. Au bout de quatre heures la poule semblait vouloir défier les meilleures dents, et la bouteille que je débouchai ne nous offrit que du vinaigre. Perdant patience, je m'empare du *batticulo* du moine, j'en retire de quoi bien souper, et je vois, à l'aspect de nos provisions, le visage des deux duègnes s'épanouir.

Nous mangeâmes tous de bon appétit, ensuite on nous fit deux grands lits de paille fraîche et nous nous couchâmes à l'obscur, parce que le seul bout de chandelle qui se trouvât dans ce triste asile venait de s'éteindre. Il y avait à peine cinq minutes que nous étions étendus sur notre paille, lorsque j'entendis le moine me crier qu'une femme venait de se placer auprès de lui, et au même instant l'autre vient m'embrasser. Je la repousse, le moine se débat; mon effrontée insiste, je me lève, le chien me saute au cou, et me force de peur à me remettre coi sur ma paille ; le moine crie, jure, se débat, le chien aboie avec fureur, le vieillard tousse ; le vacarme est complet. Enfin Stpehano, protégé par son gros vêtement, se débarrasse des caresses de sa mégère, brave le chien et parvient à se saisir de son gros bâton. Alors, frappant à droite, à gauche, dans tous les sens, une des deux femmes s'écrie : « Aï, mon Dieu ! » Le recollet répond : « Elle est assommée. » Le calme se rétablit, le chien, qu'il avait assommé sans doute, ne grognait plus, le vieillard, qu'il avait peut-être achevé, ne toussait plus, les enfants dormaient, et les femmes, qui craignaient les gentillesses du moine, se tenaient silencieusement à l'écart; nous fûmes tranquilles le reste de la nuit.

Dès le point du jour, je me lève. Stephano suit mon exemple. Je regarde partout, et mon étonnement est extrême en voyant que les femmes avaient disparu : et, trouvant le vieillard sans aucun signe de vie avec une meurtrissure au front, je le fis observer au récollet en lui disant qu'il pouvait l'avoir tué. « C'est possible, me dit-il ; mais, si je l'ai fait, ce n'est pas à dessein. » Alors, allant prendre son *batticulo*, il se mit en fureur, ne trouvant rien dans cette énorme poche. J'en fus enchanté, car je craignais que les femmes ne fussent allées chercher du secours pour nous faire arrêter, et la disparition de nos provisions me rassura, certain alors que ces malheureuses ne s'étaient enfuies que pour n'avoir pas à nous rendre compte du vol. Je ne laissai pourtant point de représenter vivement à ce moine le danger que nous courions, et je parvins à lui inspirer assez de crainte pour le faire partir. A peu de distance de la maison nous trouvâmes un voiturier qui allait à Foligno ; je persuadai Stephano de profiter de cette occasion pour nous éloigner de là, et pendant que nous déjeunions en cet endroit, en ayant trouvé un second qui voyageait également à vide, nous montâmes dans sa voiture pour une bagatelle, et nous arrivâmes à Pisignano, où un dévot nous logea très bien et où je dormis guéri de la peur de me voir arrêter.

Le lendemain, nous arrivâmes de bonne heure à Spoleti, où le frère Stephano avait deux bienfaiteurs ; et, ne voulant point leur donner des motifs de jalousie, il les favorisa l'un et l'autre ; nous dînâmes chez le premier, qui nous traita comme des princes, et nous allâmes souper et coucher chez le second. Celui-ci était un riche marchand de vin, père d'une nombreuse et charmante famille. Il nous donna un délicieux souper, où tout se serait passé à merveille, si le récollet, déjà un peu en train à dîner, ne se fût complètement enivré ; car dans cet état, pensant peut-être être bien venu du maître, il se mit à dire du mal de l'autre, ce que je ne pus souffrir ; car, ayant osé dire qu'il avait dit que tous ses vins étaient frelatés et qu'il était voleur, je lui donnai un démenti formel en le traitant de scélérat. L'hôte et l'hôtesse me calmèrent en m'assurant qu'ils connaissaient leur voisin et qu'ils savaient bien à quoi s'en tenir ; mais, le moine m'ayant jeté la serviette au nez au moment où je lui reprochais ses mensonges, l'hôte le prit doucement et le mena coucher dans une chambre où il l'enferma. J'allai coucher dans une autre.

Le lendemain, m'étant levé de bonne heure, je délibérais de partir seul, lorsque le moine, qui avait cuvé son vin, vint me dire que nous devions à l'avenir vivre en bonne intelligence et ne plus nous fâcher : je cédai à ma destinée. Nous nous remîmes en route, et à Soma, la maîtresse de l'auberge, femme d'une rare beauté, nous

CHAPITRE VIII

donna un bon dîner avec du vin de Chypre délicieux que les courriers de Venise lui apportent en échange des truffes excellentes qu'elle leur donne, et qu'ils vendent avantageusement à leur retour à Venise. Je ne partis point sans lui laisser une portion de mon cœur.

Je peindrais difficilement l'indignation qui s'empara de moi lorsqu'à une couple de milles de Terni l'infâme moine me fit voir un petit sac de truffes que, pour prix de son obligeante hospitalité, le monstre avait dérobé à cette charmante personne. Le vol était au moins de deux sequins. Outré de colère, je lui arrachai le sac, en lui disant qu'absolument je voulais le renvoyer à l'hôtesse. De son côté, n'ayant point fait le coup pour se donner le plaisir d'une restitution, il se jeta sur moi et nous en vînmes à un combat dans les formes. La victoire pourtant ne fut pas longtemps incertaine, car, lui ayant enlevé son bâton, je le renversai dans le fossé et je partis. Arrivé à Terni, j'écrivis une lettre d'excuses à la belle hôtesse, et je lui renvoyai ses truffes.

De Terni j'allai à pied à Otricoli, où je m'arrêtai le temps nécessaire pour examiner à mon aise l'ancien beau pont, et de là un voiturier me mena pour quatre paoli à Castel-Nuovo, d'où je me rendis à Rome. J'arrivai dans cette ville célèbre le premier de septembre à neuf heures du matin.

Je ne dois point taire ici une circonstance particulière qui plaira à plus d'un lecteur, quelque ridicule qu'elle soit au fond.

Une heure après Castel-Nuovo, l'air étant calme et le ciel serein, j'aperçus à ma droite et à dix pas de moi une flamme pyramidale de la hauteur d'une coudée et élevée de quatre à cinq pieds au-dessus du niveau du terrain. Cette apparition me frappa, car elle semblait m'accompagner. Voulant l'étudier, je cherchai à m'en approcher;

mais, plus j'allais de son côté, et plus elle s'éloignait de moi. Elle s'arrêtait dès que je m'arrêtais, et, lorsque la partie du chemin que je traversais se trouvait bordée d'arbres, je cessais de la voir, mais je la retrouvais dès que le bord du chemin redevenait libre. J'essayai aussi de retourner sur mes pas, mais chaque fois elle disparaissait et ne se remontrait que lorsque je me dirigeais de nouveau vers Rome. Ce singulier fanal ne me quitta que lorsque la lumière du jour eut chassé les ténèbres.

Quel champ merveilleux pour la superstition ignorante, si, ayant eu des témoins de ce fait, il m'était arrivé de faire une brillante carrière à Rome ! L'histoire est remplie de bagatelles de cette importance ; et le monde est plein de gens qui en font encore grand cas, malgré les prétendues lumières que les sciences procurent à l'esprit humain. Je dois avouer en toute vérité qu'en dépit de mes connaissances en physique la vue de ce petit météore n'a pas laissé de me donner des idées singulières. J'eus la prudence de n'en rien dire à personne.

Je n'avais en arrivant dans cette antique capitale du monde que sept paoli dans ma poche : aussi ne fus-je arrêté par rien ; ni la belle entrée par la porte des *Peupliers*, que l'ignorance appelle pompeusement la porte du *Peuple*, ni la belle place du même nom, ni le portail des belles églises, rien enfin de tout ce qu'a d'imposant cette belle ville au premier aspect ne me fit d'impression. Je me dirigeai tout droit vers Monte-Magnanopoli, où, selon l'adresse, je devais trouver mon évêque. On me dit qu'il était reparti depuis dix jours et qu'il avait laissé ordre en partant de m'envoyer à Naples, défrayé de tout, à l'adresse qu'on me remit. Une voiture partait le lendemain ; ne me souciant point de voir Rome, je me mets au lit jusqu'au moment du départ. Je voyageai avec trois manants, je vécus avec eux tout le long de la route et je ne leur adressai pas la parole une seule fois. Le six septembre, j'arrivai à Naples.

A peine descendu de voiture, je me rends à l'endroit indiqué sur l'adresse : l'évêque ne s'y trouve pas. Je vais de suite aux Minimes, et là j'apprends qu'il était parti pour Martorano. Je m'informe en vain s'il a laissé des instructions sur moi, personne ne peut me répondre. Me voilà donc dans une ville immense, sans connaissances, avec huit carlins dans la poche et sans savoir où donner de la tête. N'importe ; ma destinée m'appelle à Martorano, j'irai. La distance n'est que de deux cents milles[1].

Je trouve des voituriers qui vont partir pour Cosenza, mais ils apprennent que je n'ai point de malle, et à moins que je ne paye d'avance, ils ne veulent pas de moi. Je ne pus m'empêcher de trouver qu'ils avaient raison, mais je devais aller à Martorano. Je me résous à faire cette promenade à pied, allant effrontément demander à manger et à coucher comme le faisait le très vénérable frère Stephano.

Je vais d'abord faire un petit repas pour le quart de mon avoir ; et nous verrons plus tard. Informé que je devais prendre la route de Salerne, je me dirige sur Portici, où j'arrive dans une heure et demie. La fatigue commençait déjà à se faire sentir ; mes jambes plus que ma tête me dirigèrent vers une auberge où je demandai une chambre et à souper. Très bien servi, je mange de bon appétit, et je passe dans un bon lit une nuit excellente. Le lendemain, après m'être habillé, je dis à l'hôte que je dînerais, et je sortis pour aller voir le palais royal. En y entrant, je suis abordé par un homme d'une physionomie prévenante, vêtu à l'orientale, et qui me dit que, si je voulais voir le palais, il me ferait tout voir, et qu'ainsi

---

1. Soixante-douze lieues de France.

j'épargnerais mon argent. Je me trouvais en mesure de ne rien refuser; j'accepte en le remerciant de son obligeance.

Tout en causant, lui ayant dit que j'étais Vénitien, il me dit qu'il était mon sujet, puisqu'il était de Zante. Je pris le compliment pour ce qu'il valait en lui faisant une petite révérence.

« J'ai, me dit-il, d'excellent muscat du Levant que je pourrais vous vendre à bon marché.

— Je pourrais en acheter, mais je m'y connais.

— Tant mieux! Quel est celui que vous préférez?

— Cérigo.

— Vous avez raison. J'en ai d'excellent, et nous en goûterons à dîner, si vous voulez que nous dînions ensemble.

— Bien volontiers.

— J'ai du Samos et du Céphalonie. J'ai aussi une quantité de minéraux, vitriol, cinabre, antimoine et cent quintaux de mercure.

— Le tout ici?

— Non, à Naples. Je n'ai ici que du muscat et du mercure.

— J'achèterai aussi du mercure. »

C'est par nature et sans qu'il pense à tromper qu'un jeune homme novice dans la misère, honteux d'y paraître en parlant à un riche qu'il ne connaît pas, parle de sa fortune, de ses moyens. Tout en parlant, je me souviens d'une amalgamation du mercure faite avec du plomb et du bismuth. Le mercure croît d'un quart. Je ne dis rien; mais je pense que, si le Grec ne connaissait pas ce mystère, je pourrais en tirer parti. Je sentais que j'avais besoin d'adresse, et qu'en lui proposant de but en blanc la vente de mon secret, il n'en ferait aucun cas. Je devais donc le surprendre par le miracle de l'augmentation, en rire et voir venir mon homme. La fourberie est

CHAPITRE VIII

un vice, mais la ruse honnête peut être prise pour la prudence de l'esprit. C'est une vertu qui ressemble, il est vrai, à la friponnerie, mais il faut en passer par là; et celui qui dans le besoin ne sait pas l'exercer avec noblesse est un sot. Cette prudence s'appelle en grec *cerdaléophron*, du mot *cerda*, renard, et que l'on pourrait exprimer en français par *renardise* ou *renarderie*, si cette langue admettait plus facilement les emprunts et les néologismes.

Après avoir vu le palais, nous nous rendîmes à l'auberge, et le Grec me mena dans sa chambre, où il ordonna qu'on mît deux couverts. Dans la chambre voisine je vis de grands flacons de muscat et quatre flacons de mercure de dix livres pesant chacun. Ayant dans ma tête mon projet ébauché, je lui demande un flacon de mercure pour ce qu'il valait et je l'emporte dans ma chambre. Le Grec sort pour ses affaires en me disant que nous nous reverrions à l'heure du dîner. Je sors aussi pour aller acheter deux livres et demie de plomb et autant de bismuth : le droguiste n'en avait pas davantage. Je rentre et, m'étant fait donner de grands flacons vides, je fais mon amalgamation.

Nous dînons gaiement, et le Grec est enchanté que je trouve son muscat de Cérigo excellent. Tout en causant, il me demande en riant pourquoi j'avais acheté un flacon de son mercure. « Vous pourrez le voir dans ma chambre. » lui dis-je.

Le dîner achevé, il me suit et il voit son mercure divisé en deux bouteilles. Je demande un chamois, je le fais passer, je lui remplis son flacon et je le vois tout ébahi à l'aspect d'un quart de flacon de beau mercure qui me restait, outre une égale quantité de métal en poudre qu'il ne connaissait pas, et qui était le bismuth. J'accompagne son étonnement d'un éclat de rire, et j'appelle le garçon de l'auberge que j'envoie chez le droguiste vendre le mercure qui me restait. Le garçon un instant après revient et me remet quinze carlins.

Le Grec, dont la surprise était au comble, me prie de lui rendre son même flacon qui était là tout plein et qui coûtait soixante carlins. Je le lui rends d'un air riant en le remerciant de m'avoir fait gagner quinze carlins. En même temps j'eus soin de lui dire que le lendemain je partais pour Salerne de bon matin. « Nous souperons donc encore ensemble ce soir, » me dit-il.

L'après-midi nous allâmes nous promener du côté du Vésuve, nous parlâmes de mille choses, mais il ne fut point question de mercure ; mon Grec cependant m'avait l'air préoccupé. A souper, il me dit en riant que je pourrais m'arrêter encore le lendemain pour gagner quarante-cinq carlins sur les autres trois flacons de mercure. Je lui répondis d'un air noble et sérieux que je n'en avais pas besoin, et que je n'en avais augmenté une que pour le divertir par une agréable surprise.

« Mais, me dit-il, vous devez être riche?

— Non, car je travaille à l'augmentation de l'or, et cela nous coûte beaucoup.

— Vous êtes donc plusieurs?

— Mon oncle et moi.

— Qu'avez-vous besoin d'augmenter l'or? l'augmentation du mercure doit vous suffire. Dites-moi, je vous prie, si celui que vous avez augmenté est susceptible d'une pareille augmentation.

— Non ; s'il en était susceptible, ce serait une immense pépinière de richesse.

— Votre sincérité m'enchante. »

A la fin du souper, je payai l'hôte en le priant de me faire trouver pour le lendemain matin de bonne heure une voiture à deux chevaux pour me mener à Salerne.

CHAPITRE VIII

En remerciant le Grec pour son excellent muscat, je lui demandai son adresse à Naples, lui disant qu'il me verrait dans quinze jours, car je voulais absolument acheter un baril de son cérigo.

Là-dessus nous nous embrassâmes, et j'allai me coucher assez content d'avoir gagné ma journée et nullement surpris que le Grec ne m'eût point fait la proposition de lui vendre mon secret, persuadé qu'il n'en dormirait pas, et que le lendemain je le verrais paraître. En tout cas j'avais assez d'argent pour aller jusqu'à la Tour-du-Grec, et là la Providence aurait eu soin de moi. Il me paraissait impossible d'aller à Martorano en gueusant comme un moine, puisque tel que j'étais je n'excitais pas la pitié. Je ne pouvais intéresser que les personnes prévenues que je n'étais pas dans le besoin, et cela ne vaut rien pour les vrais gueux.

Le Grec, comme je l'avais prévu, vint me trouver dès l'aube du jour. Je l'accueille à merveille en lui disant que nous prendrions le café ensemble.

« Oui, mais dites-moi, monsieur l'abbé, si vous ne me vendriez pas le secret?

— Pourquoi non? Quand nous nous reverrons à Naples....

— Pourquoi pas aujourd'hui?

— On m'attend à Salerne; et puis le secret coûte beaucoup d'argent, et je ne vous connais pas.

— Ce n'est pas une raison, puisque je suis assez connu ici pour payer comptant. Combien en voudriez-vous?

— Deux mille onces [1].

— Je vous les donne, mais à condition que je ferai moi-même l'augmentation des trente livres que j'ai ici

---

1. L'once vaut 24 paoli, environ 13 francs de France.

avec la matière que vous me nommerez, et que j'irai acheter moi-même.

— Cela ne se peut pas, car ici cette matière ne se trouve pas ; mais on en trouve à Naples tant qu'on veut.

— Si c'est un métal, on en trouvera à la Tour-du-Grec. Nous pouvons y aller ensemble. Pouvez-vous me dire ce que l'augmentation coûte?

— Un et demi pour cent; mais êtes-vous connu aussi à la Tour-du-Grec? car je serais fâché de perdre mon temps.

— Votre incertitude me fait de la peine. »

A ces mots, il prend une plume, écrit et me remet ce billet : « A vue, payez au porteur cinquante onces en or, et portez-les en compte de Panagiotti », etc.

Il me dit que le banquier demeurait à deux cents pas de l'auberge, et il m'excita à y aller en personne. Je ne me fis pas prier, et je reçus cinquante onces. Je rentrai dans ma chambre où il m'attendait, et je plaçai cette somme sur la table, en lui disant que nous pouvions partir pour la Tour-du-Grec, où nous finirions tout après avoir pris par écrit des engagements réciproques. Il avait ses chevaux et sa voiture, il fait atteler, et nous partons après qu'il m'eut engagé noblement à mettre les cinquante onces dans ma poche.

Quand nous fûmes arrivés à la Tour-du-Grec, il me fit un écrit en bonne forme dans lequel il s'engagea à me payer deux mille onces aussitôt que je lui aurais appris avec quels ingrédients et de quelle manière il pouvait augmenter le mercure d'un quart sans détérioration de sa perfection, égal à celui que j'avais vendu à Portici en sa présence.

Il me fit à cet effet une lettre de change à huit jours de vue sur M. Genaro de Carlo. Alors je lui nommai le plomb et le bismuth; le premier qui, par sa na-

CHAPITRE VIII

ture, s'agglomère avec le mercure, et le second qui rend parfaite la fluidité qui est nécessaire pour pouvoir passer par le chamois. Aussitôt mon Grec alla faire cette opération, je ne sais chez qui, et je dînai seul; mais le soir il revint ayant l'air fort triste. Je m'y attendais.

« L'opération est faite, me dit-il, mais le mercure n'est pas parfait.

— Il est égal à celui que j'ai vendu à Portici : votre écrit parle clair.

— Mais mon écrit dit aussi, *sans détérioration de sa perfection*. Or, convenez que sa perfection est détériorée. La chose est si vraie qu'il n'est pas susceptible d'augmentation.

— Vous le saviez; d'ailleurs je m'en tiens à l'explication d'égalité. Nous plaiderons et vous aurez tort. Je suis fâché que ce secret devienne public. Félicitez-vous, monsieur, dans le cas où vous gagnerez, de m'avoir arraché mon secret pour rien. Je ne vous croyais pas capable de vouloir m'attraper ainsi.

— Je suis incapable, monsieur l'abbé, d'attraper quelqu'un.

— Savez-vous le secret ou non? Vous l'aurais-je dit sans le marché que vous avez fait? Cela fera rire Naples, et les avocats gagneront de l'argent. Cette affaire me chagrine déjà beaucoup, et je suis fort fâché de m'être laissé gagner par vos belles paroles. En attendant, voilà vos cinquante onces. »

Pendant que je les tirais de ma poche, mourant de peur qu'il ne les prît, il s'en alla en me disant qu'il n'en voulait pas. Il revint et nous soupâmes dans la même chambre, mais à deux tables séparées : nous étions en guerre ouverte ; mais j'étais bien sûr que nous ferions la paix. Nous ne nous dîmes plus rien de la soirée; mais le lendemain matin, comme je me disposais à partir, il vint me parler. Lui ayant renouvelé le désir de lui rendre les cinquante onces, il me dit que je devais les garder, en recevoir cinquante autres et lui rendre sa lettre de change de deux mille. Nous commençâmes alors à parler raison, et au bout de deux heures je me rendis. Je reçus encore cinquante onces, nous dînâmes ensemble en bons amis, et nous nous embrassâmes cordialement. En prenant congé, il me remit un billet pour avoir à son magasin de Naples un baril de muscat et me donna un superbe étui contenant douze rasoirs à manche d'argent de la fabrique de la Tour-du-Grec. Nous nous séparâmes ainsi de la meilleure amitié et parfaitement satisfaits l'un de l'autre.

Arrivé à Salerne, je m'y arrêtai deux jours pour m'y remonter en linge, et en tout ce qui m'était nécessaire. Maître d'une centaine de sequins, bien portant, j'étais glorieux du succès de mon exploit, dans lequel il me semblait que je n'avais rien à me reprocher; car la conduite adroite d'esprit que j'avais eue pour vendre mon secret ne pouvait être réprouvée que par une morale cynique qui n'a pas lieu dans le commerce habituel de la vie. Me voyant libre, riche et sûr de paraître devant l'évêque d'une manière convenable et non comme un gueux, je repris toute ma gaieté, me félicitant d'avoir appris à mes dépens à me défendre des pères Corsini, des joueurs escrocs et des femmes mercenaires, et surtout des impudents qui louent effrontément en face les personnes qu'ils veulent duper; sorte de fripons qu'on trouve fort communément dans le monde, même au milieu de ce qu'on appelle la bonne société.

Je partis de Salerne avec deux prêtres que des affaires appelaient à Cosenza, et nous fîmes les cent quarante-deux milles en vingt-deux heures. Le lendemain de mon arrivée dans cette capitale de la Calabre, je pris une petite voiture et me rendis à Martorano. Pendant le trajet, fixant mes regards sur les fameux *mare Ausonium*, je jouissais de me voir au milieu de la Grande-Grèce que le séjour de Pythagore avait rendue illustre depuis vingt-quatre siècles. Je contemplais avec étonnement un pays renommé par sa fertilité, dans lequel, malgré la prodigalité de la nature, je ne voyais que l'aspect affligeant de la misère, le manque absolu de cet agréable superflu qui rend la vie supportable, et la dégradation de cette espèce humaine, si rare dans une contrée où elle pourrait être si abondante, et que je rougissais d'être forcé de reconnaître pour sortie de la même souche que moi. Telle est pourtant la Terre de Labour, où le labeur semble être abhorré, où tout est à vil prix, où les malheureux habitants se soulagent d'un fardeau lorsqu'ils trouvent des gens qui veulent bien se charger des fruits que la terre fournit presque spontanément en trop grande abondance et dont aucun débouché ne leur offre le moindre prix. Je fus forcé d'avouer que les Romains n'avaient pas été injustes en les nommant Brutes au lieu de Brutiens. Les bons prêtres avec lesquels j'avais voyagé riaient de la crainte que je leur témoignais de la tarentule et des chersydres ; car la maladie que ces insectes causent me paraissait plus affreuse que celle que je connaissais déjà. Ils m'assurèrent que tout ce qu'on débitait au sujet de ces animaux était des fables ; ils se moquaient des vers que Virgile leur avait consacrés dans ses *Géorgiques*, ainsi que de ceux que je leur citais pour justifier ma crainte.

Je trouvai l'évêque Bernard de Bernardis mal assis à une pauvre table sur laquelle il écrivait. Je me mis à genoux selon la coutume, mais au lieu de me donner sa bénédiction, il se leva, me prit dans ses bras et me pressa contre son sein. Il fut sincèrement affligé quand je lui dis qu'à Naples je n'avais trouvé aucun renseignement pour aller me jeter à ses pieds ; mais son affliction dis-

parut quand je lui dis que je ne devais rien à personne et
que je me portais fort bien. Il me fit asseoir, soupira,
me parla sentiment et misère et ordonna à un domestique
de mettre un troisième couvert. Outre ce serviteur, Monseigneur avait la plus canonique de toutes les servantes,
et un prêtre qui, dans le peu de paroles qu'il dit à table,
me sembla être un grand ignorant. La maison que Sa
Grandeur habitait était spacieuse, mais mal bâtie et mal
tenue. Elle était si mal meublée que, pour pouvoir me
faire faire un pauvre lit dans une chambre contiguë à la
sienne, le pauvre évêque fut obligé de me céder l'un des
deux matelas du sien! Son dîner, pour n'en rien dire de
plus, m'épouvanta ; car, étant très attaché à l'observance
de son institut, il faisait maigre ce jour-là et l'huile était
détestable. Du reste Monseigneur était homme d'esprit et,
qui, plus est honnête homme. Il me dit, et j'en fus très
surpris, que son évêché, qui cependant n'était pas des
plus minces, ne lui rapportait que cinq cents ducats di
regno par an[1] et que, par surcroît de malheur, il était
endetté de six cents. Il ajouta en soupirant que le seul
bonheur dont il jouît était d'être sorti des griffes des
moines, dont la persécution pendant quinze ans avait été
son véritable purgatoire. Toutes ces confidences me mortifièrent, car, en me faisant voir que ce n'était pas là la
terre promise de la mitre, elles me faisaient sentir combien je lui serais à charge. Je voyais qu'il était mortifié
lui-même du triste présent qu'il m'avait fait.

Je lui demandai s'il avait de bons livres, une société
de gens de lettres, une noble société pour passer agréablement une couple d'heures. Il se mit à sourire et me
dit que dans tout son diocèse il n'y avait positivement
personne qui pût se vanter de bien écrire et encore moins

---

1. Environ 2,000 francs de France.

CHAPITRE VIII

d'avoir du goût et quelque idée de bonne littérature ; qu'il n'y avait pas un seul véritable libraire, et personne de vraiment amateur de lire une gazette. Il me promit cependant que nous cultiverions les lettres ensemble dès qu'il aurait reçu les livres qu'il avait demandés à Naples.

Cela aurait pu être, mais sans une bonne bibliothèque, un cercle choisi, une émulation, une correspondance littéraire, était-ce là le pays où je devais me voir établi à l'âge de dix-huit ans? Le bon évêque, me voyant pensif et comme consterné par le triste aspect de la vie que je devais me disposer à mener chez lui, crut devoir m'encourager en m'assurant qu'il ferait tout ce qui dépendrait de lui pour faire mon bonheur.

Le lendemain, l'évêque étant obligé d'officier pontificalement, j'eus l'occasion de voir tout le clergé, les femmes et les hommes dont sa cathédrale était pleine, et cette vue me fit prendre la résolution de m'éloigner de ce triste pays. Il me sembla voir un troupeau de brutes scandalisées de toute ma superficie. Quelle laideur dans les femmes ! quel air stupide et grossier dans les hommes ! En rentrant à l'évêché, je dis au bon prélat que je ne me sentais pas la vocation de mourir en peu de mois martyr dans sa triste ville. « Donnez-moi, ajoutai-je, votre bénédiction et mon congé ; ou plutôt partez avec moi, je vous promets que nous ferons fortune ailleurs. »

Cette proposition le fit rire à diverses reprises pendant le reste de la journée. S'il l'eût acceptée, il ne serait pas mort deux ans après à la fleur de son âge. Ce brave homme, sentant combien j'étais fondé dans ma répugnance, me demanda pardon de la faute qu'il avait faite en me faisant aller là. Croyant de son devoir de me renvoyer à Venise, n'ayant point d'argent et ignorant que j'en eusse, il me dit qu'il m'adresserait à Naples à un bourgeois qui me remettrait soixante ducats di regno, avec lesquels je pourrais retourner dans ma patrie. J'acceptai son offre avec reconnaissance, et je courus tirer de ma malle le bel étui que m'avait donné le Grec, et je le priai de l'accepter comme un souvenir. J'eus toutes les peines du monde à le lui faire prendre, car il valait les soixante ducats; et je fus forcé pour vaincre sa résistance de le menacer de rester, s'il le refusait. Il me donna une lettre très flatteuse pour l'archevêque de Cosenza, dans laquelle il le priait de m'envoyer à Naples à ses frais. Ce fut ainsi que je quittai Martorano soixante heures après y être arrivé, plaignant l'évêque que j'y laissai et qui versa des larmes en me donnant de bon cœur cent bénédictions.

L'archevêque de Cosenza, homme d'esprit et riche, voulut me loger chez lui. Je fis à table, avec épanchement de cœur, l'éloge de l'évêque de Martorano, mais je frondai impitoyablement son diocèse, puis toute la Calabre, et d'un style si mordant que je fis beaucoup rire l'archevêque, ainsi que les convives, au nombre desquels se trouvaient deux dames, ses parentes, qui faisaient les honneurs du dîner. Cependant la plus jeune s'avisa de trouver mauvaise la satire que j'avais faite de son pays, et elle me déclara la guerre; mais je trouvai le moyen de la calmer en lui disant que la Calabre serait un pays délicieux, si le quart de ses habitants lui ressemblait. Ce fut peut-être pour me prouver le contraire de ce que j'avais dit que Monseigneur donna le lendemain un souper splendide.

Cosenza est une ville où un homme comme il faut peut s'amuser, car il y a une noblesse riche, de jolies femmes et des gens assez instruits et qui ont reçu leur éducation à Naples ou à Rome. J'en partis le troisième jour avec une lettre de l'archevêque pour le célèbre Genovesi.

J'eus cinq compagnons de voyage qu'à leur mine je jugeai ou corsaires ou voleurs de profession. Aussi eus-je la précaution de ne point leur laisser voir ni deviner que j'avais une bourse bien garnie. Je crus aussi devoir me coucher constamment habillé ; précaution excellente pour un jeune homme dans ce pays-là.

J'arrivai à Naples le 16 septembre 1743, et je ne tardai pas à porter à son adresse la lettre de l'évêque de Martorano. C'était à M. Gennaro Polo, à Sainte-Anne. Cet homme, dont la tâche ne devait être que de me donner soixante ducats, me dit, après avoir lu la lettre, qu'il voulait me loger, parce qu'il désirait que je connusse son fils, qui était poète aussi. L'évêque lui disait que j'étais sublime. Après les façons d'usage, j'acceptai, et ayant fait porter ma malle chez lui, je m'y installai.

CHAPITRE IX

Je fais à Naples un court, mais heureux séjour. — Don Antonio Casanova. — Don Lelio Caraffa. — Je vais à Rome en charmante compagnie et j'y entre au service du cardinal Acquaviva. — Bararuccia. — Testaccio. — Frascati.

Je n'eus aucun embarras de répondre aux diverses questions que me fit le docteur Gennaro, mais je trouvai extraordinaires et même déplacés les continuels éclats de rire qui sortaient de sa poitrine à chacune de mes réponses. La description pitoyable de la triste Calabre et le tableau de la misérable situation où se trouvait l'évêque de Martorano me paraissaient plus propres à faire pleurer qu'à exciter l'hilarité ; et, concevant l'idée d'une espèce de mystification, j'étais près de me fâcher quand, devenu plus calme, il me dit avec sentiment que je devais l'excuser, que son rire était une maladie, qui semblait être endémique dans sa famille, car un de ses oncles en était mort.

« Mort de rire ! m'écriai-je.

— Oui. Cette maladie, qu'Hippocrate n'a point connue, s'appelle *li flati*[1].

— Comment ! les affections hypochondriaques, qui rendent tristes tous ceux qui en souffrent, vous rendent gai ?

— Oui, parce que, sans doute, mes *flati*, au lieu d'influer sur l'hypochondre, m'affectent la rate, que mon médecin reconnaît pour l'organe du rire. C'est une découverte.

— Point du tout ! cette notion est fort ancienne, et c'est la seule fonction qu'on lui reconnaisse dans notre organisation animale.

— Voyez-vous, nous parlerons de cela à table, car j'espère bien que vous passerez ici quelques semaines.

— Impossible, car je partirai au plus tard après-demain.

— Vous avez donc de l'argent ?

— Je compte sur les soixante ducats que vous devez me remettre. »

A ces mots, voilà les éclats de rire qui recommencent ; et, comme mon embarras était visible, il me dit : « Je trouve plaisante l'idée de pouvoir vous faire rester ici tant que je voudrai. Mais, monsieur l'abbé, ayez la bonté d'aller voir mon fils ; il fait d'assez jolis vers. » En effet ce jeune homme à l'âge de quatorze ans était déjà grand poète.

Une fille m'ayant conduit chez ce jeune homme, je lui trouvai la plus agréable physionomie et des manières extrêmement engageantes. Il me fit l'accueil le plus poli, ensuite s'excusa d'une façon fort gracieuse de ne pouvoir pas s'occuper entièrement de moi pour le moment, ayant à finir une chanson qu'on attendait chez l'imprimeur et

---

1. Les vapeurs.

CHAPITRE IX

qu'il faisait à l'occasion de la prise d'habit d'une parente de la duchesse de Bovino à Sainte-Claire. Trouvant son excuse très légitime, je m'offris à l'aider. Il me lut alors sa chanson, et l'ayant trouvée pleine d'enthousiasme et versifiée à la Guidi, je lui conseillai de l'appeler ode; mais, comme j'avais relevé avec justice ce qu'il y avait de vraiment beau, je crus pouvoir lui citer aussi ce que j'y trouvais de faible et de défectueux, en substituant à ces parties des vers de ma façon. Il fut enchanté de mes observations, me remercia cordialement et me demanda si j'étais Apollon. Pendant qu'il la copiait, je fis un sonnet sur le même sujet. Il en fut ravi et, me priant d'y mettre mon nom, il me demanda la permission de l'envoyer au collecteur avec son ode.

Pendant que je le corrigeais en le mettant au net, il alla chez son père pour lui demander qui j'étais, ce qui le fit rire jusqu'au moment où nous nous mîmes à table. Le soir on me dressa un lit dans la chambre du jeune poète, ce qui me fit un véritable plaisir.

La famille du docteur Gennaro ne consistait qu'en ce fils, en une fille qui n'était pas jolie, en sa femme et deux vieilles sœurs dévotes. A souper nous eûmes plusieurs hommes de lettres, entre autres le marquis Galiani, qui alors commentait Vitruve. Il était frère d'un abbé de même nom que, vingt ans plus tard, j'eus occasion de connaître à Paris secrétaire d'ambassade du comte Cantillana. Le lendemain à souper je fis la connaissance du célèbre Genovesi, qui avait déjà reçu la lettre que l'archevêque de Cosenza lui avait écrite. Il me parla beaucoup d'Apostolo Zeno et de l'abbé Conti. Pendant le souper il dit que le moindre péché qu'un prêtre pût commettre était celui de dire deux messes en un jour, pour gagner deux carlins de plus, tandis qu'un séculier qui commettrait le même péché mériterait le feu.

Le lendemain la religieuse prit l'habit, et dans le recueil des pièces qui furent faites à cette occasion, l'ode du jeune Gennaro et mon sonnet furent les plus célébrées. Un Napolitain portant le même nom que moi fut jaloux de me connaître, et ayant appris que je logeais chez le docteur, il vint le complimenter à l'occasion de sa fête, qu'on célébrait le lendemain de la prise d'habit de la religieuse de Sainte-Claire.

Don Antonio Casanova, après m'avoir dit son nom, me demanda si ma famille était originellement vénitienne. « Je suis, monsieur, lui répondis-je d'un air modeste, un arrière-petit-fils du petit-fils du malheureux Marc-Antoine Casanova, qui fut secrétaire du cardinal Pompée Colonna, et qui mourut de la peste à Rome, l'an 1528, sous le pontificat de Clément VII. » J'achevais à peine ces mots qu'il me sauta au cou en m'appelant son cousin.

Ce fut dans ce moment que l'assemblée eut lieu de craindre que D. Gennaro ne mourût de rire ; car il ne semblait pas possible de rire ainsi sans danger de la vie. Mme Gennaro, d'un air tout fâché, dit à mon nouveau cousin qu'il aurait pu épargner cette scène à son mari, puisque sa maladie lui était connue ; mais, sans se déconcerter, il lui répondit qu'il ne pouvait pas deviner que la chose fût risible. Quant à moi, je ne disais rien ; car, au fond, je trouvais cette reconnaissance très comique. Notre pauvre rieur étant redevenu calme, Casanova, sans sortir de son sérieux, m'invita avec le jeune Paul Gennaro, devenu mon ami inséparable, à dîner pour le lendemain.

Dès que nous fûmes chez lui, mon digne cousin s'empressa de me faire voir son arbre généalogique, qui commençait par un don Francisco, frère de don Juan. Dans le mien, que je savais par cœur, don Juan, dont je descendais en droite ligne, était né posthume. Il se pouvait

CHAPITRE IX

qu'il eût eu un frère de Marc-Antoine ; mais, quand il sut que ma généalogie commençait par don Francisco, Aragonais qui existait à la fin du quatorzième siècle, que par conséquent toute la généalogie de l'illustre maison des Casanova de Saragosse devenait la sienne, sa joie fut à son comble : il ne savait que faire pour me convaincre que le sang qui coulait dans ses veines était aussi le mien.

Comme il paraissait curieux de savoir par quel heureux accident je me trouvais à Naples, je lui dis qu'ayant embrassé l'état ecclésiastique, j'allais chercher fortune à Rome. Un instant après, m'ayant présenté à sa famille, il me sembla lire sur les traits de ma cousine, sa très chère femme, qu'elle n'était pas fort enchantée de sa nouvelle parenté ; mais sa fille, fort jolie, et sa nièce, plus jolie encore, m'auraient facilement fait croire à la force du sang, quelque fabuleuse qu'elle soit.

Après le dîner, don Antonio me dit que, la duchesse de Bovino ayant témoigné le désir de savoir qui était cet abbé Casanova qui avait fait le sonnet pour sa parente, il se ferait un honneur de me présenter en qualité de parent. Comme nous étions tête à tête, je le priai de me dispenser de cette visite, lui disant que je n'étais équipé que pour mon voyage et que j'étais obligé de ménager ma bourse pour ne point arriver à Rome sans argent.

Charmé de m'entendre parler ainsi et persuadé de la validité de mes raisons : « Je suis riche, me dit-il, et vous ne devez avoir aucun scrupule de me permettre de vous mener chez un tailleur. » Il accompagna cette offre de l'assurance que personne n'en saurait rien, ajoutant qu'il serait très mortifié que je me refusasse au plaisir qu'il attendait de moi. Je lui serrai la main en lui disant que j'étais prêt à faire tout ce qu'il désirait. Nous allâmes chez un tailleur, qui me prit toutes les mesures qu'il ordonna, et le lendemain j'eus tous les effets nécessaires à la toilette du plus noble des abbés.

Don Antonio, étant venu me voir, resta à dîner chez don Gennaro ; ensuite, accompagné du jeune Paul, il me mena chez la duchesse. Cette dame, pour me traiter à la napolitaine, me tutoya dès le premier abord. Elle était avec sa fille, âgée de dix à douze ans, très jolie personne, et qui quelques années après devint duchesse de Matalona. La duchesse me fit présent d'une tabatière d'écaille blonde, couverte d'arabesques incrustées en or ; ensuite elle nous invita à dîner pour le jour suivant, nous disant qu'après le dîner nous irions à Sainte-Claire pour voir la nouvelle religieuse.

En sortant, je quittai mon cousin et mon jeune ami, et j'allai seul au magasin de Panagiotti pour recevoir le baril de muscat. Le chef du magasin eut la complaisance de le faire transvaser en deux barils d'égale mesure, et j'en envoyai un à don Antonio et l'autre à don Gennaro. Comme je m'en allais, je rencontrai cet honnête Grec, qui me revit avec plaisir. Devais-je rougir de revoir ce brave homme que j'avais d'abord trompé ? Non, car il trouvait que j'en avais agi avec lui en très galant homme.

Don Gennaro, en rentrant, me remercia sans rire de mon précieux présent, et le lendemain don Antonio, en échange de l'excellent muscat que je lui avais envoyé, me fit présent d'une canne à pomme d'or, laquelle valait au moins vingt onces, et son tailleur m'apporta un habit de voyage et une redingote bleue à boutonnières d'or, le tout du plus beau drap, de sorte que je me trouvai magnifiquement équipé.

Je fis chez la duchesse de Bovino la connaissance du plus sage des Napolitains, de l'illustre don Lelio Caraffa, de la famille des ducs de Matalona, que le roi don Carlos honorait du nom d'ami.

CHAPITRE IX

Je passai au parloir de Sainte-Claire deux heures brillantes et délicieuses, tenant tête à la curiosité de toutes les religieuses qui étaient aux grilles. Si ma destinée m'avait arrêté à Naples, j'y aurais fait fortune ; mais, quoique sans projet, il me semblait que le sort m'appelait à Rome, et je me refusai par conséquent à toutes les instances que me fit mon cousin Antonio pour que j'acceptasse l'emploi le plus honorable dans plusieurs des premières maisons pour diriger l'éducation de l'héritier de la famille.

Le dîner de don Antonio fut magnifique ; mais il y fut rêveur et de mauvaise humeur, parce qu'il vit bien que Madame regardait de travers son nouveau cousin. Je crus m'apercevoir plus d'une fois qu'après avoir fixé ses regards sur mon habit elle parlait à l'oreille de son voisin. Elle avait sans doute tout su. Il y a telles situations dans la vie auxquelles je n'ai jamais pu me faire. Que dans la plus brillante compagnie, une seule personne qui y figure affecte de me fixer, je perds la carte ; l'humeur s'en mêle, mon esprit s'évapore et je joue le rôle d'un hébété. C'est un défaut, mais indépendant de mes facultés.

Don Lelio Caraffa me fit offrir de gros appointements, si je voulais me charger de diriger les études de son neveu le duc de Matalona, alors âgé de dix ans. Je fus le remercier en le priant d'être mon véritable bienfaiteur d'une autre façon : c'était de me donner quelques bonnes lettres de recommandation pour Rome, grâce que ce seigneur m'accorda sans hésiter. Il m'en envoya deux le lendemain, dont une pour le cardinal Acquaviva et l'autre pour le père Georgi.

Voyant que l'intérêt qu'on me portait excitait mes amis à vouloir me procurer l'honneur de baiser la main de Sa Majesté la reine, je me hâtai de faire mes dispositions pour mon départ ; car il est évident que la reine m'aurait interrogé et que je n'aurais pu m'empêcher de lui dire que je venais de quitter Martorano et le pauvre évêque qu'elle y avait placé. Outre cela, cette princesse connaissait ma mère ; rien n'aurait pu l'empêcher de dire ce qu'elle était à Dresde ; cela aurait mortifié don Antonio, et ma généalogie aurait été ridicule. Je connaissais la force des préjugés : je serais tombé sans ressource ; je crus bien faire de saisir le bon moment pour partir. don Antonio, en partant, me donna une belle montre d'or et me remit une lettre pour don Gaspar Vidaldi, qu'il appelait son meilleur ami. D. Gennaro me compta mes soixante ducats, et son fils, en me priant de lui écrire, me jura une éternelle amitié. Tous m'accompagnèrent jusqu'à ma voiture, mêlant leurs larmes aux miennes et me chargeant de vœux et de bénédictions.

Depuis mon débarquement à Chiozza jusqu'à mon arrivée à Naples, la fortune avait pris à tâche de me persécuter ; arrivé à Naples, mon sort prit une tournure moins âpre, et à mon retour elle ne se montra plus qu'avec le sourire de la protection. Naples m'a toujours été favorable, comme on le verra dans la suite. On n'a pas oublié qu'à Portici je me suis vu au moment où mon esprit allait s'avilir ; et contre l'avilissement de l'esprit, il n'y a point de remède, car rien ne peut le relever. C'est un découragement qui n'admet aucune ressource.

Je n'étais pas ingrat envers le bon évêque de Martorano ; car, s'il m'avait involontairement fait du mal, j'aimais à m'avouer que sa lettre à don Gennaro était la source de tout le bien que j'avais éprouvé depuis. Je lui écrivis de Rome.

Occupé à essuyer mes larmes tout le long de la belle rue de Toledo, ce ne fut qu'en sortant de la ville que je pus m'occuper de la physionomie de mes compagnons de voyage. Je vis d'abord à mon côté un homme de qua-

CHAPITRE IX

rante à cinquante ans, d'un physique agréable et la mine alerte ; mais en face, deux figures charmantes arrêtèrent mes regards. C'étaient deux dames jeunes et jolies, très proprement mises, ayant à la fois l'air ouvert et décent. Cette découverte me fut très agréable, mais j'avais le cœur gros et le silence m'était nécessaire. Nous arrivâmes à Averse sans que d'aucun côté on eût proféré le mot ; et là, le voiturin nous ayant dit qu'il ne s'arrêterait que pour faire rafraîchir ses mules, nous ne descendîmes point. D'Averse à Capoue mes compagnons causèrent presque sans interruption ; et, chose incroyable ! je n'ouvris pas une seule fois la bouche. Je jouissais d'entendre le jargon napolitain de mon compagnon de voyage et le joli langage des deux dames, qui étaient Romaines. Ce fut un véritable coup de force de ma part que de passer cinq heures vis-à-vis de deux femmes charmantes sans leur adresser une seule parole, pas le moindre compliment.

Arrivés à Capoue, où nous devions passer la nuit, nous descendîmes à une auberge où l'on nous donna une chambre à deux lits, chose habituelle en Italie. Alors le Napolitain, m'adressant la parole, me dit : « C'est donc moi qui aurai l'honneur de coucher avec monsieur l'abbé. » Je lui répondis d'un air sérieux qu'il était maître de choisir et même d'en ordonner autrement. Cette réponse fit sourire l'une des deux dames, celle précisément qui me plaisait le plus, et j'en tirai bon augure.

A souper nous fûmes cinq, car il est d'usage que le voiturier nourrisse ses voyageurs, à moins d'arrangements particuliers, et alors il mange avec eux. Dans les propos indifférents de table, je trouvai à la fois la décence, l'esprit et l'usage du monde. Cela me rendit curieux.

Après le souper je descendis, et, ayant trouvé notre

conducteur, je lui demandai qui étaient mes compagnons de voyage. « Le monsieur, me dit-il, est avocat, et l'une des deux dames est son épouse, mais j'ignore laquelle. »

Étant rentré bientôt après, j'eus la politesse de me coucher le premier pour laisser à ces dames la liberté de se déshabiller à leur aise, et le matin, m'étant levé le premier, je sortis et ne rentrai que lorsqu'on me fit appeler pour déjeuner. Nous eûmes du café excellent que je vantai beaucoup, et la plus aimable m'en promit du pareil tout le long du voyage. Un barbier étant entré après le déjeuner, l'avocat se fit raser ; ensuite le drôle vint m'offrir son ministère. Je lui dis que je n'avais pas besoin de lui, et il s'en alla en disant que la barbe est une malpropreté.

Dès que nous fûmes en voiture, l'avocat observa que presque tous les barbiers étaient insolents.

« Il faudrait savoir, dit la belle, si la barbe est ou non une malpropreté.

— Oui, dit l'avocat, car c'est un excrément.

— Cela se peut, lui dis-je, mais on ne la considère pas ainsi. Appelle-t-on excrément les cheveux dont on prend tant de soin et qui sont de la même nature ? Au contraire, on en admire la beauté et la longueur.

— Par conséquent, dit l'interlocutrice, le barbier est un sot.

— Mais encore, ajoutai-je, est-ce que j'ai une barbe ?

— Je le croyais, répondit-elle.

— Dans ce cas je commencerai à me faire raser à Rome, car c'est la première fois que je m'entends faire ce reproche.

— Ma chère femme, dit l'avocat, tu aurais dû te taire, car il est possible que Monsieur l'abbé aille à Rome pour se faire recevoir capucin. »

Cette saillie me fit rire, mais, ne voulant pas rester

CHAPITRE IX

court, je lui dis qu'il avait deviné, mais que l'envie m'en avait passé en voyant Madame. « Oh! vous faites mal, me répliqua le joyeux Napolitain, car ma femme aime beaucoup les capucins, et pour lui plaire vous ne devez point changer de vocation. »

Ces propos badins nous ayant entraînés dans plusieurs autres, nous passâmes agréablement la journée, et le soir une conversation variée et spirituelle nous dédommagea du mauvais souper qu'on nous fit faire à Garillan. Mon inclination naissante prenait des forces par les manières affectueuses de celle qui la provoquait.

Le lendemain l'aimable dame me demanda, dès que nous fûmes en voiture, si avant de retourner à Venise je comptais faire quelque séjour à Rome. Je lui répondis que, n'y connaissant personne, je craignais de m'y ennuyer.

« On y aime les étrangers, me dit-elle, et je suis sûre que vous vous y plairez.

— Je pourrais donc espérer que vous permettriez, madame, que je vous fisse ma cour?

— Vous nous feriez honneur, » dit l'avocat.

J'avais les yeux attachés sur sa charmante femme, je la vis rougir, sans faire semblant de m'en apercevoir; et, continuant à causer, la journée se passa aussi agréablement que la précédente. Nous nous arrêtâmes à Terracine, où on nous donna une chambre à trois lits, deux étroits et un plus large au milieu. Il était naturel que les deux sœurs couchassent ensemble et qu'elles prissent le grand lit; ce qu'elles firent pendant qu'à table avec l'avocat nous causions en leur tournant le dos.

L'avocat, dès que les dames furent couchées, s'alla coucher aussi dans le lit sur lequel il vit son bonnet de nuit, et moi dans l'autre, qui n'était qu'à un pied de distance du grand lit. Je vis que l'objet qui me captivait déjà était de mon côté, et je crus pouvoir me figurer sans fatuité que le hasard seul n'avait point présidé à cette disposition.

J'éteins la lumière et je me couche, roulant dans ma tête un projet que je n'osais ni admettre ni rejeter. J'appelais en vain le sommeil. Une très faible lueur qui me permettait de voir le lit où cette charmante femme était couchée me forçait à tenir les yeux ouverts. Qui peut savoir à quoi je me serais décidé à la fin (car je combattais depuis une heure), lorsque je la vis sur son séant, sortir doucement de son lit, en faire le tour et s'aller mettre dans celui de son mari, qui continua sans doute à dormir paisiblement, car je n'entendis plus aucun bruit?

Dépité, dégoûté... j'appelais le sommeil de tous mes efforts, et je ne me réveillai qu'à l'aurore. Voyant dans son lit la belle vagabonde, je me levai, et, m'étant habillé à la hâte, je sortis, les laissant tous profondément endormis. Je ne revins à l'auberge qu'au moment du départ, l'avocat et les deux dames m'attendant déjà en voiture.

Ma belle dame se plaignait d'un air doux et obligeant que je n'eusse pas voulu de son café ; moi, je m'excusai sur le besoin que j'avais eu de me promener et j'eus soin de ne pas l'honorer d'un regard ; ensuite, affectant d'avoir mal aux dents, je fus maussade et silencieux. Quand nous fûmes à Piperno, elle trouva moyen de me dire que mon mal était de commande, et ce reproche me fit plaisir ; car il me faisait entrevoir une explication que mon dépit ne m'empêchait pas de désirer.

L'après-midi je fus, comme le matin, sombre et silencieux, jusqu'à Sermoneta, où nous devions coucher. Nous y arrivâmes de bonne heure, et, la journée étant belle, Madame dit qu'elle ferait volontiers un petit tour et me demanda d'un air honnête si je voulais lui donner le bras. J'acceptai, d'autant mieux que la politesse ne me permettait point de refuser. J'étais peiné, et, sans m'en rendre compte, ma bouderie me pesait. Une explication pouvait seule remettre les choses en l'état où elles étaient ; mais je ne savais comment l'amener. Son mari nous suivait avec sa sœur, mais à une assez grande distance. Dès que je vis que nous en étions assez éloignés, je m'enhardis à lui demander ce qui avait pu lui faire croire que mon mal n'était qu'un mal de commande.

« Je suis franche, dit-elle ; c'est à la différence trop marquée de vos procédés, au soin que vous avez mis à ne point me regarder une seule fois pendant la journée. Le mal aux dents ne pouvant point vous empêcher d'être poli, j'ai dû le croire affecté. D'ailleurs, je sais qu'aucun de nous n'a pu vous donner sujet de changer si subitement d'humeur.

— Il faut que quelque chose pourtant y ait donné lieu, et vous n'êtes, madame, sincère qu'à demi.

— Vous vous trompez, monsieur, je le suis entièrement ; et, si je vous ai donné un motif, je l'ignore ou je dois l'ignorer. Ayez la bonté de me dire en quoi je vous ai manqué.

— En rien, car je n'ai droit à aucune prétention.

— Si fait, vous avez des droits ; les mêmes que moi ; ceux enfin que la bonne société accorde à tous les membres qui la composent. Parlez et soyez aussi franc que moi.

— Vous devez ignorer le motif, ou plutôt faire semblant de l'ignorer, c'est vrai ; mais convenez aussi que mon devoir me défend de vous le dire.

— A la bonne heure. Actuellement tout est dit ; mais, si votre devoir vous oblige à ne pas me dire le motif de votre changement d'humeur, il exige tout aussi impérativement que vous ne le témoigniez point. La délicatesse prescrit quelquefois à l'homme poli de cacher certains sentiments qui peuvent compromettre. C'est une gêne de l'esprit ; mais elle a son prix quand elle sert à rendre plus aimable celui qui se l'impose. »

Un raisonnement filé avec cette force me fit rougir de honte, et je collai mes lèvres sur sa belle main en avouant mes torts.

« Vous me verriez, lui dis-je, les expier à vos pieds, si je le pouvais sans vous compromettre.

— N'en parlons donc plus, « me dit-elle. »

Et, pénétrée de mon prompt retour, elle me regarda d'un air qui exprimait si bien le pardon que je jugeai ne pas augmenter ma faute en arrachant mes lèvres de sa main pour les coller sur sa bouche entr'ouverte et riante.

Ivre de bonheur, je passai de la tristesse à la joie, et si rapidement, que durant le souper l'avocat fit cent plaisanteries sur ma douleur de dents et sur la promenade qui m'avait guéri.

Le lendemain nous dînâmes à Velletri, et de là nous allâmes coucher à Marino, où, malgré la quantité de troupes qui s'y trouvaient alors, nous eûmes deux petites chambres et un fort bon souper.

Je ne pouvais pas être mieux avec ma charmante Romaine, car, quoique je n'eusse reçu qu'un gage fugitif, il était si vrai, si tendre ! En voiture nos yeux se disaient peu de chose ; mais, placé en face d'elle, le langage des pieds avait toute l'éloquence désirable.

L'avocat m'avait dit qu'il allait à Rome pour une affaire ecclésiastique et qu'il logerait chez sa belle-mère, que sa femme désirait voir, ne l'ayant pas vue depuis deux ans qu'elle était mariée ; et sa sœur espérait y rester en épousant un employé à la banque du Saint-Esprit. Ayant leur adresse et invité à les aller voir, je leur promis de leur consacrer les instants que me laisseraient mes affaires.

Nous étions au dessert quand ma belle, admirant ma tabatière, dit à son mari qu'elle avait grande envie d'en avoir une pareille.

« Je te l'achèterai, ma chère.

— Achetez celle-ci, lui dis-je, je vous la donne pour vingt onces, et vous les payerez au porteur d'un billet que vous me ferez. Je dois cette somme à un Anglais, ajoutai-je, et je serai bien aise de pouvoir m'acquitter ainsi envers lui.

— Votre tabatière, monsieur l'abbé, vaut les vingt onces, mais je ne consentirai à vous l'acheter qu'à condition de vous la payer de suite : si cela vous convient, je serais charmé de la voir entre les mains de ma femme, à qui elle rappellerait votre souvenir. »

Sa femme, voyant que je ne consentais pas à la proposition, dit qu'il lui serait bien égal de me faire le billet que je demandais.

« Eh! reprit l'avocat, ne vois-tu pas que cet Anglais est imaginaire? Il ne paraîtrait jamais, et la tabatière nous resterait pour rien. Méfie-toi, ma chère, de cet abbé-là : c'est un grand fripon.

— Je ne croyais pas, reprit sa femme en me regardant, qu'il y eût au monde des fripons de cette espèce. » Et moi, affectant un air triste, j'ajoutai que je voudrais volontiers être assez riche pour faire souvent des friponneries pareilles.

Quand on est amoureux, un rien suffit pour mettre au désespoir ou pour mettre au comble de la joie. Il n'y avait qu'un lit dans la chambre où nous soupâmes et un second dans un petit cabinet attenant et qui était sans porte. Les dames choisirent naturellement le cabinet, et l'avocat me précéda dans le lit que nous devions occuper ensemble. Je donnai le bonsoir à ces dames dès qu'elles furent couchées, je vis mon idole et j'allai me coucher, projetant de ne pas dormir toute la nuit. Mais qu'on se figure ma colère quand je sentis en me couchant un craquement de planches fait pour éveiller un mort ! Cependant j'attends immobile que mon compagnon soit profondément endormi, et dès qu'un certain bruit m'annonce qu'il est tout entier sous l'influence de Morphée, je tâche de me glisser en bas du lit ; mais le tapage que le moindre mouvement occasionne réveille en sursaut mon compagnon qui étend sa main sur moi. Sentant que j'étais là, il se rendort. Une demi-heure après, même tentative, mêmes obstacles : j'abandonne tout projet.

L'amour est le plus fourbe des dieux ; la contrariété semble son élément ; mais, comme son existence tient à la satisfaction des êtres qui lui rendent un culte ardent, au moment où tout semble désespéré, le petit aveugle clairvoyant fait tout réussir.

Je commençais à m'endormir en désespoir de cause, quand tout à coup un bruit affreux se fit entendre. C'étaient des coups de fusils dans la rue, des cris perçants, des gens qui montaient et descendaient les escaliers en courant ; enfin on frappe à coups redoublés à notre porte. L'avocat, tout effrayé, me demande ce que ce peut être : je joue l'indifférent et lui dis que, n'en sachant rien, je le priais de me laisser dormir. Mais les dames, épouvantées, nous suppliaient de leur faire avoir de la lumière. Je ne faisais pas mine de me presser ; l'avocat se lève et court en chercher : je me lève après lui, et, voulant refermer la porte, je la pousse un peu trop fort, de sorte que le ressort saute et que je ne puis plus la rouvrir sans avoir la clef.

Je m'approche de ces dames pour les tranquilliser, leur disant que l'avocat allait revenir et que nous connaîtrions la cause de tout ce tumulte ; mais, ne perdant pas le temps en vain, je prends toutes les avances que je puis, d'autant plus que j'étais enhardi par la faiblesse de la résistance. Malgré les précautions, m'étant un peu trop appesanti sur ma belle, le lit se défonce et nous voilà tous trois pêle-mêle. L'avocat revient, frappe, la sœur se lève, je cède aux prières de ma charmante amie et vais à tâtons dire à l'avocat que nous ne pouvions pas le faire entrer sans avoir la clef. Les deux sœurs étaient derrière moi, j'étends ma main ; mais, me sentant vivement repoussé, je juge que c'est la sœur, et je m'adresse de l'autre côté avec plus de succès. Le mari étant revenu et le bruit d'un clavier nous ayant avertis que la porte allait s'ouvrir, force nous fut de retourner chacun dans son lit.

Dès que la porte fut ouverte, l'avocat se hâta d'aller au lit des deux pauvres effrayées dans l'intention de les rassurer, mais il part d'un éclat de rire en les voyant enfoncées dans leur lit démoli. Il m'appelle pour les aller voir ; mais, trop modeste, je m'en dispense. Alors il nous conta que l'alarme venait de ce qu'un détachement allemand avait surpris les troupes espagnoles qui étaient là et qui décampaient en tiraillant. Un quart d'heure après on n'entendait plus rien, et le calme était parfaitement rétabli.

Après m'avoir fait compliment sur mon impassibilité, il se recoucha et bientôt se rendormit. Pour moi, j'eus soin de ne plus fermer l'œil, et dès que je vis le jour poindre, je me levai pour aller faire mes ablutions et changer de linge : c'était de nécessité absolue.

Je rentrai pour déjeuner, et pendant que nous prenions le délicieux café que donna Lucrezia avait fait préparer, ce jour-là, je crois meilleur qu'à l'ordinaire, je m'aperçus que sa sœur me boudait. Mais que l'impression de sa petite humeur était faible auprès du ravissement que l'air joyeux et les regards approbateurs de ma délicieuse Lucrèce faisaient circuler dans tous mes sens !

Nous arrivâmes à Rome de très bonne heure. Nous nous étions arrêtés à la Tour pour déjeuner, et, l'avocat étant de belle humeur, je me montai sur le même ton, et, lui faisant mille caresses, je lui prédis la naissance d'un fils, obligeant plaisamment sa femme à le lui promettre. Je n'oubliai pas la sœur de mon adorable Lucrèce, et, pour lui faire changer d'humeur à mon égard, je lui dis tant de jolies choses, je lui témoignai un intérêt si amical, qu'elle se vit forcée de me pardonner la chute du lit. En nous quittant, je leur promis une visite pour le lendemain.

Me voilà donc à Rome, bien nippé, passablement fourni d'espèces, monté en bijoux, pourvu de quelque expérience, avec de bonnes lettres de recommandation, parfaitement libre et dans un âge où l'homme peut compter sur la fortune, s'il a un peu de courage et une figure qui prévienne en sa faveur les personnes qu'il approche. J'avais, non pas de la beauté, mais quelque chose qui vaut mieux, un certain je ne sais quoi qui force à la bienveillance, et je me sentais fait pour tout. Je savais que Rome était la ville unique où l'homme, partant de rien, pouvait parvenir à tout. Cette idée relevait mon courage ; et je dois avouer qu'un amour-propre effréné, dont l'inexpérience m'empêchait de me défier, augmentait singulièrement ma confiance.

L'homme appelé à faire fortune dans cette antique capitale du monde doit être un caméléon susceptible de réfléchir toutes les couleurs de l'atmosphère qui l'environne, un Protée apte à revêtir toutes les formes. Il doit être souple, insinuant, dissimulé, impénétrable, souvent bas, perfidement sincère, faisant toujours semblant de savoir moins qu'il ne sait, n'ayant qu'un seul ton de voix, patient, maître de sa physionomie, froid comme glace lorsqu'un autre à sa place serait tout de feu; et s'il a le malheur de n'avoir pas la religion dans le cœur, chose habituelle dans cet état de l'âme, il doit l'avoir dans l'esprit, souffrant en paix, s'il est honnête homme, la mortification de se voir contraint de se reconnaître hypocrite. S'il abhorre cette conduite, il doit quitter Rome et aller chercher fortune ailleurs. De toutes ces qualités, je ne sais si je me vante ou si je me confesse, je ne possédais que la seule complaisance ; car du reste je n'étais qu'un intéressant étourdi, un assez bon cheval de race, point dressé ou plutôt mal, ce qui est pis.

Je commençai d'abord par porter au père Georgi la lettre de don Lelio. Ce savant moine possédait l'estime de toute la ville, et le pape même avait pour lui une grande considération, parce qu'il n'aimait pas les jésuites et qu'il ne se masquait pas pour les démasquer, quoique les jésuites se crussent assez forts pour pouvoir le mépriser.

Après avoir lu la lettre avec beaucoup d'attention, il me dit qu'il était prêt à être mon conseil, et que par conséquent il ne tiendrait qu'à moi de le rendre responsable que rien de sinistre ne m'arriverait, puisque avec une bonne conduite l'homme n'a point de malheurs à craindre; et, m'ayant ensuite demandé ce que je voulais faire à Rome, je lui répondis que ce serait lui qui me le dirait.

« Cela peut être ; mais pour cela, ajouta-t-il, venez me voir souvent, et ne me cachez rien, absolument rien de tout ce qui vous regarde, ni de tout ce qui vous arrivera.

— Don Lelio, lui dis-je alors, m'a aussi donné une lettre pour le cardinal Acquaviva.

— Je vous en fais mon compliment, car c'est un homme qui, à Rome, peut plus que le pape.

— Dois-je la lui aller porter de suite?

— Non, je le verrai ce soir, et je le préviendrai. Venez me voir demain matin, je vous dirai où et à quelle heure vous devrez la lui remettre. Avez-vous de l'argent?

— Assez pour pouvoir me suffire au moins un an.

— Voilà qui est excellent. Avez-vous des connaissances?

— Aucune.

— N'en faites pas sans me consulter, et surtout n'allez pas aux cafés, aux tables d'hôte, et, si vous voulez y aller, écoutez et ne parlez pas. Jugez les interrogateurs, et, si la politesse vous oblige à répondre, éludez la question, si elle peut tirer à conséquence. Parlez-vous français?

— Pas le mot.

— Tant pis! il faut l'apprendre. Avez-vous fait vos études?

— Mal, mais je suis *infarinato* au point que je me soutiens en cercle.

— C'est bon; mais soyez circonspect, car Rome est la ville des *infarinati* qui se démasquent entre eux, et qui se font constamment la guerre. J'espère que vous porterez la lettre au cardinal vêtu en modeste abbé, et non dans cet habit élégant qui n'est pas fait pour conjurer la fortune. Adieu donc, à demain. »

Très content de l'accueil de ce moine et de la manière dont il m'avait parlé, je sortis et me dirigeai sur Capo-di-Fiore pour porter la lettre de mon cousin don Antonio à don Gaspar Vivaldi. Ce brave homme me reçut dans sa bibliothèque, où il se trouvait avec deux abbés respectables. Après l'accueil le plus gracieux, il me demanda mon adresse et m'invita à dîner pour le lendemain. Il me fit le plus grand éloge du père Georgi et, m'accompagnant jusqu'à l'escalier, il me dit qu'il me remettrait le lendemain la somme que don Antonio le chargeait de me compter.

Voilà encore de l'argent que mon généreux cousin me donnait! Il n'est pas difficile de donner quand on en a les moyens, mais savoir donner est un art que tout le monde ne possède pas. Je trouvai le procédé de don Antonio moins généreux encore que délicat : je ne pouvais point refuser, et je ne le devais pas.

Comme je me retirais, voilà Stephano que je rencontre nez à nez, et ce singulier original, toujours le même, me fit cent caresses. Cet être, qu'au fond je méprisais, je ne pouvais le haïr, car je me sentais forcé de le considérer comme l'instrument dont la Providence avait bien voulu se servir pour m'empêcher de tomber dans le précipice.

Après m'avoir conté qu'il avait obtenu du pape tout ce qu'il désirait, il me dit que je devais éviter la rencontre du fatal sbire qui m'avait prêté les deux sequins ; car, comme il savait que je l'avais trompé, il voulait se venger. Je lui dis de faire en sorte qu'il remît mon billet chez un marchand de sa connaissance, et que j'irais le retirer. La chose se fit ainsi, et tout fut terminé.

Le soir je soupai à table d'hôte avec des Romains et des étrangers, observant soigneusement ce que m'avait prescrit le père Georgi. On y dit beaucoup de mal du pape et du cardinal ministre, qui était cause que l'État ecclésiastique était inondé de quatre-vingt mille hommes, tant Allemands qu'Espagnols. Mais ce qui me surprit fut qu'on mangeât gras, quoique ce fût un samedi. Au reste, à Rome, on éprouve pendant quelques jours des surprises auxquelles on s'habitue bien vite. Il n'y a point de ville catholique où l'homme soit moins gêné en matière de religion. Les Romains sont comme les employés à la ferme du tabac, auxquels il est permis d'en prendre gratis tant qu'ils veulent. On y vit avec la plus grande liberté, à cela près que les *ordini santissimi* sont autant à craindre que l'étaient à Paris les fameuses lettres de cachet avant la Révolution qui les a détruites et qui a fait connaître au monde le caractère général de la nation.

Le lendemain, premier d'octobre 1743, je pris la résolution de me faire raser. Mon duvet était devenu barbe, et je jugeai qu'il était temps de renoncer à certains privilèges de l'adolescence. Je m'habillai complètement à la Romaine, comme l'avait voulu le tailleur de mon cher cousin; et le père Georgi fut ravi de me voir costumé ainsi.

Il m'invita d'abord à prendre une tasse de chocolat avec lui, ensuite il me dit que le cardinal avait été prévenu par une lettre de don Lelio, et que Son Éminence me recevrait vers midi à Villa-Negroni où il se promènerait. Lui ayant dit alors que je devais dîner chez M. Vivaldi, il me conseilla de l'aller voir souvent.

Je me rendis à Villa-Negroni, et, dès que le cardinal m'aperçut, il s'arrêta pour recevoir ma lettre, laissant aller deux personnes qui se trouvaient avec lui. Ayant mis la lettre dans sa poche sans la lire, il passa deux minutes à m'observer, puis il me demanda si je me sentais du goût pour les affaires politiques. Je lui répondis que jusqu'à ce moment je ne m'étais connu que des goûts frivoles, que pourtant je n'oserais lui répondre que de mon grand empressement à exécuter tous les ordres qu'il plairait à Son Éminence de vouloir me donner, s'il me jugeait digne d'entrer à son service.

« Venez, me dit-il, demain à mon bureau parler à l'abbé Gama auquel je communiquerai mes intentions. Il faut, ajouta-t-il, que vous vous appliquiez bien vite à apprendre le français, c'est une langue indispensable. »

Ensuite, m'ayant demandé des nouvelles de la santé de don Lelio, il me donna sa main à baiser et me congédia.

Je me rendis sans perdre de temps chez M. Gaspar, où je dînai en compagnie choisie. Il n'était point marié, et n'avait d'autre passion que la littérature. Il aimait la poésie latine plus encore que l'italienne, et Horace, que je savais par cœur, était son auteur favori. Après le dîner, nous passâmes dans son cabinet, où il me remit cent écus romains de la part de don Antonio, et m'assura que je lui ferais un vrai plaisir toutes les fois que je voudrais aller prendre le chocolat dans sa bibliothèque.

Dès que j'eus quitté don Gaspar, je me dirigeai vers la Minerve, car il me tardait de voir la surprise de ma Lucrezia et d'Angélique sa sœur : je demandai donna Cecilia Monti, leur mère, et je vis avec étonnement une jeune veuve qui paraissait sœur de ses charmantes filles. Je n'eus pas besoin de me nommer ; j'étais annoncé et elle m'attendait. Ses filles vinrent et leur abord me causa un agréable moment, car je ne leur paraissais pas le même. donna Lucrezia me présenta sa sœur cadette, qui n'avait que onze ans, et son frère, abbé de quinze ans et tout à fait joli. J'eus soin d'observer un maintien qui plut à la mère : modestie, respect, démonstrations du plus vif intérêt que tout ce que je voyais devait m'inspirer. Le bon avocat arriva et, surpris de me trouver tout nouveau, il fut flatté que je n'eusse pas oublié le nom de père. Il entama des propos pour rire, et je les suivis, soigneux de ne point leur donner le vernis de gaieté qui nous faisait tant rire en voiture : de sorte que, pour me faire compliment, il me dit qu'en me faisant couper la barbe je l'avais donnée à mon esprit. Donna Lucrezia ne savait que juger de mon changement d'humeur.

Sur la brune, je vis successivement arriver cinq ou six dames, ni belles ni laides, et autant d'abbés qui me parurent être des volumes par lesquels je devais commencer mon étude romaine. Tous ces messieurs écoutèrent attentivement mes moindres propos, et j'eus soin de pouvoir les laisser maîtres de leurs conjectures. Donna Cecilia dit à l'avocat qu'il était bon peintre, mais que ses portraits n'étaient pas ressemblants ; il répondit qu'elle ne voyait le portrait qu'en masque, et je fis semblant d'être mortifié de la réponse. Donna Lucrezia dit qu'elle me trouvait absolument le même, et sa sœur soutint que l'air de Rome donnait aux étrangers une apparence particulière. Tout le monde applaudit, et Angélique rougit de satisfaction. Au bout de quatre heures, je m'évadais, lorsque l'avocat, me suivant, vint me dire que sa belle-mère désirait que je devinsse l'ami de la maison, maître d'y aller sans étiquette à toutes les heures : je remerciai affectueusement et me retirai, désirant avoir plu à cette charmante société autant que j'en avais été enchanté.

Le lendemain je me présentai à l'abbé Gama. C'était un Portugais d'environ quarante ans, d'une jolie figure, qui affichait la candeur, la gaieté et l'esprit. Son affabilité voulait inspirer la confiance. Ses manières et son langage pouvaient le faire passer pour Romain. Il me dit avec des paroles sucrées que Son Éminence elle-même avait donné des ordres à mon égard à son maître d'hôtel, que j'aurais mon logement dans le palais même de Monseigneur, que je mangerais à la table de la secrétairerie, et qu'en attendant que j'eusse appris le français je m'exercerais, sans me gêner, à faire des extraits de lettres qu'il me donnerait. Il me donna ensuite l'adresse du maître de langue auquel il avait déjà parlé, et qui était un avocat romain nommé Dalacqua, qui demeurait précisément en face du palais d'Espagne.

Après cette courte instruction et m'avoir assuré que je

pouvais compter sur son amitié, il me fit conduire chez le maître d'hôtel, qui me fit signer mon nom au bas d'une feuille d'un grand livre remplie d'autres noms ; après quoi il me compta soixante écus romains pour trois mois d'appointements payés d'avance. Ensuite, suivi d'un staffier, il m'accompagna au troisième à l'appartement qui m'était destiné, et qui était fort proprement meublé. En sortant, le domestique me remit la clef en me disant qu'il viendrait tous les matins pour me servir, et le maître d'hôtel m'accompagna jusqu'à la porte pour me faire connaître au portier. De là m'étant rendu à mon auberge, je fis porter mon petit bagage à l'hôtel d'Espagne, et je me trouvai installé dans une maison où, sans aucun doute, j'aurais fait une brillante fortune, si j'avais pu tenir une conduite trop opposée à mon caractère. *Volentem ducit, nolentem trahit* [1].

On sent que mon premier mouvement me porta vers mon mentor, le père Georgi, auquel je fis un récit exact. Il me dit que je pouvais me considérer en bon chemin, et qu'étant supérieurement bien installé, ma fortune ne pouvait dépendre que de ma conduite.

« Songez, me dit cet homme sage, que pour la rendre irréprochable vous devez vous gêner, et que tout ce qui pourra vous arriver de désagréable ne sera regardé par personne comme un malheur, ni attribué à la fatalité ; ces mots sont vides de sens : on vous en attribuera toute la faute.

— Je prévois avec peine, mon révérend père, que ma jeunesse et mon défaut d'expérience m'obligeront souvent à vous importuner. Je crains de finir par vous être à charge, mais vous me trouverez docile et obéissant.

— Vous me trouverez souvent trop sévère, mais je prévois que vous ne me direz pas tout.

---

1. Il conduit celui qui veut suivre, il traîne celui qui ne le veut pas.

— Tout, absolument tout.

— Permettez-moi de rire : vous ne me dites pas où vous avez passé hier quatre heures.

— Ce n'est d'aucune conséquence. J'ai fait cette connaissance en voyage, et je crois que c'est une maison honnête que je pourrai fréquenter, à moins que vous ne me disiez le contraire.

— Dieu m'en préserve ! C'est une très honnête maison fréquentée par des gens de probité. On s'y félicite d'avoir fait votre connaissance. Vous avez plu à toute la compagnie, et on espère vous captiver. J'ai tout su ce matin ; mais vous ne devez pas fréquenter cette maison.

— Dois-je la quitter de but en blanc?

— Non, ce serait malhonnête de votre part. Allez-y une ou deux fois par semaine, mais point d'assiduité. Vous soupirez, mon enfant!

— Non, en vérité : je vous obéirai.

— Je désire que ce ne soit point à titre d'obéissance, et que votre cœur n'en souffre pas ; mais, en tout cas, il faut le vaincre. Souvenez-vous que la raison n'a pas de plus grand ennemi que le cœur.

— On peut cependant les mettre d'accord.

— On s'en flatte ; mais défiez vous de l'*animum*[1] de votre cher Horace. Vous savez qu'il n'a pas de milieu, *nisi paret, imperat*[2].

— Je le sais ; mais dans cette maison mon cœur ne court nul danger.

— Tant mieux pour vous, car alors vous vous abstiendrez sans peine de la fréquenter. Souvenez-vous que mon obligation est de vous croire.

— La mienne d'écouter vos sages avis et de les suivre.

---

1. Le cœur.
2. S'il n'obéit pas, il commande.

Je n'irai chez donna Cécile que de temps en temps. »

La mort dans le cœur, je lui pris la main pour la lui baiser, mais il me pressa paternellement contre son sein en se détournant pour me cacher ses larmes.

Je dînai à l'hôtel, à côté de l'abbé Gama, à une table d'une douzaine de couverts occupés par autant d'abbés ; car à Rome tout le monde est abbé ou veut le paraître ; et comme il n'est défendu à personne d'en porter l'habit, quiconque veut être respecté le porte, la noblesse excepté, qui n'est pas dans la carrière des dignités ecclésiastiques.

Le chagrin que j'éprouvais ne me permit pas d'ouvrir la bouche durant tout le dîner, et ce silence fut pris pour une preuve de ma sagacité. En sortant de table, l'abbé Gama m'invita à passer la journée avec lui ; je m'en dispensai, sous prétexte que j'avais des lettres à écrire, ce que je fis effectivement pendant sept heures de suite. J'écrivis à don Lelio, à don Antonio, à mon jeune ami Paul, ainsi qu'au bon évêque de Martorano, qui me répondit de bonne foi qu'il aurait bien voulu être à ma place.

Épris de Lucrèce et heureux, la quitter me paraissait une action barbare. Pour faire le bonheur de ma vie à venir, je commençais par être le bourreau du présent et l'ennemi de mon cœur. Je me soulevais contre cette nécessité qui me semblait factice et que je ne pouvais avouer qu'en m'avilissant au tribunal de ma propre raison. Il me semblait que le père Georgi, en me défendant cette maison, n'aurait pas dû me dire qu'elle était honnête : ma douleur aurait été moindre. Ma journée et une partie de la nuit se passèrent en pareilles réflexions.

Le matin l'abbé Gama m'apporta un grand livre rempli de lettres ministérielles que, pour m'amuser, je devais compiler. Après avoir pris un air de besogne, je sortis pour aller prendre ma première leçon de français. Dès que je l'eus prise, je me dirigeai vers la Strada-Condotta dans l'intention d'aller me promener, quand je m'entendis appeler. C'était l'abbé Gama sur la porte d'un café. Je lui dis à l'oreille que Minerve m'avait défendu les cafés de Rome. « Minerve, me répondit-il, vous ordonne d'en prendre une idée. Asseyez-vous auprès de moi. »

J'entends un jeune abbé qui conte à haute voix un fait, vrai ou controuvé, qui attaquait directement la justice du Saint-Père, mais sans aigreur. Tout le monde riait et faisait écho. Un autre, auquel on demandait pourquoi il avait quitté le service du cardinal B., répondit que c'était parce que l'éminence prétendait n'être pas obligée de lui payer à part certains services; et chacun de rire à volonté. Enfin un autre vint dire à l'abbé Gama que, s'il voulait passer l'après-dîner à Villa-Médicis, il le trouverait avec deux petites Romaines qui se contentaient du *quartino*. C'est une monnaie d'or qui vaut le quart d'un sequin. Un autre abbé lut un sonnet incendiaire contre le gouvernement, et plusieurs en prirent copie. Un autre lut une satire de sa propre composition et dans laquelle il déchirait l'honneur d'une famille. Au milieu de tout cela, je vois entrer un abbé d'une figure attrayante. A l'aspect de ses hanches je le pris pour une fille déguisée, et je le dis à l'abbé Gama; mais celui-ci me dit que c'était Bepino della Mamana, fameux castrasto. L'abbé l'appelle et lui dit en riant que je l'avais pris pour une fille. L'impudent, me regardant fixement, me dit que, si je voulais, il me prouverait que j'avais tort ou que j'avais raison.

A dîner tous les convives me parlèrent, et je pensais avoir convenablement répondu. En sortant de table, l'abbé Gama m'invita à prendre le café chez lui et j'acceptai. Dès que nous fûmes tête à tête, il me dit que toutes les personnes qui composaient notre table étaient d'honnêtes gens : ensuite il me demanda si je croyais avoir généralement plu.

« J'ose l'espérer, lui dis-je.

— Vous auriez tort, me répondit l'abbé ; ne vous en flattez pas. Vous avez éludé si évidemment les questions qu'on vous a faites, que tout le monde s'est aperçu de votre réserve. On ne vous questionnera plus à l'avenir.

— J'en serais fâché ; mais aurait-il fallu publier mes affaires ?

— Non, il y a partout un juste milieu.

— C'est celui d'Horace ; mais il est souvent fort difficile.

— Il faut savoir à la fois se faire aimer et estimer.

— Je ne vise qu'à cela.

— Vous avez aujourd'hui plus visé à l'estime qu'à l'amour. C'est beau sans doute ; mais disposez-vous à combattre l'envie, et sa fille la calomnie : si ces deux monstres ne parviennent pas à vous abîmer, vous vaincrez. Vous avez, par exemple, pulvérisé Salicetti, physicien et, qui plus est, Corse. Il doit vous en vouloir.

— Devais-je lui accorder que les envies des femmes ne peuvent jamais avoir la moindre influence sur la peau du fœtus ? J'ai l'expérience du contraire. Êtes-vous de mon avis ?

— Je ne suis ni du vôtre ni du sien, car j'ai bien vu des enfants avec des marques qu'on appelle envies ; mais je ne puis décider pertinemment si ces taches proviennent d'envies que les mères peuvent avoir dans leur grossesse.

— Moi je puis le jurer.

— Tant mieux pour vous, si vous savez la chose avec tant d'évidence, et tant pis pour Salicetti, s'il en nie la possibilité. Laissez-le dans son erreur. Cela vaut mieux que le contraire, en vous faisant un ennemi. »

J'allai le soir chez Lucrèce. On savait tout et on m'en fit compliment. Elle me dit que je lui parassais triste, et je lui répondis que je faisais les obsèques de mon temps, dont je n'étais plus le maître. Son mari, toujours plaisant, lui dit que j'étais amoureux d'elle, et sa belle-mère lui conseilla de ne point tant faire l'intrépide. Après avoir passé une seule heure au milieu de cette charmante famille, je me retirai, enflammant l'air de l'ardeur du feu qui m'embrasait. En rentrant je me mis à écrire, et je passai la nuit à composer une ode que le lendemain j'envoyai à l'avocat, certain qu'il la donnerait à sa femme, qui aimait beaucoup la poésie, et qui ne savait pas que c'était ma passion. Je m'abstins ensuite d'aller la voir pendant trois jours. J'apprenais le français et je compilais des lettres ministérielles.

Il y avait chez Son Éminence réunion tous les soirs, et la première noblesse de Rome de l'un et de l'autre sexe s'y trouvait ; je n'y allais pas. Gama me dit que je devais y aller sans prétention, comme lui. J'y fus : personne ne me parla ; mais, ma personne étant inconnue, chacun me regarda et chacun voulut savoir qui j'étais. L'abbé Gama étant venu me demander quelle était la dame de la société qui me paraissait la plus aimable, je la lui indiquai ; mais j'en fus fâché, car le courtisan, s'étant approché d'elle, n'eut rien de plus pressé que de le lui dire. Bientôt je la vis me lorgner et puis me sourire. C'était la marquise G., dont le serviteur était le cardinal S. C.

Le matin du jour où j'avais décidé de passer la soirée chez donna Lucrezia, je vois entrer dans ma chambre l'honnête avocat, qui, après m'avoir dit que je me trompais, si, en n'allant plus les voir, je pensais lui prouver que je n'étais pas amoureux de sa femme, m'invita pour le jeudi suivant à aller goûter à Testaccio avec toute la famille. « Ma femme, ajouta-t-il, sait votre ode par

CHAPITRE IX

cœur; elle l'a récitée au futur d'Angélique, qui depuis se meurt de désir de vous connaître. Il est poète aussi et il sera des nôtres à Testaccio. » Je lui promis de me rendre chez lui le jour indiqué avec une voiture à deux places.

Dans ce temps-là les jeudis du mois d'octobre étaient à Rome des jours de gaieté. Je fus le soir chez l'avocat. On ne s'y entretint que de la partie projetée, et je crus m'apercevoir que Lucrèce y comptait autant que moi. Nous n'avions ni ne pouvions avoir de plan arrêté; mais nous comptions sur l'amour et nous nous confiions tacitement à sa protection.

J'eus soin que le bon père Georgi ne pût apprendre cette partie de plaisir de personne avant d'en être instruit par moi, et j'allai positivement lui demander la permission d'y aller. J'avoue que, pour qu'il n'eût rien à y opposer, j'affectai la plus complète indifférence. Aussi ce brave homme me dit-il qu'il fallait absolument que j'en fusse; que c'était une partie en famille, et que d'ailleurs rien ne devait m'empêcher d'apprendre à connaître les environs de Rome, et de me divertir honnêtement.

Je me rendis chez donna Cécile dans un carrosse coupé que je louai à un Avignonais nommé Roland, que je nomme ici parce que j'aurai à parler de cet homme dix-huit ans plus tard, sa connaissance ayant eu des suites importantes. La charmante veuve me présenta don Francesco, son futur beau-fils, comme grand ami des gens de lettres et comme très érudit lui-même. Je pris cette annonce pour de l'argent comptant et je le traitai en conséquence; malgré cela, je lui trouvai l'air engourdi et le maintien bien différent de celui qu'aurait dû avoir un jeune homme à la veille d'épouser une aussi jolie personne qu'Angélique. Mais il était honnête et riche, ce qui vaut beaucoup mieux qui l'air galant et l'érudition.

Lorsque nous fûmes près de monter en voiture, l'avocat

me dit qu'il serait mon compagnon dans la mienne, et que les trois dames iraient avec don Francesco dans l'autre. Je me hâtai de lui répondre qu'il devait aller avec don Francesco et que donna Cecilia devait être mon lot ; que je serais déshonoré, si les choses s'arrangeaient autrement. En disant cela, j'offris le bras à la belle veuve, qui trouva mon arrangement dans les convenances de la bonne société, et un regard approbateur de ma Lucrèce me causa le plus agréable sentiment. Cependant la proposition de l'avocat me laissa une sensation pénible, car elle était en contradiction avec sa conduite antérieure, et surtout avec les discours qu'il m'avait tenus chez moi. « Serait-il devenu jaloux ? me disais-je. » Cela m'aurait presque donné de l'humeur ; mais l'espoir de le ramener à Testaccio dissipa le brouillard, et je fus aimable avec donna Cécile.

La promenade et le goûter aux dépens de l'avocat nous traînèrent facilement jusqu'à la fin du jour : je fis les frais de la gaieté, et mon amour pour Lucrèce ne fut pas mis une seule fois sur le tapis ; toutes mes attentions furent pour la mère. Je dis quelques mots en passant à Lucrèce, je ne parlai pas du tout à l'avocat ; il me semblait que c'était le meilleur moyen de lui faire comprendre qu'il m'avait manqué.

Au moment du départ, l'avocat m'enleva donna Cécile et courut se mettre dans la voiture avec elle ; Angélique et don Francesco s'y trouvaient déjà. Contenant à peine le plaisir que j'éprouvais, je présentai mon bras à donna Lucrezia, en lui faisant un compliment qui n'avait pas le sens commun, tandis que l'avocat, riant de tout son cœur, semblait s'applaudir du tour qu'il croyait m'avoir joué.

Combien de choses ne nous serions-nous pas dites avant de nous livrer à notre tendresse, si les moments

CHAPITRE IX

n'avaient pas été aussi précieux ! Mais, sachant que nous n'avions devant nous qu'une demi-heure, nous en fûmes avares.

Nous étions dans l'ivresse du bonheur, quand tout à coup Lucrèce s'écrie : « O ciel ! que nous sommes malheureux ! »

Elle me repousse, se remet, la voiture s'arrête et le domestique ouvre la portière.

« Qu'est-il donc arrivé, lui dis-je ?

— Nous sommes chez nous. »

Toutes les fois que je me rappelle cet événement, il me semble fabuleux ; car il n'est pas possible de réduire le temps à rien, et les chevaux étaient de véritables rosses. Mais nous eûmes bonheur sur bonheur. La nuit était sombre, et mon ange se trouvait à la place où elle devait descendre la première ; de sorte que, quoique l'avocat fût à la portière aussi vite que le laquais, tout se passa à merveille par la lenteur que Lucrèce mit à descendre. Je restai chez donna Cécile jusqu'à minuit.

Rentré chez moi, je me couchai, mais le moyen de dormir ? J'avais en moi toute l'ardeur de cette flamme que la trop courte distance de Testaccio à Rome m'avait empêché de renvoyer au foyer dont elle émanait. J'en étais dévoré. Malheureux ceux qui croient que les plaisirs de Cythérée sont quelque chose, à moins que deux cœurs qui s'entr'aiment n'en jouissent dans un accord parfait !

Je ne me levai qu'à l'heure où je devais prendre ma leçon de français. Mon maître de langue avait une fille qui s'appelait Barbara, et qui pendant les premiers temps était toujours présente à mes leçons, et qui même me les donnait quelquefois elle-même avec plus d'exactitude que son père. Un joli garçon qui venait également prendre leçon lui faisait la cour et en était aimé : je n'eus pas de peine à m'en apercevoir. Ce jeune homme venait souvent me voir, et je l'aimais, surtout à cause de sa discrétion ; car, l'ayant fait convenir de son amour, chaque fois que je le mettais sur ce chapitre, il détournait adroitement la conversation.

J'avais fini par respecter son secret, je ne lui en parlais plus depuis quelques jours. Tout à coup je remarquai que je ne le voyais plus ni chez moi ni chez mon maître, et, observant de même que la jeune personne ne venait plus assister à mes leçons, je me sentis curieux de savoir ce qui pouvait être arrivé, bien qu'au fait cela m'intéressât fort peu.

Un jour, en sortant de la messe, j'aperçois mon jeune homme et je l'aborde en lui faisant des reproches de ce qu'il ne se laissait plus voir. Il me dit qu'un chagrin qui le dévorait lui avait fait perdre la tête, et qu'il était désespéré. Ses yeux étaient gros de larmes ; je veux le quitter, il me retient : je lui dis qu'il ne devait plus me compter au nombre de ses amis, s'il ne m'ouvrait pas son cœur. Il me mena dans un cloître où il me parla ainsi :

« Il y a six mois que j'aime Barbe, il y en a trois qu'elle m'a donné des preuves incontestables de son amour. Il y a cinq jours que, trahis par la servante, le père nous surprit ensemble dans une situation délicate. Il sortit en silence et je pensai pouvoir m'aller jeter à ses pieds ; mais au moment où je parus il me prit, me mena rudement à la porte et me défendit de jamais reparaître dans sa maison. « Je ne puis pas la demander en mariage, car j'ai un frère marié, et mon père n'est pas riche : je n'ai point d'état, et mon amante n'a rien. Hélas ! puisque je vous ai tout confié, dites-moi, de grâce, en quel état elle est. Elle doit être aussi malheureuse que moi. Il est impossible que je lui fasse parvenir une lettre, car elle ne sort pas même pour aller à la messe. Malheureux ! que ferai-je ? »

CHAPITRE IX

Je ne pouvais que le plaindre, car en tout honneur je ne pouvais point me mêler de cette affaire. Je lui dis que depuis cinq jours je ne l'avais point vue, et, ne sachant que lui dire, je lui donnai le conseil qu'en pareil cas donnent tous les sots, c'est-à-dire de l'oublier.

Nous étions alors sur le quai de Ripetta, et, m'apercevant qu'il fixait les eaux du Tibre d'un air égaré, je craignis quelque acte de désespoir, et je lui dis, pour le tranquilliser, que je m'informerais de son amie à son père et que je lui en donnerais des nouvelles. Plus tranquille en effet après cette promesse, il me pria de ne pas l'oublier.

Malgré le feu que la partie de Testaccio avait répandu dans tous mes sens, il y avait quatre jours que je n'avais vu ma Lucrèce. Je redoutais la douceur du père Georgi et plus encore le parti qu'il aurait pris de ne plus me donner des conseils. Cédant au désir qui me dominait, je fus la voir dès que j'eus pris ma leçon de français, et je la trouvai seule et l'air triste et abattu.

« Ah! me dit-elle en soupirant dès que je fus auprès d'elle, il n'est pas possible que vous ne puissiez trouver le temps de venir me voir.

— Ma tendre amie, ce n'est pas le temps qui me manque. Je suis jaloux de mon amour au point de préférer la mort plutôt que de le découvrir. J'ai pensé à vous inviter tous à dîner à Frascati. Je vous enverrai un phaéton et j'espère que là quelque heureux hasard favorisera notre amour!

— Oh! oui, mon ami, faites; je suis sûre qu'on ne vous refusera pas. »

Un quart d'heure après, tout le monde rentra, et je fis la proposition à mes frais pour le dimanche prochain. C'était précisément le jour de la Sainte-Ursule et la fête de la jeune sœur de Lucrèce. Je priai donna Cécile de la mener avec nous, ainsi que son fils. Ma proposition étant acceptée, je leur dis que le phaéton serait à leur porte à sept heures, ainsi que moi dans une voiture à deux places.

Je fus le lendemain chez M. Dalacqua, et, quand j'eus pris ma leçon, je vis en sortant Barbaruccia qui, passant d'une chambre à l'autre, laissa tomber un papier en me regardant. Je crus devoir le ramasser parce qu'une servante qui descendait aurait pu l'apercevoir et le prendre. C'était une lettre qui en contenait une seconde pour son amant. La mienne était ainsi conçue : « Si vous craignez de commettre une faute en remettant cette lettre à votre ami, brûlez-la. Plaignez une fille malheureuse et soyez discret. »

L'incluse contenait ces mots ; elle n'était point cachetée : « Si votre amour est égal au mien, vous n'espérez pas de pouvoir vivre heureux sans moi. Nous ne pouvons ni nous parler ni nous écrire par aucun autre moyen que par celui que j'ose employer. Je suis prête à faire sans restriction tout ce qui peut unir nos destinées jusqu'à la mort. Pensez et décidez. »

La cruelle situation de cette pauvre fille m'émut jusqu'au fond de l'âme. Cependant je me déterminai à lui remettre sa lettre le lendemain, et je l'enfermai dans un billet où je m'excusais de ne pouvoir lui rendre le service qu'elle attendait de moi. Je mis cette lettre dans ma poche.

Le lendemain j'allai prendre ma leçon comme de coutume; mais, n'ayant point vu Barbe, je ne pus lui remettre sa lettre, et je pensai que je la lui remettrais le jour suivant. Mais, comme je venais de rentrer chez moi, voilà le pauvre amant qui vient. Son œil était enflammé, sa voix altérée, il me peignit si vivement son désespoir que, craignant quelque action de démence, je crus ne pas devoir

CHAPITRE IX

lui refuser le soulagement que je pouvais lui accorder. Voilà ma première faute dans cette fatale affaire : je fus victime de la sensibilité de mon cœur.

Ce pauvre malheureux lut et relut la lettre ; il la baisa avec transport ; il pleura, me sauta au cou, me remercia de lui avoir sauvé la vie, et finit par me supplier de me charger d'une réponse, parce que son amie devait avoir besoin d'une consolation pareille à la sienne, m'assurant que sa lettre ne me compromettrait en rien, et que d'ailleurs je pourrais la lire.

Effectivement sa lettre, quoique fort longue, ne contenait que les assurances d'une fidélité éternelle et des espérances chimériques ; malgré cela, je n'aurais pas dû me constituer le Mercure galant de ces jeunes gens. Pour m'en défendre, je n'aurais eu qu'à réfléchir que l'abbé Georgi n'aurait assurément point donné son consentement à ma complaisance.

Le lendemain, ayant trouvé le père Dalacqua malade, je fus charmé de voir sa fille au chevet de son lit, et je jugeai qu'il pouvait lui avoir pardonné. Ce fut elle qui, sans s'éloigner du lit de son père, me donna ma leçon. Je trouvai facilement moyen de lui remettre la missive de son amant, qu'elle mit dans sa poche ; mais le feu qui lui monta au visage aurait trahi le sentiment qu'elle éprouvait. Ma leçon finie, je les prévins qu'ils ne me verraient pas le lendemain, parce que c'était la Sainte-Ursule, l'une des mille vierges martyres et princesses royales.

Le soir à la réunion de Son Éminence, où j'allais régulièrement, quoiqu'il ne m'arrivât que rarement que quelque personne de distinction m'adressât la parole, le cardinal me fit signe d'approcher. Il parlait à la belle marquise G., à laquelle Gama avait dit que je l'avais trouvée la plus jolie.

« Madame, me dit le cardinal, désire savoir si vous

faites bien des progrès dans la langue française, qu'elle parle à merveille.

— Je lui répondis en italien que j'avais beaucoup appris, mais que je n'osais pas encore me hasarder à parler.

— Il faut oser, me dit la marquise, mais sans prétention. On se met ainsi à l'abri de la critique. »

Mon esprit ayant à mon insu donné au mot oser une acception à laquelle vraisemblablement la marquise n'avait pas pensé, le rouge me monta au visage ; et cette belle femme s'en étant aperçue, changea de conversation ; je m'éloignai.

Le lendemain à sept heures j'étais chez donna Cécile. Mon phaéton était à la porte ainsi que ma voiture à deux places, qui cette fois était un élégant vis-à-vis, doux et si bien suspendu que donna Cécile en fit l'éloge. J'aurai mon tour en retournant à Rome, dit Lucrèce. Je lui fis une révérence, comme pour la prendre au mot. C'est ainsi que pour dissiper le soupçon elle le défiait. Sûr d'être heureux, je me livrai à toute ma gaieté naturelle. Après avoir ordonné un dîner choisi, nous sortîmes pour aller à la Villa-Ludovisi, et, comme il pouvait arriver que nous nous égarassions, nous nous donnâmes rendez-vous à une heure à l'auberge. La discrète veuve prit le bras de son gendre, Angélique celui de son futur, et Lucrèce fut mon délicieux partage. Ursule et son frère s'en allèrent courir ensemble, et en moins d'un quart d'heure ma belle amie se trouva seule avec moi.

« As-tu entendu, me dit-elle, avec quelle candeur je me suis assuré deux heures d'un doux vis-à-vis avec toi? Aussi est-ce un vis-à-vis. Que l'amour est savant !

— Oui, mon adorable amie, l'amour a confondu nos esprits pour n'en faire qu'un seul. Je t'adore, et je ne passe tant de longs jours sans te voir que pour mieux m'assurer la jouissance d'un seul.

— Je ne croyais pas la chose possible. C'est toi qui as tout fait, mon ami : tu en sais trop pour ton âge.

— Il y a un mois, mon adorable amie, que je n'étais qu'un ignorant, et tu es la première femme qui m'ait initié aux véritables mystères de l'amour. Ton départ, Lucrèce, me rendra malheureux, car l'Italie ne peut posséder une autre femme qui t'égale.

— Comment! je suis ton premier amour? Ah! malheureux! tu n'en guériras pas. Que ne suis-je à toi! Tu es aussi le premier amour de mon cœur, et tu seras certainement le dernier. Heureuse celle que tu aimeras après moi! Je n'en serai pas jalouse, mais je souffrirai de ne pas lui connaître un cœur tel que le mien. »

Lucrèce, voyant alors mes yeux humides de larmes, donna un libre cours aux siennes, et, nous étant assis sur le gazon, nos lèvres savourèrent leur nectar au milieu des plus doux baisers. Qu'elles sont douces les larmes de l'amour savourées dans les élans d'une tendresse réciproque! Je les ai goûtées dans toute leur suavité, ces larmes délicieuses, et je puis dire avec connaissance de cause que les anciens physiciens avaient raison et que les modernes ont tort.

Dans un instant de calme, contemplant le plus ravissant des désordres, je lui dis que nous pourrions être surpris.

« Ne crains pas cela, mon ami, nous sommes sous la garde de nos génies. »

Nous nous reposions en puisant dans nos regards amoureux des forces nouvelles, quand Lucrèce, regardant à sa droite, s'écria : « Tiens, mon cœur, ne te l'ai-je pas dit! oui, nos génies nous gardent! Ah! comme il nous observe! Son regard cherche à nous rassurer. Vois ce petit démon. C'est tout ce que la nature a de plus occulte. Admire-le. C'est certainement ton génie ou le mien. »

Je la crus dans le délire.

« Que dis-tu, mon cœur ? je ne te comprends pas. Que faut-il que j'admire ?

— Tu ne vois pas ce beau serpent à dépouille flamboyante et qui, la tête levée, semble nous adorer ? »

Je regarde alors du côté qu'elle m'indiquait, et je vois un serpent à couleurs changeantes, long d'une aune et qui réellement nous regardait. Cette vue ne m'amusait pas, mais je ne voulus point me montrer moins intrépide qu'elle.

« Est-il possible, lui dis-je, mon adorable amie, que son aspect ne t'effraye point ?

— Son aspect me ravit, te dis-je, et je suis sûre que cette idole n'a de serpent que la forme, ou plutôt que l'apparence.

— Et si, sillonnant le gazon, il venait en sifflant jusqu'à toi ?

— Je te serrerais plus étroitement contre mon sein, et je le défierais de me faire du mal. Lucrèce entre tes bras n'est susceptible d'aucune crainte. Tiens, il s'en va. Vite, vite ! Il nous annonce par sa fuite l'approche de quelque profane, et nous dit que nous devons aller chercher une autre retraite pour y renouveler nos plaisirs. Allons ! »

A peine debout, nous nous avançons à pas lents, et nous voyons sortir d'une allée voisine donna Cecilia avec l'avocat. Sans les éviter et sans nous presser, comme s'il était très naturel de se rencontrer, je demande à donna Cecilia si sa fille craint les serpents.

« Malgré tout son esprit, dit-elle, elle craint le tonnerre jusqu'à s'évanouir, et elle jette les hauts cris à l'aspect du plus petit serpent. Il y en a ici, mais elle aurait tort d'en avoir peur, car ils ne sont point venimeux. »

Mes cheveux se dressèrent sur ma tête d'étonnement, car ces paroles me prouvaient que je venais d'être témoin

CHAPITRE IX

d'un vrai miracle d'amour. Dans cet instant les enfants survinrent, et sans façon nous nous séparâmes de nouveau.

« Dis-moi, être étonnant, femme ravissante, qu'aurais-tu fait, si, au lieu de ton joli serpent, tu avais vu apparaître ton mari et ta mère ?

— Rien. Ne sais-tu pas qu'en des moments si solennels les amants ne sont qu'amoureux ? Douterais-tu de m'avoir possédée tout entière ? »

Lucrèce en me parlant ainsi ne composait pas une ode : point de fiction ; la vérité était tout à la fois dans ses regards et dans le son de sa voix !

« Crois-tu, lui dis-je, que personne ne nous soupçonne ?

— Mon mari ou ne nous croit pas amoureux, ou n'ajoute aucun prix à certaines bagatelles que la jeunesse se permet ordinairement. Ma mère a de l'esprit et peut-être imagine-t-elle la vérité ; mais elle sait que ce ne sont plus ses affaires. Quant à ma sœur, elle doit tout savoir, car aurait-elle pu oublier le lit enfoncé ? mais elle est prudente, et outre cela elle s'avise de me plaindre. Elle n'a pas une idée de la nature de mes sentiments pour toi. Sans toi, mon ami, j'aurais probablement traversé la vie sans avoir de ce sentiment une idée exacte ; car ce que j'éprouve pour mon époux.... j'ai pour lui la complaisance que mon état m'impose.

— Il est pourtant bien heureux, et j'envie son bonheur ! Il peut quand il le désire presser tout ton être dans ses bras ; nul voile importun ne s'interpose pour lui ravir le moindre de tes charmes.

— Où es-tu, mon cher serpent ? Accours, viens me mettre à l'abri des regards profanes, et à l'instant je comble les vœux de celui que j'adore. »

Nous passâmes toute la matinée à nous dire que nous nous aimions et à nous en donner des preuves réitérées.

Nous eûmes un dîner délicat, et pendant tout le repas je comblai d'attentions l'aimable Cecilia. Ma jolie tabatière d'écaille remplie d'excellent tabac fit souvent le tour de la table. Dans un moment où elle se trouvait entre les mains de Lucrèce qui était à ma gauche, son mari lui dit qu'elle pourrait me donner sa bague et garder la boîte en échange. Croyant que la bague valait moins que la tabatière, je m'empressai de dire que je le prenais au mot ; mais elle valait plus. Donna Lucrezia ne voulut pas entendre raison, elle mit la boîte dans sa poche, et force me fut d'accepter la bague.

À la fin du dessert, quand la conversation s'animait, voilà le prétendu d'Angélique qui nous force au silence pour nous lire un sonnet de sa façon et qu'il avait fait pour moi. Je dus naturellement l'en remercier, et prenant le sonnet, que je mis dans ma poche, je lui en promis un de ma façon. Ce n'était pas répondre à son désir : il s'attendait que, piqué d'émulation, j'allais demander de l'encre et du papier et sacrifier à Apollon des heures que je voulais consacrer à un dieu que son flegme ne connaissait que de nom. Nous prîmes le café, je payai l'hôte, et nous allâmes nous enfoncer dans les labyrinthes de la Villa-Aldobrandini.

Que ces lieux m'ont laissé de doux souvenirs ! Il me semblait que je voyais ma divine Lucrèce pour la première fois. Nos regards étaient brûlants, nos cœurs palpitaient à l'unisson de la plus tendre impatience, et l'instinct nous guidait vers l'asile le plus solitaire et que la main de l'amour semblait avoir créé pour y consommer les mystères de son culte secret. Là, au milieu d'une longue allée et sous une touffe de verdure, s'élevait un large siège de gazon adossé à un fourré très épais ; devant nous nos yeux plongeaient sur une plaine immense, et nos regards parcouraient l'allée à droite et à gauche dans une étendue

CHAPITRE IX

qui nous mettait à l'abri de toute surprise. Nous n'eûmes pas besoin de nous parler, nos cœurs s'entendirent.

Sans nous rien dire, debout l'un devant l'autre, nos mains adroites eurent bientôt écarté tous les obstacles, et rendu à la nature tous les charmes que lui dérobent les voiles importuns. Deux heures entières se passèrent dans les plus doux transports. A la fin, charmés et satisfaits l'un de l'autre, nous regardant de l'air le plus tendre, nous nous écriâmes ensemble : « Amour, je te remercie ! »

Nous nous acheminâmes à pas lents vers nos ׃೧೧. et nous égayâmes le chemin par les plus ter
dences. Ma Lucrèce me dit que le prétendu d .
était riche, qu'il avait une belle maison à Tivoli , .e
probablement il nous inviterait à y faire une parti ɪ à y passer la nuit. « Je conjure l'amour, ajouta-t-elle, pour qu'il m'inspire le moyen de la passer sans obstacle comme j'ai passé cette heureuse journée. » Ensuite, prenant un ton triste, elle dit : « Mais, hélas ! l'affaire ecclésiastique qui a amené ici mon mari s'arrange si heureusement que je crains mortellement qu'il n'obtienne trop tôt la sentence. »

Nous fûmes deux heures en route et dans mon vis-à-vis, excédant pour ainsi dire la nature et lui demandant plus qu'elle ne pouvait donner : en arrivant à Rome, nous fûmes obligés de baisser la toile avant le dénouement du drame que nous avions joué à la grande satisfaction des acteurs. Je rentrai chez moi un peu fatigué ; mais un sommeil comme on en a à cet âge me rendit toute ma vigueur, et le matin j'allai à l'heure accoutumée prendre ma leçon de français.

CHAPITRE X

Benoît XIV. — Partie à Tivoli. — Départ de donna Lucrezia. — La marquise G. — Barbe Delacqua. — Mon malheur et mon départ de Rome.

M. Delacqua étant fort malade, ce fut sa fille Barbe qui me donna ma leçon. Dès que nous eûmes fini, elle saisit un moment de me mettre adroitement une lettre dans la poche, et, pour ne pas me laisser le temps de lui refuser cette nouvelle complaisance, elle disparut comme un éclair. Au reste, sa lettre n'était pas de nature à devoir être refusée ; elle m'était personnellement adressée et n'exprimait que des sentiments de la plus pure reconnaissance. Elle me priait seulement de faire savoir à son amant que son père lui parlait et qu'elle espérait qu'à sa guérison il prendrait une autre servante. Sa lettre finissait par les plus fortes assurances qu'elle ne me compromettrait jamais.

Le père ayant été obligé de garder le lit pendant une quinzaine de jours, ce fut toujours Barbaruccia qui me donna mes leçons. Elle m'intéressa par un sentiment nouveau pour moi envers une jeune et jolie fille : c'était un sentiment de pitié, et je me sentais comme flatté d'être son appui et son consolateur. Jamais ses yeux ne s'arrêtaient sur les miens ; jamais sa main ne rencontrait la mienne ; jamais je ne voyais dans sa parure le désir de me paraître agréable. Elle était jolie, et je savais qu'elle était tendre ; mais ces notions ne diminuaient en rien le respect ou les égards qu'il me semblait devoir à l'honneur et à la bonne foi, et je me sentais flatté qu'elle ne me crût pas capable de me prévaloir de la connaissance que j'avais de sa faiblesse.

Aussitôt que son père fut guéri, il chassa sa servante et en prit une autre. Barbe me pria d'en prévenir son ami et de lui dire qu'elle espérait se la rendre propice au moins pour pouvoir lui écrire. Je lui promis de m'acquitter de la commission, et, pour m'en témoigner sa reconnaissance, elle me prit la main qu'elle porta à ses lèvres ; mais, l'ayant retirée à temps pour l'en empêcher, je voulus l'embrasser : elle détourna modestement la tête en rougissant, et cela me fit plaisir.

Barbe ayant réussi à mettre la nouvelle fille dans ses intérêts, je cessai de me mêler de cette intrigue, sentant bien toutes les conséquences fâcheuses que cela pouvait avoir pour moi ; malheureusement le mal était déjà fait.

J'allais rarement chez don Gaspar, car l'étude de la langue française me prenait mes matinées, seul temps où je pouvais le voir ; mais j'allais tous les soirs chez l'abbé Georgi, et, quoique je ne figurasse chez lui qu'en qualité de cher audit abbé, cela me donnait cependant de la réputation. Je n'y parlais pas, mais je n'y éprouvais point de l'ennui. Dans sa réunion, on critiquait sans médire, on parlait politique sans entêtement, littérature sans passion, et je m'instruisais. En sortant de chez ce sage moine, j'allais à la grande réunion du cardinal mon maître, par la raison que je devais y aller. Presque chaque fois la belle marquise, quand elle me voyait à la table où elle jouait, m'adressait quelques paroles obligeantes en français, auxquelles je répondais en italien, ne voulant pas la faire rire en si grande compagnie. C'est un sentiment singulier que j'abandonne à la sagacité du lecteur. Je trouvais cette femme charmante, et je la fuyais : non que je craignisse d'en devenir amoureux, car j'aimais Lucrèce, et il me semblait que cet amour devait me servir d'égide contre tout autre, mais bien de crainte qu'elle ne le devint de moi, ou au moins curieuse de me connaître. Était-ce fatuité ou modestie? vice ou vertu ? Ce n'était peut-être rien de tout cela.

Un soir elle me fit appeler par l'abbé Gama ; elle était debout auprès du cardinal mon patron, et, dès que je fus auprès d'elle, elle me surprit étrangement par une interrogation en italien à laquelle j'étais loin de m'attendre :

« *Vi ha piacciuto molto Frascati* [1].

— Beaucoup, madame ; je n'ai jamais rien vu de si beau.

— *Ma la compagnia con laquale eravate era ancor più bella, ed assai galante era il vostro vis-à-vis* [2]. »

Je ne réponds que par une révérence. Une minute après, le cardinal Acquaviva me dit avec bonté :

« Êtes-vous étonné qu'on le sache ?

— Non, monseigneur, mais je le suis qu'on en parle. Je ne croyais pas Rome si petite.

— Plus vous y resterez, me dit Son Éminence, et plus vous la trouverez petite. N'êtes-vous pas encore allé baiser le pied du Saint-Père?

— Pas encore, monseigneur.

— Vous devez y aller. »

Je répondis par une révérence.

En sortant, l'abbé Gama me dit que je devais aller chez le pape le lendemain ; ensuite il ajouta :

« Vous vous montrez sans doute chez la marquise G. ?

— Non, je n'y ai jamais été.

— Vous m'étonnez. Elle vous fait appeler, elle vous parle !

— J'irai avec vous.

1. Frascati vous a-t-il beaucoup plu ?
2. Mais la société était plus belle encore, et votre vis-à-vis était très-galant.

CHAPITRE X

— Je n'y vais jamais.

—Mais elle vous parle aussi.

— Oui, mais... Vous ne connaissez pas Rome. Allez-y seul, vous le devez.

— Elle me recevra donc?

— Vous badinez, je crois. Il ne s'agit pas de vous faire annoncer. Vous irez la voir quand les deux battants de sa chambre seront ouverts. Vous y verrez tous ceux qui lui font hommage.

— Me verra-t-elle ?

— N'en doutez pas. »

Le lendemain je me rends à Monte-Cavallo, et je vais droit à la chambre où était le pape, dès qu'on m'eut dit que je pouvais entrer. Il était seul, je me prosterne et je baise la sainte croix sur sa très sainte mule. Le Saint-Père me demande qui je suis, je le lui dis, et il me répond qu'il me connaît, me félicitant d'appartenir à un cardinal d'une aussi grande importance. Il me demanda ensuite comment j'avais fait pour entrer chez lui. Je lui contai tout en commençant de mon arrivée à Martorano. Après qu'il eu bien ri de tout ce que je lui dis du pauvre bon évêque, il me dit que, sans me gêner à lui parler toscan, je pouvais lui parler vénitien, de même qu'il me parlait le dialecte de Bologne. Me trouvant à mon aise avec lui, je lui dis tant de choses, je l'amusai si bien, qu'il me dit que je lui ferais plaisir toutes les fois que j'irais le voir. Je lui demandai la permission de lire tous les livres défendus, et il me la donna par une bénédiction, me disant qu'il me la ferait délivrer par écrit ; ce qu'il oublia.

Benoit XIV était savant, fort aimable et aimant le mot pour rire. Je le vis pour la seconde fois à la villa Médicis. Il m'appela, et tout en marchant il me parla de bagatelles. Il était accompagné du cardinal Albani et de l'ambassadeur de Venise. Un homme à l'air modeste s'approche, le pontife lui demande ce qu'il veut, l'homme lui parle bas, et le pape après l'avoir écouté, lui dit : « Vous avez raison, recommandez-vous à Dieu. » En disant ces mots, il lui donne la bénédiction, le pauvre homme s'éloigne tristement et le Saint-Père continue sa promenade.

« Cet homme, dis-je, Très Saint-Père, n'a pas été content de la réponse de Votre Sainteté.

— Pourquoi ?

— Parce qu'il y a apparence qu'il s'était déjà recommandé à Dieu avant de vous avoir parlé ; quand Votre Sainteté l'y envoie de nouveau, il se trouve renvoyé, comme dit le proverbe, de Hérode à Pilate. »

Le pape éclate de rire ainsi que les deux suivants ; je garde mon sérieux.

« Je ne puis, reprit le pape, faire rien qui vaille sans l'aide de Dieu.

— C'est vrai, Saint-Père ; mais cet homme sait aussi que Votre Sainteté est son premier ministre : il est donc facile de s'imaginer l'embarras où il se trouve actuellement qu'il se voit renvoyé au maître. Il ne lui reste d'autre ressource que d'aller donner de l'argent aux gueux de Rome, qui pour un baïoque qu'il leur donnera prieront tous pour lui. Ils vantent leur crédit ; mais moi qui ne crois qu'à celui de Votre Sainteté, je vous supplie de me délivrer de cette chaleur qui m'enflamme les yeux en me dispensant de faire maigre.

— Mangez gras, mon enfant.

— Très Saint-Père, votre bénédiction. »

Il me la donna en me disant qu'il ne me dispensait pas du jeûne.

Le même soir je trouvai à la réunion du cardinal la nouvelle de tout mon dialogue avec le pape. Tout le monde alors se montra jaloux de vouloir me parler. Cela

CHAPITRE X

me flatta; mais ce qui me flattait bien plus encore, c'était la joie que le cardinal Acquaviva cherchait en vain à dissimuler.

Ne voulant point négliger l'avis de l'abbé Gama, j'eus soin d'aller chez la belle marquise à l'heure où tout le monde avait chez elle un libre accès. Je la vis, je vis le cardinal, et beaucoup d'autres abbés; mais je crus être invisible, car, Madame ne m'ayant pas honoré d'un regard, personne ne m'adressa le mot. Je partis après avoir pendant une demi-heure joué ce rôle muet. Cinq ou six jours après, la belle me dit d'un air noble et gracieux qu'elle m'avait aperçu dans sa salle de compagnie.

« J'y ai été effectivement, mais je ne soupçonnais pas que j'eusse eu l'honneur d'être vu de Madame.

— Oh! je vois tout le monde. On m'a dit que vous avez de l'esprit.

— Si ceux qui vous l'ont dit, madame, ne se sont point trompés, vous m'apprenez là une fort bonne nouvelle.

— Oh! ils s'y connaissent.

— Il faut, madame, que ces personnes m'aient fait l'honneur de me parler; sans cela, il est probable qu'elles n'auraient jamais pu faire cette remarque.

— C'est certain; mais laissez vous voir chez moi. »

Nous avions cercle. Son Excellence me dit que, lorsque madame la marquise me parlait français tête à tête, bien ou mal, je devais lui répondre dans la même langue. Le politique Gama, m'ayant pris à part, me dit que mes reparties étaient trop tranchantes, et que je finirais par déplaire à la longue. J'avais fait d'assez rapides progrès dans le français; je ne prenais plus de leçon, et l'exercice seul m'était nécessaire pour me perfectionner. J'allais chez Lucrèce quelquefois le matin, et le soir j'allais habituellement chez M. l'abbé Georgi qui connaissait ma partie de Frascati et qui ne l'avait pas désapprouvée.

Deux jours après l'espèce d'ordre de la marquise, je me rendis à son audience. Dès qu'elle me vit, elle m'accueillit d'un sourire, que je crus devoir reconnaître par une profonde révérence ; ce fut là tout. Un quart d'heure après, je sortis. La marquise était belle, elle était puissante ; mais je ne pouvais me déterminer à ramper ; les mœurs de Rome sous ce rapport m'excédaient.

Nous étions vers la fin de novembre, lorsqu'un matin le prétendu d'Angélique vint me faire visite avec l'avocat, et il m'invita à vouloir aller passer vingt-quatre heures à Tivoli avec toute la société que j'avais traitée à Frascati. J'acceptai avec plaisir, car depuis la Sainte-Ursule je ne m'étais jamais trouvé seul avec Lucrèce. Je lui promis de me rendre chez donna Cecilia à la pointe du jour dans ma même voiture. Il fallait partir de très bonne heure, parce que Tivoli est à seize milles de Rome, et que la quantité de belles choses qu'il y avait à voir demandaient beaucoup de temps. Devant découcher, j'en demandai la permission au cardinal lui-même, qui, ayant entendu avec qui je ferais cette partie, me dit que je faisais fort bien de saisir l'occasion de voir ce bel endroit en si belle compagnie.

Au point du jour, je me trouvai dans mon vis-à-vis à quatre chevaux à la porte de donna Cecilia, qui, comme les autres fois, fut mon partage. Cette charmante veuve, malgré la pureté de ses mœurs, était ravie que j'aimasse sa fille. Toute la famille était dans un phaéton à six places que don Francesco avait loué.

A sept heures et demie nous fîmes halte dans un endroit où don Francesco nous fit trouver un délicieux déjeuner qui, devant nous tenir lieu de dîner, fut parfaitement fêté par chacun. A Tivoli nous ne pouvions avoir que le temps de souper. Après déjeuner, nous remontâmes en voiture et à dix heures nous arrivâmes chez lui.

J'avais au doigt la belle bague que Lucrèce m'avait donnée. J'avais fait faire derrière le chaton un champ d'émail portant un caducée avec un seul serpent. Il était entre les deux lettres grecques *alpha* et *omega*. Cette bague fut le sujet du discours tout le long du déjeuner, et l'avocat et don Francesco s'évertuèrent à deviner l'hiéroglyphe, ce qui divertit beaucoup ma Lucrèce qui était à part du secret.

Nous visitâmes d'abord avec attention la demeure du futur d'Angélique, c'était un vrai bijou ; ensuite nous allâmes tous ensemble passer six heures à voir les antiquités de Tivoli. Lucrèce ayant dit quelque chose en secret à don Francesco, je saisis cet instant pour dire à Angélique que lorsqu'elle serait mariée, j'irais passer quelques jours de la belle saison avec elle.

« Monsieur, me dit-elle, je vous préviens que dès que je serai maîtresse ici, la première personne à qui je ferai fermer ma porte, ce sera vous.

— Je vous suis fort obligé, mademoiselle, de m'avoir averti. »

Ce qu'il y a de plaisant en ceci, c'est que je pris cette incartade pour une simple déclaration d'amour. J'étais pétrifié. Lucrèce, s'apercevant de mon état, me tira par le bras en me demandant ce que j'avais. Je le lui dis, et voici ce qu'elle me dit à son tour :

« Mon ami, mon bonheur ne saurait durer longtemps ; je touche au moment cruel où il faudra que je me sépare de toi. Dès que je serai partie, impose-toi la tâche de la réduire à reconnaître son erreur. Elle me plaint, venge-moi. »

J'ai oublié de dire que pendant que nous visitions la maison de don Francesco il m'arriva de louer une petite chambre charmante qui donnait sur l'orangerie. Le galant propriétaire, m'ayant entendu, vint obligeamment me dire que je l'occuperais. Lucrèce ne fit pas semblant de l'entendre, mas ce fut pour elle le fil d'Ariane ; car devant visiter ensemble les beautés de Tivoli, nous ne pouvions pas nous promettre de nous trouver un instant tête à tête pendant la journée.

J'ai dit que nous fûmes six heures à parcourir les beautés de Tivoli, mais je dois avouer ici que pour ma part j'y vis fort peu de choses ; et ce ne fut que vingt-huit ans plus tard que je connus ce beau lieu dans tous ses détails.

Nous rentrâmes vers le soir rendus de fatigue et mourant de faim ; mais une heure de repos avant souper, un repas de deux heures, les mets les plus succulents, les vins les plus exquis, surtout l'excellent vin de Tivoli, nous remirent si bien que chacun ne sentit plus que le besoin d'un bon lit pour en jouir selon ses goûts.

Personne ne voulant coucher seul, Lucrèce dit qu'elle coucherait avec Angélique dans la chambre qui donnait sur l'orangerie, que son mari coucherait avec son frère le jeune abbé, et sa mère avec sa petite sœur.

L'arrangement fut trouvé délicieux, et don Francesco prenant un bougie vint me conduire dans ma jolie petite chambre contiguë à celle que devaient occuper les deux sœurs, et après m'avoir indiqué comment je pouvais m'enfermer, il me souhaita une bonne nuit et me laissa seul.

Angélique ignorait que je dusse être son voisin ; mais sans nous être dit un mot, Lucrèce et moi nous nous étions entendus.

L'œil fixé sur le trou de la serrure, je vois entrer les deux aimables sœurs précédées de l'hôte officieux portant un flambeau, et qui, après leur avoir allumé un lampe de nuit, leur souhaita le bonsoir et s'en alla. Alors mes deux belles, après s'être enfermées, s'assirent sur un sopha et procédèrent à leur toilette de nuit, qui dans ce

CHAPITRE X

climat heureux est semblable à celle de notre première mère. Lucrèce, sachant que je l'entendais, dit à sa sœur d'aller se coucher du côté de la fenêtre. Alors la vierge, ne croyant pas exposer ses charmes à mon œil profane, traversa la chambre toute nue. Lucrèce éteint la lampe et les bougies et va se mettre à côté de sa chaste sœur.

Moments heureux que je sais ne plus pouvoir espérer, mais dont la seule mort peut me faire perdre le délicieux souvenir ! Je crois que je ne me suis jamais déshabillé plus rapidement que ce soir-là. J'ouvre la porte et je tombe dans les bras de Lucrèce qui dit à sa sœur : « C'est mon ange : tais-toi et dors. »

Quel tableau ravissant j'offrirais ici à mes lecteurs, s'il m'était possible de peindre la volupté dans tout ce qu'elle a d'enchanteur! Quels transports amoureux dès les premiers instants ! quelles douces extases se succédèrent jusqu'à ce qu'un délicieux épuisement nous fît céder au pouvoir de Morphée !

Les premiers rayons du jour pénétrant à travers les fentes des jalousies vinrent nous arracher à ce sommeil réparateur ; et, semblables à deux guerriers valeureux qui n'ont suspendu leurs coups que pour recommencer le combat avec plus d'ardeur, nous nous livrâmes de nouveau à toute l'activité de la flamme dont nos sens étaient embrasés.

« Oh ! ma Lucrèce, que ton amant est heureux! mais, tendre amie, prends garde à ta sœur, elle pourrait se tourner et nous voir.

— Ne crains rien, âme de ma vie; ma sœur est charmante; elle m'aime, elle me plaint : n'est-ce pas, ma chère Angélique, tu m'aimes? Oh ! tourne-toi, vois ta sœur heureuse, connais le bonheur qui t'attend quand l'amour t'aura soumise à son doux empire. »

Angélique, jeune vierge de dix-sept ans et qui devait

avoir passé une nuit de Tantale, ne demandant pas mieux que d'avoir un prétexte de montrer à sa sœur qu'elle lui avait pardonné, se tourna et, en lui donnant cent baisers, elle lui avoua qu'elle n'avait point fermé l'œil.

« Pardonne aussi, ma tendre Angélique, pardonne à l'objet qui m'aime et que j'adore, » lui dit alors Lucrèce.

Pouvoir incompréhensible, du dieu qui soumet tous les êtres !

« Angélique me hait, dis-je ; je n'ose...

— Non, je ne vous hais pas ! me dit cette charmante fille.

— Embrasse-la, mon ami, » me dit Lucrèce en me poussant vers elle, et jouissant de la voir entre mes bras languissante et sans mouvement.

Mais le sentiment plus encore que l'amour me défend de ravir à Lucrèce le témoignage de reconnaissance que je lui devais, et je vole vers elle avec toute l'ardeur d'un premier mouvement, sentant mes feux s'accroître par l'extase dans laquelle je voyais Angélique qui, pour la première fois, fut spectatrice de la lutte la plus amoureuse. Lucrèce mourante me pria de finir, mais me trouvant inexorable, elle trompa mon ardeur et la douce Angélique fit le premier sacrifice à la mère des amours.

C'est ainsi sans doute que lorsque les dieux habitaient le séjour des mortels, la voluptueuse Arcadie, amoureuse du souffle doux et gracieux du vent d'occident, lui ouvrit un jour ses bras et devint féconde. C'était le doux Zéphire.

Lucrèce étonnée et ravie nous couvrait tour à tour de ses baisers. Angélique, heureuse autant que sa sœur, expira délicieusement entre mes bras pour la troisième fois et avec tant de feu et de tendresse que je crus savourer le bonheur pour la première fois.

Le blond Phœbus avait quitté la couche nuptiale, et

CHAPITRE X

déjà ses rayons répandaient la lumière sur l'univers ; la clarté qui pénétrait à travers les fentes des jalousies me fit sentir que je devais abandonner la place, et après les plus tendres adieux, je laissai mes deux divinités et me retirai dans mon cabinet. Peu d'instants après la voix joviale du bon avocat se fit entendre chez mes voisines : il reprochait à sa femme et à sa belle-sœur de se livrer trop longtemps au repos ! Il vint ensuite frapper à ma porte, me menaçant de faire entrer ces dames, puis il partit pour m'envoyer un coiffeur.

Après de nombreuses ablutions et une toilette soignée, je trouvai ma figure présentable et je me présentai stoïquement dans le salon. J'y trouvai les deux aimables sœurs au milieu de la société réunie, et le vermeil de leurs joues m'enchanta. Lucrèce était gaie et libre, son visage exprimait le bonheur ; Angélique, fraîche comme la rose du matin, plus radieuse que de coutume, mais mobile et soigneuse de ne pas me regarder une seule fois en face. M'étant aperçu qu'elle souriait de ce que je ne parvenais pas à la voir en face, je dis malicieusement à sa mère qu'il était dommage qu'elle mît du blanc. Dupe de ce stratagème calomnieux, Angélique m'obligea à lui passer un mouchoir sur le visage : alors elle fut bien forcée de me regarder. Je lui fis mes excuses, et don Francesco se montra enchanté que la blancheur de sa future eût obtenu un si beau triomphe.

Après le déjeuner, nous allâmes nous promener dans le jardin, et me trouvant avec ma Lucrèce, je lui fis de tendres reproches.

« Ne me reproche rien, me dit-elle, quand je ne mérite que des éloges. J'ai porté la lumière dans l'âme de ma charmante sœur ; je l'ai initiée aux plus doux des mystères ; et, maintenant au lieu de me plaindre, elle doit m'envier ; elle doit t'aimer au lieu de te haïr ; et, assez malheureuse pour devoir bientôt te quitter, mon ami, je te la laisse ; qu'elle me remplace.

— Ah ! Lucrèce, comment l'aimer ?

— N'est-elle pas charmante ?

— Sans aucun doute ; mais mon amour pour toi me met à l'abri de tout autre amour. D'ailleurs don Francesco doit désormais l'occuper tout entière ; et je ne voudrais pas être la cause d'un refroidissement entre eux, ni troubler la paix de leur ménage. Au reste, je suis sûr que ta sœur est entièrement différente de toi, et je parierais qu'elle se reproche déjà de s'être laissé séduire par son tempérament.

— Tout cela peut être, mon ami, mais ce qui me désole, c'est que mon mari compte obtenir la sentence dans le courant de la semaine, et qu'alors les instants du bonheur sont passés pour moi. »

Cette nouvelle m'attrista, et pour y faire diversion, je m'occupai beaucoup à table du généreux don Francesco, auquel je promis un épithalame pour ses noces qui devaient se faire au mois de janvier.

Nous retournâmes à Rome, et Lucrèce fut pendant trois heures dans mon vis-à-vis sans qu'elle pût s'apercevoir d'aucune altération dans la vivacité de mes sentiments pour elle. A notre arrivée, me sentant fatigué, j'allai descendre à l'hôtel d'Espagne.

Comme Lucrèce me l'avait dit, son mari obtint la sentence trois ou quatre jours après, et il vint m'annoncer son départ pour le surlendemain en me témoignant beaucoup d'amitié. Je passai les deux soirées avec Lucrèce, toujours au milieu de la famille, et le jour du départ, voulant lui causer une surprise agréable, je pris les devants et me rendis pour les attendre à l'endroit où je croyais qu'ils devaient coucher ; mais l'avocat ayant été retenu par divers contretemps et n'ayant pu partir que

CHAPITRE X

quatre heures plus tard qu'il ne se l'était proposé, ils n'arrivèrent que le lendemain pour dîner. Après ce repas, nous nous fîmes de pénibles adieux ; ils continuèrent leur chemin et je retournai à Rome.

Après le départ de cette femme rare, je me trouvai dans une sorte de vide assez naturel à un jeune homme dont le cœur n'est point occupé de l'espérance. Je passais les journées entières dans ma chambre à faire des sommaires de lettres françaises du cardinal lui-même, et Son Éminence eut la bonté de me dire qu'il trouvait mes extraits très judicieux, mais qu'il fallait absolument que je travaillasse moins. La belle marquise était présente lorsque je reçus ce compliment flatteur. Depuis la seconde fois que je lui avais fait visite, je ne m'étais plus représenté chez elle ; aussi elle me boudait, et ne voulant pas passer l'occasion de me le faire sentir, elle s'empressa de dire à Son Éminence qu'il fallait bien que je travaillasse pour dissiper l'ennui que devait me causer le départ de Lucrèce.

« Je ne dissimulerai pas, madame, que j'y ai été sensible. Elle était bonne et généreuse ; elle me pardonnait surtout de ne pas l'aller voir souvent. Mon amitié d'ailleurs était innocente.

— Je n'en doute pas, quoique votre ode prouve un poète amoureux.

— Il n'est pas possible, ajouta le bienveillant cardinal, qu'un poète écrive sans faire semblant d'être amoureux.

— Mais, répliqua la marquise, s'il l'est réellement, il n'a pas besoin de feindre un sentiment qu'il possède. »

Tout en disant cela, la marquise tira de sa poche un papier qu'elle présenta à Son Éminence en lui disant : « Voilà cette ode ; elle fait honneur au poète et à l'écrivain, car c'est un petit chef-d'œuvre avoué de tous les beaux esprits de Rome, et que donna Lucrezia sait par cœur. »

Le cardinal la parcourut et la lui rendit en souriant, lui disant qu'il ne goûtait pas la poésie italienne, que pour qu'il la trouvât belle, il fallait qu'elle se donnât le plaisir de la mettre en français.

« Je n'écris le français qu'en prose, dit la marquise, et toute traduction en prose fait perdre aux vers les trois quarts de leur mérite. Je ne me mêle, ajouta-t-elle en me regardant significativement, que de faire parfois des vers italiens sans prétention.

— Je me croirais heureux, madame, si je pouvais me procurer le bonheur d'en admirer quelques-uns.

— Voici, me dit le cardinal S. C., un sonnet de madame. »

Je le prends respectueusement et j'allais le lire, lorsque l'aimable marquise me dit de le mettre dans ma poche, que je pourrais le rendre le lendemain au cardinal, quoique son sonnet ne valût pas grand'chose. « Si vous sortez le matin, me dit le cardinal, vous pourrez me le rendre en venant dîner chez moi. » Le cardinal Acquaviva prenant la parole, dit : « Dans ce cas, il sortira exprès. »

Après une profonde révérence qui disait tout, je m'éloigne peu à peu et je monte à ma chambre, impatient de lire le sonnet. Cependant, avant de satisfaire cette impatience, je m'avisai de jeter un coup d'œil sur moi-même. Ma situation présente me parut mériter quelque attention après le pas de géant qu'il me paraissait que j'avais fait ce soir-là dans l'assemblée. La marquise de G. qui me déclare de la manière la moins équivoque l'intérêt qu'elle me porte, et qui, se donnant un air de grandeur, ne craint pas de se compromettre en me faisant en public les avances les plus flatteuses ! Mais qui se serait avisé d'y trouver à redire ? Un jeune abbé tel que moi, parfaitement sans conséquence, et pouvant à peine prétendre à sa haute protection ; et elle était faite précisément pour l'accorder à ceux qui, s'en croyant indignes, n'avaient garde de montrer l'intention d'y prétendre. Sur un pareil article, ma modestie sautait aux yeux de tout le monde, et la marquise m'aurait sans doute insulté si elle m'avait cru capable d'oser me figurer qu'elle eût le moindre goût pour moi. Non, assurément une pareille fatuité n'est pas dans ma nature. Tout cela était si vrai, que son cardinal même m'invitait à dîner. L'aurait-il fait s'il eût pu penser qu'il fût possible que je pusse plaire à sa belle marquise ? Non, sans doute ; et il ne m'a invité à dîner avec lui qu'après avoir relevé des paroles mêmes de sa belle que j'étais la personne qu'il leur fallait pour passer quelques heures à causer sans rien risquer, rien absolument.

A d'autres !

Pourquoi me déguiser aux yeux de mes lecteurs ? Qu'ils me croient fat, je le leur pardonne ; mais le fait est que je me sentis sûr d'avoir plu à la marquise. Je me félicitai de ce qu'elle avait fait ce premier pas si important et si difficile. Sans cela jamais non seulement je n'aurais osé l'attaquer par les moyens convenables, mais je n'aurais pas même hasardé de jeter un dévolu sur elle. Je ne la crus enfin faite pour remplacer Lucrèce que de ce soir-là. Elle était belle, jeune, remplie d'esprit et d'instruction ; elle était lettrée et de plus puissante dans Rome ; que fallait-il de plus ? Je crus cependant devoir faire semblant d'ignorer son inclination et de commencer le lendemain à lui donner motif de croire que je l'aimais sans oser rien espérer. Je savais ce moyen infaillible en ménageant son amour-propre. Cette entreprise me parut être de nature à obliger le père Georgi lui-même à faire semblant d'y applaudir. Au reste, j'avais vu avec une vive satisfaction que le cardinal Acquaviva avait témoigné un grand plaisir que le cardinal S. C. m'eût invité ; honneur qu'il ne m'avait jamais fait lui-même. Cela pouvait aller loin.

Je lus le sonnet de l'aimable marquise ; je le trouvai bon, coulant, facile et parfaitement écrit. Elle y faisait l'éloge du roi de Prusse qui venait de s'emparer de la Silésie par une espèce de coup de main. Il me vint dans l'idée en le copiant de personnifier la Silésie et de la faire répondre au sonnet en se plaignant que l'Amour, que je feignais en être l'auteur, osât applaudir celui qui l'avait conquise, puisque ce conquérant était ennemi déclaré de l'amour.

Il est impossible que celui qui est habitué à faire des vers s'en abstienne dès qu'une idée heureuse vient sourire à son imagination charmée. Le feu poétique qui circule alors dans ses veines le consumerait s'il voulait arrêter son essor. Je fis mon sonnet, en observant les mêmes rimes ; et, satisfait de mon Apollon, j'allai me coucher.

Le lendemain matin comme j'achevais de copier mon sonnet, l'abbé Gama vint me demander à déjeuner ; c'était pour me faire compliment de l'honneur que le cardinal S. C. m'avait fait en m'invitant à dîner devant tout le monde « Mais, ajouta-t-il. soyez prudent, car Son Éminence passe pour être jalouse. » Je le remerciai de l'avis amical, ayant soin de lui certifier que je n'avais rien à craindre, car je ne me sentais aucun penchant pour sa belle marquise.

Le cardinal S. C. me reçut avec beaucoup de bonté, mais mêlée d'un certain air de dignité faite pour me faire sentir toute la grâce qu'il me faisait.

« Avez-vous, me dit-il, trouvé le sonnet de la marquise bien fait ?

— Monseigneur, je l'ai trouvé parfait et, qui plus est, charmant : le voilà.

— Elle a beaucoup de talent. Je veux vous faire voir dix stances de sa façon, abbé, mais sous le sceau du plus grand secret.

— Votre Éminence peut en être très sûre. »

Il tira de son secrétaire les stances dont il était le sujet. Je les lus, elles étaient bien faites, mais je n'y trouvai point de feu ; c'était l'œuvre d'un poète : c'était de l'amour dans un style passionné, mais où l'on ne trouvait point de ce sentiment qui en fait si bien discerner la vérité. Le bon cardinal commettait sans doute une grande indiscrétion ; mais l'amour-propre en fait tant commettre ! Je demandai à Son Eminence s'il y avait répondu.

« Non, me dit-il ; mais voudriez-vous, ajouta-t-il en riant, me prêter votre plume, toujours sous la condition d'un inviolable secret ?

— Quant à la condition du secret, monseigneur, j'en réponds sur ma tête ; mais je crains que madame ne remarque la différence du style.

— Elle n'a rien de moi, me dit-il ; d'ailleurs je ne pense pas qu'elle me croie bon poète, et pour cette raison il faut que vos stances soient faites de manière qu'elle ne puisse pas les trouver trop au-dessus de ma capacité.

— Je les ferai, monseigneur, et Votre Eminence en sera le juge ; et si vous ne croyez pas pouvoir les donner comme votre propre ouvrage, vous ne les lui remettrez pas.

— C'est bien dit. Voulez-vous les faire de suite ?

— De suite, monseigneur ? Ce n'est pas de la prose.

— Eh bien ! tâchez de me les donner demain. »

Nous dînâmes tête à tête, et Son Eminence me fit compliment sur mon appétit, en me disant qu'il voyait avec plaisir que je m'en acquittais aussi bien que lui. Je commençais à connaître mon original, et, pour le flatter, je lui dis qu'il me faisait trop d'honneur, que je lui cédais. Ce singulier compliment lui plut, et je vis tout le parti que je pouvais tirer de cette Eminence.

Vers la fin du repas, comme nous discourions, voilà la marquise qui entre, comme de raison, sans se faire annoncer. Son aspect me ravit : je la trouvai beauté parfaite. Sans laisser au cardinal le temps d'aller à sa rencontre, elle vint s'asseoir auprès de lui; je restai debout : c'était dans l'ordre.

La marquise, sans faire semblant de m'apercevoir, parla avec esprit de différentes choses jusqu'au moment où l'on apporta le café. Alors, m'adressant la parole, elle me dit de m'asseoir, mais comme si elle m'avait fait l'aumône.

« A propos, abbé, dit-elle un instant après, avez-vous lu mon son sonnet?

— Oui, madame, et j'ai eu l'honneur de le remettre à Monseigneur. Je l'ai trouvé si heureux, que je suis sûr qu'il vous a coûté du temps.

— Du temps? dit le cardinal, vous ne la connaissez pas.

— Monseigneur, repris-je, sans du temps on ne fait rien qui vaille; et c'est pour cette raison que je n'ai pas osé montrer à Votre Eminence une réponse que j'y ai faite en une demi-heure.

— Voyons-la, abbé, dit la marquise, je veux la lire. »

Réponse de la Silésie à l'Amour. Ce titre lui causa la plus aimable rougeur.

« Il n'est pas question d'amour, s'écria le cardinal.

— Attendez, dit la marquise; il faut respecter l'idée du poëte. »

Elle lut et relut le sonnet, et trouva très justes les reproches que la Silésie adressait à l'Amour. Alors elle expliqua mon idée au cardinal, lui faisant sentir pourquoi la Silésie était offensée que ce fût le roi de Prusse qui eût fait sa conquête.

« Ah! oui, oui, dit le cardinal tout joyeux! c'est que la Silésie est une femme.... c'est que le roi de Prusse... oh! oh! la pensée est divine! »

Et le cardinal de rire à gorge déployée pendant plus d'un quart d'heure.

« Je veux copier ce sonnet, dit-il, je veux absolument l'avoir.

— L'abbé, dit obligeamment la marquise, vous en épargnera la peine. Je vais le lui dicter. »

Je me mets en devoir d'écrire; mais Son Eminence de s'écrier :

« Marquise, c'est admirable, il l'a fait sur vos mêmes rimes; l'avez-vous bien remarqué? »

La belle marquise me donna alors un coup d'œil si expressif, qu'elle acheva de me subjuguer. Je compris qu'elle voulait que je connusse le cardinal comme elle le connaissait et que nous fussions de moitié. Je me sentais parfaitement disposé à la seconder.

Dès que j'eus écrit le sonnet sous la dictée de cette charmante femme, je me préparai à sortir; mais le cardinal enchanté me dit qu'il m'attendait à dîner le lendemain.

J'avais de la besogne, car les dix stances que j'avais à faire étaient de l'espèce la plus singulière : aussi n'eus-je rien de plus pressé que de me retirer pour aller y réfléchir à mon aise. J'avais besoin de me maintenir en équilibre entre deux selles, et je sentais qu'il me fallait toute l'adresse dont j'étais susceptible. Je devais mettre la marquise en état de faire semblant de croire que le cardinal était l'auteur de ces stances, en même temps qu'elle serait obligée de me les attribuer et de ne pouvoir pas douter que je le savais. Je devais user d'assez de ménagements pour qu'elle ne pût point soupçonner que j'eusse des espérances, et cependant répandre dans mes vers tout le feu du sentiment sous le voile transparent du poète. Quant au cardinal, je savais que plus il trouverait les stances jolies et plus il serait disposé à se les approprier. Il ne s'agissait que de clarté, chose si difficile en poésie; tandis que l'obscurité aurait passé pour du sublime aux yeux de mon nouveau Midas. Mais, quoiqu'il m'importât beaucoup de lui plaire, l'Eminence n'était ici que l'accessoire, et la belle marquise l'objet principal.

Si la marquise dans ses vers faisait une énumération pompeuse des qualités physiques et morales du cardinal, je ne devais pas négliger de lui rendre la pareille, et d'autant mieux que j'avais beau jeu. Enfin, pénétré de mon sujet, je me mis en besogne, et donnant carrière à mon imagination et au double sentiment qui me possédait, je finis mes dix stances par ces deux beaux vers de l'Arioste :

*Le angeliche bellezze nate al cielo
Non si ponno celar sotto alcun velo*[1].

Assez content de mon petit ouvrage, j'allai le lendemain le présenter à l'Eminence, en lui disant que je doutais qu'il voulût se déclarer auteur d'une production aussi médiocre. Il les lut et relut fort mal, et finit par me dire qu'effectivement elles étaient peu de chose, mais que c'était précisément ce qu'il fallait. Il me remercia surtout des deux vers de l'Arioste, en me disant que cela contribuerait à le faire croire auteur des stances en prouvant à celle qui en était l'objet qu'il en avait eu besoin.

1. Les beautés angéliques que le ciel a créées
Ne peuvent être cachées sous aucun voile.

CHAPITRE X

Enfin. et comme pour me consoler, il me dit qu'en les copiant il aurait soin de fausser quelques vers, ce qui compléterait l'illusion.

Nous dînâmes de meilleure heure que la veille, et j'eus soin de me retirer de suite après le dîner pour lui laisser le temps de faire la copie avant l'arrivée de sa dame.

Le lendemain soir, l'ayant rencontrée à la porte de l'hôtel, je lui donnai le bras pour l'aider à descendre de voiture. Dès qu'elle fut à terre, elle me dit :

« Si l'on parvient dans Rome à connaître vos stances et les miennes, vous pouvez compter sur mon inimitié.

— Madame, j'ignore ce que vous voulez me dire.

— Je m'attendais à cette réponse, reprit la marquise ; mais que cela vous suffise. »

Je la laissai à la porte de la salle, et la croyant réellement fâchée, je me retirai le désespoir dans le cœur. « Mes stances, me disais-je, ont trop de feu, elles compromettent sa gloire, et son orgueil aura été offensé de me voir si avant dans le secret de son intrigue. Cependant je suis sûr que la crainte qu'elle témoigne de mon indiscrétion n'est de sa part qu'une feinte : c'est un prétexte pour me disgracier. Elle n'a pas compris ma réserve ! qu'aurait-elle donc fait si je l'avais peinte dans la parure de l'âge d'or, libre de tous les voiles que la pudeur impose au sexe ! » J'étais fâché de ne l'avoir pas fait. Je me déshabille et me couche. Je rêvais encore sur mon chevet lorsque l'abbé Gama vint frapper à ma porte. Je tire le cordon, il entre.

« Mon cher, me dit-il, le cardinal demande à vous voir : la belle marquise et le cardinal S. C. désirent que vous descendiez.

— J'en suis fâché, mais je ne le puis : dites-leur la vérité, que je suis couché et malade. »

L'abbé ne revenant pas, je jugeai qu'il s'était bien acquitté de sa commission, et je passai la nuit assez tranquillement. Je n'étais pas encore habillé le lendemain matin que je reçus un billet du cardinal S. C. où il m'invitait à dîner, me disant qu'il s'était fait saigner et qu'il avait besoin de me parler : il finissait par m'inviter à me rendre chez lui de bonne heure quand bien même je serais malade.

C'était pressant ; je ne pouvais rien deviner, mais ce billet ne me paraissait pas annoncer quelque chose de désagréable. Je sors et je vais à la messe, sûr d'être remarqué par le cardinal Acquaviva, ce qui ne manqua pas. Après la messe, monseigneur m'ayant fait signe de m'approcher :

Êtes-vous vraiment malade? me dit-il.

— Non, monseigneur, je n'avais qu'envie de dormir.

— J'en suis charmé, mais vous avez tort, car on vous aime. Le cardinal se fait saigner.

— Je le sais, monseigneur, il me l'apprend par ce billet dans lequel il me prie d'aller dîner chez lui, si Votre Éminence le permet.

— Très volontiers. Mais c'est plaisant! Je ne croyais pas qu'il eût besoin d'un tiers.

— Y aura-t-il donc un tiers?

— Je n'en sais rien, et je n'en suis pas curieux. »

Le cardinal me quitta là-dessus, et tout le monde crut que Son Éminence m'avait entretenu d'affaires d'État.

J'allai chez mon nouveau Mécène, que je trouvai dans son lit.

« Je suis obligé de faire diète, me dit-il, vous dînerez seul, mais vous n'y perdrez rien : mon cuisinier n'en est point prévenu. Ce que j'ai à vous dire, c'est que je crains que vos stances ne soient trop jolies, car la marquise en

CHAPITRE X

est folle. Si vous me les aviez lues comme elle l'a fait, je ne me serais pas décidé à les admettre.

— Mais elle les croit de Votre Éminence?

— Certainement.

— Voilà l'essentiel, monseigneur.

— Oui, mais que ferais-je s'il allait lui prendre envie de m'en faire d'autres?

— Vous lui répondriez par le même moyen, car vous pouvez disposer de moi de jour et de nuit et être parfaitement sûr du plus inviolable secret.

— Je vous prie d'accepter ce petit présent ; c'est du negrillo de la Havane que le cardinal Acquaviva m'a donné. »

Le tabac était bon, mais l'accessoire était meilleur : c'était une superbe tabatière d'or émaillée. Je la reçus avec respect et l'expression d'une tendre reconnaissance.

Si Son Éminence ne savait pas faire des vers, elle savait au moins donner et donner convenablement ; et cette science dans un grand seigneur est infiniment au-dessus de l'autre.

Vers midi, à ma grande surprise, je vois la belle marquise paraître dans le plus élégant déshabillé.

« Si j'avais su, lui dit-elle, que vous aviez bonne compagnie, je ne serais pas venue.

— Je suis sûr, chère marquise, que vous ne trouverez pas de trop notre abbé.

— Non, car je le crois honnête. »

Je me tenais à une distance respectueuse, prêt à partir avec ma belle tabatière au premier lardon qu'elle m'aurait lancé. Le cardinal lui ayant demandé si elle dînerait :

— Oui, dit-elle, mais mal, car je n'aime pas à manger seule.

— Si vous voulez lui faire cet honneur, l'abbé vous tiendra compagnie. »

Elle me regarda alors d'un air gracieux, mais sans ajouter une syllabe.

C'était la première fois que j'avais affaire à une femme du grand ton, et cet air de protection, de quelque air de bienveillance qu'il fût accompagné, me démontait; car il ne peut avoir rien de commun avec l'amour. Cependant comme elle était en présence du cardinal, je compris qu'il était probablement convenable qu'elle en agît ainsi.

On mit la table auprès du lit du cardinal, et la marquise qui ne mangeait presque rien encourageait mon heureux appétit.

« Je vous ai dit que l'abbé ne me cède pas, dit S. C.

— Je crois, dit la marquise, qu'il s'en faut peu qu'il ne vous égale ; mais ajouta-t-elle flatteusement, vous êtes plus friand.

— Madame la marquise, oserais-je vous prier de me dire en quoi je vous parais gourmand ; car en toutes choses je n'aime que les morceaux fins et exquis.

— Explication en toutes choses, » dit le cardinal.

Me permettant alors de rire, je dis en vers improvisés tout ce qu'il me vint dans la tête d'appeler fin et exquis. La marquise, en m'applaudissant, me dit qu'elle admirait mon courage.

« Mon courage, madame, est votre ouvrage, car je suis timide comme un lapin quand on ne m'encourage pas : vous êtes l'auteur de mon impromptu.

— Je vous admire. Pour moi, quand même celui qui m'encouragerait serait le dieu du Pinde, je ne saurais prononcer quatre vers sans les écrire.

— Osez, madame, vous abandonner à votre génie, et vous direz des choses divines.

— Je le crois aussi, dit le cardinal. Permettez, de grâce, que je montre à l'abbé vos dix stances.

CHAPITRE X

— Elles sont négligées ; mais je le veux bien, pourvu que cela reste entre nous. »

Alors le cardinal me donna les stances de la marquise, et je les lus en leur donnant tout le relief d'une lecture bien faite.

« Comme vous avez lu cela ! dit la marquise ; il ne me semble plus en être l'auteur. Je vous remercie. Mais ayez la bonté de lire sur le même ton celles que Son Éminence m'a faites en réponse. Elles les surpassent de beaucoup.

— Ne croyez pas cela, abbé, dit le cardinal en me les donnant ; cependant tâchez de ne rien leur faire perdre à la lecture. »

Son Éminence n'avait certes pas besoin de me faire une pareille recommandation, car c'étaient mes vers ; il m'aurait été impossible de ne pas les lire de mon mieux, surtout lorsque j'avais sous mes yeux l'objet qui me les avait inspirés et qu'en outre Bacchus réchauffait mon Apollon, autant que les beaux yeux de la marquise augmentaient le feu qui circulait dans tous mes sens.

Je lus ces stances de manière à ravir le cardinal ; mais je fis monter le rouge sur le front de la charmante marquise quand j'en fus à la description de ces beautés qu'il est permis à l'imagination poétique de deviner, mais que je ne pouvais pas avoir vues. Elle m'arracha le papier des mains avec un air de dépit en disant que j'y substituais des vers, ce qui était vrai, mais ce que je me gardai bien d'avouer. J'étais tout de flamme et elle ne brûlait pas moins que moi.

Le cardinal s'étant endormi, elle se leva pour aller s'asseoir sur le belvédère : je l'y suivis. Elle était assise à hauteur d'appui, j'étais en face d'elle de manière que son genou touchait ma montre. Quel poste ! Prenant avec douceur une de ses mains, je lui dis qu'elle avait porté dans mon âme une flamme dévorante, que je l'adorais et que si je ne pouvais pas espérer de la trouver sensible à ma peine, j'étais décidé à la fuir pour jamais.

« Daignez, belle marquise, prononcer ma sentence.

— Je vous crois libertin et inconstant.

— Je ne suis ni l'un ni l'autre. »

En disant ces mots, je la pressai contre mon sein et je déposai sur ses belles lèvres de rose un baiser délicieux qu'elle reçut de la meilleure grâce. Ce baiser, avant-coureur des plus doux plaisirs, ayant donné à mes mains la hardiesse la plus prononcée, j'allais... Mais la marquise, changeant de position, me pria avec tant de douceur de la respecter que, trouvant une nouvelle volupté à lui obéir, je cessai non seulement de poursuivre une victoire possible, mais j'allai même jusqu'à lui demander un pardon qu'il me fut facile de lire dans le regard le plus suave. Elle me parla ensuite de Lucrèce, et elle dut être enchantée de ma discrétion. De là elle fit tomber la conversation sur le cardinal, tâchant de m'induire à croire qu'il n'existait entre elle et lui qu'un lien de pure amitié. Je savais à quoi m'en tenir, mais j'étais intéressé à faire semblant de la croire sans restriction. Nous en vînmes à nous réciter les vers de nos meilleurs poètes, et pendant ce temps elle était assise, et moi debout devant elle, libre de dévorer de mes regards des charmes auxquels je restais insensible en apparence, décidé à ne point chercher ce jour-là une plus belle victoire que celle que j'avais obtenue.

Le cardinal, ayant achevé son long et paisible somme, vint nous rejoindre en bonnet de nuit et nous demanda bénignement si nous ne nous étions pas impatientés à l'attendre. Je restai avec eux jusqu'à la brume ; après quoi je me retirai très content de ma journée, mais déterminé à tenir mon ardeur en bride jusqu'à ce que le moment d'une victoire complète vînt s'offrir de lui-même.

CHAPITRE X

Depuis ce jour, la charmante marquise ne cessa de me donner des marques d'une estime particulière, sans affecter la moindre gêne. Je comptais sur le carnaval qui s'approchait, persuadé que plus je ménagerais sa délicatesse, plus elle serait soigneuse à faire naître l'occasion de récompenser ma fidélité et de couronner ma tendresse et ma constance. Mais le sort en avait décidé autrement ; car la fortune vint me tourner le dos au moment même où le pape et mon cardinal pensaient sérieusement à la fixer sur des bases solides.

Le souverain pontife m'avait félicité de la magnifique tabatière que le cardinal S. C. m'avait donnée, mais il avait observé de ne jamais me nommer sa marquise. Le cardinal Acquaviva ne dissimula pas le plaisir qu'il éprouvait que son confrère m'eût fait goûter de son negrillo dans une enveloppe si belle ; et l'abbé Gama, me voyant en si beau chemin, n'osait plus me donner des conseils ; le bon et vertueux abbé Georgi bornait les siens à me dire de m'en tenir à la belle marquise et de me donner bien de garde de faire d'autres connaissances.

Telle était ma position, vraiment brillante, quand le jour de Noël je vis l'amant de Barbe Dalacqua entrer dans ma chambre, fermer la porte, se jeter sur mon canapé en s'écriant que je le voyais pour la dernière fois. »

« Je ne viens vous demander qu'un bon conseil.

— Quel conseil puis-je vous donner ?

— Tenez, lisez ; vous saurez tout. »

C'était une lettre de sa maîtresse ; en voici le contenu.

« Je porte dans mon sein un gage de notre mutuel amour : je ne puis plus en douter, mon cher ami, et je vous préviens que je suis déterminée à partir de Rome toute seule et d'aller mourir où Dieu voudra, si vous n'avez pas soin de moi. Je souffrirai tout plutôt que de me découvrir à mon père. »

« Si vous êtes honnête homme, lui dis-je, vous ne pouvez pas l'abandonner. Épousez-la malgré votre père et malgré le sien, et vivez en bons époux ensemble. La Providence éternelle veillera sur vous. »

Il me sembla plus calme après ce conseil, et il partit.

Au commencement de janvier 1744, je le vois paraître de nouveau ayant l'air très content.

« J'ai loué, me dit-il, le haut étage de la maison contiguë à celle de Barbe ; elle le sait, et cette nuit je sortirai par la lucarne du grenier pour m'introduire auprès d'elle, et nous fixerons l'heure où je l'enlèverai. Mon parti est pris ; je suis décidé de la conduire à Naples, et comme la servante, qui couche au grenier, ne pourrait pas ignorer son évasion, je l'emmènerai avec nous.

— Que Dieu vous conduise ! »

Huit jours après, vers les onze heures du soir, je le vois entrer dans ma chambre accompagné d'un abbé.

« Que me voulez-vous à cette heure ?

— Je viens vous présenter ce bel abbé. »

Je le regarde et je vois avec effroi que c'est sa maîtresse.

« Vous a-t-on vus entrer ? lui dis-je.

— Non, et quand même, c'est un abbé. Nous passons ensemble toutes les nuits.

— Je vous en félicite.

— La servante est dans nos intérêts, elle consent à nous suivre ; tous nos arrangements sont pris.

— Je vous souhaite du bonheur, Adieu. Je vous prie de vous en aller. »

A peu de jours de là me promenant avec l'abbé Gama à la villa Médici, il me dit de propos délibéré que dans la nuit il y aurait une exécution dans la place d'Espagne.

« Et quelle exécution ?

— Le bargello ou son lieutenant viendra exécuter

quelque *ordine santissimo*, ou visiter quelque maison suspecte pour enlever quelqu'un qui ne s'y attend pas.

— Comment sait-on cela ?

— Son Éminence doit le savoir, car le pape n'oserait empiéter sur sa juridiction sans lui en demander la permission.

— Il la lui a donc donnée ?

— Oui ; un auditeur du saint-père est venu la lu demander ce matin.

— Mais notre cardinal aurait pu la refuser ?

— Certainement ; mais cela ne se refuse jamais.

— Et si la personne qu'on recherche est sous sa protection, que fait-on ?

— Alors Son Eminence la fait avertir. »

Nous changeâmes d'entretien, mais cette nouvelle me causa de l'inquiétude. Je me figurai que cet ordre pouvait regarder Barbara ou son amant, car la maison de son père était sous la juridiction d'Espagne. Je cherchai vainement le jeune homme, je ne pus le rencontrer ; et je craignis de me compromettre en allant chez lui ou chez sa belle. Il est cependant certain que je ne fus arrêté par cette considération que parce que je n'avais aucune certitude que cela les regardât ; car, si je l'avais su positivement, j'aurais bravé tous les yeux.

Vers minuit, comme j'allais me coucher, ayant ouvert ma porte pour en ôter la clef, je me trouve surpris par un abbé qui se précipite dans ma chambre, hors d'haleine, et qui se jette sur un fauteuil. Reconnaissant Barbara, je devine tout, et prévoyant toutes les conséquences que cela pouvait avoir pour moi, troublé, confondu, je lui reproche de s'être sauvée chez moi, et je la prie de s'en aller de suite.

Malheureux ! sentant que je me perdais avec elle, sans pouvoir la secourir efficacement, j'aurais dû la forcer à sortir et même appeler du monde si elle avait fait résistance. Je n'en eus pas le courage, ou plutôt je cédai involontairement à ma destinée.

Aussitôt que je lui eus signifié de sortir, fondant en pleurs, elle se jette à genoux et me supplié d'avoir pitié d'elle.

Quel est le cœur d'acier que n'amollissent point les pleurs et les prières d'une femme jolie et malheureuse ! Je cédai en la prévenant qu'elle nous perdait tous deux.

« Personne, me dit-elle, ne m'a vue ni entrer dans l'hôtel ni monter chez vous ; j'en suis sûre, et je m'estime heureuse d'être venue ici il y a huit jours, car sans cela je n'aurais jamais su trouver votre chambre.

— Hélas ! il vaudrait mieux que vous n'y fussiez jamais venue. Qu'est devenu le docteur votre amant ?

— Les sbires l'ont enlevé avec la servante ; je vais tout vous conter. Prévenue par mon amant que cette nuit une voiture se trouverait au pied du perron de la Trinité-des-Monts, et qu'il y serait pour m'y attendre, je suis sortie il y a une heure par la lucarne de notre maison pour pénétrer chez lui, où je me suis habillée comme vous voyez, et, précédée par la servante, je suis sortie pour l'aller joindre. La servante était à quelque distance devant moi avec ma pacotille. Au coin de la rue, sentant qu'une boucle de mon soulier s'était défaite, je m'arrête pour l'assujettir, tandis qu'elle continue son chemin, croyant que je la suivais. Étant arrivée auprès de la voiture, elle y est montée, et moi, comme j'en approchais, j'ai aperçu à la lueur d'une lanterne une trentaine de sbires, en même temps que l'un deux prenait la place du cocher : il est aussitôt parti à toute bride, enlevant la servante, qu'ils ont prise pour moi, et mon amant qui, sans doute, y était pour m'attendre. Que pouvais-je faire dans ce terrible moment ? Ne pouvant rentrer chez mon père, j'ai suivi le premier mouvement de mon âme, qui m'a conduite ici. M'y voilà. Vous me dites que par cette démarche je vous perds : si vous le croyez, dites ce que je dois faire, je me sens mourir ; trouvez un expédient, je suis prête à tout, même à périr plutôt que de vous perdre. »

Mais, en prononçant ces mots, ses larmes redoublèrent avec une force incroyable.

Sa situation était si triste que je la jugeai bien plus malheureuse que la mienne, quoique je me visse à la veille de tomber dans le précipice, tout innocent que j'étais.

« Laissez-moi, lui dis-je, vous conduire chez votre père ; je me sens assez fort pour vous obtenir son pardon. »

Mais à cette proposition, son effroi redouble. « Je suis perdue, me dit-elle ; je connais mon père. Ah ! monsieur l'abbé, mettez-moi plutôt dans la rue et abandonnez-y-moi à mon malheureux sort. »

Je l'aurais dû sans doute, si mon intérêt avait pu l'emporter sur la pitié. Mais ses larmes ! Je l'ai dit souvent, et le lecteur qui l'a éprouvé sera de mon avis : rien n'est plus irrésistible que les larmes de deux beaux yeux quand celle qui les répand est belle, honnête et malheureuse. Je me trouvai dans l'impuissance physique de chercher à la contraindre de sortir.

« Ma pauvre fille, lui dis-je enfin, quand le jour viendra, et il ne tardera guère, car il est minuit, que vous proposez-vous de faire ?

— Je sortirai de l'hôtel, dit-elle en sanglotant. Sous cet habit personne ne me reconnaîtra ; je sortirai de Rome, et je marcherai devant moi jusqu'à ce que je tombe morte de fatigue et de douleur. »

En achevant ces mots, elle tomba sur le parquet : elle étouffait ; je la voyais devenir bleue : j'étais dans le plus affreux embarras.

Après avoir défait son collet et l'avoir délacée, je lui jetai de l'eau sur le visage et je parvins à la rappeler à la vie.

La nuit était des plus froides, je n'avais point de feu, je lui conseillai de se mettre dans mon lit, lui promettant de la respecter. « Hélas ! monsieur l'abbé, le seul sentiment que je puisse exciter, c'est la pitié. »

J'étais effectivement trop ému et en même temps trop tourmenté pour éprouver aucun désir. L'ayant persuadée à se mettre au lit et son extrême faiblesse l'empêchant de s'aider, je la déshabillai et je la couchai, faisant sur moi une nouvelle épreuve que la pitié faisait taire le plus impérieux des besoins, malgré l'aspect de tous les charmes qui peuvent le porter au plus haut degré d'irritation. Je me couchai tout habillé auprès d'elle, et à la première lueur du jour je l'éveillai. Ayant repris des forces, elle s'habilla toute seule et je sortis en lui disant de se tenir tranquille jusqu'à mon retour. Mon intention était de me rendre chez son père et de solliciter son pardon par tous les moyens possibles ; mais, ayant aperçu des gens suspects autour de l'hôtel, je crus devoir changer d'avis, et je me dirigeai vers un café.

Je m'aperçus qu'un mouchard me suivait de loin, mais je ne fis pas semblant de le savoir, et après avoir pris mon chocolat et m'étant muni de quelques biscuits, je rentrai chez moi avec la plus grande tranquillité apparente, toujours suivi du même individu. Je jugeai alors que le bargello ayant manqué sa capture devait bâtir sur des soupçons ; et ce qui me confirma dans cette idée, c'est que, sans que je l'interrogeasse, le portier me dit en rentrant que dans la nuit on avait voulu faire une exécution, mais qu'on l'avait manquée. Au même instant un auditeur du cardinal-vicaire vint demander au portier à quelle heure il pourrait parler à l'abbé Gama. Je vis qu'il n'y avait pas de temps à perdre et je montai dans ma chambre pour prendre un parti.

Je commençai d'abord par obliger cette pauvre fille à manger une couple de biscuits trempés dans du vin des Canaries, ensuite je la menai dans le haut de la maison, dans un lieu peu décent, mais où personne n'allait, et je lui dis de m'y attendre.

Mon laquais étant venu peu après, je lui ordonnai, dès qu'il aurait fait ma chambre, d'en fermer la porte et de m'en apporter la clef chez Gama, où je me rendis. Je trouvai cet abbé en pourparlers avec l'auditeur du cardinal-vicaire. Dès qu'il l'eût renvoyé, il vint à moi et ordonna à son domestique d'apporter du chocolat. Quand nous fûmes seuls, il me rendit compte de son entretien avec l'individu qui venait de sortir. Il s'agissait de prier Son Éminence notre cardinal de faire sortir de son hôtel une personne qui devait s'y être réfugiée vers minuit. « Il faut attendre, ajouta l'abbé, que le cardinal soit visible ; mais il est certain que si quelqu'un s'est introduit ici à son insu, il le fera sortir. » Nous parlâmes ensuite du froid et du chaud jusqu'à ce que mon domestique vînt m'apporter ma clef. Jugeant que j'avais au moins une heure devant moi, je pensai à un expédient qui seul pouvait sauver Barbara de l'opprobre.

Certain de n'être vu de personne, je vais trouver la pauvre recluse et je lui fais écrire au crayon et en bon français ce qui suit : « Je suis une honnête fille, monseigneur, mais déguisée en abbé. Je supplie Votre Éminence de me permettre de lui dire mon nom en personne. J'espère dans la grandeur de votre âme que vous sauverez mon honneur. »

Je lui donnai les instructions nécessaires pour faire parvenir ce billet à Son Éminence, l'assurant qu'aussitôt que le cardinal l'aurait lu, il la ferait introduire auprès de lui.

« Dès que vous serez auprès de lui, mettez-vous à genoux, contez-lui votre histoire sans rien déguiser, si ce n'est que vous avez passé la nuit dans ma chambre, chose dont vous ne devez rien dire, car le cardinal doit ignorer absolument que j'aie été instruit de la moindre particularité de votre intrigue. Dites-lui qu'ayant vu votre amant enlevé, vous êtes entrée dans son palais et que vous êtes montée aussi haut que vous l'avez pu, et qu'après avoir passé une nuit douloureuse, vous vous êtes sentie inspirée à lui écrire pour implorer sa pitié. Je suis certain que Son Éminence d'une façon quelconque vous sauvera de l'opprobre. C'est enfin le seul moyen par lequel vous puissiez espérer d'être unie à l'homme que vous chérissez. »

Dès qu'elle m'eut promis de faire exactement tout ce que je lui avais dit, j'allai me faire coiffer, et m'étant habillé, j'allai à la messe, où le cardinal me vit; puis je sortis pour ne rentrer qu'à l'heure du dîner, pendant lequel on ne fit que parler de cette affaire. Le seul Gama ne disait rien, et j'imitais son silence ; mais je relevai de toutes les jaseries que le cardinal avait pris ma pauvre Barbara sous sa protection. C'était tout ce je désirais, et, pensant n'avoir plus rien à craindre, je jouissais en silence de mon stratagème, qui me semblait un petit chef-d'œuvre. Après dîner, me trouvant seul avec Gama, je lui demandai ce que c'était que cette intrigue, et voici ce qu'il me répondit.

« Un père de famille, dont je ne sais pas encore le nom, ayant fait instance auprès du cardinal-vicaire pour qu'il empêchât son fils d'enlever une fille avec laquelle il voulait sortir des États du saint-père, et l'enlèvement devant avoir lieu à minuit sur cette place, le vicaire, après avoir obtenu le consentement de notre cardinal, comme je vous le contai hier, a donné ordre au bargello d'aposter des sbires pour prendre les jeunes gens sur le fait

CHAPITRE X

et les capturer. L'ordre a été exécuté ; mais les gens de la police, en arrivant chez le bargello, ont reconnu n'avoir fait leur capture qu'à demi, puisque la femme qu'ils ont vue descendre de la voiture avec le jeune homme n'était pas de l'espèce de celles qu'on enlève. Quelques minutes après, le bargello a été informé par un espion qu'au moment même de l'enlèvement, un jeune abbé, courant à toutes jambes, s'était réfugié dans ce palais ; et il en a conçu le soupçon que ce pouvait être la fille manquée sous cet habit emprunté. Le bargello est allé rendre compte au vicaire de l'incident et du rapport de l'espion, et ce cardinal, partageant les soupçons de ces agents de police, a fait prier Son Éminence notre maître d'ordonner qu'on fît sortir la personne en question, fille ou garçon, à moins qu'elle ne soit connue par Son Éminence pour être à l'abri du soupçon. Le cardinal Acquaviva a su tout cela ce matin à neuf heures par l'auditeur du vicaire que vous avez vu chez moi, et il a promis de faire renvoyer ladite personne, à moins qu'elle ne fût de sa maison.

« Notre cardinal, conformément à sa promesse, a effectivement donné l'ordre de faire des perquisitions dans tout le palais ; mais, un quart d'heure après, le maître d'hôtel a reçu l'ordre contraire de cesser ; et il ne peut y avoir d'autre raison que celle-ci.

« Le maître de chambre m'a dit qu'à neuf heures précises un abbé très joli, et qu'il a pris pour une jeune fille déguisée, est venu le prier de remettre un billet à Son Éminence ; que le cardinal, après l'avoir lu, a fait entrer ledit abbé dans son appartement, d'où il n'est plus sorti depuis. Comme l'ordre de suspendre les perquisitions a été donné immédiatement après l'introduction de l'abbé, on peut croire que cet abbé n'est autre que la fille que les sbires ont manquée et qui s'est réfugiée dans l'hôtel, où elle doit avoir passé toute la nuit.

— Son Éminence, lui dis-je, la remettra sans doute aujourd'hui, non pas entre les mains des sbires, mais entre celles du cardinal?

— Non, pas même entre celles du pape, répondit Gama. Vous n'avez pas encore une juste idée de la protection de notre cardinal; et cette protection est déjà déclarée, puisque la jeune personne est non seulement dans le palais de monseigneur, mais même dans sa propre chambre et sous sa garde. »

L'histoire étant intéressante, mon attention ne put paraître suspecte à Gama, quelque spéculatif qu'il fût; et certainement il ne m'aurait rien dit s'il avait pu deviner la part que j'avais à cette affaire et tout l'intérêt que je devais y prendre.

Le lendemain mon abbé Gama entre tout rayonnant dans ma chambre en me disant que le cardinal-vicaire savait que le ravisseur était mon ami, et qu'il supposait que je devais l'être aussi de la fille, puisque le père était mon maître de langue.

« On est sûr, ajouta-t-il, que vous saviez toute l'histoire, et il est naturel qu'on suppose que la pauvre petite a passé la nuit dans votre chambre. J'admire votre prudence dans votre maintien d'hier vis-à-vis de moi. Vous vous tintes si bien sur vos gardes, que j'aurais juré que vous n'en saviez rien.

— Et c'est la vérité, lui répondis-je d'un air sérieux; je ne le sais que de ce moment. Je connais la fille, que je n'ai pas vue cependant depuis six semaines que j'ai cessé de prendre des leçons; je connais beaucoup plus le jeune docteur, qui pourtant ne m'a jamais communiqué son projet. Néanmoins chacun est maître de croire ce qu'il veut. Il est naturel, dites-vous, que cette fille ait passé la nuit dans ma chambre; mais permettez-moi de rire de ceux qui prennent leurs conjectures pour des réalités.

— C'est, me répliqua l'abbé, le vice des Romains, mon cher ami; heureux ceux qui peuvent en rire; mais cette calomnie peut vous faire du tort, même dans l'esprit de notre cardinal. »

Comme ce même soir il y avait relâche à l'Opéra, j'allai à l'assemblée, et je ne remarquai aucun changement à mon égard ni dans le ton du cardinal ni dans celui d'aucune autre personne ; et la marquise se montra pour moi aussi gracieuse et même plus que de coutume.

Le lendemain, après dîner, Gama me dit que le cardinal avait fait passer la jeune fille dans un couvent, où elle serait fort bien traitée aux frais de Son Éminence, et qu'il était sûr qu'elle n'en sortirait que pour devenir l'épouse du jeune docteur.

« J'en serais très content, lui dis-je, car ils sont l'un et l'autre très honnêtes et dignes de l'estime de tout le monde. »

Deux jours après, étant allé voir le bon père Georgi, il me dit d'un air affecté que la nouvelle du jour à Rome était l'enlèvement manqué de la fille de Dalacqua, et qu'on me faisait honneur de toute cette intrigue, ce qui, ajouta-t-il, lui déplaisait fort. Je lui parlai comme j'avais parlé à Gama, et il parut me croire; mais il m'objecta que Rome ne voulait pas savoir les choses comme elles étaient, mais bien comme il lui plaisait de les faire. « On sait, mon ami, que vous alliez tous les matins chez Dalacqua; on sait que le jeune homme allait souvent chez vous : cela suffit. On ne veut pas savoir ce qui détruirait la calomnie, mais au contraire ce qui la fortifie ; car on l'aime dans cette sainte cité. Votre innocence n'empêchera pas que cette histoire ne soit mise sur votre compte, si dans quarante ans d'ici, dans un conclave, il était question de vous élire pape. »

Les jours suivants cette fatale histoire commença à m'ennuyer au delà de toute expression, car tout le monde m'en parlait, et je vis bien qu'on ne faisait semblant de croire ce que je disais que parce qu'on n'osait pas faire autrement. La marquise me dit d'un air fin que la demoiselle Dalacqua m'avait des obligations essentielles ; mais ce qui mit le comble à ma peine, ce fut de voir que, dans les derniers jours du carnaval, le cardinal Acquaviva n'avait plus avec moi l'air libre qu'il avait eu jusqu'alors ; quoique personne que moi ne pût s'apercevoir de ce changement.

Ces bruits commençaient à se calmer lorsqu'au commencement du carême le cardinal me fit entrer dans son cabinet et me dit : « L'affaire de la fille Dalacqua est finie, on n'en parle plus ; mais on a décidé que ceux qui ont profité de la maladresse du jeune homme qui voulait l'enlever sont vous et moi. Ce qu'on dit m'importe peu au fond, car en pareil cas je ne me comporterais pas autrement que je l'ai fait ; et je ne me soucie pas de savoir ce que personne ne peut vous obliger à dire et ce que vous devez taire comme honnête homme. Si vous n'en saviez rien d'avance, en chassant la fille de chez vous, supposé qu'elle y ait été, vous auriez commis une action barbare et même lâche, puisque vous l'auriez rendue malheureuse pour le reste de ses jours ; ce qui ne vous aurait pas garanti du soupçon de complicité en vous donnant tous les dehors d'une lâche trahison. Malgré tout cela, vous pouvez vous figurer que, malgré mon mépris pour tous les caquets, je ne puis paraître les braver ouvertement. Je me vois donc contraint de vous prier, non seulement de me quitter, mais même de vous en aller de Rome. Je vous fournirai un prétexte honorable pour vous assurer la continuation de la considération que peuvent vous valoir les marques d'estime que e vons ai données. Je vous promets de confier à l'oreille de qui vous voudrez, et même de dire à tout le monde que vous allez faire un voyage pour une commision importante que je vous ai confiée. Pensez seulement au pays où vous voulez aller : j'ai des amis partout, je vous recommanderai de manière que vous aurez de l'emploi. Mes recommandations seront de ma main, et il ne tiendra qu'à vous que personne ne sache où vous allez. Venez demain me trouver à Villa-Negroni, et vous me direz où vous désirez que s'adressent mes lettres. Vous vous disposerez à partir dans huit jours. Croyez que je suis fâché de vous perdre ; mais c'est un sacrifice que m'impose le plus absurde des préjugés. Allez, et ne me rendez pas témoin de votre affliction. »

Il me dit ces dernières paroles en voyant que mes yeux se remplissaient de larmes, et il ne me donna pas le temps de lui répondre pour ne pas m'en voir répandre davantage. Avant de sortir de son cabinet, j'eus la force de me remettre et de ne montrer que de la gaieté, au point que l'abbé Gama, qui me donna le café chez lui, me fit compliment sur mon air de satisfaction.

« Je suis sûr, me dit-il, que cela vient de la conversation que vous avez eue ce matin avec Son Éminence.

— C'est vrai ; mais vous ignorez l'affliction que j'ai dans le cœur et que je dissimule.

— De l'affliction ?

— J'ai peur d'échouer dans une commision difficile que le cardinal m'a donnée ce matin. Je suis forcé de cacher le peu de confiance que j'ai en moi-même, pour ne point diminuer celle que Son Éminence veut bien me témoigner.

— Si mes conseils peuvent vous être bons à quelque chose, disposez de moi ; cependant vous faites bien de vous montrer serein et tranquille. Est-ce une commission dans Rome ?

— Non, il s'agit d'un voyage que je dois entreprendre dans huit ou dix jours.

— De quel côté ?

— Au couchant.

— Je n'en suis pas curieux. »

Je sortis seul et j'allai me promener à la villa Borghese, où je passai deux heures dans un sombre désespoir. J'aimais Rome, je m'étais vu sur le grand chemin de la fortune et tout à coup je me voyais précipité dans l'abîme, ne sachant où aller, et déchu des plus belles espérances. J'examinais ma conduite, je me jugeais avec sévérité ; je ne pouvais me trouver coupable que de trop de complaisance ; mais je voyais combien l'honnête abbé Georgi avait eu raison. J'aurais dû, non pas me mêler de l'intrigue des deux amants, mais changer de maître de langue dès que j'en eus connaissance ; mais après la mort, le médecin. D'ailleurs, jeune comme je l'étais, et ne connaissant pas encore assez le malheur, ni surtout la méchanceté du monde, il était difficile que j'eusse cette prudence que donne seul l'usage de la vie.

Où irai-je? Cette question me paraissait insoluble. J'y pensai toute la nuit et toute la matinée, mais vainement : après Rome, tout me semblait égal.

Le soir, ne me sentant aucune envie de souper, je m'étais retiré dans ma chambre ; l'abbé Gama vint m'y trouver pour me dire que Son Éminence me faisait prévenir de ne m'engager à dîner le lendemain chez personne, car il avait à me parler.

J'allai le trouver le lendemain, selon ses ordres, à Villa-Negroni : il était à se promener avec son secrétaire, qu'il quitta dès qu'il m'aperçut. Dès que je me vis seul, je lui racontai dans les moindres détails toute l'intrigue des deux amants, ensuite je lui peignis avec les plus vives couleurs l'affliction que j'éprouvais de devoir me séparer de lui. « Je me vois, lui dis-je, frustré de toute fortune, puisque je sens que je ne puis la faire qu'au service de Votre Éminence. » Je passai ainsi près d'une heure à lui débiter mon chapelet, en versant d'abondantes larmes, mais sans que je parvinsse à ébranler sa résolution. Il m'encouragea avec bonté, mais d'une manière pressante, à lui dire en quel lieu de l'Europe je voulais aller, et le désespoir autant que le dépit me fit prononcer Constantinople.

« Constantinople? me dit-il en reculant de deux pas.

— Oui, monseigneur, Constantinople, » répétai-je en essuyant mes larmes.

Ce prélat, rempli d'esprit, mais Espagnol dans l'âme, après quelques instants de silence me dit avec un sourire :

« Je vous remercie de ne m'avoir pas nommé Ispahan, car vous m'auriez embarrassé. Quand voulez-vous partir?

— D'aujourd'hui en huit, comme Votre Éminence me l'a ordonné.

— Irez-vous vous embarquer à Naples ou à Venise?

— A Venise.

— Je vous donnerai un ample passeport, car vous trouverez dans la Romagne deux armées en quartier d'hiver. Il me semble que vous pouvez dire à tout le monde que je vous envoie à Constantinople, car personne ne vous croira. »

Cette ruse politique me fit presque rire. Il me dit que je dînerais avec lui et il me quitta pour aller rejoindre son secrétaire.

Dès que je fus rentré à l'hôtel, réfléchissant au choix que j'avais fait, je me dis : « Ou je suis fou, ou je cède à la force d'un génie occulte pour agir dans ce lieu au gré de ma destinée. La seule chose dont je ne pouvais me rendre compte était que le cardinal y eût consenti sans opposition. « Sans doute, me disais-je, il n'aura pas voulu que je pusse croire qu'il s'est vanté au delà de ses forces en me disant qu'il avait des amis partout. A qui pourra-t-il me recommander à Constantinople, et que ferai-je dans cette ville? Certes, je n'en sais rien ; mais c'est à Constantinople que je dois aller. »

Je dînai tête à tête avec Son Éminence : elle affecta une bonté toute particulière, et moi beaucoup de satisfaction ; car mon amour-propre plus fort que mon chagrin me défendait de laisser deviner aux spectateurs que je pusse être disgracié. Du reste, mon plus grand chagrin était de quitter la marquise dont j'étais amoureux et dont je n'avais rien obtenu d'essentiel.

Le surlendemain, le cardinal me donna un passeport pour Venise et une lettre cachetée, adressée à Osman Bonneval, pacha de Caramanie, à Constantinople. Je pouvais n'en rien dire à personne ; mais, Son Éminence ne me l'ayant point défendu, je montrai l'adresse de la lettre à toutes mes connaissances.

Le chevalier de Lezze, ambassadeur de Venise, me donna une lettre pour un riche Turc fort aimable qui avait été son ami; don Gaspar et l'abbé Georgi me prièrent de leur écrire. Mais l'abbé Gama me dit positivement, en riant, qu'il savait que je n'allais pas à Constantinople.

J'allai prendre congé de donna Cecilia, qui venait de recevoir une lettre de Lucrèce dans laquelle elle lui annonçait qu'elle aurait bientôt le bonheur d'être mère. J'allai aussi prendre congé d'Angélique et de don Francesco, qui étaient mariés depuis peu et qui ne m'avaient pas invité à la noce.

Lorsque j'allai prendre les derniers ordres du cardinal Acquaviva, il me remit une bourse contenant cent onces ou quadruples d'or, qui équivalaient à sept cents sequins.

J'en avais trois cents, ce qui me faisait mille : j'en gardai deux cents et je pris une lettre de change pour le reste sur un Raguséen qui avait maison à Ancône, ensuite je m'embarquai dans une berline avec une dame qui allait à Notre-Dame de Lorette pour y remplir un vœu qu'elle avait fait pendant une maladie de sa fille qui se trouvait avec elle. La fille étant laide, je fis un voyage assez ennuyeux.

CHAPITRE XI

Mon court et trop vif séjour à Ancône. — Cécile. Marine, Bellino. — L'esclave grecque du lazaret. — Bellino se fait connaître.

J'arrivai à Ancône le 25 février de l'an 1744, et j'allai loger à la meilleure auberge. Content de ma chambre, je dis à l'hôte que je voulais faire gras, mais il me répondit qu'en carême les chrétiens faisaient maigre.

« Le Saint-Père m'a donné la permission de faire gras.

— Montrez-la-moi.

— Il me l'a donnée de vive voix.

— Monsieur l'abbé, je ne suis pas obligé de vous croire.

— Vous êtes un sot.

— Je suis maître chez moi, et je vous prie d'aller vous loger ailleurs. »

Une réponse pareille et une intimation à laquelle je ne m'attendais pas du tout me mirent en colère. Je jure, je peste, je crie, quand tout à coup un grave personnage entre dans ma chambre en me disant : « Monsieur, vous avez tort de vouloir manger gras, tandis qu'à Ancône le maigre est bien meilleur ; vous avez tort de vouloir obliger l'hôte à vous croire sur parole, et si vous avez la permission du pape, vous avez tort de l'avoir demandée à votre âge ; vous avez tort de n'avoir point demandé la permission par écrit ; vous avez tort de traiter l'hôte de sot, puisque c'est un compliment que personne n'est obligé d'agréer chez soi, et finalement vous avez tort de faire tant de bruit. »

Cet homme qui n'était entré dans ma chambre que pour me sermonner et me donner tous les torts imaginables, au lieu d'augmenter mon humeur, me donna envie de rire.

« Je souscris volontiers, monsieur, lui répondis-je, à tous les torts que vous me donnez ; mais il pleut, il se fait tard, je suis fatigué et j'ai bon appétit ; c'est vous dire que je ne suis nullement disposé à déloger : voulez-vous me donner à souper à défaut de l'hôte ?

— Non, me dit-il très posément ; car je suis bon catholique et je jeûne ; mais je me charge d'apaiser l'hôte qui vous donnera un souper excellent. »

En achevant ces mots, il descend ; et moi, comparant ma pétulance à son calme, je le reconnus pour digne de me donner des leçons. Il remonte un instant après, me dit que tout est raccommodé et que je serais bien servi.

« Vous ne voulez donc pas souper avec moi ?

— Non, mais je vous tiendrai compagnie. »

J'acceptai avec plaisir, et pour qu'il me dît son nom, je lui dis le mien, en me qualifiant de secrétaire du cardinal Acquaviva.

« Je m'appelle Sancio Pico, me dit-il, et je suis Castillan et providiteur de l'armée de Sa Majesté Catholique, dont le comte de Gages a le commandement sous les ordres du généralissime duc de Modène. »

CHAPITRE XI

Mon excellent appétit ayant excité son admiration, il me demanda si j'avais dîné.

« Non, » lui dis-je.

Et je vis sur ses traits un air de contentement.

« Ne craignez-vous pas que le souper ne vous fasse du mal? ajouta-t-il.

— J'espère au contraire qu'il me fera beaucoup de bien.

— Vous avez donc trompé le pape?

— Non, car je ne lui ai point dit que je n'avais point d'appétit, mais seulement que je préférais le gras au maigre.

— Si vous voulez entendre une bonne musique, me dit-il un instant après, suivez-moi dans la chambre voisine : la première actrice y loge. »

Le mot d'actrice m'intéresse, je le suis. Je vois assise à une table une femme d'un certain âge avec deux jeunes filles et deux garçons, mais je cherche vainement l'actrice que don Sancio Pico me présente en me montrant l'un des deux garçons, d'une beauté ravissante, et qui pouvait tout au plus avoir dix-sept ans. Je pensai que c'était un *castrato* qui, comme à Rome sans doute, faisait toutes les fonctions d'une première actrice. La mère me présenta son autre fils, très joli aussi, mais plus mâle que le *castrato*, quoique plus jeune, et qui se nommait Pétrone. Celui-ci, continuant la série des transformations, représentait la première danseuse. L'aînée des deux filles, que la mère me présenta également, s'appelait Cécile et apprenait la musique ; elle avait douze ans ; sa cadette, appelée Marine, n'en avait que onze, et comme son frère, elle était vouée au culte de Terpsichore : toutes deux étaient fort jolies.

Cette famille était de Bologne, et vivait du fruit de ses talents : la complaisance et la gaieté lui tenaient lieu de richesse.

Bellino, c'était le nom du *castrato*, cédant aux instances de don Sancio, se leva de table, se mit à son clavecin et chanta d'une voix d'ange et avec des grâces enchanteresses. Le Castillan écoutait les yeux fermés et dans une sorte d'extase ; mais moi, bien loin de fermer les yeux, j'admirais ceux de Bellino, qui, noirs et pleins de feu, semblaient lancer des étincelles dont je me sentais embrasé. Je découvrais en lui plusieurs traits de Lucrèce et les manières gracieuses de la marquise, et tout me décelait une belle femme ; car son habit d'homme ne masquait qu'imparfaitement la plus belle gorge : aussi, malgré l'annonce, je me mis dans la tête que le prétendu Bellino n'était qu'une beauté travestie, et, mon imagination prenant l'essor le plus libre, j'en devins tout à fait épris.

Après avoir passé là deux heures délicieuses, je sortis avec le Castillan, qui m'accompagna dans ma chambre. « Je pars, me dit-il, de grand matin pour Sinigaglia avec l'abbé Vilmarcati, mais je serai de retour après-demain soir, pour souper. » Je lui souhaitai un heureux voyage en lui disant que, sans doute, nous nous trouverions en chemin, car je partirais probablement après-demain, dès que j'aurais fait ici une visite à mon banquier.

J'allai me coucher plein de l'impression que Bellino avait faite sur moi, et j'étais fâché de partir sans lui avoir prouvé que je n'étais point dupe d'une fiction. Avec ces dispositions, je dus être très agréablement surpris de le voir entrer chez moi le matin dès que j'eus ouvert ma porte. Il vint m'offrir son jeune frère pour me servir pendant mon séjour, au lieu d'un valet de place que j'aurais dû prendre. J'y consentis volontiers, et je commençai par l'envoyer chercher du café pour toute la famille.

Je fais asseoir Bellino sur mon lit dans l'intention de

lui conter fleurettes et de le traiter en fille ; mais voilà les deux jeunes sœurs qui entrent en accourant vers moi : cela dérangea mes projets. Cependant le trio formait devant mes yeux un tableau qui ne pouvait me déplaire : c'était de la beauté sans fard et de la gaieté naïve et naturelle de trois espèces différentes : douce familiarité, esprit de théâtre, jolis badinages, et petites grimaces de Bologne que je ne connaissais pas encore ; tout cela était charmant pour exciter la bonne humeur, si j'en avais eu besoin. Céline et Marine étaient deux jolis boutons de rose qui n'attendaient pour s'ouvrir que le souffle, non du zéphyr, mais de l'amour ; et certes elles auraient captivé ma préférence sur Bellino si je n'avais vu dans ce dernier qu'un misérable rebut de l'humanité, ou plutôt qu'une déplorable victime de la cruauté sacerdotale ; car, malgré leur jeunesse, ces deux aimables filles portaient sur leur jolie gorge naissante l'image précoce de la puberté.

Pétrone vint avec le café, il nous le servit, et j'en envoyai à la mère qui ne sortait jamais de sa chambre. Ce Pétrone était un vrai giton et même de profession. Cela n'est pas rare en Italie, où l'intolérance sous ce rapport n'est ni déraisonnée comme en Angleterre, ni farouche et cruelle comme en Espagne. Je lui avais donné un sequin pour payer le café, et lui ayant fait don du reste, il m'en témoigna sa reconnaissance en m'appliquant sur les lèvres un baiser voluptueux à bouche entr'ouverte, me supposant un goût que j'étais loin d'avoir. Je le désabusai sans qu'il en parût humilié. Je lui ordonnai de commander à dîner pour six personnes, mais il me dit qu'il ne commanderait que pour quatre, parce qu'il fallait qu'il tînt compagnie à sa chère mère, qui dînait toujours dans son lit. Chacun son goût, et je le laissai faire.

Deux minutes après l'hôte vint me trouver et me dit : « Monsieur l'abbé, les personnes que vous avez invitées mangent au moins pour deux, je vous en préviens ; ainsi je ne puis vous servir qu'en vous faisant payer en conséquence.

— Faites, lui dis-je, mais servez-nousbi en. »

Dès que je fus en état de paraître, je crus devoir souhaiter le bonjour à la complaisante mère. J'entrai dans sa chambre et je lui fis compliment sur ses enfants. Elle me remercia du cadeau que j'avais fait à son fils et se mit à me faire confidence de sa détresse. « L'entrepreneur du théâtre, me dit-elle, est un barbare qui n'a voulu me donner que cinquante écus romains pour tout le carnaval. Nous les avons dépensés pour vivre, et nous ne pouvons retourner à Bologne qu'à pied et en demandant l'aumône. » Cette confidence me toucha de pitié, et tirant de ma bourse un quadruple d'or, je le lui donnai, ce qui lui fit répandre des larmes de joie et de reconnaissance.

« Je vous en promets une autre, madame, lui dis-je, pour prix d'une confidence : avouez-moi que Bellino est une jolie femme déguisée.

— Soyez sûr que non, mais il en a l'air.

— L'air et le ton, madame, car je m'y connais.

— C'est si vrai qu'il est garçon, qu'il a dû se laisser visiter pour pouvoir jouer sur le théâtre.

— Et par qui?

— Par le très révérend confesseur de Mgr l'évêque.

— Par un confesseur?

— Oui, et vous pouvez vous en assurer en le lui demandant.

— Je n'en serai sûr qu'en le visitant moi-même. »

— Faites, s'il y consent ; mais en conscience je ne puis m'en mêler, car j'ignore vos intentions.

CHAPITRE XI

— Elles sont toutes naturelles. »

Je passe dans ma chambre et j'envoie Pétrone me chercher une bouteille de vin de Chypre. Il fit la commission et me rapporta sept sequins de reste d'un doublon que je lui avais donné. J'en fis le partage entre Bellino, Cécile et Marine, et je priai les deux jeunes filles de me laisser seul avec leur frère.

« Bellino, je suis sûr que votre conformation diffère de la mienne ; ma chère, vous êtes une fille.

— Je suis homme, mais castrat : on m'a visité.

— Laissez-moi vous visiter aussi ; je vous donne un doublon.

— Je ne le puis, car il est évident que vous m'aimez et la religion me le défend.

— Vous n'avez pas fait ces difficultés avec le confesseur de l'évêque.

— C'était un vieux prêtre ; et d'ailleurs il n'y a jeté qu'un regard en passant.

— Je le saurai, » lui dis-je en étendant une main hardie.

Il me repousse et se lève. Cette obstination me donne de l'humeur, car j'avais déjà dépensé quinze ou seize sequins pour satisfaire ma curiosité. Je me mis à table d'un air maussade ; mais l'excellent appétit de mes jolis convives me rendit ma bonne humeur, et je jugeai qu'à le bien prendre la gaieté valait mieux que la bouderie : et dans cette disposition, je pris le parti de me refaire sur les deux charmantes cadettes qui semblaient très disposées à se prêter au badinage.

Assis au milieu d'elles auprès d'un bon feu, en mangeant des marrons que nous humections avec du chypre, je commençai à distribuer quelques baisers innocents à droite et à gauche. Mais bientôt mes mains avides touchèrent tout ce que mes lèvres pouvaient baiser, et Cécile et Marine s'amusaient fort de ce jeu. Bellino souriant, je l'embrasse aussi, et son jabot entr'ouvert semblant défier ma main, je m'aventure et je pénètre sans résistance. Jamais le ciseau de Praxitèle n'avait taillé une gorge aussi bien prise !

« A ce signe, lui dis-je, je ne saurais plus douter que vous ne soyez une femme accomplie.

— C'est, me répondit-elle, le défaut de tous mes pareils.

— Non, c'est la perfection de toutes vos pareilles. Bellino, crois-moi, je m'y connais assez pour distinguer le sein difforme d'un castrat de celui d'une belle femme ; et ce sein d'albâtre est celui d'une jeune beauté de dix-sept ans. »

Qui ne sait que l'amour enflammé par tout ce qui peut l'exciter ne s'arrête, dans la jeunesse, que lorsqu'il est satisfait, et qu'une faveur obtenue excite à l'obtention d'une faveur plus grande ? J'étais en beau chemin, je voulus aller plus loin et couvrir de baisers brûlants ce que ma main dévorait ; mais le faux Bellino, comme s'il ne se fût aperçu que dans ce moment-là du plaisir illicite que je prenais, se lève et s'enfuit. La colère se joint au feu de l'amour, et dans l'impossibilité de le mépriser, puisque j'aurais dû commencer par moi, sentant le besoin de me calmer en satisfaisant mon ardeur ou en l'évaporant, je priai Cécile, qui était son élève, de me chanter quelques airs napolitains. Je sortis ensuite pour aller chez le banquier où je pris une lettre à vue sur Bologne en échange de celle que j'avais sur lui. A mon retour, je soupai légèrement avec ces jeunes filles, ensuite je me disposai à me coucher en ordonnant à Pétrone de me commander une voiture pour le point du jour.

Au moment où j'allais fermer la porte, Cécile, à moi-

CHAPITRE XI

tié déshabillée, vint me dire que Bellino me faisait demander si je voulais le mener à Rimini, où il était engagé pour chanter l'opéra qu'on devait jouer après Pâques.

« Va lui dire, mon petit ange, que je lui ferai très volontiers ce plaisir, s'il veut me faire celui que je désire en ta présence : je veux savoir positivement si c'est une fille ou un garçon.

Elle part et revient à l'instant me dire qu'il était couché, mais que si je voulais différer mon départ d'un seul jour, il me promettait de me satisfaire le lendemain.

« Dis-moi la vérité, Cécile, et je te donne six sequins.

— Je ne puis pas les gagner, car je ne l'ai jamais vu tout nu, et je ne puis pas jurer s'il est fille. Mais il faut bien qu'il soit garçon, car sans cela il n'aurait pas pu jouer ici.

— Fort bien, je ne partirai qu'après-demain, si tu veux me tenir compagnie cette nuit.

— Vous m'aimez donc ?

— Beaucoup, si tu veux être bonne.

— Très bonne, car je vous aime beaucoup aussi. Je vais avertir ma mère.

— Tu as certainement un amant ?

— Je n'en ai jamais eu. »

Elle sortit et revint l'instant d'après toute joyeuse, en me disant que sa mère me croyait honnête homme. Elle ne me croyait sans doute que généreux. Cécile ferma la porte et vint se jeter dans mes bras en m'embrassant. Elle était gentille, charmante, mais je n'en étais pas amoureux, et je ne pus pas lui dire comme à Lucrèce : « Tu as fait mon bonheur ; » mais ce fut elle qui me le dit, sans que j'en fusse beaucoup flatté, quoique je fisse semblant de le croire. A mon réveil, je lui souhaitai un tendre bonjour, et après lui avoir donné trois doublons qui durent singulièrement réjouir la mère, je la renvoyai sans m'amuser à lui faire serment d'une constance éternelle, serments aussi frivoles qu'absurdes et que l'homme le plus continent ne devrait jamais faire, même à la plus belle des femmes.

Après avoir déjeuné, je fis monter l'hôte et lui commandai un excellent souper pour cinq personnes, persuadé que don Sancio, qui devait revenir le soir, ne me refuserait pas l'honneur de souper avec moi, et dans cet espoir je ne voulus pas dîner. La famille bolonaise n'eut pas besoin d'imiter mon régime pour s'assurer un bon appétit pour le soir.

Ayant fait appeler Bellino, je le sommai de tenir sa promesse; mais il me dit en riant que la journée n'était pas passée, et qu'il était sûr de partir avec moi.

« Je vous préviens que ce ne sera pas, si je ne suis complètement satisfait.

— Vous le serez.

— Voulez-vous que nous allions faire un tour ensemble?

— Je le veux bien ; je vais m'habiller. »

Pendant que je l'attendais, voilà Marine qui vient d'un air chagrin me dire comment elle avait pu mériter le mépris que je faisais d'elle.

« Cécile a passé la nuit avec vous, vous partez demain avec Bellino ; je suis la seule malheureuse.

— Veux-tu de l'argent?

— Non, car je vous aime.

— Mais, Marinette, tu es trop jeune !

— Je suis plus forte que ma sœur.

— Mais il se peut aussi que tu aies un amant.

— Oh! ça, non.

— Fort bien ; nous verrons ce soir.

— Oh bien ! je vais dire à maman de préparer des draps pour demain ; car autrement on saurait tout dans l'auberge. »

J'admirais les fruits d'une éducation de théâtre ; mais cela m'amusait.

Bellino étant venu, nous sortîmes et nous nous dirigeâmes vers le port. Il y avait en rade plusieurs bâtiments, entre autres un vaisseau vénitien et un turc. Je me fis conduire à bord du premier, que je visitai avec intérêt ; mais, n'y ayant trouvé personne de ma connaissance, j'en sortis avec Bellino et je me fis conduire sur le navire turc, où m'attendait la surprise la plus romanesque. La première personne que j'y aperçus, ce fut la belle Grecque que j'avais laissée à Ancône il y avait sept mois, lorsque je partis du lazaret. Elle était à côté du vieux capitaine, auquel je demandai, sans faire semblant de voir sa belle captive, s'il avait de belles marchandises à vendre. Il nous mena dans la chambre ; mais, en jetant un coup d'œil sur la belle Grecque, je lus dans ses regards toute la joie qu'elle avait de me revoir.

Rien de ce que le Turc me fit voir ne parut me plaire, et comme par inspiration, je lui dis que j'achèterais volontiers quelque chose de joli qui plût à sa belle moitié. Il sourit, et, la Grecque lui ayant dit quelque chose en turc, il sortit.

Aussitôt qu'il fut hors de nos regards, cette nouvelle Aspasie me saute au cou et me dit : « Voilà le moment de la fortune. » N'ayant pas moins de courage qu'elle, prenant la position la plus convenable pour le lieu, je lui fis en moins d'un instant ce qu'en cinq ans son maître ne lui avait point fait. Je n'étais pas au terme de mes vœux, quand la malheureuse Grecque, entendant son maître, s'arracha de mes bras avec un soupir, et se plaçant adroitement devant moi, me donna le temps de réparer un désordre qui aurait pu me coûter la vie, ou au moins tout mon avoir pour arranger l'affaire. Dans cette situation curieuse, ce qui excita mon hilarité fut la surprise de Bellino qui restait là comme pétrifié et tremblant comme la feuille.

Les colifichets que la belle esclave choisit ne me coûtèrent qu'une trentaine de sequins. « *Spolaitis*, » me dit-elle dans sa langue, et, le Turc lui ayant dit qu'elle devait m'embrasser, elle se sauva en se couvrant le visage. Je partis plus triste que content ; car je regrettais que, malgré son courage, elle n'eût pu atteindre qu'à une satisfaction imparfaite. Dès que nous fûmes dans la felouque, Bellino, revenu de sa peur, me dit que je venais de lui montrer un phénomène dont la réalité n'était pas vraisemblable, mais qui lui donnait une étrange idée de mon caractère ; et que pour celui de la Grecque, il n'y comprenait rien, à moins que je ne l'assurasse que toutes les femmes de son pays étaient comme elle.

« Qu'elles doivent être malheureuses ! ajouta-t-il.

— Croyez-vous donc, lui dis-je, que les coquettes soient plus heureuses ?

— Non, mais je veux qu'une femme, en cédant de bonne foi à l'amour, ne se rende qu'après avoir combattu avec elle-même ; et je ne veux pas que, cédant au premier élan d'un désir lubrique, elle s'abandonne au premier objet qui lui plaît comme un animal qui n'est conduit que par la puissance des sens. Convenez que cette Grecque vous a donné une marque certaine que vous lui avez plu ; mais elle vous a donné un signe non moins certain de sa brutalité et d'une effronterie qui l'exposait à la honte d'être repoussée, car elle ne pouvait pas savoir si vous auriez été à son égard aussi bien disposé qu'elle l'était au vôtre. Elle est fort jolie et tout a bien été ;

mais tout cela m'a jeté dans un trouble dont je me ressens encore. »

J'aurais pu faire cesser les perplexités de Bellino et rectifier ce qu'il y avait d'erroné dans son raisonnement; mais une confidence de cette nature n'aurait pas tourné à l'avantage de mon amour-propre, et je me tus ; car, si Bellino était une fille, comme je le pensais, je voulais qu'elle fût convaincue que l'importance que j'attachais à la grande affaire était au fond fort petite, et qu'elle ne valait pas la peine d'employer des ruses pour en empêcher les suites.

Nous rentrâmes, et vers le soir, ayant entendu la voiture de don Sancio entrer dans la cour, je m'empressai d'aller au-devant de lui en lui disant que j'espérais qu'il me pardonnerait d'avoir compté qu'il voudrait bien me faire l'honneur de souper avec moi et Bellino. Relevant avec dignité et politesse le plaisir que j'avais eu l'attention de lui faire, il accepta.

Les mets les plus exquis, les meilleurs vins d'Espagne, et, plus que tout cela, la gaieté et les voix ravissantes de Bellino et de Cécile, firent passer au Castillan cinq heures délicieuses. Il me quitta à minuit en me disant qu'il ne pouvait se déclarer parfaitement content qu'à moins que je ne lui promisse de souper le lendemain dans sa chambre avec la même compagnie. Il s'agissait de différer mon départ encore d'un jour ; mais j'acceptai.

Dès que don Sancio fut parti, je sommai Bellino de tenir sa parole ; mais il me dit que Marine m'attendait, et que, puisque je restais le lendemain, il trouverait le moment de me contenter. En disant cela, il me souhaita une bonne nuit et s'en alla.

Marinette toute joyeuse courut fermer la porte, et revint le feu dans les regards. Elle était plus formée que Cécile, quoique d'un an plus jeune, et elle semblait me dire qu'elle voulait me convaincre qu'elle valait mieux qu'elle ; mais, craignant que la fatigue de la nuit précédente n'eût épuisé mes forces, elle me déploya toutes les idées amoureuses de son âme, me parla longuement de tout ce qu'elle connaissait du grand mystère qu'elle allait consommer avec moi, de tous les moyens dont elle s'était servie pour se procurer des connaissances imparfaites ; et dans tout cela elle mêlait les inconséquences de son âge. Je démêlai qu'elle appréhendait que je ne la trouvasse pas novice et que je ne lui en fisse des reproches. Son inquiétude me plut, et je la rassurai en lui disant que ce qu'on appelait une fleur était une chose que la nature refusait à bien des filles, et que ceux qui leur en faisaient une querelle me paraissaient des sots.

Ma science lui donna du courage et de la confiance, et je fus forcé de lui avouer qu'elle était bien supérieure à sa sœur.

« J'en suis ravie, me dit-elle, et nous passerons la nuit sans dormir.

— Le sommeil, ma chère, nous sera favorable, et les forces qu'il nous rendra te récompenseront demain matin d'un temps que tu peux croire perdu. »

En effet, après un doux sommeil, le réveil fut pour elle une suite de nouveaux triomphes, et je mis le comble à son bonheur en la renvoyant avec trois doublons qu'elle alla remettre à sa mère, ce qui lui donna un désir insatiable de contracter de nouvelles obligations envers la Providence.

Je sortis pour aller prendre de l'argent chez mon banquier, ne pouvant pas savoir ce qui m'arriverait en route ; car j'avais joui, mais j'avais trop dépensé ; et puis il me restait Bellino, qui, s'il était fille, ne devait pas me trouver moins généreux que ses jeunes sœurs.

CHAPITRE XI

Cela devait se décider dans la journée, et il me semblait que j'étais certain du résultat.

Il y a des gens qui disent que la vie n'est qu'un assemblage de malheurs ; ce qui revient à dire que l'existence est un malheur ; mais si la vie est un malheur, la mort est donc tout le contraire, et c'est le bonheur, puisque la mort est l'opposé de la vie. Cette conséquence peut paraître rigoureuse. Mais ceux qui tiennent ce langage sont assurément malades ou pauvres ; car s'ils jouissaient d'une bonne santé, s'ils avaient la bourse bien fournie, la gaieté dans le cœur, des Cécile, des Marine, et l'espérance de mieux encore, oh ! certes, ils changeraient d'avis. Je les tiens pour race de pessimistes, qui ne peuvent avoir existé qu'entre des philosophes gueux et des théologiens fripons ou atrabilaires. Si le plaisir existe et qu'on ne puisse en jouir qu'étant en vie, la vie est un bonheur. Il y a des malheurs : j'en sais quelque chose ; mais l'existence de ces malheurs mêmes prouve que la somme de bonheur l'emporte ; or, parce qu'au milieu d'une foule de roses on trouve quelques épines, faut-il méconnaître l'existence de ces belles fleurs ! non ; c'est calomnier la vie que de nier qu'elle est un bien. Quand je suis dans une chambre obscure, je me plais infiniment à voir au travers d'une fenêtre un immense horizon vis-à-vis de moi.

A l'heure du souper, je me rendis chez don Sancio, que je trouvai magnifiquement logé. Sa table était couverte en vaisselle plate, et ses domestiques en grande livrée. Il était seul, mais entrèrent bientôt après Cécile, Marine et Bellino qui, par goût ou par caprice, s'était mis en habit de femme. Les deux jeunes sœurs, bien vêtues, étaient charmantes ; mais Bellino dans son habit de femme les éclipsait tellement que je n'eus plus le moindre doute.

« Êtes-vous persuadé, dis-je à don Sancio, que Bellino n'est pas une fille?

— Fille ou garçon, que m'importe? Je le crois un très joli castrat, et j'en ai vu d'aussi jolis que lui.

— Mais en êtes-vous sûr?

— *Valgame Dios!* répondit le grave Castillan, je n'ai nulle envie d'en acquérir la certitude. »

Oh! que nous pensions différemment! Mais, respectant en lui la sagesse qui me manquait, je ne me permis plus d'indiscrète question. Cependant à table mes yeux avides ne purent se détacher de cet être ravissant; ma nature vicieuse me faisait trouver une douce volupté à le croire d'un sexe dont j'avais besoin qu'il fût.

Le souper de don Sancio fut délicieux, et comme de raison supérieur au mien, car sans cela l'orgueil castillan se serait cru humilié. D'ailleurs les hommes en général ne se contentent jamais du bien; ils veulent le mieux, ou pour mieux dire le plus. Il nous donna des truffes blanches, des coquillages de plusieurs espèces, les meilleurs poissons de l'Adriatique, du champagne non mousseux, du peralta, du xérès et du pedro-ximénès.

Après ce souper de Lucullus, Bellino chanta d'une voix à nous faire perdre le peu de raison qui nous restait et que les excellents vins nous avaient laissée. Ses gestes, l'expression de son regard, ses manières, sa démarche, son port, sa physionomie, sa voix et surtout mon instinct, qui ne pouvait pas me faire éprouver pour un castrat ce que j'éprouvais pour lui, tout me confirmait dans mon espérance : cependant je devais m'en assurer par mes yeux.

Après mille compliments et mille remerciements, nous quittâmes le magnifique Espagnol et passâmes dans ma chambre où le mystère devait enfin se dévoiler. Je som-

CHAPITRE XI

mai Bellino de me tenir parole, ou de me voir partir seul le lendemain au point du jour.

Je prends Bellino par la main et nous nous asseyons ensemble auprès du feu. Je renvoie Cécile et Marine, et je lui dis : « Bellino, il y a un terme à tout ; vous m'avez promis : l'affaire sera bientôt faite. Si vous êtes ce que vous dites, je vous prierai de vous retirer dans votre chambre ; si vous êtes ce que je vous crois et que vous veuillez rester avec moi, demain je vous donnerai cent sequins et nous partirons ensemble.

— Vous partirez seul, et vous pardonnerez à ma faiblesse si je ne puis vous tenir parole. Je suis ce que je vous ai dit, et je ne saurais me résoudre à vous rendre témoin de ma honte, ni m'exposer aux horribles conséquences que cet éclaircissement pourrait avoir.

— Il ne peut en avoir aucune, puisque dès que je me serai assuré que vous avez le malheur d'être ce que je ne vous crois pas, tout sera dit ; et sans qu'il soit jamais plus question de rien, nous partirons demain ensemble et je vous déposerai à Rimini.

— Non, c'est décidé ; je ne puis satisfaire votre curiosité. »

A ces mots, poussé à bout, j'étais prêt à user de violence ; mais, me maîtrisant, je tente d'en venir à bout par la douceur, et d'aller droit où gisait la solution du problème ; mais prêt à y atteindre, sa main m'oppose une vigoureuse résistance. Je redouble d'efforts ; mais, se levant tout à coup, je me trouve démonté. Après un moment de calme, croyant le surprendre, j'allonge la main ; mais, terrifié, je crois le reconnaître homme, et homme méprisable, moins par sa dégradation que par l'insensibilité qu'il me sembla lire sur ses traits. Dégoûté, confus, rougissant presque de moi-même, je le renvoyai.

Ses sœurs viennent me trouver, je les renvoie en les

chargeant de dire à leur frère qu'il partirait avec moi, et qu'il n'aurait plus à craindre mes indiscrétions. Cependant, malgré la conviction que je croyais avoir acquise, Bellino, tel que je l'avais cru, occupait ma pensée : je n'y concevais rien.

Le lendemain matin je partis avec lui, déchiré par les pleurs des deux charmantes sœurs, et couvert des bénédictions de la mère qui, le chapelet à la main, marmottait des patenôtres et répétait son refrain : *Dio provedera*[1].

Cette confiance que la plupart de ceux qui vivent de métiers illicites ou défendus par la religion mettent en la Providence n'est ni absurde, ni factice, ni hypocrite ; elle est vraie, réelle et même pieuse, car elle dérive d'une source excellente. Quelles que soient les voies de la Providence, les mortels doivent toujours la reconnaître dans son action, et ceux qui l'invoquent indépendamment de toute considération ne peuvent être, au fond, que de bons esprits, quoique coupables de transgressions.

Pulchra Laverna
Du mihi fallere ; da justo sanctoque videri ;
Noctem peccatis, et fraudibus objice nubem [2]

C'est ainsi que du temps d'Horace les voleurs parlaient latin à leur déesse, et je me rappelle qu'un jésuite me dit un jour que cet auteur n'aurait pas su sa langue, s'il avait dit : *justo sanctoque* ; mais il y avait aussi des ignorants parmi les jésuites, et les voleurs se moquent sans doute de la grammaire.

Me voilà donc en route avec Bellino qui, me croyant

---

1. Dieu y pourvoira.

2. Belle Laverne, donne-moi la faculté de tromper, et de paraître juste et saint ; couvre de la nuit mes forfaits et mes fraudes d'un nuage.

CHAPITRE XI

343

désabusé, pouvait s'imaginer que je ne serais plus curieux de lui ; mais il ne tarda pas un quart d'heure à voir qu'il se trompait ; car je ne pouvais fixer mes regards sur ses beaux yeux sans me sentir embrasé d'une ardeur que la vue d'un homme n'aurait pu produire sur moi.

Je lui dis que ses yeux comme tous ses traits étaient ceux d'une femme, et qu'il fallait que mes regards s'assurassent du fait, parce que la proéminence que j'avais aperçue pouvait n'être qu'un jeu de la nature. « Si cela était, je n'aurais nulle peine à vous pardonner cette difformité qui, au fond, n'est que ridicule. Bellino, l'effet que vous produisez sur moi, cette sorte de magnétisme, une gorge de Vénus que vous avez livrée à mon avide main, le son de votre voix, toutes vos allures me confirment que vous êtes d'un sexe différent du mien. Laissez-moi m'en assurer, et si je ne me trompe point, comptez sur mon amour ; si je reconnais mon erreur, comptez sur mon amitié. Si vous vous obstinez encore, je suis forcé de croire que vous vous faites une cruelle étude de me tourmenter, et qu'excellent physicien, vous avez appris dans la plus maudite de toutes les écoles que le vrai moyen de rendre impossible à un jeune homme la guérison d'une passion amoureuse à laquelle il est livré, est de l'irriter sans cesse ; mais vous conviendrez que vous ne pouvez exercer cette tyrannie qu'en haïssant la personne sur laquelle elle opère cet effet ; et, la chose étant ainsi, je devrais rappeler ma raison pour vous haïr à mon tour. »

Je continuai longtemps sur ce ton sans qu'il me répondît un mot, mais ayant l'air très ému. A la fin, lui ayant dit que dans l'état où sa résistance me mettait, je serais forcé de le traiter sans ménagement pour obtenir une certitude que je ne pouvais obtenir que par la violence, il me dit avec force : « Songez que vous n'êtes pas mon maître, que je suis entre vos mains sous la foi d'une promesse, et que vous deviendriez coupable d'un assassinat en me faisant violence. Dites au postillon d'arrêter : je descendrai, et je ne m'en plaindrai à personne. »

Cette courte apostrophe fut suivie d'un déluge de larmes, moyen auquel je n'ai jamais su résister. Je me sentis ému jusqu'au fond de l'âme, et je crus presque avoir eu tort. Je dis presque, car si j'en avais été convaincu, je me serais jeté à ses pieds pour lui en demander pardon ; mais, ne me sentant pas en état de me constituer juge de ma cause, je me contentai de me renfermer dans un morne silence, et j'eus la constance de ne pas prononcer un mot jusqu'à ce que nous fûmes à une demi-poste de Sinigaglia, où je voulais souper et coucher. Là enfin, ayant assez combattu avec moi-même :

« Nous aurions pu, lui dis-je, nous reposer à Rimini en bons amis, si vous aviez eu pour moi quelque amitié ; car avec un peu de complaisance, vous auriez pu me guérir de ma passion.

— Vous n'en seriez pas guéri, me répondit Bellino avec courage, mais avec un ton dont la douceur me surprit ; non, vous n'en seriez pas guéri, soit que je sois fille ou garçon, car vous êtes amoureux de moi, indépendamment de mon sexe ; et la certitude que vous auriez acquise vous aurait rendu furieux. Dans cet état, si vous m'aviez trouvé impitoyable, vous vous seriez certainement porté à des excès qui vous auraient fait répandre des larmes inutiles.

— Vous croyez par ce beau raisonnement me faire convenir que votre obstination est raisonnable ; mais vous êtes complètement dans l'erreur, car je sens que je serais parfaitement calme, et que votre complaisance vous vaudrait mon amitié.

— Vous deviendriez furieux, vous dis-je.

— Bellino, ce qui m'a rendu furieux, c'est l'étalage de vos charmes trop réels ou trop décevants, et dont certes vous ne pouviez pas ignorer l'effet. Alors vous n'avez pas craint ma fureur amoureuse ; comment voulez-vous que je croie que vous la craignez maintenant, quand je ne vous demande que de toucher une chose faite pour me dégoûter !

— Ah ! vous dégoûter ! je suis bien sûre du contraire. Écoutez-moi. Si j'étais fille, il ne serait pas en mon pouvoir de ne pas vous aimer, je le sens ; mais, étant garçon, mon devoir est de n'avoir pas la complaisance que vous désirez ; car votre passion, qui n'est maintenant que naturelle, deviendrait monstrueuse. Votre nature ardente l'emporterait sur votre raison, et votre raison même deviendrait aisément l'auxiliaire de vos sens et serait de moitié avec votre nature. Cet éclaircissement incendiaire, si vous l'obteniez, ne vous laisserait plus maître de vous-même. Cherchant ce que vous ne pourriez trouver, vous voudriez vous satisfaire sur ce que vous trouveriez, et le résultat serait sans doute une abomination. Comment, avec votre esprit, pouvez-vous vous flatter que, me trouvant homme, vous puissiez tout à coup cesser de m'aimer ? Les charmes que vous me trouvez cesseront-ils d'exister ? Ils augmenteront peut-être de force, et alors, votre feu devenant brutal, vous adopterez tous les moyens que votre imagination vous offrira pour le satisfaire. Vous parviendrez à vous persuader de pouvoir me métamorphoser en femme, ou pis encore, de le devenir vous-même. Votre passion enfantera mille sophismes pour justifier votre amour que vous décorerez du beau nom d'amitié ; et pour justifier votre conduite, vous ne manquerez pas de m'alléguer mille exemples de pareilles turpitudes. Que sais-je alors si, ne me trouvant pas docile à vos exigences, vous ne me menaceriez pas de la mort, car vous ne me trouveriez assurément jamais docile sur ce point ?

— Rien de tout cela n'arriverait, Bellino, lui répondis-je, un peu accablé par la longueur de son raisonnement ; rien, positivement ; et vous exagérez, j'en suis sûr ; car vos craintes ne peuvent aller jusque-là. Cependant je dois vous dire que lors même que tout cela arriverait, il me semble qu'il y aurait moins de mal à passer à la nature un égarement qui peut n'être considéré à la rigueur que comme un accès de folie, que d'agir de manière à rendre incurable une maladie de l'esprit que la raison ne rendrait que passagère. »

C'est ainsi qu'un pauvre philosophe raisonne, quand il s'avise de raisonner dans des moments où une passion en tumulte égare les facultés de son âme. Pour bien raisonner, il faut n'être ni amoureux ni en colère, car ces deux passions ont cela de commun que, dans leurs excès, elles nous rendent égaux à la brute qui n'agit que par l'instinct qui la domine ; et malheureusement nous ne sommes jamais si portés à raisonner que lorsque nous sommes sous l'influence de l'une ou de l'autre.

Arrivés à Sinigaglia à nuit close, j'allai loger à la meilleure auberge, et après m'être accommodé d'une bonne chambre, je commandai à souper. Comme il n'y avait qu'un lit dans la pièce, je demandai de l'air le plus calme à Bellino s'il voulait se faire allumer du feu dans une autre chambre ; mais qu'on juge de ma surprise quand il me dit avec douceur qu'il ne ferait aucune difficulté de coucher dans le même lit. J'avais besoin de cette réponse, à laquelle pourtant j'étais loin de m'attendre, pour dissiper la noire humeur qui me troublait. Je vis que je touchais au dénouement de la pièce ; mais je me gardai bien de m'en adresser des félicitations, dans l'incertitude où j'étais s'il serait ou non favorable ; cependant j'éprouvais une véritable satisfaction d'avoir vaincu, certain d'obtenir une pleine victoire sur moi-même si mes sens et mon instinct m'avaient trompé, c'est-à-dire de le respecter s'il était homme. Dans le cas contraire, je croyais pouvoir m'attendre aux plus douces faveurs.

Nous nous mîmes à table face à face, et durant le souper, ses discours, son air, l'expression de ses beaux yeux, son sourire suave et voluptueux, tout me fit présager qu'il était las de jouer un rôle qui avait dû lui être aussi pénible qu'à moi-même.

Soulagé d'un grand poids, je rendis le repas le plus court possible. Dès que nous eûmes quitté la table, mon aimable compagnon fit apporter une lampe de nuit, et s'étant déshabillé, il se coucha. Je ne tardai pas à le suivre, et le lecteur verra quel fut le dénouement tant désiré; mais, en attendant, je lui souhaite une nuit aussi heureuse que celle qui m'attendait

CHAPITRE XII

Bellino se fait connaître; son histoire. — On me met aux arrêts — Ma fuite involontaire. — Mon retour à Rimini, et mon arrivée à Bologne.

Lecteur, je vous ai fait pressentir le dénouement le plus heureux; aussi nulle expression ne pourrait vous faire comprendre toute la volupté que cet être charmant me réservait. Ce fut elle qui, la première, s'approcha de moi aussitôt que je fus couché. Sans nous parler, nos baisers se confondirent, et je me trouvai au comble de la jouissance sans avoir eu le temps de la rechercher. Après la victoire la plus complète, qu'auraient gagné mes yeux et mes doigts à des recherches qui ne pouvaient point me procurer plus de certitude que je n'en avais ! Je laissai mes regards errer sur ce beau visage que le plus tendre amour animait des feux les plus vifs et les plus naturels.

Après un instant d'extase, un feu nouveau porta un nouvel incendie dans tous nos sens, et nous l'éteignîmes dans une mer de nouvelles délices. Bellino se sentait engagé à me faire oublier mes peines et à me payer de l'ardeur que ses charmes m'avaient inspirée. Moi je doublais mon bonheur par celui que je lui donnais ; car j'ai toujours eu la faiblesse de composer les quatre cinquièmes de mes jouissances de la somme de celles que je procurais à l'être charmant qui me les fournissait. Mais ce sentiment doit faire abhorrer la vieillesse, qui peut bien se procurer du plaisir, mais jamais en donner. La jeunesse la fuit, car elle est son plus redoutable ennemi.

Vint enfin l'instant d'un relâche rendu nécessaire par l'excès de l'activité de nos plaisirs. Nos sens n'étaient point accablés, mais ils avaient besoin de cette tranquillité qui les remet dans leur assiette et qui leur rend cette sorte d'élasticité nécessaire à l'action.

Bellino fut le premier à rompre le silence.

« Mon ami, me dit-elle, es-tu satisfait ? m'as-tu trouvée bien amoureuse ?

— Amoureuse ? traîtresse ! tu conviens donc que je ne me trompais pas lorsque je devinais en toi une femme charmante ? Et s'il est vrai que tu m'aimais, dis-moi comment tu as pu si longtemps différer ton bonheur et le mien ? Mais est-il bien certain que je ne me sois pas trompé ?

— Je suis toute à toi ; assure-t'en. »

CHAPITRE XII

Quel examen ! que de charmes ! que de jouissances ! Mais, ne trouvant aucun signe d'une monstruosité qui m'avait tant rebuté :

« Qu'est donc devenue, lui dis-je, cette horrible difformité ?

— Écoute-moi, me dit-elle ; tu vas être satisfait.

« Je m'appelle Thérèse. Mon père, pauvre employé à l'Institut de Bologne, logeait chez lui le célèbre Salimberi, castrat, musicien délicieux. Il était jeune et beau, il s'attacha à moi, et je me trouvai flattée de lui plaire et de m'entendre louer par lui. Je n'avais que douze ans ; il me proposa de m'enseigner la musique, et me trouvant la voix belle, il me donna tous ses soins, et dans un an je m'accompagnais parfaitement sur le clavecin. Sa récompense fut celle que sa tendresse le força à me demander, et je la lui accordai sans me croire humiliée, car je l'adorais. Sans doute les hommes comme toi sont fort au-dessus des hommes de son espèce ; mais Salimberi faisait exception. Sa beauté, son esprit, ses manières, son talent et les éminentes qualités de son cœur le rendaient préférable à mes yeux à tous les hommes que j'avais connus jusqu'alors. Il était modeste et discret, riche et généreux ; et je doute qu'il ait trouvé une femme qui lui ait résisté ; cependant je ne l'ai jamais entendu se vanter d'avoir triomphé d'aucune. La mutilation en avait fait un monstre, mais toutes les qualités qui l'ornaient en faisaient un ange.

« Salimberi entretenait à Rimini un jeune garçon de mon âge chez un maître de musique. Son père, pauvre et chargé d'une nombreuse famille, se voyant au moment de mourir, ne vit rien de mieux que de faire mutiler son malheureux fils pour qu'il pût par sa voix devenir le soutien de ses frères. Ce jeune garçon s'appelait Bellino : la bonne femme que vous venez de voir à

Ancône était sa mère, et tout le monde la croit la mienne.

« Il y avait un an que j'appartenais à Salimberi, lorsqu'un jour il m'annonça en pleurant qu'il était forcé de me quitter pour aller à Rome ; mais il me promit en même temps que je le reverrais. Cette nouvelle me mit au désespoir. Il avait tout arrangé pour que mon père fît continuer mon instruction ; mais précisément alors mon père, étant tombé malade, mourut, et je me trouvai orpheline.

« Me voyant dans cet état, Salimberi n'eut pas la force de résister à mes pleurs ; il se détermina à me mener à Rimini pour me mettre dans la même pension où il faisait élever son jeune protégé. En y arrivant, nous nous logeâmes à l'auberge, et après s'y être reposé un instant, il me quitta pour aller chez le maître de musique afin d'y prendre les arrangements qui me concernaient ; mais je le vis revenir bientôt après, l'air triste et abattu : Bellino était mort la veille.

« Réfléchissant à la douleur que la perte de ce jeune homme ferait éprouver à sa mère, il lui vint dans l'idée de me ramener à Bologne sous le nom de Bellino, et de me mettre en pension chez la mère du défunt, laquelle, étant pauvre, se trouverait intéressée à garder le secret.
« Je lui donnerai, me dit-il, tous les moyens de faire
« achever ton instruction, et dans quatre ans je te ferai
« venir à Dresde (il était au service de l'électeur de
« Saxe et roi de Pologne), non pas comme fille, mais bien
« comme castrat. Là nous vivrons ensemble sans que
« personne y puisse trouver à redire, et tu feras mon
« bonheur jusqu'à ma mort. Il ne s'agit que de te faire
« passer pour Bellino, et rien de plus facile, puisque tu
« n'es connue de personne à Bologne. La mère de Bel-
« lino sera seule dans le secret, car les autres enfants

CHAPITRE XII

« de cette femme n'ayant jamais vu leur frère qu'en bas
« âge, ne se douteront de rien. Mais il faut, si tu m'aimes,
« que tu renonces à ton sexe, que tu en perdes le sou-
« venir, et partir dans l'instant pour Bologne avec le
« nom de Bellino et transformée en garçon. Ton unique
« soin sera de faire que personne ne te reconnaisse pour
« fille. Tu coucheras seule, tu t'habilleras en particulier,
« et quand dans un an ou deux ta gorge sera formée,
« ce sera un défaut que tu partageras avec beaucoup
« d'entre nous. Outre cela, avant de te quitter, je te
« donnerai un petit instrument que je t'enseignerai à
« fixer de manière que, si jamais tu devais te soumettre
« à un examen, on puisse facilement te croire homme.
« Si mon projet te plaît, je suis sûr que je pourrai vivre
« avec toi à Dresde sans que la reine, qui est dévote,
« s'en formalise. Y consens-tu ? »

« Il ne devait pas douter de mon consentement ; car je l'adorais. Dès que je fus transformée en garçon, nous partîmes pour Bologne, où nous arrivâmes à l'entrée de la nuit. Ayant tout accordé avec la mère de Bellino au moyen d'un peu d'or, j'entrai chez elle en lui donnant le nom de mère, et elle m'embrassa en me nommant son cher fils. Salimberi nous quitta et revint quelques instants après avec l'instrument qui devait compléter ma métamorphose. Il m'enseigna à le placer avec de la gomme adragante en présence de ma nouvelle mère, et je me trouvai, à m'y méprendre, semblable à mon ami. Cela m'aurait fait rire, si le départ subit de l'être que j'adorais ne m'eût percé le cœur ; car Salimberi partit aussitôt que la singulière expérience fut faite. On se moque des pressentiments, je n'y crois pas moi-même, mais celui que j'eus au moment où il m'embrassa en prenant congé de moi ne m'a pas trompée. Je sentis le frisson de la mort parcourir tous mes membres, je crus le voir pour la dernière fois : je m'évanouis. Hélas ! je ne l'avais que trop bien pressenti. Salimberi, très jeune encore, est mort il y a un an dans le Tyrol en vrai philosophe. Sa perte m'a réduite à devoir tirer parti de mes talents pour exister. Ma mère me conseilla de continuer à me donner pour castrat, espérant pouvoir ainsi me mener à Rome. J'y consentis, car je n'avais pas le courage de penser à prendre un parti. En attendant, elle accepta le théâtre d'Ancône, et elle destina Pétrone pour y danser en fille : ainsi nous réalisions le monde renversé.

« Après Salimberi, tu es le seul homme que j'aie connu, et si tu veux, il ne tiendra qu'à toi de me rendre à mon état de femme et de me faire quitter le nom de Bellino que je déteste depuis la mort de mon protecteur, et qui commence à me donner des embarras qui m'impatientent.

« Je n'ai fait que deux théâtres, et chaque fois j'ai été forcée de me soumettre à la honteuse et accablante épreuve ; car on trouve partout que je ressemble trop à une fille, et l'on ne veut m'admettre qu'après la honteuse conviction.

« Jusqu'à présent, par bonheur, je n'ai eu affaire qu'à de vieux prêtres, qui de bonne foi se sont contentés d'une légère inspection et ont fait en conséquence leur rapport à l'évêque ; mais il peut arriver que j'aie affaire à de jeunes, et alors l'examen serait beaucoup plus approfondi. D'ailleurs je me trouve exposée aux persécutions journalières de deux espèces d'êtres : de ceux qui, comme toi, ne peuvent me croire homme, et de ceux qui, pour satisfaire des goûts abominables, se félicitent que je le sois ou trouvent leur compte à me supposer tel. Ces derniers surtout m'obsèdent. Leurs passions sont si infâmes, leurs habitudes si basses, que je me sens l'âme révoltée au point que je crains d'en poignarder quelqu'un dans l'excès de fureur concentrée que leurs infâmes propos me causent. Par pitié, mon ange, si tu m'aimes, sois généreux! tire-moi de cet état d'opprobre et d'abjection. Prends-moi avec toi. Je ne demande pas à devenir ta femme ; ce serait trop de bonheur ; je ne veux être que ton amie, comme je l'aurais été de Salimberi : mon cœur est pur ; je me sens faite pour honorer ma vie par une entière fidélité à mon amant. Ne m'abandonne pas. La tendresse que tu m'as inspirée est véritable ; celle que j'avais pour Salimberi était innocente et venait de ma jeunesse et de ma reconnaissance ; et je ne me crois réellement devenue femme que par toi. »

Son attendrissement, un charme inexprimable qui découlait de ses lèvres avec la persuasion, me firent répandre des larmes d'amour et de tendre intérêt. Je les mêlai à celles qui coulaient de ses beaux yeux, et, vivement pénétré, je lui promis sincèrement de ne pas l'abandonner et de l'associer à ma destinée. Intéressé par l'histoire aussi singulière qu'extraordinaire qu'elle venait de me conter, et n'ayant vu dans tout son récit que le caractère d'une exacte vérité, je me sentais véritablement porté à la rendre heureuse ; mais je ne pouvais pas me persuader que je lui eusse véritablement inspiré un attachement inviolable dans le court séjour que j'avais fait à Ancône, où plusieurs scènes au contraire auraient pu ne lui inspirer que des désirs passagers.

« Comment, lui dis-je, si tu m'avais véritablement aimé, aurais-tu pu souffrir que je me donnasse à tes sœurs de dépit de ne pouvoir te vaincre?

— Hélas ! mon ami, pense à notre grande pauvreté, et à la difficulté que je devais avoir à me découvrir. Je t'aimais, mais ne devais-je pas penser que le feu que tu me montrais n'était qu'une ardeur de caprice? En te voyant passer si facilement de Cécile à Marinette, j'ai pensé que tu me traiterais de même dès que tu aurais satisfait tes désirs. Je me suis surtout confirmée de ton caractère volage et du peu d'importance que tu attachais à la délicatesse du sentiment en voyant ce que tu as fait sur le vaisseau turc sans que tu fusses gêné par ma présence. Elle t'aurait gêné si tu m'avais aimée. J'ai craint de me voir méprisée, et Dieu sait ce que j'ai souffert. Tu m'as insultée, mon ami, de cent manières différentes ; mais je plaidais ta cause, car je te voyais irrité et avide de vengeance. Ne m'as-tu pas menacée aujourd'hui dans la voiture! J'avoue que tu m'as fait peur ; mais ne t'avise pas de croire que ce soit la peur qui m'a déterminée à te satisfaire. Non, j'y étais déterminée depuis l'instant où tu me fis dire par Cécile que tu me mènerais à Rimini, et ta retenue aujourd'hui pendant une partie du chemin m'a confirmée dans ma résolution, car j'ai cru pouvoir me livrer à la noblesse de ton caractère.

— Quitte, lui dis-je, l'engagement que tu as à Rimini, passons outre, et après nous être arrêtés à Bologne une couple de jours, tu me suivras à Venise ; habillée en femme et sous un autre nom. Je défie l'entrepreneur de l'Opéra d'ici de te retrouver.

— J'accepte. Ta volonté sera toujours la mienne. Je suis ma maîtresse et je me donne à toi sans réserve ; mon cœur t'appartient, et j'espère que je saurai me conserver le tien. »

Il y a dans l'homme une force d'action morale qui le pousse toujours au delà de la ligne sur laquelle il se trouve. J'avais tout obtenu, je voulus plus encore. « Montre-moi, lui dis-je, comment tu étais quand je te pris pour homme. » Elle se lève, ouvre sa malle, en retire le masque et la gomme, et, se l'étant appliqué, je fus forcé d'en admirer l'invention. Ma curiosité satisfaite, je passai entre ses bras une nuit fortunée.

CHAPITRE XII.

Le matin en m'éveillant, je contemplais sa figure ravissante pendant qu'elle dormait encore; tout ce que je savais d'elle se retraçait à mon esprit; tout ce qui était sorti de sa bouche enchanteresse, son rare talent, sa candeur, ses sentiments délicats et ses malheurs, dont le plus cruel était sans doute le faux personnage qu'elle avait dû se résoudre à faire et qui l'exposait à l'humiliation et à l'opprobre, tout me fit prendre la résolution de l'associer à ma destinée, quelle qu'elle fût, ou de m'associer à la sienne, car notre condition était à peu près la même.

Poussant plus loin ma pensée et voulant réellement m'attacher à cet être intéressant, je pris le parti d'apposer à cette union la sanction des lois et de la religion, et d'en faire ma femme en forme; car d'après les idées que j'avais alors, cela ne pouvait que resserrer notre tendresse, augmenter notre estime réciproque, et nous assurer celle de la société en général, qui n'aurait jamais pu trouver notre lien légitime qu'en le soumettant aux usages reçus.

Le talent de Thérèse m'assurait que le nécessaire ne pourrait jamais nous manquer, et quoique j'ignorasse à quoi les miens étaient propres, je n'en désespérais point. Notre amour réciproque aurait pu se trouver lésé, elle aurait eu trop d'avantage sur moi et mon amour-propre aurait trop souffert si j'avais dû vivre du fruit de son travail. Cela aurait pu changer à la longue la nature de nos sentiments, et ma femme, cessant de se croire partie obligée, aurait pu se croire protectrice au lieu de protégée ; et si j'avais eu le malheur de la trouver telle, je sentais que mon amour se serait changé en un profond mépris. Quoique avec l'espoir du contraire, au moment de faire une démarche aussi importante, j'avais besoin de la sonder, et je résolus de la soumettre à une épreuve qui me mit de suite à portée de juger le fond de son âme. Voici donc le discours que je lui tins dès qu'elle fut éveillée :

« Ma chère Thérèse, tout ce que tu m'as dit ne me laisse aucun doute sur ton amour, et la certitude dans laquelle tu te sens d'être devenue maîtresse de mon cœur achève de me rendre amoureux de toi au point que je suis prêt à tout faire pour te convaincre que tu ne t'es point trompée. Je veux te montrer d'abord que je suis digne de la noble confidence que tu m'as faite en te rendant dépositaire de celle que je vais te faire à mon tour avec une sincérité égale à la tienne. Il faut que nos cœurs soient vis-à-vis l'un de l'autre dans la plus parfaite égalité. Je te connais, ma Thérèse, mais tu ne me connais pas encore. Je lis dans tes regards que cela t'est égal, et cet abandon m'est garant de ton parfait amour ; mais il me met trop au-dessous de toi, et je ne veux pas te laisser un aussi grand avantage. Je suis certain que cette confidence n'est pas nécessaire à ton amour, que tu ne demandes qu'à être à moi et que tu n'aspires qu'à la possession de mon cœur. Tout cela est beau, ma Thérèse ; mais tout ce qui pourrait paraître m'élever au-dessus de toi ou me rabaisser au-dessous m'humilierait également. Tu m'as confié tes secrets, écoute les miens ; mais avant, promets-moi que lorsque tu sauras bien tout, tu me diras avec vérité tout ce qu'il y aura de changé dans tes sentiments ou dans tes moindres espérances.

— Je te le jure : je ne te cacherai rien ; mais sois assez loyal pour ne pas me faire de fausses confidences ; car je t'avertis qu'elles ne te serviraient de rien. Si par des ruses tu cherchais à me découvrir moins digne de toi que je ne le suis, tu pourrais tout au plus te dégrader un peu dans mon âme. Je ne voudrais pas te savoir capable d'astuce à mon égard. Sois sûr de moi comme je me suis montrée sûre de toi : dis-moi la vérité sans détour.

— La voici. D'abord tu me supposes riche et je ne le suis pas ; dès que ma bourse sera vide, je n'aurai plus rien. Tu me supposes peut-être d'une haute naissance, et je suis d'une condition inférieure ou égale à la tienne. Je n'ai aucun talent lucratif, aucun emploi, aucun fondement pour être certain que j'aurai de quoi vivre dans quelques mois. Je n'ai ni parents ni amis, ni aucun droit de prétention sur quoi que ce soit, et je n'ai aucun projet solide. Tout ce que j'ai enfin, c'est de la jeunesse, de la santé, du courage, un peu d'esprit, des sentiments d'honneur et de probité, et quelques commencements de bonne littérature. Mon grand trésor, c'est que je suis mon maître, que je ne dépends de personne et que je ne redoute pas le malheur. Avec cela je penche à être dissipateur. Belle Thérèse, voilà ton homme. Réponds.

— D'abord, mon ami, commence par être bien pénétré que je crois à la lettre tout ce que tu viens de me dire ; ensuite sache aussi que dans certains moments à Ancône je t'ai jugé tel que tu viens de te décrire ; mais, loin que ce pressentiment me fût pénible, je craignais de me tromper ; car tel que je te supposais, j'osais aspirer à ta conquête. Bref, mon ami, puisqu'il est vrai que tu es pauvre et un vaurien pour l'économie, permets que je t'assure que j'en suis bien aise ; car dans ce cas, et puisque tu m'aimes, tu ne mépriseras pas le présent que je vais te faire. Ce présent consiste en moi telle que je suis et avec toutes mes facultés. Je me donne à toi sans aucune restriction ; je suis à toi et j'aurai soin de toi. Ne pense à l'avenir qu'à m'aimer, mais aime-moi uniquement. Dès ce moment, je ne suis plus Bellino. Allons à

Venise, où mon talent me fera vivre avec toi; et si tu veux aller ailleurs, allons où tu voudras.

— Je dois aller à Constantinople.

— Allons-y. Si tu crains de me perdre par inconstance, épouse-moi et tes droits sur moi seront fortifiés par les lois. Je ne t'en aimerai pas plus tendrement; mais la qualité de ton épouse me sera agréable.

— J'en ai l'intention, et je suis ravi que tu la partages. Après-demain, et pas plus tard, tu recevras ma foi à Bologne aux pieds des autels, comme je te la jure ici entre les bras de l'amour. Je veux que tu sois à moi, que nous soyons l'un à l'autre par tous les liens imaginables.

— Je suis au comble du bonheur! Nous n'avons rien à faire à Rimini; ne nous levons pas; nous dînerons au lit, et demain, bien reposés, nous partirons. »

Nous nous mîmes en route le lendemain, et nous nous arrêtâmes à Pesaro pour déjeuner. Au moment où nous allions remonter en voiture, voilà un sous-officier qui se présente avec deux fusiliers pour nous demander nos noms et nos passeports. Bellino donne le sien; mais moi, je cherche vainement le mien; je ne le trouve pas.

Le caporal ordonne au postillon d'attendre, et s'en va faire son rapport. Une demi-heure après, il revient avec le passeport de Bellino en lui disant qu'il est libre de poursuivre sa route; mais il me signifie qu'il a ordre de me mener chez le commandant. J'obéis.

« Qu'avez-vous fait de votre passeport, me dit cet officier?

— Je l'ai perdu.

— On ne perd pas un passeport.

— On le perd, puisque j'ai perdu le mien.

— Vous ne passerez pas outre.

— Je viens de Rome, et je vais à Constantinople porter

CHAPITRE XII

une lettre du cardinal Acquaviva. Voici la lettre cachetée de ses armes.

— Tout ce que je puis faire, c'est de vous faire conduire chez M. de Gages. »

Je trouvai ce fameux général debout, entouré de son état-major. Après lui avoir dit tout ce que je venais de dire au commandant, je le priai de me laisser poursuivre mon voyage.

« La grâce que je puis vous faire est de vous faire mettre aux arrêts jusqu'à ce qu'il vous arrive de Rome un nouveau passeport sous le même nom que vous avez donné à la consigne. Le malheur de perdre un passeport n'arrive qu'à un étourdi, et le cardinal apprendra à ne pas donner des commissions à des étourdis. »

Là-dessus, il ordonne qu'on me conduise à la garde du poste Sainte-Marie, hors de la ville, après que j'aurais écrit ma lettre au cardinal pour avoir un nouveau passeport. Ses ordres souverains furent exécutés. On me ramena d'abord à l'auberge, où j'écrivis ma lettre, que j'envoyai par estafette à Son Éminence, la suppliant de m'envoyer un passeport sans retard en droiture au bureau de la guerre. Après cela, j'embrassai Thérèse, que ce contretemps désolait, et en la priant d'aller m'attendre à Rimini, je la forçai à prendre cent sequins. Elle voulait rester à Pesaro; je m'y opposai; et après avoir fait décharger ma malle et l'avoir vue partir, je me laissai conduire où le grand général avait ordonné qu'on me menât.

C'est assurément dans de pareils moments que l'optimisme le plus déterminé est en défaut; mais un stoïcisme peu difficile sait émousser tout ce que les contrariétés ont de trop âpre.

Ce qui me fit beaucoup de peine, ce fut la douleur de Thérèse, qui, me voyant arraché de ses bras au moment même de notre union, étouffait en s'efforçant à retenir ses larmes. Elle ne m'aurait pas quitté, si je lui eusse fait sentir qu'elle ne pouvait pas rester à Pesaro et si je ne lui avais pas persuadé que dans dix jours elle me reverrait pour ne plus la quitter. Mais le sort en avait ordonné autrement.

Dès que je fus à Sainte-Marie, l'officier du poste me mit de suite au corps-de-garde, où je m'assis sur ma malle. Cet officier était un taciturne Castillan qui ne daigna pas même m'honorer d'une réponse lorsque, lui ayant dit que j'avais de l'argent, je le priai de me faire avoir quelqu'un pour me servir. Je dus passer la nuit sur un peu de paille, sans rien prendre, au milieu de soldats catalans. C'était la seconde nuit que le destin me faisait passer de la sorte, après en avoir passé deux de délicieuses. Mon génie, sans doute, s'amusait à me faire faire des rapprochements pour mon instruction. Dans tous les cas, ces écoles sont d'un effet immanquable pour des caractères d'une certaine trempe.

Pour fermer la bouche à un raisonneur soi-disant philosophe qui ose vous dire que dans la vie la somme des peines l'emporte sur celle des plaisirs, demandez-lui s'il voudrait d'une vie exempte des uns et des autres. Il ne vous répondra pas, ou il biaisera; car, s'il dit que non, il l'aime telle qu'elle est, et s'il l'aime, il la trouve donc agréable; ce qu'elle ne saurait être si elle était pénible; et s'il vous dit que oui, il s'avoue sot, car il est obligé de concevoir le plaisir dans l'indifférence; et c'est n'avoir pas le sens commun.

La souffrance est inhérente à la nature humaine; mais nous ne souffrons jamais sans avoir l'espoir de la guérison, ou au moins cela ne peut être que fort rare; et l'espérance est un plaisir. Si parfois l'homme peut souffrir sans espoir de guérir, l'assurance immanquable de la

CHAPITRE XII

cessation de l'existence doit être un plaisir ; car le pis aller, dans tous les cas, est un sommeil d'accablement pendant lequel des rêves heureux nous consolent, ou la perte de de la sensibilité ; mais quand nous jouissons, la réflexion que notre joie sera suivie de peines ne vient jamais nous troubler. Le plaisir donc, dans son activité, est toujours pur ; la peine est toujours tempérée.

Je vous suppose, mon cher lecteur, à l'âge de vingt ans et occupé à devenir homme en meublant votre esprit des connaissances qui doivent vous rendre un être utile par l'action du cerveau. Le recteur entre et vous dit : « Je t'apporte trente ans de vie, c'est l'arrêt immuable du destin ; quinze années consécutives doivent être heureuses, et quinze autres malheureuses. Tu as l'option de choisir par quelle moitié tu veux commencer. »

Avouez-le, cher lecteur, vous n'aurez pas besoin de longues réflexions pour vous décider, et vous commencerez par les années de peines ; car vous sentirez que l'attente de quinze années délicieuses ne pourra manquer de vous donner la force nécessaire pour supporter les années douloureuses ; et nous pouvons même conjecturer avec assez de vraisemblance que l'attente d'un bonheur assuré répandra une certaine douceur sur la durée des peines.

Vous avez déjà deviné, j'en suis sûr, la conséquence de ce raisonnement. L'homme sage, croyez-moi, ne saurait jamais être entièrement malheureux ; et j'en crois volontiers mon ami Horace qui dit qu'au contraire il est toujours heureux : *nisi quum pituita molesta est*[1]. Mais quel est le mortel qui a toujours la pituite ?

Le fait est que cette affreuse nuit passée à Sainte-Marie de Pesaro me fit perdre peu et gagner beaucoup. La petite perte était la privation de ma chère Thérèse ;

---

1. A moins qu'il ne soit tourmenté par la pituite.

mais, certain de la revoir en dix jours, c'était un malheur léger : quant au gain, il avait rapport à la connaissance de la vie, à la vraie école de l'homme. Il me valut un système complet contre l'étourderie, un système de prévoyance. Il y a cent à parier contre un qu'un jeune homme qui a une fois perdu sa bourse ou son passeport ne reperdra jamais ni l'un ni l'autre. Ces deux malheurs me sont arrivés, chacun une seule fois, et ils auraient pu m'arriver souvent sans la peur qu'ils ne m'arrivassent. Un étourdi n'a point le mot *peur* dans le dictionnaire de sa vie.

Le lendemain l'officier qui vint relever mon rébarbatif Catalan me parut être d'un autre acabit : il avait une physionomie avenante qui me plut. Il était Français, et je dois dire ici que les Français m'ont toujours plu et les Espagnols jamais ; car il y a dans les manières des uns quelque chose de si prévenant, de si obligeant, qu'on se sent attiré vers eux comme vers une connaissance ; tandis que dans les autres un air de fierté malséante leur donne un certain air repoussant qui ne prévient pas en leur faveur. J'ai cependant été plus d'une fois dupé par des Français ; jamais je ne l'ai été par des Espagnols. Méfions-nous de nos goûts.

Cet officier, s'approchant de moi d'un air noble et poli, me dit : « Par quel hasard, monsieur l'abbé, ai-je l'honneur de vous avoir sous ma garde ? »

Voilà un style qui rend aux poumons toute leur élasticité ! Je lui fais en détail le récit de ma mésaventure, il la trouve plaisante. Mais un caractère à trouver mon contre-temps risible ne pouvait pas me déplaire ; car il me faisait deviner plus d'un point de contact avec la tournure de mon esprit. Il s'empressa de me donner un soldat pour me servir, et bientôt j'eus un lit, des sièges et une table. Il poussa la délicatesse jusqu'à faire placer mon lit dans sa chambre, procédé auquel je ne fus pas insensible.

Après m'avoir invité poliment à prendre part à son dîner, il me proposa une partie de piquet; mais dès les premiers instants il me prévint que je n'étais pas de sa force et que l'officier qui le relèverait le lendemain était encore plus fort que lui : je perdis trois ou quatre ducats. En finissant, il me conseilla de m'abstenir de jouer le lendemain, et je suivis son conseil. Il me prévint aussi qu'il aurait du monde à souper, qu'après le repas on jouerait au pharaon, mais que le banquier étant un Grec, fin joueur, je ne devais point jouer. Je trouvai ce conseil plein de délicatesse, surtout lorsque je vis que tous les pontes perdirent et que le Grec, fort tranquille au milieu des mauvais traitements des dupes, mit son argent dans sa poche après avoir fait la part de l'officier du poste qui s'était intéressé à la banque.

Ce banquier s'appelait don Bepe il cadetto, et à son accent je le reconnus pour Napolitain. Je fis part de ma remarque à l'officier en demandant pourquoi il m'avait dit qu'il était Grec. Il m'expliqua ce que ce terme signifiait, et la leçon dont il accompagna son explication me fut très utile par la suite.

Pendant les cinq jours qui suivirent, ma vie fut uniforme et assez triste; mais le sixième, le même officier se trouvant de garde au même poste, je le vis venir avec plaisir. Il me dit en riant qu'il était ravi de me retrouver, et je pris le compliment pour ce qu'il valait. Le soir, même jeu que la première fois et même résultat, à un coup de canne près vigoureusement appliqué par un ponte sur le dos du banquier et que le Grec dissimula stoïquement. J'ai revu le même individu neuf ans après à Vienne, capitaine au service de Marie-Thérèse; il s'appelait alors d'Afflisso. Dix ans plus tard, je l'ai vu colonel, et quelque temps après millionnaire; mais enfin il y a treize ou quatorze ans que je l'ai vu aux galères. Il était joli; mais, chose plaisante, malgré sa beauté, il avait une physionomie patibulaire. J'en ai vu d'autres dans ce goût, Cagliostro par exemple, et un autre qui n'est pas encore aux galères, mais qui n'y échappera pas. Si le lecteur est curieux, je lui dirai tout à l'oreille.

Vers le neuvième ou dixième jour, j'étais connu et aimé de toute l'armée, et j'attendais mon passeport, qui ne pouvait pas tarder de m'être annoncé. J'étais presque libre, et j'allais me promener, même hors de la vue de la sentinelle. On avait raison de ne pas craindre ma fuite, car j'aurais eu grand tort d'y penser; mais voici le plus singulier accident qui me soit arrivé de ma vie.

Il était six heures du matin. Je me promenais à une centaine de pas de la sentinelle, quand un officier qui survint descendit de son cheval, lui mit la bride sur le cou et s'éloigna pour quelque besoin. Admirant la docilité de ce cheval qui se tenait là comme un fidèle serviteur auquel son maître aurait ordonné de l'attendre, je m'en approche, et sans aucun dessein, je prends la bride, je mets le pied dans l'étrier et me voilà en selle. C'était la première fois de ma vie que j'enfourchais un cheval. Je ne sais pas si je le touchai de ma canne ou de mes talons, mais tout à coup l'animal part ventre à terre, et le serrant de mes talons, mon pied droit ayant lâché l'étrier, le cheval se sentant pressé, ne sachant comment l'arrêter, il courait toujours plus vite. Le dernier poste avancé me crie d'arrêter; je ne puis respecter son ordre, et le cheval m'emportant de plus belle, j'entends siffler quelques balles dont on accompagna ma désobéissance involontaire. Enfin au premier poste avancé des Autrichiens, on arrête mon cheval et je remercie Dieu de pouvoir descendre.

CHAPITRE XII

Un officier de hussards me demande où je vais si vite, et ma parole, plus prompte que ma pensée, répond à mon insu que je ne puis en rendre compte qu'au prince Lobkowitz qui commandait l'armée et dont le quartier général était à Rimini. A ces mots l'officier ordonne à deux hussards de monter à cheval, et après m'avoir fait monter sur un troisième, on me conduit au galop à Rimini, où l'officier de garde me fit de suite conduire chez le prince.

Je trouve Son Altesse seule, et je lui conte tout simplement ce qui venait de m'arriver. Mon récit le fit rire, tout en me disant que tout cela était peu croyable. « Je devrais, monsieur l'abbé, me dit-il, vous faire mettre aux arrêts, mais je veux bien vous épargner ce désagrément. »

Là-dessus appelant un de ses aides de camp, il lui ordonna de m'accompagner hors de la porte de Césène. « De là, ajouta-t-il en se tournant vers moi, vous pourrez aller où vous voudrez ; mais prenez bien garde de retourner dans mon armée sans passeport, car vous pourriez mal passer votre temps. »

Je lui demandai de me faire rendre le cheval ; il me répondit qu'il ne m'appartenait pas. J'oubliai de lui demander de me renvoyer d'où je venais, et j'en fus fâché ; mais, au reste, fis-je peut-être bien.

L'officier chargé de me conduire, en passant devant un café, me demanda si je voulais prendre une tasse de chocolat, et nous entrâmes. Je vois passer Petrone, et profitant d'un moment où l'officier parlait à quelqu'un, je lui ordonne de faire semblant de ne pas me connaître et de me dire où il logeait. Quand nous eûmes pris le chocolat, l'officier paya, et nous partîmes. Chemin faisant nous causâmes, il me dit son nom, je lui dis le mien, en lui racontant comment je me trouvais à Rimini. Il me demanda si je m'étais arrêté quelque temps à Ancône, et sur ma réponse affirmative, il me dit en souriant que je pourrais prendre un passeport à Bologne, retourner à Rimini et à Pesaro sans rien craindre, et recouvrer ma malle en payant le cheval à l'officier qui l'avait perdu. Arrivé à la porte, il me souhaita bon voyage et nous nous séparâmes.

Je me vois en liberté, ayant de l'or, des bijoux, mais privé de ma malle. Thérèse était à Rimini, et il m'était défendu d'y retourner. Je me détermine à me rendre vite à Bologne pour y prendre un passeport et à retourner à Pesaro, où mon passeport de Rome devait sans doute se trouver à mon retour; car je ne pouvais pas me résoudre à perdre ma malle, et je ne voulais pas être privé de Thérèse jusqu'à la fin de son engagement avec le directeur de l'opéra de Rimini.

Il pleuvait, j'étais en bas de soie et, mauvais piéton, j'avais besoin d'une voiture. Je m'arrête sous la porte d'une église pour y attendre que la pluie eût cessé. Je retourne ma belle redingote pour n'être pas pris pour abbé, et sur ces entrefaites un paysan étant venu à passer, je lui demandai s'il aurait une voiture pour me mener à Césène.

« J'en ai une, monsieur, me répondit-il, mais elle est à une demi-lieue d'ici.

— Va la chercher et viens me prendre : je t'attendrai. »

En attendant l'arrivée du paysan avec sa voiture, voilà une quarantaine de mulets chargés qui surviennent, allant à Rimini. Il pleuvait toujours, et les mulets passant très près de moi, je mets machinalement la main sur le cou d'un, et suivant ainsi le pas lent de ces animaux, je rentre à Rimini sans qu'on fît la moindre attention à moi, sans même que les conducteurs m'aperçussent. Je donne une pièce de monnaie au premier polisson que je rencontre et je me fais conduire à la demeure de Thérèse.

Les cheveux sous un bonnet de nuit, le chapeau rabattu, ma belle canne cachée sous ma redingote, je n'avais l'air de rien. Je demande la mère de Bellino, et la maîtresse de la maison me conduit dans une chambre où je trouve toute la famille et Thérèse en habit de femme. Je comptais les surprendre, mais, Petrone leur ayant parlé de moi, elles m'attendaient.

Je contai mon histoire ; mais, à ce récit, Thérèse effrayée du danger que je courais, malgré son amour, me dit qu'il fallait absolument que j'allasse à Bologne, comme me l'avait conseillé M. Vais. « Je connais cet officier, me dit-elle, c'est un honnête homme, mais il vient ici tous les soirs et il faut te cacher. » Il n'était que huit heures du matin, nous avions la journée devant nous, et chacun promit d'être discret. Je tranquillisai Thérèse en l'assurant que je trouverais facilement le moyen de sortir de la ville sans être observé.

Thérèse, m'ayant conduit dans sa chambre, me dit qu'elle avait rencontré le directeur avant d'entrer à Rimini, et qu'il l'avait conduite au logement qu'elle devait occuper avec la famille ; qu'elle lui avait déclaré qu'étant fille, elle ne voulait plus passer pour castrat, que le directeur en avait été très content, parce que Rimini appartenant à une autre légation qu'Ancône, les femmes pouvaient monter sur la scène. Elle acheva en me disant que, son engagement ne devant durer que jusqu'au commencement de mai, elle irait me rejoindre où je voudrais l'attendre.

« Dès que j'aurai un passeport, lui dis-je, rien ne pourra m'empêcher de rester auprès de toi jusqu'à ce que tu sois libre. Mais puisque M. Vais vient chez toi, dis-moi, ne lui as-tu pas dit que je m'étais arrêté quelques jours à Ancône?

— Oui, me répondit-elle, et je lui ai même dit que l'on t'avait arrêté parce que tu avais perdu ton passeport. »

Cela me fit comprendre pourquoi cet officier avait souri en me parlant.

Après cet entretien essentiel, je reçus les compliments de la mère et des deux jeunes sœurs : je trouvai ces dernières moins gaies et moins ouvertes qu'à Ancône. Elles sentaient que Bellino devenu Thérèse était une rivale trop redoutable. J'écoutai patiemment toutes les doléances de la mère, qui prétendait que Thérèse, en renonçant au beau rôle de châtré, renonçait à sa fortune, car à Rome elle aurait pu gagner mille sequins par an. « A Rome, ma bonne dame, lui dis-je, le faux Bellino aurait été démasqué, et Thérèse se serait vue enfermée dans un mauvais couvent pour lequel elle n'est pas faite. »

Malgré la dangereuse position où je me trouvais, je passai toute la journée tête à tête avec mon amante, et il me semblait qu'à chaque instant je lui découvrais de nouveaux charmes et à moi plus d'amour. A huit heures du soir, ayant entendu quelqu'un venir, elle me quitta, et je demeurai à l'obscur, mais placé de façon à pouvoir tout observer et tout entendre. Je vis le baron Vais entrer, et Thérèse lui donner sa main à baiser avec la grâce d'une jolie femme et toute la dignité d'une princesse. La première chose qu'il lui dit fut la nouvelle qui me concernait : elle eut l'air de s'en réjouir et écouta avec un air d'indifférence le conseil qu'il lui dit m'avoir donné de revenir avec un passeport. Il passa une heure avec elle, et je trouvai Thérèse admirable dans sa conduite comme dans ses manières, et telle enfin que je ne pus y découvrir le moindre motif de jalousie. Marine alla l'éclairer quand il sortit, et Thérèse revint me trouver. Nous soupâmes gaiement ensemble, et au moment où nous allions nous coucher, Petrone vint me dire que six muletiers devaient partir pour Césène deux heures avant le jour, qu'il était sûr qu'en allant les trouver un quart d'heure d'avance et en leur payant à boire, je pourrais partir avec eux sans difficulté. Pensant comme lui, je me déterminai à tenter l'aventure, et je l'engageai à ne pas se coucher pour qu'il vînt m'éveiller à temps. Il n'en eut pas besoin, car je fus prêt avant le temps, et je laissai Thérèse persuadée de mon amour, sans aucun doute sur sa constance, mais un peu inquiète sur ma sortie de Rimini. Elle avait soixante sequins qu'elle voulait me forcer à reprendre, mais je lui demandai ce qu'elle penserait de moi si je les prenais, et il n'en fut plus question.

Je descendis à l'écurie et ayant payé à boire à un muletier, je lui dis que je monterais volontiers sur un de ses mulets jusqu'à Sarignan. « Vous en êtes le maître, me dit ce brave homme, mais vous ferez bien de ne monter que hors de la ville et de passer la porte à pied, comme si vous étiez conducteur. » C'était ce que je voulais, Petrone vint m'accompagner jusqu'à la porte, où je lui donnai une bonne marque de ma reconnaissance. Je passai sans la moindre difficulté, et je quittai les muletiers à Sarignan, d'où je me rendis en poste à Bologne.

Je vis bientôt qu'il me serait impossible d'obtenir un passeport, par cela seul qu'on me disait que je n'en avais pas besoin, et c'était la vérité selon eux ; mais moi je savais le contraire et je n'avais que faire de les mettre dans le secret. Je pris le parti d'écrire à l'officier français qui m'avait traité si poliment au corps-de-garde de Sainte-Marie ; je le priai de s'informer à la secrétairerie de la guerre si mon passeport était arrivé, et s'il l'était de me l'envoyer. Je le priai également de s'informer du maître du cheval qui m'avait enlevé, trouvant très juste de le lui payer. Dans tous les cas, je me déterminai à attendre

Thérèse à Bologne et je l'en prévins en la priant de m'écrire très souvent. Le lecteur va voir la nouvelle résolution que je pris le même jour.

CHAPITRE XIII

L'habit ecclésiastique est mis de côté et j'endosse l'habit militaire. — Thérèse part pour Naples, et je vais à Venise, où j'entre au service de ma patrie. — Je m'embarque pour Corfou, et je descends pour aller me promener à Orsera.

J'eus soin, en arrivant à Bologne, de me loger dans une petite auberge pour n'attirer les regards de personne, et dès que j'eus écrit à Thérèse et à l'officier français, et que mes lettres furent à la poste, je pensai à m'acheter du linge pour me changer, et comme le retour de ma malle était pour le moins incertain, je crus que je ferais bien de me faire faire des habits. Pendant que j'y pensais, la réflexion me vint qu'il n'était guère probable que désormais je fisse ma carrière dans l'état ecclésiastique ; mais, incertain du choix que je pourrais faire, le caprice me porta à me métamorphoser en officier, étant sûr de n'avoir à rendre compte de mes actions à personne. Cette idée était naturelle à mon âge, car je venais de deux armées où je n'avais vu de respecté que le seul habit militaire, et je trouvai bon de me faire respecter aussi. D'ailleurs, voulant retourner à Venise, je me faisais une idée ravissante de m'y montrer sous la livrée de l'honneur, car on m'y avait passablement maltraité sous celle de la religion.

Je demande un bon tailleur, on me fait venir la Mort,

car celui qu'on m'amena s'appelait Morte, et après lui avoir expliqué comment je voulais que mon uniforme fût fait et avoir choisi le drap, il me prit mesure, et dès le lendemain je fus transformé en disciple de Mars. Je me munis d'une longue épée. Ma belle canne à la main, un chapeau bien retapé avec une cocarde noire et une longue queue postiche, je sortis et j'allai faire tout le tour de la ville.

Je crus que ma nouvelle importance demandait un logement plus imposant que celui que j'avais pris en arrivant, et j'allai me loger à la meilleure auberge. J'aime à me rappeler encore l'agréable impression que je me fis à moi-même lorsque je pus m'admirer tout à mon aise dans une belle glace. Je me ravissais! Je me paraissais étonnant et fait pour porter et honorer l'habit militaire que j'avais choisi par une heureuse inspiration. Sûr de n'être connu de personne, je me faisais une fête de toutes les conjectures qu'on ferait sur mon compte à mon apparition au premier café de la ville.

Mon uniforme était blanc, veste bleue, avec un nœud d'épaule or et argent et une dragonne pareille. Très content de mon air imposant, je vais au café, et, en prenant mon chocolat, je me mets à lire la gazette comme si de rien n'était, jouissant en moi-même de voir que j'intriguais tout le monde et ayant l'air de n'y point faire attention. Un audacieux, mendiant un propos, vint m'adresser la parole : je ne lui répondis que par un monosyllabe et je déroutai de la sorte les plus aguerris. Après m'être assez fait admirer dans le café, j'allai promener mon importance dans les lieux les plus fréquentés de la ville, ensuite je retournai à mon hôtel, où je dînai seul.

Dès que j'eus dîné, voilà mon hôte qui entre avec un livre sur lequel il me prie de m'inscrire.

« Casanova.

— Vos qualités, monsieur, s'il vous plaît ?
— Officier.
— A quel service ?
— A aucun.
— Votre patrie ?
— Venise.
— D'où venez-vous ?
— Cela ne vous regarde pas. »

Ces mots dits d'un ton que je crus adapté à mon apparence firent leur effet : l'hôte partit, et je fus très content de moi ; car je devinai que l'hôte n'était venu qu'à l'instigation de quelque curieux, sachant qu'on vivait à Bologne en pleine liberté.

Le lendemain, j'allai chez le banquier Orsi pour me faire payer ma lettre de change, contre laquelle j'en pris une de six cents sequins sur Venise, et cent sequins en or ; ensuite j'allai comme la veille promener ma nouvelle importance.

Le surlendemain pendant que je prenais mon café après table, on m'annonce le banquier Orsi. Surpris de cette visite, je le fais entrer, et je le vois suivi de monseigneur Cornaro, que je fis semblant de ne pas connaître. M. Orsi, après m'avoir dit qu'il venait m'offrir de l'argent sur mes traites, me présente le prélat. Je me lève en lui disant que j'étais enchanté de faire sa connaissance. « Nous nous connaissons déjà, me répliqua-t-il, de Venise et de Rome. » Prenant un air mortifié, je lui dis qu'assurément il se trompait. Le prélat, croyant savoir le motif de ma réserve, n'insiste pas et me fait des excuses. Je l'invite à prendre une tasse de café, il accepte, ensuite il me quitte en me priant de lui faire l'honneur d'aller déjeuner le lendemain avec lui.

Décidé à soutenir la négative, je me rends chez le prélat, qui me reçoit fort bien. Il était alors protonotaire

CHAPITRE XIII

apostolique à Bologne. On servit le chocolat, et, tandis que nous le prenions, il me dit que les raisons de ma réserve pouvaient être très bonnes, mais que j'avais d'autant plus tort de manquer de confiance envers lui, que l'affaire en question me faisait honneur. « J'ignore, monseigneur, lui dis-je, de quelle affaire il s'agit. » Là-dessus, il me présente une gazette en me priant de lire un article qu'il m'indiqua. Qu'on juge de ma surprise en voyant l'article qu'on va lire sous la rubrique de Pesaro ! « M. de Casanova, officier au régiment de la reine, a déserté après avoir tué en duel son capitaine. On ne connaît pas les circonstances de ce duel ; on sait seulement que ledit officier a pris la route de Rimini sur le cheval de l'autre, qui est resté mort sur la place. »

Malgré ma surprise et l'envie de rire que j'avais de voir un article où tant de faux se mêlait à si peu de vrai, maître de ma physionomie, je dis au prélat que le Casanova de la gazette devait être un autre que moi.

« Cela se peut, mais vous êtes certainement le même que j'ai connu il y a un mois chez le cardinal Acquaviva, et il y a deux ans chez ma sœur, Mme Lovedan, à Venise. Au reste, le banquier d'Ancône, dans sa lettre à M. Orsi, vous qualifie aussi d'abbé.

— Fort bien, monseigneur, Votre Excellence me force à en convenir ; je suis le même ; mais je vous prie de borner là toutes les questions que vous pourriez me faire : l'honneur m'oblige aujourd'hui au plus rigoureux silence.

— Cela me suffit, et je suis content. Parlons d'autre chose. »

Après quelques instants d'une conversation aussi affectueuse que polie, je le quittai en le remerciant de toutes les offres de service qu'il me fit. Je n'ai revu ce prélat que seize ans plus tard ; et j'en parlerai en son lieu.

Riant en moi-même de toutes les fausses histoires et des circonstances qui se combinaient pour leur imprimer le caractère de la vérité, je devins dès ce moment grand pyrrhonien en fait de vérités historiques. Cependant je jouissais d'un vrai plaisir, nourrissant par ma réserve l'idée que j'étais le même Casanova dont parlait la gazette de Pesaro. J'étais sûr que le prélat en écrirait à Venise, où ce fait me ferait honneur, au moins jusqu'à ce qu'on vînt à découvrir la vérité, qui pour lors aurait justifié ma réserve. D'ailleurs, alors je pouvais être loin. Cette idée contribua beaucoup à me déterminer à y aller dès que j'eus reçu une lettre de Thérèse, pensant pouvoir l'y attendre beaucoup plus commodément qu'à Bologne; et d'ailleurs dans ma patrie rien n'aurait pu m'empêcher de l'épouser publiquement. En attendant, cette fable m'amusait, et je m'attendais chaque jour à la voir rectifier dans les gazettes. L'officier Casanova devait rire du cheval qu'on lui faisait enlever, tout comme je riais du caprice que j'avais eu de me transformer en oficier à Bologne, comme si tout exprès j'avais voulu donner matière à ce conte.

Le quatrième jour de ma demeure dans cette ville, je reçus par un express une grosse lettre de Thérèse. Elle me marquait que, le lendemain de mon départ de Rimini, le baron Vais lui avait présenté le duc de Castropignano, lequel, après l'avoir entendue chanter, lui avait offert mille onces pour un an, tous frais de voyage payés, si elle voulait chanter sur le théâtre de San Carlo, où elle devait se rendre immédiatement après son engagement de Rimini. Elle avait demandé huit jours pour se décider, et elle les avait obtenus. Elle avait joint à sa lettre deux feuilles séparées : l'une était l'écrit du duc qu'elle m'envoyait pour que j'en prisse connaissance, ne voulant point le signer sans mon aveu; l'autre était un engagement formel de rester toute sa vie à mon service. Elle me disait dans sa lettre que si je voulais aller à Naples avec elle, elle viendrait me joindre partout où je voudrais, et que si j'avais de l'aversion à retourner en cette ville, je devais mépriser cette fortune et être certain qu'elle ne connaissait point d'autre bonheur que celui de faire tout ce qui pouvait me plaire.

C'est pour la première fois de ma vie que je me suis trouvé dans le besoin de réfléchir avant de prendre une résolution. Cette lettre avait confondu toutes mes idées, et ne pouvant y répondre de suite, je renvoyai le messager au lendemain.

Deux motifs également puissants tenaient la balance en équilibre: l'amour-propre et l'amour. Je sentais que je ne devais pas exiger de Thérèse qu'elle méprisât où qu'elle laissât échapper une si belle fortune; mais je ne pouvais prendre sur moi ni de laisser aller Thérèse à Naples sans moi ni d'y aller avec elle. D'un côté, je frémissais à l'idée que mon amour pût mettre un obstacle à la fortune de Thérèse; de l'autre, je tremblais à l'échec que mon amour-propre allait souffrir si j'allais à Naples avec elle. En effet, comment me résoudre à reparaître dans cette ville sept à huit mois après en être parti, et cela sous la livrée d'un lâche qui vit aux dépens de sa femme ou de sa maîtresse? Qu'auraient dit mon cousin don Antonio, don Polo et son cher fils, don Lelio Caraffa et toute la noblesse qui me connaissait? Je frissonnais en pensant à Lucrèce et à son mari. Je me représentais que, m'y voyant méprisé de tout le monde, ma tendresse pour Thérèse n'aurait pas empêché que je ne me trouvasse très malheureux. Associé à son sort comme amant ou comme époux, je me serais trouvé avili, humilié et rampant par office et par métier. Réfléchissant ensuite qu'à peine à la fleur de mes jeunes ans j'allais m'enchaîner, et renoncer ainsi de but en blanc à la haute fortune pour laquelle il me semblait que j'étais né, je sentis que la balance perdait son équilibre et que ma raison imposait silence à mon cœur. Croyant avoir trouvé un expédient qui me ferait gagner du temps, je m'y arrêtai. J'écrivis à Thérèse d'accepter, d'aller à Naples et d'être sûre que j'irais la rejoindre ou dans le mois de juillet ou à mon retour de Constantinople. Je lui recommandai de prendre une femme de chambre à l'air honnête pour paraître dans le grand monde avec décence et de se conduire de façon qu'à mon arrivée je pusse l'épouser sans avoir à rougir. Je prévoyais que sa fortune devait dépendre de sa beauté plus encore que de son talent; et du caractère dont je me connaissais, je savais que je ne pouvais jamais être ni amant commode ni mari complaisant.

Si la missive de Thérèse me fût venue une semaine plus tôt, il est certain qu'elle ne serait point partie pour Naples, car alors mon amour aurait été plus fort que ma raison ; mais en amour comme en tout, le temps est un puissant maître. Je lui écrivis de me répondre à Bologne, et trois jours après j'en reçus une lettre à la fois triste et tendre dans laquelle elle me disait qu'elle avait signé son engagement, qu'elle avait pris une femme de chambre qu'elle pouvait présenter comme sa mère, qu'elle serait à Naples dans le mois de mai, et qu'elle m'attendrait jusqu'à ce que je lui fisse savoir que je ne voulais plus d'elle. Quatre jours après la réception de cette lettre, qui fut l'avant-dernière que m'ait écrite Thérèse, je partis pour Venise.

Avant mon départ je reçus une lettre de l'officier français, qui m'annonçait que mon passeport était arrivé et qu'il était prêt à me l'envoyer avec ma malle si, préalablement, j'allais payer à M. Marcello Birna, commissionnaire de l'armée espagnole, et dont il me donnait l'a-

CHAPITRE XIII

dresse, cinquante doublons pour le cheval que j'avais enlevé, ou qui m'avait enlevé. Je me rendis de suite chez la personne, fort content de pouvoir terminer cette affaire, et je reçus ma malle et mon passeport un instant avant mon départ. Du reste, tout le monde ayant su que j'avais payé le cheval, l'abbé Cornaro fut confirmé dans l'idée que j'avais tué mon capitaine en duel.

Pour aller à Venise, on était obligé de faire la quarantaine, et cette formalité ne subsistait encore que parce que les deux gouvernements s'étaient piqués. Les Vénitiens voulaient que le pape fût le premier à ouvrir ses frontières, et le pontife prétendait que ce fussent les Vénitiens qui prissent l'initiative. De toutes ces contestations, il résultait de vrais dommages pour le commerce ; mais ce qui ne regarde que les peuples est souvent traité fort à la légère. Ne voulant pas me soumettre à cette formalité, voici comment je m'y pris. L'affaire était délicate, car à Venise la rigueur en matière sanitaire était extrême ; mais alors je trouvais un singulier plaisir à faire, sinon tout ce qui était défendu, au moins tout ce qui était difficile.

Je savais que de l'État de Mantoue à celui de Venise le passage était libre ; et je savais de même que les communications entre Mantoue et Modène n'avaient point été gênées : si je pouvais, par conséquent, entrer dans l'État de Mantoue en faisant croire que je venais de celui de Modène, l'affaire était faite, car de là je passerais le Pô quelque part et j'irais à Venise en droiture. Je pris un voiturier pour me conduire à Revero, ville sur le Pô et dans l'État de Mantoue.

Ce voiturier me dit qu'en prenant des chemins de traverse, il pouvait aller à Revero et dire que nous venions de Mantoue, que le seul embarras serait de ne pouvoir présenter le certificat de santé fait à Mantoue et qu'on nous demanderait à la porte. Je l'engageai à dire qu'il l'avait perdu et à me laisser faire le reste. Un peu d'argent le persuada.

Arrivé à la porte de Revero, je me donnai pour officier de l'armée espagnole, et je dis que j'allais à Venise pour parler au duc de Modène qui s'y trouvait alors, et que c'était pour des affaires de grande importance. Non seulement on négligea de demander au voiturier le certificat de santé, mais on me rendit les honneurs militaires et on me fit mille politesses. On me délivra de suite un attestation comme quoi je partais de Revero, et avec cela je passai le Pô à Ostiglia, d'où je me rendis à Legnago. J'y quittai mon voiturier aussi satisfait de ma générosité que de la facilité du voyage, et, ayant pris la poste, j'arrivai le soir à Venise. Je remarquai que c'était le 2 avril 1744, jour anniversaire de ma naissance et qui dix fois en ma vie a été marqué par quelque événement particulier.

Dès le lendemain, j'allai à la Bourse dans l'intention de chercher un passage pour aller à Constantinople; mais n'ayant trouvé aucun navire qui dût partir avant deux ou trois mois, je pris une chambre sur un vaisseau de ligne qui devait partir pour Corfou dans le courant du mois. C'était un vaissau vénitien nommé *Notre-Dame du Rosaire*, commandé par le capitaine Zane.

Après m'être ainsi préparé à obéir à ma destinée, qui, selon mon esprit superstitieux, m'appelait impérativement à Constantinople, je m'acheminai vers la place Saint-Marc pour y voir et y être vu, jouissant d'avance de la surprise de mes connaissances qui seraient fort étonnées de ne plus trouver en moi monsieur l'abbé. Je ne dois pas oublier de dire à mes lecteurs que depuis Revero j'avais décoré mon chapeau d'une cocarde rouge.

CHAPITRE XIII

Je me mis en devoir de faire des visites, et je crus que la première appartenait de droit à l'abbé Grimani. Dès qu'il m'aperçoit, il jette les hauts cris, car il me croyait encore chez le cardinal Acquaviva, dans le chemin du ministère politique, et il ne voit devant lui qu'un prêtre de Mars. Il se levait de table comme j'entrai, et il avait du monde. Je remarquai parmi les convives un oficier en uniforme espagnol, mais cela ne me fit nullement perdre contenance. Je dis à l'abbé Grimani que, ne faisant que passer, j'avais cru de mon devoir de lui faire ma cour.

« Je ne m'attendais pas à vous voir en pareil costume.

— J'ai pris le sage parti de jeter bas celui qui ne pouvait me procurer une fortune capable de me satisfaire.

— Où allez-vous?

— A Constantinople, et j'espère trouver un prompt passage à Corfou, car je suis chargé de dépêches du cardinal Acquaviva.

— D'où venez-vous maintenant?

— De l'armée espagnole, où j'étais il n'y a que dix jours. »

Comme j'achevais ces mots, j'entends la voix d'un jeune seigneur qui s'écrie :

« Ce n'est pas vrai.

— Mon état, lui dis-je subitement, ne me permet pas d'endurer un démenti. » Et là-dessus, faisant une révérence en cercle, je m'en vais sans faire attention à ceux qui me rappelaient.

Je portais un uniforme; il me semblait qu'il me convenait d'avoir cette sorte de fierté susceptible, cette espèce de morgue qui caractérise tant de militaires. Je n'étais plus prêtre : je ne devais pas dissimuler un démenti, et surtout lorsqu'il avait été aussi public.

J'allai chez Mme Manzoni, qu'il me tardait de voir. Ma vue la ravit et elle ne manqua pas de me rappeler sa prédiction. Je lui contai mon histoire, qui la satisfit beaucoup ; mais elle me dit que si j'allais à Constantinople il était très possible qu'elle ne me revît plus.

En sortant de chez Mme Manzoni, je me rendis chez Mme Orio, où je trouvai le bon M. Rosa, Nanette et Marton. Leur surprise fut extrême : ils restèrent comme pétrifiés. Les deux aimables sœurs me parurent embellies ; mais je ne jugeai pas convenable de leur conter l'histoire de mes neuf mois d'absence, car elle n'était pas faite pour édifier la tante, ni pour plaire aux deux nièces. Je me contentai de leur dire ce que je voulus, et je réussis à leur faire passer trois heures délicieuses. Voyant la bonne dame dans l'enthousiasme, je lui dis qu'il ne tenait qu'à elle de me posséder pendant les quatre ou cinq semaines que je devais passer à Venise, en me donnant une chambre et à souper, mais à condition que je ne lui serais pas à charge, non plus qu'à ses charmantes nièces.

« Je serais heureuse, me dit-elle, d'avoir une chambre à vous offrir.

— Vous l'avez, ma chère, lui répliqua son cher Rosa, et dans deux heures je me charge de la mettre en ordre. »

C'était la chambre contiguë à celle de ses nièces. Nanette, prenant la parole, dit qu'elle descendrait avec sa sœur ; mais Mme Orio lui répondit que ce n'était pas nécessaire, puisqu'elles pouvaient s'enfermer dans leur chambre.

« Elles n'en auraient pas besoin, madame, dis-je d'un air modeste et sérieux, et si je devais occasionner le moindre dérangement, je préférerais rester à l'auberge.

— Vous n'en occasionnerez aucun ; mais pardonnez à

mes nièces, elles sont de petites bégueules qui se croient quelque chose. »

Tout se trouvant arrangé, j'obligeai cette dame à recevoir d'avance quinze sequins, l'assurant que j'étais riche et que je gagnais à ce marché, puisque je dépenserais beaucoup plus à l'auberge. J'ajoutai que le lendemain j'enverrais ma malle et que je m'établirais chez elle. Pendant tout ce colloque je voyais la joie peinte dans les yeux de mes petites femmes, qui reprirent leur droit sur mon cœur, malgré mon amour pour Thérèse que je voyais toujours des yeux de l'âme ; mais c'était là de l'infidélité et non de l'inconstance.

Le lendemain, j'allai au bureau de la guerre; mais, pour éviter tout embarras, j'eus soin d'y aller sans cocarde. J'y trouvai le major Pelodoro qui me sauta au cou de joie de me voir en costume de guerrier, et dès que je lui eus dit que je devais aller à Constantinople et que, malgré mon habit, j'étais libre, il me pressa vivement de rechercher l'avantage d'aller en Turquie avec le *bailo*, qui devait partir dans deux mois au plus tard, et même de tâcher d'entrer au service vénitien. Ce conseil me plut, et le Sage à la guerre[1], qui m'avait connu l'année précédente, et qui, me reconnaissant, m'appela en me disant qu'il avait reçu des lettres de Bologne qui rapportaient un fait qui me faisait honneur, ajoutant qu'il savait que je n'en convenais pas, me demanda si, en quittant l'armée espagnole, j'avais reçu mon congé.

« Je ne puis avoir de congé, puisque je n'ai jamais servi.

— Et comment est-il possible que vous soyez venu à Venise sans avoir fait quarantaine?

— Les personnes qui viennent du Mantouan n'y sont pas astreintes.

---

1. Ministre de la guerre.

— C'est vrai ; mais je vous conseille, comme le major, d'entrer au service de l'État. »

En sortant du palais ducal, je rencontre l'abbé Grimani, qui me dit que ma brusque sortie de chez lui avait déplu à tout le monde.

« Et même à l'officier espagnol ?

— Non, car il a dit que si vous y étiez, vous ne pouviez pas vous conduire différemment, et il a certifié que vous y étiez, et pour appuyer son assertion, il m'a fait lire un article de la gazette qui marque que vous avez tué votre capitaine. C'est sûrement une fable ?

— Qui vous a dit que c'en soit une ?

— C'est donc vrai ?

— Je ne dis pas cela, mais la chose pourrait être vraie, tout comme il est très vrai que j'étais à l'armée espagnole il y a dix jours.

— Cela n'est pas possible, à moins que vous n'ayez violé le cordon.

— Je n'ai rien violé. J'ai passé publiquement le Pô à Revero, et me voilà. Je suis fâché de ne plus pouvoir aller chez Votre Éminence, à moins que la personne qui m'a donné un démenti ne consente à m'en donner une satisfaction complète. Je pouvais souffrir une insulte quand je portais l'habit de l'humilité, je ne le saurais aujourd'hui que je porte celui de l'honneur.

— Vous avez tort de prendre la chose sur ce ton-là. Celui qui vous a donné le démenti est M. Valmarana, provéditeur actuel à la santé, qui soutient que, les passages n'étant pas ouverts, vous ne pouvez être ici. Satisfaction ! avez-vous oublié qui vous êtes ?

— Non, mais je sais qui je suis ; et je sais que si j'ai pu passer pour lâche avant de partir, à mon retour je ferai repentir quiconque me manquera.

— Venez dîner avec moi.

CHAPITRE XIII

— Non, car cet officier le saurait.

— Il vous verra même, car il dîne chez moi tous les jours.

— Fort bien, j'irai et je le prendrai pour arbitre de ma querelle. »

Me trouvant à dîner avec le major Pelodoro et quelques autres officiers, tous s'accordèrent à me dire que je devais entrer au service de l'État, et je m'y déterminai.

«Je connais, me dit le major, un jeune lieutenant dont la santé ne lui permet pas d'aller au Levant et qui voudrait vendre sa place : il en demande cent sequins ; mais cela ne suffirait pas, car il faudrait obtenir le consentement du Sage.

— Parlez-lui, lui dis-je ; les cent sequins sont prêts. »

Il s'y engagea.

Le soir, je me rendis chez Mme Orio, et je me trouvai parfaitement logé. Après le souper, la tante invita ses nièces à venir m'installer dans ma chambre ; et, comme on le sent bien, le trio passa une nuit délicieuse. Les nuits suivantes, elles se partagèrent l'agréable corvée, alternant tour à tour ; et pour éviter toute surprise en cas qu'il prît envie à la tante de leur faire visite, nous déplaçâmes adroitement une planche de la cloison, au moyen de laquelle elles passaient sans ouvrir la porte. Mais la bonne tante, qui nous croyait trois petits modèles de sagesse, ne nous mit jamais à cette épreuve.

Deux ou trois jours après, l'abbé Grimani me ménagea une rencontre avec M. Valmarana, qui me dit que s'il avait su qu'on pût tourner la ligne, il ne m'aurait jamais dit que ce que j'avais dit fût impossible, et qu'il me remerciait de lui avoir donné cette instruction. La chose dès cet instant se trouva arrangée et jusqu'à mon départ je fis chaque jour à M. Grimani l'honneur d'aller prendre part à son excellent dîner.

Vers la fin du mois, j'entrai au service de la république en qualité d'enseigne dans le régiment Bala, qui était à Corfou. Celui qui en était sorti par la vertu de mes cent sequins était lieutenant; mais le Sage à la guerre m'allégua des raisons auxquelles il fallut que je me soumisse, si je voulais entrer dans l'armée, mais il me promit qu'au bout de l'année je serais sans faute promu au grade de lieutenant et que d'ailleurs il m'accorderait un congé pour aller à Constantinople. J'acceptai, parce que je voulais absolument servir.

M. Pierre Vendramin, illustre sénateur, me fit obtenir la faveur d'aller à Constantinople avec le chevalier Venier, qui y allait en qualité de *bailo*; mais ce dernier, ne devant arriver à Corfou qu'un mois après moi, me promit très civilement de m'y prendre à son passage.

Quelques jours avant mon départ, je reçus une lettre dans laquelle Thérèse me marquait que le duc la conduisait en personne. « Ce duc, me disait-elle, est vieux; mais, fût-il jeune, tu peux être tranquille sur mon compte. Si tu as besoin d'argent, tire sur moi partout où tu seras; et crois que je ferai honneur à tes traites, dussé-je pour les acquitter vendre tout ce que j'aurai. »

Sur le vaisseau où je devais me rendre à Corfou, il devait se trouver aussi un noble Vénitien qui allait à Zante en qualité de conseiller et avec une suite nombreuse et brillante. Le capitaine du vaisseau me dit que si j'étais obligé de manger seul, je ferais maigre chère, mais qu'il me conseillait de me faire présenter à ce seigneur, devant être bien sûr qu'il m'inviterait à lui faire l'honneur de manger avec lui. Il s'appelait Antonio Dofin, et on lui avait donné le sobriquet de Bucentauro, à cause de son grand air et de la recherche avec laquelle il se mettait. Je n'eus besoin pour cela de faire aucune démarche, car l'abbé Grimani me proposa de lui-même de me présenter au magnifique conseiller, et dès que cela eut lieu, reçu de la manière la plus distinguée et invité à accepter sa table, il me dit que je lui ferais plaisir d'aller me faire connaître de son épouse qui devait s'embarquer avec lui. Je m'y rendis dès le lendemain, et je trouvai une femme très comme il faut, mais un peu sur le retour et tout à fait sourde. Il n'y avait donc rien à espérer du côté de la conversation. Elle avait une fille charmante, fort jeune, et qu'elle laissa au couvent : elle a été célèbre depuis, et elle vit encore, je crois, veuve du procurateur Iron, dont la famille est éteinte.

Je n'ai guère vu d'homme plus beau et qui représentât mieux que M. Dolfin. Il se distinguait surtout par beaucoup d'esprit et de politesse. Il était éloquent, beau joueur, perdant toujours, aimé des dames, cherchant à leur plaire, et toujours intrépide et égal dans la bonne comme dans la mauvaise fortune.

Il s'était aventuré à voyager sans permission, s'était mis au service d'une puissance étrangère et était par conséquent tombé dans la disgrâce du gouvernement; car un noble Vénitien ne peut pas commettre de plus grand crime; ce qui lui avait valu la faveur de passer quelque temps dans la fameuse prison des Plombs, faveur qui devait aussi me revenir.

Cet homme charmant, généreux et point riche, fut obligé de demander au grand conseil un gouvernement lucratif; c'est pour cela qu'il avait été nommé conseiller à l'île de Zante; mais il y allait avec un si grand train qu'il ne pouvait guère se promettre d'y faire de grands bénéfices. Au reste, cet homme-là, tel que je viens de le décrire, ne pouvait pas faire fortune à Venise; car un gouvernement aristocratique ne peut aspirer à la tranquillité qu'autant que l'égalité se maintient entre les aristocrates; et il est impossible de juger de l'égalité, soit physique, soit morale, autrement que par les apparences ; d'où il résulte que l'individu qui ne veut pas être persécuté, s'il est mieux ou plus mal que les autres, doit faire tout son possible pour le cacher. S'il est ambitieux, il doit affecter le mépris des honneurs ; s'il veut obtenir un emploi, il doit faire semblant de n'en pas vouloir ; s'il a une jolie figure, il doit la négliger : il doit se tenir mal, se mettre plus mal encore, n'avoir rien de recherché, tourner en ridicule tout ce qui est étranger, faire mal les révérences, ne point se piquer d'une politesse exquise, faire peu de cas des beaux-arts, cacher son goût s'il l'a bon, n'avoir pas de cuisinier étranger, porter une perruque mal peignée et être un peu malpropre. M. Dolfin, n'ayant aucune de ces éminentes qualités, ne devait point espérer fortune dans son pays.

La veille de mon départ, je ne sortis point ; je crus devoir consacrer toute cette journée à l'amitié. Mme Orio versa d'abondantes larmes, ainsi que ses charmantes nièces, et je n'en fis pas moins. La dernière nuit que nous passâmes ensemble, elles me dirent cent fois dans les plus doux transports qu'elles ne me reverraient jamais. Elles devinaient, mais si elles m'avaient revu, elles n'auraient pas deviné. Voilà tout l'admirable des prophéties !

Je me rendis à bord le 5 du mois de mai, bien monté en effets, en bijoux et en argent comptant. Notre vaisseau portait vingt-quatre canons et deux cents soldats esclavons. Nous passâmes de Malamocco en Istrie pendant la nuit et on jeta l'ancre dans le port d'Orsera pour faire *savorna*[1]. Pendant que l'équipage allait être occupé à cette besogne, je débarquai avec plusieurs autres pour aller me promener dans ce vilain endroit, quoique

1. C'est augmenter le lest d'un vaisseau pour diminuer sa légèreté, ce qui se fait en plaçant une quantité de pierres à fond de cale.

j'y eusse passé trois jours neuf mois auparavant. Cet endroit me força à faire des comparaisons agréables entre ce que j'étais la première fois et ce que j'étais alors. Quelle différence d'état et de fortune ! J'étais bien sûr qu'avec le costume imposant dont j'étais revêtu, personne n'aurait reconnu le chétif abbé qui, sans le frère Stephano, serait devenu.... Dieu sait quoi.

CHAPITRE XIV

Rencontre comique à Orsera. — Voyage à Corfou. — Séjour à Constantinople. — Bonneval. — Mon retour à Corfou. — Madame F. — Le faux prince. — Ma fuite de Corfou. — Mes folies sur l'île de Casopo. — Je me rends aux arrêts à Corfou. Ma prompte délivrance et mes triomphes. — Mes succès auprès de Mme F.

Je soutiens qu'un sot serviteur est plus dangereux qu'un méchant, qu'il est surtout plus à charge ; car on peut se tenir en garde contre un méchant, jamais contre une bête. On peut punir une méchanceté, jamais une sottise, à moins que ce ne soit en éloignant le sot ou la sotte ; et alors le changement se réduit d'ordinaire à tomber de Charybde en Scylla.

Ce chapitre et les deux suivants étaient achevés ; ils contenaient en détail ce que je vais sans doute écrire en gros, car la sotte fille qui me sert s'en est emparée pour son usage. Elle m'a dit, pour s'excuser, que ces papiers étant usés, griffonnés et pleins de ratures, elle les avait pris de préférence à ceux qui n'étaient point écrits, jugeant que ces derniers devaient m'être bien plus précieux. Je me suis mis en colère et j'ai eu tort, car la pauvre fille en avait bien agi selon l'intention : le jugement seul l'avait fait errer. On sait que le premier effet de la colère est de priver l'homme de la faculté de juger ; car la colère et la réflexion ne sont pas de la même famille. Heureusement cette passion chez moi est de courte durée : *Irasci celerem tamen et placabilem esse*[1]. Après avoir perdu mon temps à lui dire des injures dont elle n'a point senti la force, et à lui prouver qu'elle était une sotte bête, elle a réfuté tous mes arguments par le silence le plus absolu. J'ai dû prendre mon parti, et encore avec un reste de mauvaise humeur, je me suis remis à l'ouvrage. Ceci ne vaudra pas sans doute ce que j'ai fait étant de bonne humeur ; mais que le lecteur s'en contente ; car, comme le mécanicien, il gagnera en temps ce qu'il perdra en force.

Étant descendu à Orsera pendant qu'on chargeait de lest le fond de notre vaisseau, dont la trop grande légèreté nuisait à l'équilibre nécessaire à la navigation, je vois un homme de bonne mine qui s'arrête à me considérer avec beaucoup d'attention. Certain que ce ne pouvait pas être un créancier, je pensai que ma bonne mine l'intéressait, et ne pouvant point le trouver mauvais, j'allais mon chemin quand il m'aborda.

« Oserais-je, mon capitaine, vous demander si c'est pour la première fois que vous venez dans cette ville?

— Non, monsieur, c'est pour la seconde.

— N'y étiez-vous pas l'année passée?

— Précisément.

— Mais alors vous n'étiez pas habillé en militaire?

— C'est encore vrai ; mais vos questions commencent à me paraître un peu indiscrètes.

— Vous devez me le pardonner, monsieur, puisque

---

1. S'apaiser aussi aisément que l'on s'emporte.

ma curiosité est fille de ma reconnaissance. Vous êtes l'homme à qui j'ai les plus grandes obligations, et je m'imagine que la Providence ne vous à ramené ici que pour que j'en contracte de plus grandes encore.

— Qu'ai-je donc fait pour vous, et que puis-je faire? Je ne saurais vous deviner.

— Ayez la bonté de venir déjeuner avec moi. Voilà ma demeure; j'ai du refosque précieux, venez en goûter, et je vous convaincrai en peu de mots que vous êtes mon vrai bienfaiteur, et que je suis en droit d'espérer que vous n'êtes revenu ici que pour renouveler vos bienfaits. »

Je ne pouvais pas soupçonner cet homme de folie; mais, ne comprenant rien à ses propos, je m'imaginai qu'il voulait m'engager à lui acheter de son refosque, et j'acceptai. Nous montâmes dans sa chambre, où il me laissa un instant seul pour aller commander le déjeuner. J'y vis plusieurs instruments de chirurgie, ce qui me fit penser qu'il était chirurgien; et dès qu'il revint, je lui demandai s'il l'était en effet.

« Oui, mon capitaine; il y a vingt ans que je fais ce métier dans cette ville, où je vivais dans la misère, car je n'avais guère que quelques saignées à faire, des ventouses à appliquer, quelques écorchures à panser et quelque entorse à remettre. Ce que je gagnais ne me suffisait pas pour vivre. Mais, depuis l'année passée, je puis dire avoir changé d'état; j'ai gagné beaucoup d'argent, je l'ai mis à profit, et c'est à vous, mon capitaine, à vous, que le bon Dieu vous bénisse, que je suis redevable de mon bien-être actuel.

— Comment cela?

— Le voici, mon capitaine. Vous avez connu la gouvernante de don Jérôme, et vous lui avez laissé en partant un souvenir amoureux qu'elle a communiqué à un ami qui, de bonne foi, en fit présent à sa femme. Celle-ci, ne voulant pas sans doute être en reste, le passa à un libertin qui, à son tour, en fut si prodigue, qu'en moins d'un mois j'eus une cinquantaine de clients. Les mois suivants ne furent pas moins fertiles, et je donnai mes soins à tout le monde, en me faisant bien payer, comme de raison. J'en ai encore quelques-uns ; mais dans un mois je n'aurai plus personne, car la maladie n'existe plus. Vous devez comprendre maintenant la joie que m'a causée votre rencontre. Vous m'avez paru de bon augure. Puis-je me flatter que vous resterez ici quelques jours pour renouveler la source de ma fortune ? »

Son récit me fit rire, mais je lui fis de la peine en lui disant que je me portais fort bien. Il m'assura que je ne pourrais pas en dire autant à mon retour, car le pays où j'allais était plein de mauvaise marchandise ; mais que personne comme lui n'avait le secret de l'extirper. Il me pria de compter sur lui, de ne point m'en rapporter aux charlatans qui me proposeraient leurs remèdes. Je lui promis tout ce qu'il voulut en le remerciant, et je retournai à bord. Je racontai mon histoire à M. Dolfin, qui en rit beaucoup. Nous mîmes à la voile le lendemain, et le quatrième jour, derrière Curzola, nous éprouvâmes une tempête qui faillit me coûter la vie. Voici comment.

Un prêtre esclavon qui servait de chapelain sur le vaisseau, très ignorant, insolent et brutal, dont je me moquais en toute occasion, était tout naturellement devenu mon ennemi. Tant de fiel entre-t-il dans l'âme d'un dévot ! Dans le plus fort de la tempête, il s'était placé sur le tillac et, tenant son rituel à la main, il exorcisait les diables qu'il croyait voir dans les nues et qu'il montrait à tous les matelots, lesquels, se croyant perdus, pleuraient, se désespéraient et négligeaient la manœuvre nécessaire pour garantir le vaisseau des rochers qu'on voyait à droite et à gauche.

CHAPITRE XIV

Voyant le danger que nous courions et le mauvais effet des sots exorcismes sur l'équipage, que ce prêtre ignorant désespérait, au lieu de ranimer son courage, je crus très prudent de m'en mêler. J'allai me percher sur les cordages, appelant les matelots au travail, leur disant qu'il n'y avait pas de diables et que le prêtre qui voulait qu'ils en vissent était fou. J'eus beau pérorer, payer de ma personne et montrer le salut dans l'activité, je n'empêchai pas le prêtre de me déclarer athée et de soulever contre moi la plus grande partie de l'équipage. Les vents continuant à soulever les ondes pendant les deux jours suivants, le fourbe trouva moyen de persuader aux matelots qui l'écoutaient que la tempête ne s'apaiserait point aussi longtemps que je serais sur le vaisseau. Pénétré de cette idée, l'un d'entre eux, croyant le moment propice à l'accomplissement des vœux du prêtre, me trouvant au bord du tillac, me poussa si rudement en me donnant un coup de câble que je fus renversé. C'était fait de moi sans la branche d'une ancre qui, s'accrochant à mon habit, m'empêcha de tomber dans la mer et qui fut dans toute la force du mot mon ancre de salut. On vint à mon secours, et je fus sauvé. Un caporal m'ayant montré le matelot assassin, je pris son bâton et me mis à rosser le drôle d'importance ; mais, les matelots et le prêtre furibond étant accourus à ses cris, j'aurais succombé si les soldats ne se fussent mis de mon côté. Le capitaine du vaisseau étant survenu avec M. Dolfin, ils furent obligés d'entendre le prêtre et de promettre à la canaille, pour l'apaiser, de me mettre à terre dès que la chose se pourrait. Non content de cela, le prêtre exigea que je lui livrasse un parchemin que j'avais acheté d'un Grec à Malamocco, au moment où j'allais m'embarquer. Je ne m'en souvenais plus, mais c'était vrai. Je me mis à rire, et l'ayant remis à M. Dolfin, celui-ci le remit au fanatique chapelain, qui, chantant victoire, se fit apporter le brasier de la cuisine et en fit un *auto-da-fé* sur des charbons ardents. Ce malheureux parchemin, avant de se consumer, fit des contorsions qui durèrent une demi-heure ; et le prêtre de représenter cela comme un phénomène qui convainquit tous les matelots que c'était mon grimoire infernal. La prétendue vertu de ce parchemin devait être de rendre toutes les femmes amoureuses de l'homme qui le portait. J'espère que le lecteur me fera la grâce de croire que je n'ajoutais nulle foi aux filtres, aux talismans ni aux amulettes d'aucune espèce : je n'avais acheté ce parchemin que par pure plaisanterie.

Il y a dans toute l'Italie, dans la Grèce et en général partout où les masses sont ignorantes, des Grecs, des Juifs, des astrologues et des exorcistes qui vendent aux dupes des chiffons et des bimbelots dont, à les en croire, les vertus sont prodigieuses : des charmes pour se rendre invulnérable ; des guenilles pour se préserver des maléfices ; des sachets remplis de drogues pour éloigner ce qu'ils appellent les esprits follets, et mille babioles de ce genre. Ces marchandises ne sont d'aucun prix en France, en Allemagne et en Angleterre, non plus que dans le nord en général ; mais, en revanche, on se livre dans ces pays à d'autres duperies qui sont d'une tout autre importance.

Le mauvais temps ayant cessé précisément pendant qu'on brûlait l'innocent parchemin, les matelots, croyant les démons conjurés, ne pensèrent plus à se défaire de ma personne ; et au bout de huit jours d'une navigation très heureuse, nous arrivâmes à Corfou. Dès que je me fus bien logé, j'allai porter mes lettres à S. Ém. le proviteur général et à tous les chefs de mer auxquels j'étais recommandé ; puis, ayant été rendre mes devoirs à mon colonel et avoir fait connaissance avec les officiers du régiment, je pensai à me divertir jusqu'à l'arrivée du chevalier Venier, qui devait me mener à Constantinople. Il arriva vers la moitié du mois de juin ; mais, en l'attendant, m'étant livré au jeu de la bassette, je perdis tout mon argent et je vendis ou mis en gage tous mes bijoux.

Telle est la destinée de tout individu incliné aux jeux de hasard, à moins qu'il ne sache captiver la fortune en jouant avec un avantage réel dépendant du calcul ou de la dextérité, mais indépendant du hasard. Je crois qu'un joueur sage et prudent peut faire l'un et l'autre sans encourir le blâme, sans pouvoir être taxé de fripon.

Pendant le mois que je passai à Corfou en attendant l'arrivée du chevalier Venier, je ne m'arrêtai d'aucune façon à l'examen du pays, ni au physique, ni au moral ; car, excepté les jours où je devais monter la garde, je vivais au café, acharné à la banque du pharaon, et succombant, comme de raison, au malheur que je m'obstinais à braver. Il ne m'arriva pas une fois de rentrer chez moi avec la consolation d'avoir gagné, et je n'eus la force de finir qu'après que je n'eus plus aucun moyen. La seule sotte consolation que j'eusse était de m'entendre, peut-être par dérision, appeler beau joueur par le banquier lui-même toutes les fois que je perdais une carte décisive. J'étais dans cette situation désolante, quand je crus me sentir renaître en entendant les coups de canon qui annonçaient l'arrivée du *bailo*. Il montait le navire *l'Europe*, vaisseau de guerre armé de soixante-douze canons et qui n'avait mis que huit jours de Venise à Corfou. A peine eut-il jeté l'ancre qu'il fit hisser son pavillon de capitaine général des forces maritimes de la république, et le provéditeur fit baisser le sien. La république de Venise n'a pas sur la mer une autorité supérieure à celle de baile à la Porte-Ottomane. Le chevalier Venier avait une suite brillante et distinguée ; et le comte Annibal Gombera, le comte Charles Zenobio, tous deux nobles Vénitiens, ainsi que le marquis d'Ancheti, du Bressan, l'accompagnaient à Constantinople par curiosité. Il passa huit jours à Corfou, et, chacun à son tour, tous les chefs de mer lui donnèrent une fête ainsi qu'à sa suite, de sorte que les grands soupers et les bals ne discontinuèrent pas. Dès que je me présentai à Son Excellence, il me dit qu'il avait déjà parlé au provéditeur général qui m'accordait un congé de six mois pour l'accompagner en qualité d'adjudant, et dès qu'il m'eut été délivré, je fis porter mon petit bagage à bord, et le vaisseau leva l'ancre dès le lendemain.

Ayant mis à la voile par un bon vent qui se soutint, en six jours nous fûmes devant Cerigo, où l'on jeta l'ancre pour faire aiguade. La curiosité de voir cette antique Cythère me fit accompagner les matelots de corvée ; mais j'aurais mieux fait de rester à bord, car je fis une mauvaise connaissance. J'étais en compagnie du capitaine qui commandait les troupes du vaisseau.

Dès que nous fûmes à terre, deux hommes de mauvaise mine et mal vêtus nous abordèrent en nous demandant l'aumône. Je leur demandai qui ils étaient, et l'un, plus alerte que l'autre, me parla ainsi :

« Nous sommes condamnés à vivre et peut-être à mourir dans cette île par le despotisme du conseil des Dix avec une quarantaine de malheureux comme nous, et nous sommes tous nés sujets de la république.

« Notre prétendu crime, qui n'en est un nulle part, est l'habitude que nous avions de vivre avec nos maîtresses et de n'être point jaloux de ceux de nos amis qui, les trouvant jolies et avec notre consentement, se procuraient leurs faveurs. Comme nous n'étions pas riches, nous ne nous faisions point scrupule d'en profiter; mais on traita notre commerce d'illicite, et on nous envoya ici, où nous recevons dix sols par jour en monnaie longue [1]. On nous appelle *mangiamaroni* [2], et nous sommes pis que les galériens, car l'ennui nous dévore et nous sommes souvent pressés de la faim que nous ne savons comment satisfaire : Mon nom est don Antonio Pocchini, noble de Padoue, et ma mère est de l'illustre famille de Campo San-Piero. »

Nous leur fîmes l'aumône, ensuite nous parcourûmes l'île, et après avoir visité la forteresse, nous retournâmes à bord. Je parlerai de ce Pocchini dans une quinzaine d'années.

Les vents toujours favorables nous conduisirent aux Dardanelles en huit ou dix jours : là les barques turques vinrent nous prendre pour nous transporter à Constantinople. La vue de cette ville à la distance d'une lieue est étonnante, et je crois que le monde entier n'offre nulle part un spectacle aussi ravissant. C'est cette superbe vue qui fut cause de la fin de l'empire romain et du commencement de l'empire grec; car Constantin le Grand, arrivant à Byzance par mer et séduit par la beauté du site, s'écria : « Voilà le siège de l'empire du monde ! » et pour rendre sa prophétie immanquable, il quitta Rome pour aller s'y établir. S'il avait lu la prophétie d'Horace, ou plutôt s'il y avait cru, il est probable qu'il n'aurait jamais fait cette sottise. Le poète avait écrit que l'empire romain ne s'acheminerait vers sa perte que lorsqu'un successeur d'Auguste s'aviserait d'en transporter le siège là où il aurait pris naissance. La Troade est peu distante de la Thrace.

---

1. Monnaie de petite valeur.
2. Mangeurs de marrons.

Nous arrivâmes à Péra, au palais de Venise, vers la mi-juillet, et, chose fort rare, on ne parlait point de peste à Constantinople dans ce moment-là. Nous fûmes tous parfaitement bien logés ; mais les grandes chaleurs déterminèrent les bailes à aller jouir de la fraîcheur dans une maison de campagne que le baile Dona avait louée. C'était à Bouyoucdéré. La première chose qu'on m'ordonna fut de ne jamais sortir à l'insu du baile et sans être accompagné d'un janissaire. J'obéis à la lettre. Dans ce temps-là les Russes n'avaient point dompté l'impertinence du peuple turc. On nous dit maintenant que les étrangers peuvent aller en sûreté partout où ils veulent.

Le lendemain de mon arrivée, je me fis conduire chez Osman bacha de Caramanie, nom que portait le comte de Bonneval depuis qu'il avait pris le turban. Dès que je lui eus fait tenir ma lettre, je fus introduit dans un appartement au rez-de-chaussée, meublé à la française, où je vis un gros seigneur âgé, vêtu à la française, qui dès que je parus se leva, vint au-devant de moi d'un air riant, en me demandant ce qu'il pouvait faire à Constantinople pour le recommandé d'un cardinal de l'Église romaine, qu'il ne pouvait plus appeler sa mère. Pour toute réponse, je lui conte en détail l'histoire qui, dans un moment de désespoir, me fit demander au cardinal des lettres pour Constantinople, et j'ajoute que, les ayant reçues, je me suis cru superstitieusement obligé de les porter.

Ainsi, sans cette lettre, me dit-il, vous ne seriez jamais venu ici, où vous n'avez nul besoin de moi.

— C'est vrai, mais je me crois très heureux de m'être procuré par là l'honneur de connaître dans Votre Excellence un homme dont toute l'Europe a parlé, dont elle parle encore et dont on parlera longtemps. »

Après avoir fait des réflexions sur le bonheur d'un jeune homme comme moi qui, sans nul souci, sans dessein ni but déterminé, s'abandonne à la fortune avec cette confiance qui méconnaît la crainte, il me dit que, la lettre du cardinal Acquaviva l'obligeant à faire quelque chose pour moi, il voulait me faire connaître trois ou quatre de ses amis turcs qui en valaient la peine. Il m'invita à dîner tous les jeudis, me promettant de m'envoyer un janissaire qui me garantirait des impertinences de la canaille, et qui me ferait voir tout ce qui méritait d'être vu.

La lettre du cardinal m'annonçant pour homme de lettres, il se leva en me disant qu'il voulait me faire voir sa bibliothèque. Je le suivis au travers du jardin, et nous entrâmes dans une chambre garnie d'armoires grillées, et derrière le treillis de fil de fer on voyait des rideaux : derrière ces rideaux devaient se trouver les livres.

Tirant une clef de sa poche, il ouvre, et au lieu d'in-folio je vois des rangées de bouteilles des meilleurs vins, et nous nous mîmes tous deux à rire de grand cœur.

« C'est là, me dit le bacha, ma bibliothèque et mon harem; car, étant vieux, les femmes abrégeraient ma vie, tandis que le bon vin ne peut que me la conserver, ou au moins me la rendre plus agréable.

— J'imagine que Votre Excellence a obtenu une dispense du mufti?

— Vous vous trompez, car il s'en faut bien que le pape des Turcs ait autant de pouvoir que le pape des chrétiens. Il ne peut dans aucun cas permettre une chose défendue par le Coran ; mais cela n'empêche pas que chacun ne soit le maître de se damner, si cela l'amuse. Les Turcs dévots plaignent les libertins, mais ne les persécutent pas. Il n'y a point d'inquisition en Turquie. Ceux qui n'observent pas les préceptes de la religion, disent-ils, seront assez malheureux dans l'autre vie, sans qu'il soit besoin de les faire souffrir dans celle-ci. La seule dispense que j'aie demandée et obtenue est celle de la circoncision, quoiqu'on ne puisse guère l'appeler ainsi ; car à mon âge elle aurait pu être dangereuse. C'est une cérémonie que généralement on observe, mais qui n'est pas de précepte. »

Pendant deux heures que je passai avec lui, il me demanda des nouvelles de plusieurs Vénitiens de ses amis, et particulièrement de Marc-Antonio Dieto. Je lui dis qu'on l'aimait toujours et qu'on ne se plaignait que de son apostasie ; il me répondit qu'il était Turc comme il avait été chrétien, et qu'il ne savait pas le Coran plus qu'il n'avait su l'Évangile.

« Je suis sûr, dit-il, que je mourrai tranquille et beaucoup plus heureux dans ce moment-là que le prince Eugène. J'ai dû dire que Dieu est Dieu et que Mahomet est son prophète. Je l'ai dit, et les Turcs ne se soucient guère de savoir si je l'ai pensé. Je porte le turban comme un soldat est obligé de porter l'uniforme de son maître. Je ne savais que le métier de la guerre, et je ne me suis déterminé à devenir lieutenant général du Grand Turc que lorsque je me suis vu réduit à ne plus savoir comment faire pour vivre. Quand je quittai Venise, la soupe avait mangé la vaisselle ; et si la nation juive m'eût offert le commandement de cinquante mille hommes, j'aurais été faire le siège de Jérusalem. »

Bonneval était bel homme, mais il avait trop d'embonpoint. Ayant reçu un coup de sabre au bas-ventre, il était obligé de porter constamment un bandage avec une plaque d'argent. Il avait été exilé en Asie, mais pour peu de temps ; car, disait-il, les cabales ne sont pas aussi tenaces en Turquie qu'en Europe et principalement à la cour de Vienne. En le quittant, il eut la bonté de me dire que depuis son arrivée en Turquie il n'avait pas passé deux heures aussi agréables que celles que je lui

CHAPITRE XIV

avais procurées, et qu'il en ferait compliment au baile.

Le baile Dona, qui l'avait beaucoup connu à Venise, me chargea de lui dire mille choses agréables, et M. Venier témoigna beaucoup de regret de ne pouvoir point faire sa connaissance.

Le surlendemain de ma première visite était un jeudi, et le bacha ne manqua pas de m'envoyer un janissaire, comme il me l'avait promis. C'était vers les onze heures; je le suivis, et pour le coup je le trouvai vêtu en Turc. Ses convives ne tardèrent pas à venir, et nous nous mîmes à table au nombre de huit, et tous montés en ton de gaieté. Le dîner fut entièrement à la française, tant pour le cérémonial que pour les mets; son maître d'hôtel et son cuisinier étaient deux honnêtes renégats français.

Il avait eu soin de me présenter à tous les convives en me les faisant connaître; mais il ne me donna occasion de parler qu'à la fin du repas. La conversation fut toute en italien, et j'observai que les Turcs ne dirent pas un mot dans leur propre langue pour se communiquer la moindre observation. Chaque convive avait à sa droite une bouteille qui pouvait être du vin blanc ou de l'hydromel. Je sais que je bus, ainsi que M. de Bonneval, que j'avais à ma droite, de l'excellent bourgogne blanc.

On me fit parler de Venise, mais plus particulièrement de Rome, ce qui fit tomber la conversation sur la religion, mais non pas sur le dogme. On se borna à la discipline et aux cérémonies liturgiques. L'un des convives, qu'on appelait éffendi parce qu'il avait été ministre des affaires étrangères, dit qu'il avait à Rome un ami dans l'ambassadeur de Venise, dont il parla avec éloge. Je fis écho, et lui dis que j'étais chargé d'une de ses lettres pour un seigneur musulman qu'il qualifiait aussi de son ami. Il me demanda son nom; mais, l'ayant oublié, je fouillai dans mon portefeuille pour y chercher la lettre, et je le remplis de joie en prononçant son nom écrit sur l'adresse. Il demanda la permission de la lire, et, après en avoir baisé la signature, il se leva pour venir m'embrasser. Cette scène attendrit M. de Bonneval et toute la compagnie. L'effendi, qui se nommait Ismaïl, engagea le bacha Osman à me mener dîner chez lui un jour qu'il fixa.

Malgré toutes les prévenances du noble effendi, celui qui m'intéressa le plus pendant ce charmant dîner fut un bel homme qui paraissait avoir soixante ans et qui unissait sur sa physionomie l'air de la sagesse au ton de la plus parfaite douceur. Deux ans après, je retrouvai ses traits sur la belle tête de M. de Bagradin, sénateur vénitien, dont je parlerai quand nous en serons là. Il m'avait écouté avec la plus grande attention, sans prononcer le moindre mot. Un homme en société dont la figure et le maintien intéressent pique fortement la curiosité de ceux qui ne le connaissent pas lorsqu'il observe un silence marqué. Lorsque nous sortîmes de la salle où nous avions dîné, je demandai à M. de Bonneval qui il était, et il me répondit que c'était un homme riche, philosophe, d'une probité reconnue, et dont la pureté de mœurs était aussi grande que son respect pour sa religion. Il me conseilla de cultiver sa connaissance, s'il me faisait des avances.

Cet avis me fit plaisir, et, dès que nous nous fûmes promenés à l'ombre des allées de son jardin, nous rentrâmes dans le salon meublé à la turque, et je me plaçai à dessein auprès de Josouff-Ali. C'était le nom du Turc qui m'avait intéressé, et qui m'offrit sa pipe de la meilleure grâce. Je la refusai poliment, et j'acceptai celle que me présenta un serviteur de Bonneval. J'ai toujours fumé en compagnie des fumeurs, ou je suis sorti; car sans cela je me serais imaginé avaler la fumée des autres, et cette idée, vraie et dégoûtante, révolte. Aussi je n'ai jamais pu concevoir comment en Allemagne le beau sexe,

CHAPITRE XIV

d'ailleurs si aimable, pouvait respirer la fumée suffocante d'une foule de fumeurs.

Josouff, charmé de me voir à son côté, me mit de suite sur des propos analogues à ceux qu'on m'avait tenus à table, mais surtout sur les raisons qui m'avaient porté à quitter l'état paisible d'ecclésiastique pour m'attacher au militaire ; et, pour satisfaire sa curiosité sans me mettre mal dans son esprit, je lui contai avec ménagement les principaux faits de l'histoire de ma vie ; car je crus devoir le convaincre que je n'étais pas entré dans la carrière du sacré ministère par pure vocation. Il me parut content de mon récit, et, m'ayant parlé vocation en philosophe stoïcien, je m'aperçus clairement qu'il était fataliste, et, ayant l'adresse de ne pas prendre son système de front, mes objections lui plurent, sans doute parce qu'il se crut assez fort pour les détruire.

Je dus sans doute inspirer beaucoup d'estime à cet honnête musulman pour qu'il me crût digne de devenir son disciple ; car, à dix-neuf ans et perdu, comme il devait le croire, dans une fausse religion, il était impossible qu'il voulût devenir le mien.

Après avoir passé une heure à me catéchiser et à écouter mes principes, il me dit qu'il me croyait né pour connaître la vérité, puisqu'il voyait que je m'en occupais, et que je ne me tenais pas pour certain d'y être parvenu. Il m'invita à aller passer une journée chez lui, en m'indiquant les jours de la semaine où je le trouverais immanquablement. « Mais, avant de venir me voir, ajouta-t-il, consultez le bacha Osman. » Je lui répondis qu'il m'avait déjà parlé de lui, et qu'il m'avait prévenu sur son caractère, ce qui le flatta beaucoup. Lui ayant promis de l'aller voir tel jour que je lui indiquai, nous nous séparâmes.

Je fis part de tout à M. de Bonneval, qui en fut fort content et qui me dit que son janissaire serait tous les jours à l'hôtel de Venise pour y exécuter mes ordres.

MM. les bailes, auxquels je fis part de toutes les connaissances que j'avais faites, me félicitèrent, et M. le chevalier Venier me conseilla de ne pas négliger des connaissances de cette espèce dans un pays où l'ennui était plus redoutable aux étrangers que la peste.

Au jour convenu, je me rendis de bonne heure chez Josouff ; mais il était sorti. Son jardinier, qu'il avait averti, eut pour moi toutes les attentions et me fit passer agréablement deux heures à me faire voir les beautés du jardin de son maître, particulièrement les fleurs. Ce jardinier était un Napolitain qui lui appartenait depuis trente ans. A ses manières, je lui supposai de l'instruction et de la naissance ; mais il me dit franchement qu'il n'avait jamais appris à lire, qu'il était matelot quand il fut fait esclave, et qu'il se trouvait si heureux au service de Josouff, qu'il se croirait puni, s'il lui donnait la liberté. Je me gardai bien de lui faire des questions sur les affaires de son maître, car sa discrétion aurait pu me faire rougir de ma curiosité.

Josouff étant rentré à cheval, après les compliments d'usage, nous allâmes dîner tête à tête dans un pavillon d'où nous voyions la mer, et où nous jouissions d'un vent agréable qui tempérait la grande chaleur. Ce vent, qui se fait sentir tous les jours à la même heure, est le nord-ouest, qu'on appelle mistral. Nous fîmes bonne chère sans autre mets accommodé que le cauroman. Je bus de l'eau et de l'hydromel, et j'assurai Josouff que je préférais cette boisson au vin, dont au reste je buvais peu alors.

« Votre hydromel, lui dis-je, est excellent, et les musulmans qui violent la loi en buvant du vin ne méritent aucune miséricorde, car ils ne peuvent en boire que parce qu'il est défendu.

CHAPITRE XIV

— Il y a bien des fidèles, me répliqua-t-il, qui croient pouvoir en faire usage comme objet de médecine. C'est le médecin du Grand Seigneur qui a mis cette médecine en vogue et qui par là a fait fortune, car il a captivé toute la faveur de son maître, qui réellement est toujours malade, mais sans doute parce qu'il est toujours ivre. »

Je lui dis que chez nous les ivrognes étaient rares et que l'ivrognerie était reléguée dans la dernière classe du peuple, ce qui le surprit beaucoup.

« Je ne conçois pas, dit-il, comment le vin peut être permis par toutes les religions, puisqu'il prive l'homme de l'usage de la raison.

— Toutes les religions, répondis-je, en défendent l'excès, et le crime ne peut consister que dans l'abus qu'on en fait. » Et je le persuadai en lui disant que l'opium produisait les mêmes effets et beaucoup plus forts, et que par conséquent l'islamisme aurait dû en prohiber aussi l'usage.

« Je n'ai, dit-il, fait usage de ma vie ni de vin ni d'opium. »

Après le dîner on apporta les pipes, que nous chargeâmes nous-mêmes. Je fumais avec plaisir, mais je rejetais la salive. Josouff, qui fumait en turc, c'est-à-dire sans cracher, me dit :

« Le tabac que vous fumez est du gingé excellent, et vous avez tort de ne pas en avaler la partie balsamique qui se trouve mêlée à la salive.

— Je le crois, car le plaisir de la pipe ne peut en être un qu'autant que le tabac est parfait.

— Cette perfection est certainement nécessaire au plaisir de fumer ; mais ce plaisir n'est pas le principal, puisqu'il n'est que sensuel : les vrais plaisirs sont ceux qui n'affectent que l'âme, entièrement indépendante des sens.

— Je ne puis, mon cher Josouff, me figurer des plaisirs dont l'âme puisse jouir sans l'entremise des sens.

— Écoute-moi. Quand tu charges ta pipe, as-tu du plaisir ?

— Oui.

— A quel de tes sens l'attribues-tu, si ce n'est à ton âme ? Poursuivons. N'est-il pas vrai que tu te sens satisfait quand tu ne la quittes qu'après que tu l'as entièrement achevée ? Tu es bien aise quand tu vois que ce qui reste n'est que cendre.

— C'est vrai.

— En voilà deux auxquels les sens n'ont certainement nulle part ; mais je te prie de deviner le troisième, qui est l'essentiel.

— L'essentiel ? C'est le parfum.

— Point du tout. C'est un plaisir de l'odorat ; il est sensuel.

— Je ne saurais....

— Écoute. Le principal plaisir de fumer consiste dans la vue de la fumée. Tu ne dois jamais la voir sortir de la pipe, mais toute du coin de la bouche, à distances mesurées et jamais trop fréquentes. Il est si vrai que ce plaisir est le principal, que tu ne verras nulle part un aveugle fumer. Essaye toi-même de fumer dans ta chambre la nuit sans lumière ; un moment après avoir allumé ta pipe, tu la mettras bas.

— Ce que tu dis est bien vrai ; mais tu me pardonneras, si je trouve que plusieurs plaisirs qui intéressent mes sens méritent la préférence sur ceux qui n'intéressent que l'âme.

— Il y a quarante ans que je pensais comme toi ; toi, dans quarante ans d'ici, si tu parviens à être sage, tu penseras comme moi. Les plaisirs, mon cher fils, qui mettent les sens en action, troublent le repos de l'âme ;

CHAPITRE XIV

ce qui doit te faire sentir qu'ils ne méritent pas le nom de vrais plaisirs.

— Mais il me semble que, pour qu'ils le soient, il suffit qu'ils me paraissent tels.

— D'accord ; mais, si tu voulais te donner la peine de les examiner après les avoir goûtés, tu ne les trouverais pas purs.

— C'est possible ; mais pourquoi me donnerais-je une peine qui ne servirait qu'à diminuer mes jouissances?

— L'âge viendra où tu trouveras du plaisir à te donner cette peine.

— Il me semble, mon cher père, que tu préfères l'âge mûr à la jeunesse.

— Dis hardiment la vieillesse.

— Tu me surprends. Dois-je croire que tu as vécu jeune et que tu as été malheureux?

— Bien loin de là. Toujours heureux et bien portant ; jamais victime de mes passions ; mais tout ce que je voyais dans mes égaux fut une bonne école qui m'apprit à connaître l'homme et à discerner le chemin du bonheur. Le plus heureux des hommes n'est pas le plus voluptueux, mais bien celui qui sait faire choix des grandes voluptés ; et les grandes voluptés, je te le répète, ne sauraient être que celles qui, ne remuant pas les passions, augmentent la paix de l'âme.

— Ce sont des voluptés que tu appelles pures?

— Oui, et telle est la vue d'une vaste prairie toute couverte d'herbe. La couleur verte, tant recommandée par notre divin Prophète, frappe ma vue, et dans ce moment je sens mon esprit nager dans un calme si délicieux qu'il me semble approcher de l'auteur de la nature. Je ressens la même paix, un calme égal, quand je me tiens assis sur le bord d'une rivière et que je contemple cette onde tranquille et toujours mouvante, qui fuit sans cesse sans jamais se dérober à mes regards, sans que son mouvement continuel lui ôte rien de sa limpidité. Elle me représente l'image de ma vie et la placidité que je lui désire pour parvenir, comme l'eau que je contemple, au terme que je ne vois pas et qui ne peut être qu'au bout de sa course. »

C'est ainsi que ce Turc raisonnait, et c'est dans un entretien monté sur ce ton que nous passâmes quatre heures. Il avait eu deux femmes, dont il avait deux fils et une fille. L'aîné de ses fils, ayant reçu la part des biens qui lui revenait, s'était établi à Salonique, où il faisait un grand commerce : il était riche. Le second était dans le sérail au service du Grand Seigneur, et la part de fortune qui lui revenait était entre les mains d'un tuteur. Sa fille, qu'il appelait Zelmi, âgée de quinze ans, devait être héritière de tout son bien. Il lui avait donné toute l'éducation qui devait suffire au bonheur de l'homme que le ciel lui aurait destiné pour époux. Nous parlerons bientôt de cette fille. Les mères de ces trois enfants étaient mortes ; il avait pris depuis cinq ans une troisième épouse, native de Scio, jeune et beauté parfaite ; mais il me dit qu'il ne pouvait pas espérer d'avoir d'elle ni fils ni fille, parce qu'il était trop vieux. Il n'avait cependant que soixante ans. Avant de le quitter, je dus lui promettre d'aller passer avec lui au moins un jour chaque semaine.

En soupant je racontai à MM. les bailes la manière agréable dont j'avais passé ma journée. « Nous vous envions, me dirent-ils, d'avoir la perspective de passer trois mois agréablement dans un pays où, en qualité de ministres, nous sommes condamnés à sécher d'ennui. »

Peu de jours après, M. de Bonneval me mena dîner chez Ismaïl, où je vis en grand le tableau du luxe asiatique ; mais il y avait beaucoup de monde et la conversation fut presque toute en langue turque, ce qui me causa

CHAPITRE XIV

beaucoup d'ennui, ainsi qu'à M. de Bonneval. Ismaïl, qui s'en était aperçu me pria après le dîner d'aller déjeuner avec lui aussi souvent que je le voudrais, m'assurant que je lui ferais grand plaisir. Je le lui promis, et j'y allai dix ou douze jours après. Je prierai le lecteur d'être de la partie quand nous en serons là ; mais maintenant je dois retourner à Josouff, qui, à ma seconde visite, déploya un caractère qui me fit concevoir pour lui la plus grande estime et le plus vif attachement.

Après avoir dîné tête à tête comme la première fois, et le discours étant tombé sur les arts, je dis mon avis sur un précepte du Coran qui privait les mahométans du plaisir innocent de jouir des productions de la peinture et de la sculpture. Il me dit que Mahomet, en sage législateur, avait dû éloigner toutes les images des yeux des islamites.

« Observe, mon fils, que toutes les nations auxquelles le Prophète fit connaître Dieu étaient idolâtres. Les hommes sont faibles ; en voyant les mêmes objets, ils auraient pu aisément retomber dans les mêmes erreurs.

— Je crois, mon cher père, que jamais aucune nation n'a adoré une image, mais seulement la divinité dont elle rappelait le souvenir.

— Je veux le croire ; mais, Dieu ne pouvant pas être matière, il faut éloigner des têtes vulgaires l'idée qu'il puisse l'être. Vous êtes les seuls, vous autres chrétiens, qui croyiez voir Dieu.

— C'est vrai, nous en sommes sûrs ; mais observe, je te prie, que ce qui nous donne cette certitude n'est autre chose que la foi.

— Je le sais ; mais vous n'êtes pas moins idolâtres, car ce que vous voyez n'est que matière, et votre certitude est parfaite sur cette vision, à moins que tu ne me dises que la foi l'infirme.

— Dieu me préserve de te dire cela ! car, tout au contraire, la foi la rend plus forte.

— C'est une illusion dont, Dieu merci ! nous n'avons pas besoin ; et il n'y a point de philosophe au monde qui puisse m'en prouver la nécessité.

— Cela, mon cher père, n'appartient pas à la philosophie, mais bien à la théologie, qui lui est beaucoup supérieure.

— Tu parles le même langage que nos théologiens, qui ne diffèrent des vôtres qu'en ce qu'ils n'exercent leur science qu'à rendre plus claires les vérités que nous devons connaître, tandis que les vôtres s'attachent à les rendre plus obscures.

— Songez, mon cher Josouff, qu'il s'agit d'un mystère.

— L'existence de Dieu en est un et assez grand pour que les hommes n'osent rien y ajouter. Dieu ne peut être que simple : toute composition détruirait son essence, et c'est ce Dieu que le Prophète nous a annoncé et qui doit être le même pour tous les hommes et pour tous les temps. Conviens qu'on ne saurait rien ajouter à la simplicité de Dieu. Nous disons qu'il est un : voilà l'image du simple. Vous dites qu'il est *un* et *trois* en même temps : et cela me semble une définition contradictoire, absurde et impie.

— C'est un mystère.

— Parles-tu de Dieu, ou de la définition ? Moi, je parle de la définition, qui ne doit pas être un mystère et que la raison doit réprouver. Le sens commun, mon fils, doit trouver impertinente une assertion dont la substance est une absurdité. Prouve-moi que trois n'est pas un composé ou qu'il peut ne pas l'être, et je me fais chrétien.

— Ma religion m'ordonne de croire sans raisonner, et je frissonne, mon cher Josouff, quand je pense que par

CHAPITRE XIV

l'effet d'un profond raisonnement je pourrais être porté à abjurer la religion de mon père. Il faudrait me convaincre d'abord qu'il a vécu dans l'erreur. Dis-moi si, respectant sa mémoire, je dois présumer de moi-même au point de me rendre son juge avec l'intention de prononcer sa sentence de condamnation. »

Cette vive remontrance émut l'honnête Josouff; mais, après quelques instants de silence, il me dit : « Avec ces sentiments, mon fils, tu ne peux être que cher à Dieu et par conséquent prédestiné. Si tu es dans l'erreur, il n'y a que Dieu qui puisse t'en retirer ; car je ne connais pas d'homme juste en état de réfuter le sentiment que tu viens de m'exprimer. »

Nous parlâmes de mille autres choses toutes amicales, et vers le soir nous nous séparâmes avec les assurances de l'amitié et du dévouement les plus absolus.

En me retirant, la tête pleine de notre conversation, je réfléchissais, et je trouvais que tout ce que Josouff m'avait dit sur l'essence de Dieu pourrait bien être vrai, car bien certainement l'Être des êtres ne pouvait être dans son essence que le plus simple de tous les êtres; mais je trouvais aussi qu'il était impossible que pour une erreur de la religion chrétienne je pusse me laisser persuader à embrasser la turque, qui pouvait bien avoir une idée vraie de Dieu, mais qui me faisait rire en ce qu'elle ne devait son existence qu'au plus extravagant de tous les imposteurs. Au reste, je ne pensais pas que Josouff eût l'intention de faire de moi un prosélyte.

La troisième fois que je dînai avec lui, le discours roula encore sur la religion.

« Es-tu sûr, mon cher père, que ta religion soit la seule dans laquelle on puisse faire son salut ?

— Non, mon cher fils, je n'ai point cette certitude, et nul homme ne saurait l'avoir ; mais j'ai l'assurance que la religion chrétienne est fausse, car elle ne saurait être universelle.

— Pourquoi?

— Parce qu'il n'y a ni pain ni vin dans les trois quarts du globe. Observe que le Coran peut être suivi partout. »

Je ne sus que lui répondre, et je ne crus pas devoir biaiser.

« Si Dieu n'est pas matière, lui dis-je, il doit donc être esprit?

— Nous savons ce qu'il n'est pas, mais nous ignorons ce qu'il est; et l'homme ne peut point affirmer qu'il soit esprit, car nous ne pouvons en avoir qu'une idée abstraite. Dieu, ajouta-t-il, est immatériel; c'est tout ce que nous savons, et nous n'en saurons jamais davantage. »

Cela me rappela Platon, qui avait précisément dit la même chose; et bien certainement que Josouff n'avait jamais lu Platon.

Il me dit le même jour que l'existence de Dieu ne pouvait être utile qu'à ceux qui n'en doutaient pas, et que, par conséquent les plus malheureux des mortels étaient les athées.

« Dieu a fait l'homme à sa ressemblance pour qu'entre tous les animaux qu'il a créés il y en eût un de capable de rendre hommage à son existence. Sans l'homme, Dieu n'aurait aucun témoin de sa propre gloire; et l'homme, par conséquent, doit comprendre que son premier devoir est de le glorifier en exerçant la justice et en se confiant à sa providence. Observe que Dieu n'abandonne jamais l'homme qui, dans l'adversité, se prosterne et implore son secours, et que souvent il laisse périr dans le désespoir le malheureux qui croit la prière inutile.

— Il y a cependant des athées heureux.

— C'est vrai; mais, malgré la tranquillité de leur âme, ils me semblent à plaindre, puisqu'ils n'espèrent rien

CHAPITRE XIV

après cette vie et que par conséquent ils ne se reconnaissent pas pour supérieurs à la brute. Outre cela, s'ils sont philosophes, ils doivent languir dans l'ignorance ; et s'ils ne pensent à rien, ils n'ont aucune ressource dans l'adversité. Dieu enfin a fait l'homme de façon qu'il ne peut être heureux qu'en ne doutant pas de sa divine existence. Quel que soit son état, il a un besoin absolu de l'admettre : sans ce besoin, l'homme n'aurait jamais admis un Dieu créateur de tout.

— Mais je voudrais savoir pourquoi l'athéisme n'a jamais existé que dans le système de quelque savant, tandis qu'il n'y a pas d'exemple qu'il ait jamais existé dans le système d'une nation tout entière.

— C'est que le pauvre sent ses besoins beaucoup plus que le riche. Il y a parmi nous un grand nombre d'impies qui se moquent des croyants qui mettent toute leur confiance dans le pèlerinage de la Mecque. Malheureux ! ils doivent respecter les anciens monuments qui, en excitant la dévotion des âmes ferventes, nourrissent leur religion et les encouragent à souffrir les adversités. Sans ces objets consolateurs, le peuple donnerait dans tous les excès du désespoir. »

Enchanté de l'attention avec laquelle je l'écoutais, Josouff se livrait au penchant qu'il avait à m'instruire ; et, de mon côté, me sentant porté vers lui par cet attrait que la vertu aimable exerce sur tous les cœurs, j'allais passer mes journées chez lui sans invitation préalable, et l'amitié de Josouff devint alors une affection des plus tendres.

Un matin j'ordonnai à mon janissaire de m'accompagner chez Ismaïl-Effendi, pour aller déjeuner avec lui comme je le lui avais promis. Après m'avoir reçu et traité de la manière la plus noble, il m'invita à faire un tour de promenade dans un petit jardin, d'où nous entrâmes dans un pavillon de repos, où il lui vint des fantaisies que je ne trouvai pas de mon goût et que je fus forcé d'abattre en me levant un peu brusquement. Alors ce Turc, affectant d'approuver ma délicatesse, me dit qu'il n'avait voulu que plaisanter; et peu d'instants après je le quittai avec l'intention de n'y plus revenir : je fus obligé pourtant de le revoir, comme je le dirai plus tard. Dès que je vis le comte de Bonneval, je lui contai cette historiette, et il me dit que, selon les mœurs turques, Ismaïl avait voulu me donner une grande preuve d'amitié, mais que je pouvais être certain qu'il n'y aurait plus de récidive de sa part, et que dans cette persuasion la politesse voulait que j'y retournasse encore; car, du reste, Ismaïl était un parfait galant homme et avait à sa disposition les plus belles esclaves de Turquie.

Cinq à six semaines après notre intimité, Josouff me demanda un jour si j'étais marié. Lui ayant dit que non, la conversation se tourna sur divers objets de morale et enfin tomba sur la chasteté, qui, selon lui, ne pouvait être regardée comme une vertu que sous le rapport de l'abstinence, mais que, bien loin d'être agréable à Dieu, elle devait lui déplaire, puisqu'elle violait le premier précepte qu'il avait donné à l'homme.

« Je voudrais savoir, dit-il, ce que c'est que la chasteté de vos chevaliers de Malte. Ils font vœu de chasteté, mais cela ne veut pas dire qu'ils renoncent aux femmes, mais seulement au mariage. Leur chasteté, et par conséquent toute la chasteté, ne peut donc être violée que par le mariage : mais j'observe que le mariage est un de vos sacrements. Ces messieurs ne promettent donc autre chose, sinon que de ne point commettre l'œuvre de la chair dans le seul cas où Dieu le leur permettrait; mais ils se réservent cette licence d'une manière illicite toutes les fois que bon leur semblera et que possible leur sera ; et cette illicite et immorale licence leur est accordée au point de pouvoir reconnaître un fils qu'ils ne peuvent avoir qu'en commettant un double crime ! Ce qui révolte encore, c'est qu'ils appellent ces enfants du vice, innocents sans doute, enfants naturels, comme si ceux qui naissent de l'union conjugale caractérisée de sacrement naissaient d'une manière contrenaturelle. Enfin, mon cher fils, le vœu de chasteté est tellement contraire à la morale divine et à la nature humaine, qu'il ne peut être agréable ni à Dieu, ni à la société, ni aux personnes qui le font ; et étant contraire à tout, il est nécessairement un crime. »

M'ayant répété la question si je n'étais pas marié, et lui ayant répondu par la négative, en ajoutant que je croyais que je ne serais jamais obligé de contracter ce lien, il m'interrompit en me disant :

« Comment ! je dois donc croire que tu n'es pas un homme parfait ou que tu veux te damner, à moins que tu ne me dises que tu n'es chrétien qu'en apparence.

— Je suis parfaitement homme, et je suis chrétien. Je te dirai même encore que j'adore le beau sexe et que je n'ai nulle envie de faire abnégation du plus doux des plaisirs.

— Tu seras damné selon ta religion.

— Je suis sûr que non, car, quand nous confessons nos péchés, nos prêtres sont obligés de nous absoudre.

— Je le sais ; mais conviens qu'il y a de l'imbécillité à prétendre que Dieu te pardonne un crime que tu ne commettrais peut-être pas, si tu n'avais la croyance qu'en t'en confessant, un prêtre, homme comme toi, t'en absoudra. Dieu ne regarde qu'au repentir.

— Cela n'est pas douteux, et la confession le suppose ; s'il n'y est pas, l'absolution est inefficace.

— La masturbation est aussi un crime chez vous ?

— Plus grand même que la copulation illégitime.

— Je le sais, et c'est ce qui m'a toujours surpris; car tout législateur qui fait une loi dont l'exécution est impossible est un sot. Un homme qui se porte bien et qui n'a pas une femme doit absolument se masturber quand la nature impérieuse lui en impose la nécessité; et celui qui, par la crainte de souiller son âme, s'en abstiendrait, gagnerait une maladie mortelle.

— On croit chez nous tout le contraire. On est persuadé que les jeunes gens par ce manège se gâtent le tempérament et abrègent leur vie. Dans plusieurs communautés on les surveille, et on leur ôte autant que faire se peut la possibilité de commettre ce crime sur eux-mêmes.

— Ces surveillants sont de sots ignorants, et ceux qui les payent pour cela sont plus sots encore; car l'inhibition doit augmenter l'envie d'enfreindre une loi aussi tyrannique, aussi contraire à la nature.

— Mais il me semble cependant que l'excès de ce désordre doit préjudicier à la santé, car il énerve et affaiblit.

— Certainement, car tout excès est nuisible, pernicieux; mais cet excès, à moins qu'il ne soit provoqué, ne peut pas exister; et ceux qui le défendent le provoquent. Si sur cette matière on ne gêne pas les filles chez vous, je ne vois pas pourquoi on gêne les garçons.

— C'est que les filles ne courent pas à beaucoup près le même risque, car elles ne font que peu de perte, et puis elle ne part pas de la même source d'où se sépare le germe de la vie dans les hommes.

— Je n'en sais rien; mais nous avons des docteurs qui soutiennent que les pâles couleurs ne viennent aux filles que par l'abus de ce plaisir. »

Josouff-Ali, après ces discours et plusieurs autres, dans lesquels il parut me trouver fort raisonnable, lors

CHAPITRE XIV

même que j'étais opposé à son sentiment, me fit, à peu près en ces termes, une proposition qui m'étonna fort :

« J'ai, me dit-il, deux fils et une fille. Je ne pense plus aux fils, puisqu'ils ont déjà la part qui leur revenait de mes biens. Pour ce qui est de ma fille, à ma mort elle aura tout ce que je possède, et je suis en outre en état de faire la fortune de l'homme qui l'épousera de mon vivant. J'ai pris, il y a cinq ans, une jeune femme ; mais elle ne m'a point donné de progéniture, et je suis certain qu'elle ne m'en donnera pas. Cette fille, que j'appelle Zelmi, a quinze ans ; elle est belle, les yeux noirs et brillants comme sa mère, les plus beaux cheveux noirs, une peau d'albâtre, grande, bien faite et d'un caractère doux : je lui ai donné une éducation qui la rendrait digne de posséder le cœur de notre maître. Elle parle facilement le grec et l'italien, elle chante à ravir en s'accompagnant de la harpe ; elle dessine, brode, et est d'une gaieté charmante et de tous les instants. Il n'y a point d'homme au monde qui puisse se glorifier d'avoir jamais vu sa figure, et elle m'aime au point de n'avoir d'autre volonté que la mienne. Cette fille est un trésor, et je te l'offre, si tu veux aller demeurer un an à Andrinople chez un de mes parents, où tu apprendras notre langue, notre religion et nos mœurs. Au bout d'un an, tu reviendras, et, dès que tu seras déclaré musulman, ma fille deviendra ta femme. Tu trouveras une maison montée et des esclaves dont tu seras le maître et une rente au moyen de laquelle tu pourras vivre dans l'abondance. Voilà tout. Je ne veux pas que tu me répondes aujourd'hui, ni demain, ni à tel jour déterminé. Tu me répondras quand tu te sentiras poussé par ton génie, et ta réponse sera l'acceptation de mon offre, car, si tu la refuses, il est inutile que nous reparlions de cela. Je ne te recommande pas non plus de penser à cette affaire, car, du moment où j'en ai jeté la semence dans ton âme, tu ne te trouveras plus le maître ni de consentir, ni de t'opposer à son accomplissement. Sans te hâter, sans différer, sans t'en inquiéter, tu ne feras que la volonté de Dieu en suivant l'arrêt irrévocable de sa destinée. Tel que je te connais, il ne te faut que la compagnie de Zelmi pour te rendre heureux, et tu deviendras, je le prévois, une colonne de l'empire ottoman. »

En achevant, Josouff me pressa contre son cœur et, pour ne pas me donner le temps de lui répondre, il me quitta. Je me retirai, et l'esprit tellement préoccupé de tout ce que je venais d'entendre, que je me trouvai chez moi sans m'en apercevoir. Les bailes me trouvèrent pensif et m'en demandèrent la raison ; mais on peut bien croire que je n'eus garde de satisfaire leur curiosité. Je trouvais trop vrai ce que Josouff m'avait dit ; l'affaire était d'une si grande importance, que non seulement je ne devais la communiquer à personne, mais même je devais m'abstenir d'y penser jusqu'à ce que mon esprit fût assez calme pour être bien certain que rien d'étranger ne devait peser dans la balance qui devait emporter ma détermination. Toutes mes passions devaient se tenir dans le silence ; les préventions, les préjugés, l'amour et même l'intérêt personnel, tout devait se tenir dans le calme de la plus complète inaction.

Le lendemain à mon réveil, ayant glissé une petite réflexion sur la chose, je vis que, si je devais me déterminer, ce qui pourrait m'en empêcher serait précisément d'y penser, et qu'une détermination en cette matière devait me venir comme par inspiration et par l'absence de la réflexion. C'était le cas du *sequere Deum*[1] des stoïciens.

Je passai quatre jours sans voir Josouff, et le cinquième,

---

1. Abandonne-toi à Dieu.

quand j'y fus, nous causâmes gaiement, sans qu'il fût nullement question de l'affaire, quoique assurément il fût impossible que nous n'y pensassions pas. Nous fûmes ainsi quinze jours l'un vis-à-vis de l'autre, sans ouvrir la bouche sur ce qui nous occupait le plus ; mais, comme notre silence ne venait point de dissimulation, ni d'aucun sentiment opposé à l'estime et à l'amitié que nous nous portions, il me dit un jour qu'il se figurait que j'avais communiqué sa proposition à quelque sage pour m'armer d'un bon conseil. Je m'empressai de l'assurer du contraire, lui disant que je croyais que dans une affaire d'une nature aussi délicate je ne devais suivre le conseil de personne.

« Je me suis abandonné à Dieu, mon cher Josouff, et, ayant en lui une pleine confiance, je suis sûr que je prendrai le bon parti, soit que je me détermine à devenir ton fils, soit que je croie devoir rester ce que je suis. En attendant, la pensée sur cette affaire exerce mon âme matin et soir, dans les moments où, tranquille vis-à-vis de moi-même, elle est dans le calme et le recueillement. Quand je me trouverai décidé, ce ne sera qu'à toi, qu'à toi seul, que j'en donnerai la nouvelle, et dans ce moment-là tu commenceras à exercer sur moi l'autorité d'un père. »

A ces mots, le vertueux Josouff, les yeux mouillés de larmes, mit sa main gauche sur ma tête, et les deux premiers doigts de la main droite sur mon front, en disant :

« Poursuis ainsi, mon cher fils, et sois certain que tu ne te tromperas pas.

— Mais, lui dis-je, ne pourrait-il pas arriver que Zelmi ne me trouvât pas à son gré?

— Tranquillise-toi sur cela. Ma fille t'aime; elle t'a vu; elle te voit avec ma femme et sa gouvernante toutes les fois que nous dînons ensemble, et elle t'écoute avec plaisir.

— Mais elle ne sait pas que tu penses à me la donner pour épouse?

— Elle sait que je désire que tu deviennes croyant pour que tu unisses ta destinée à la sienne.

— Je suis bien aise qu'il ne te soit pas permis de me la laisser voir, car elle pourrait m'éblouir, et pour lors ce serait la passion qui donnerait la secousse à la balance; je ne pourrais plus me flatter de m'être déterminé dans toute la pureté de mon âme. »

La joie de Josouff en m'entendant parler ainsi était extrême, et certes j'étais de bonne foi. La seule idée de voir Zelmi me faisait frissonner. Je sentais que, si j'en avais été amoureux, je me serais fait musulman pour la posséder, et que je m'en serais sans doute repenti, car la religion mahométane ne me présentait aux yeux et à l'esprit qu'un tableau désagréable, tant à l'égard de cette vie que pour la vie future. Quant aux richesses, il me semblait qu'elles ne méritaient pas une démarche pareille à celle qu'on exigeait de moi. D'ailleurs, je pouvais en trouver de pareilles dans toute l'Europe sans imprimer sur mon front la tache honteuse d'apostasie. Je tenais à l'estime des personnes distinguées dont j'étais déjà connu, et je ne voulais pas m'en rendre indigne. D'ailleurs, j'étais poussé par le désir de me rendre célèbre chez les nations policées et polies, soit dans les beaux-arts, soit dans la littérature, ou dans toute autre carrière honorable ; et je ne pouvais me résoudre à abandonner à mes égaux les triomphes qui pouvaient m'être réservés en vivant au milieu d'eux. Il me semblait et il me semble encore que le parti de prendre le turban ne pouvait convenir qu'à un chrétien désespéré ; et je n'étais heureusement point dans cette catégorie. Ce qui me révoltait surtout était l'idée de devoir aller vivre un an à Andrinople pour y apprendre une langue barbare pour laquelle je ne me sentais que du dégoût, et que par conséquent j'aurais mal apprise. Comment aussi à mon âge renoncer à la prérogative, flatteuse pour l'amour-propre, d'être réputé beau parleur ! et j'en avais la réputation partout où j'étais connu. Outre cela, je pensais quelquefois que Zelmi, cette huitième merveille aux yeux de son père, pourrait bien ne pas paraître telle aux miens, et que cela aurait pu suffire à me rendre malheureux ; car Josouff pouvait facilement vivre vingt ans encore ; et je sentais que le respect et la reconnaissance ne m'auraient jamais permis de mortifier ce bon vieillard ; ce qui serait arrivé, si j'avais pu cesser d'avoir pour sa fille tous les égards d'un bon mari. Telles étaient les pensées qui m'occupaient, et, Josouff ne pouvant point les deviner, il était inutile que je les lui confiasse.

Peu de jours après, je trouvai chez le bacha Osman mon Ismaïl-Effendi à dîner. Il me donna de grandes marques d'amitié, et j'y répondis, glissant sur les reproches qu'il me fit de n'être pas allé déjeuner avec lui depuis tant de temps. Je ne pus me dispenser d'aller dîner chez lui avec Bonneval, et il me fit jouir d'un spectacle charmant : des esclaves napolitains des deux sexes représentèrent une pantomime et dansèrent des calabraises. M. de Bonneval ayant parlé de la danse vénitienne appelée *forlana*, et Ismaïl m'ayant témoigné un vif désir de la connaître, je lui dis qu'il m'était impossible de le satisfaire sans une danseuse de mon pays et sans un violon qui en sût l'air. Sur cela, prenant un violon, j'exécutai l'air de la danse ; mais, quand même la danseuse aurait été trouvée, je ne pouvais point jouer et danser tout à la fois.

Ismaïl, se levant, parla à l'écart à un de ses eunuques, qui sortit et revint peu de minutes après lui parler à l'oreille. Alors l'effendi me dit que la danseuse était trouvée; je lui répondis que le violon le serait aussi bientôt, s'il voulait envoyer un billet à l'hôtel de Venise, ce qui fut fait à l'instant. Le baile Dona m'envoya un de ses gens, très bon violon pour le genre. Dès que le musicien fut prêt, une porte s'ouvre, et voilà une belle femme qui en sort, la figure couverte d'un masque de velours noir, tels que ceux qu'à Venise on appelle *moretta*. L'apparition de ce beau masque surprit et enchanta l'assemblée, car il est impossible de se figurer un objet plus intéressant, tant pour la beauté de ce qu'on pouvait voir de sa figure que pour l'élégance des formes, l'agrément de sa taille, la suavité voluptueuse des contours et le goût exquis qui se voyait dans sa parure. La nymphe se place, je l'imite, et nous dansons ensemble six forlanes de suite.

J'étais brûlant et hors d'haleine; car il n'y a point de danse nationale plus violente; mais la belle se tenait debout, et, sans donner le moindre signe de lassitude, elle paraissait me défier. A la ronde du ballet, ce qui est le plus difficile, elle semblait planer. L'étonnement me tenait hors de moi; car je ne me souvenais pas d'avoir jamais vu si bien danser ce ballet, même à Venise.

Après quelques minutes de repos, un peu honteux de la lassitude que j'éprouvais, je m'approche d'elle et lui dis : *Ancora sei, e poi basta, se non volete vedermi a morire*[1]. Elle m'aurait répondu, si elle l'eût pu; mais elle avait un de ces masques barbares qui empêchent de prononcer un seul mot. A défaut de la parole, un serrement de main, que personne ne pouvait voir, me fit tout deviner. Dès que les six secondes forlanes furent achevées, un eunuque ouvrit la porte et ma belle partenaire disparut.

1. Encore six, mais plus ensuite, si vous ne voulez pas me voir mourir.

CHAPITRE XIV

Ismaïl s'évertua en remerciements, et c'est moi qui lui en devais; car ce fut là le seul vrai plaisir que j'eus à Constantinople. Je lui demandai si la dame était Vénitienne, mais il ne me répondit que par un sourire significatif. Nous nous séparâmes vers le soir.

« Ce brave homme, me dit M. de Bonneval en nous retirant, a été dupe aujourd'hui de sa magnificence, et je suis sûr que déjà il s'est repenti de ce qu'il a fait. Faire danser avec vous sa belle esclave! Selon le préjugé du pays, cela porte atteinte à sa gloire; car il est impossible que vous n'ayez pas enflammé cette pauvre fille. Je vous conseille de vous méfier et de vous tenir sur vos gardes, car elle cherchera à nouer avec vous quelque intrigue; mais soyez sage, car dans l'état des mœurs du pays ces intrigues sont toujours dangereuses. »

Je lui promis de ne faire aucune fausse démarche, mais je ne tins pas parole; car, trois ou quatre jours après, une vieille esclave, m'ayant rencontré dans la rue, me présenta une bourse à tabac brodée en or, qu'elle m'offrit pour une piastre, et en la mettant entre mes mains elle sut me faire sentir qu'elle renfermait une lettre.

Je m'aperçus qu'elle évitait les yeux du janissaire qui marchait derrière moi. Je lui donnai une piastre, elle partit, et je continuai mon chemin vers la maison de Josouff. N'ayant point trouvé ce bon Turc, j'allai me promener dans son jardin pour pouvoir y lire la lettre en liberté. Elle était cachetée et sans adresse : l'esclave pouvait s'être trompée; cela augmenta ma curiosité, j'en brise le cachet, et voici ce qu'elle contenait en italien écrit assez correctement.

« Si vous êtes curieux de voir la personne qui a dansé
« la forlane avec vous, venez vous promener vers le soir
« au jardin au delà du bassin, et faites connaissance
« avec la vieille servante du jardinier en lui demandant

I.

« de la limonade. Il vous arrivera peut-être de la voir
« sans que vous couriez aucun risque, quand même vous
« rencontreriez Ismaïl : elle est Vénitienne. Il importe que
« vous ne communiquiez cette invitation à personne. »

« Je ne suis pas si sot, ma belle compatriote » m'é-
criai-je, comme si elle eût été présente, tout en mettant
la lettre dans ma poche ; et voilà une belle vieille femme
qui, sortant de derrière une touffe de buissons, prononce
mon nom en me demandant ce que je voulais et comment
je l'avais aperçue. Je lui réponds en riant que j'avais
parlé en l'air, ne croyant être entendu de personne ; et
de but en blanc la voilà à me dire qu'elle était bien aise
de me parler, qu'elle était Romaine, qu'elle avait élevé
Zelmi et qu'elle lui avait appris à chanter et à pincer de
la harpe. Là-dessus elle me fait l'éloge des beautés et des
belles qualités de son élève, me disant que certainement
j'en deviendrais amoureux, si je la voyais, et qu'elle était
bien fâchée que cela ne fût pas permis.

« Elle nous voit en ce moment, ajouta-t-elle, de derrière cette jalousie verte ; et nous vous aimons depuis
que Josouff nous a dit que vous pourrez devenir l'époux
de Zelmi.

— Puis-je rendre compte de notre entretien à Josouff ?
lui dis-je.

— Non. »

Ce non me fit comprendre que, pour peu que je l'eusse
pressée, elle se serait déterminée à me faire voir sa charmante élève, et peut-être était-ce dans cet espoir qu'elle
avait cherché à me parler ; mais l'idée d'une démarche
qui aurait déplu à mon cher hôte m'aurait rebuté. Sans
cela, et plus que cela sûrement, je craignais l'entrée d'un
labyrinthe où l'aspect d'un turban me faisait frissonner.

Josouff survint, et, loin d'être fâché de me trouver avec
cette femme, il me fit compliment sur le plaisir que je

devais trouver à m'entretenir avec une Romaine. Il me félicita ensuite sur celui que j'avais dû trouver à danser avec l'une des beautés du harem du voluptueux Ismaïl.

« C'est donc une chose rare, puisqu'on en parle?

— Très rare, puisque le préjugé de ne point exposer les beautés aux regards des envieux existe chez nous; mais chacun peut faire comme il lui plaît dans sa propre maison. Ismaïl d'ailleurs est un très galant homme et un homme d'esprit.

— Connaît-on la dame avec laquelle j'ai dansé?

— Oh! pour cela, je ne le crois pas. D'ailleurs, elle était masquée, et on sait qu'Ismaïl en a une demi-douzaine toutes fort belles. »

Nous passâmes gaiement la journée, et en sortant de chez lui je me fis conduire chez Ismaïl. Comme on m'y connaissait, on me laissa entrer, et je m'acheminai vers l'endroit indiqué dans le billet. L'eunuque, m'ayant aperçu, vint à moi en me disant que son maître était sorti, mais qu'il serait bien aise d'apprendre que j'avais été me promener chez lui. Je lui dis que je prendrais volontiers un verre de limonade, et il me conduisit au kiosque où je reconnus la vieille messagère. L'eunuque me fit donner d'une boisson délicieuse, et m'empêcha de donner une pièce d'argent à la vieille. Nous allâmes ensuite nous promener au delà du bassin; mais l'eunuque me dit qu'il fallait que nous retournassions sur nos pas, parce qu'il voyait venir trois dames, qu'il me montra, ajoutant que la décence exigeait que nous les évitassions. Bientôt après je le remerciai de sa complaisance, en le chargeant de faire mes compliments à Ismaïl, et je me retirai sans être mécontent de ma promenade, et plein d'espoir d'être plus heureux une autre fois.

Le lendemain matin je reçus un billet d'Ismaïl dans lequel il me priait d'aller le jour après à la pêche avec lui, me disant que nous pêcherions au clair de la lune jusque bien avant dans la nuit. Je ne manquai pas d'espérer ce que je désirais, et j'allai jusqu'à croire Ismaïl capable de me faire trouver en compagnie de ma belle compatriote : je ne me sentais pas rebuté par la certitude qu'il se trouverait présent. Je demandai au chevalier Venier la permission de passer une nuit dehors, et ce ne fut qu'avec beaucoup de peine qu'il me l'accorda : car il craignait quelque galanterie et les accidents qui peuvent en être le résultat. Comme on peut bien le croire, je le rassurai de mon mieux, mais non pourtant en le mettant au fait de tout, car sur ce point la discrétion me semblait très nécessaire.

A l'heure indiquée, je fus exact au rendez-vous, et Ismaïl me reçut avec les démonstrations de l'amitié la plus cordiale ; mais en montant dans le bateau je fus surpris de m'y trouver seul avec lui. Il avait deux rameurs et un timonier, et nous prîmes quelques poissons que nous allâmes manger dans un kiosque après les avoir fait frire à l'huile. Nous étions au clair de la lune, par une de ces nuits délicieuses dont on ne se fait point une idée quand on ne les a point vues. Seul à seul avec Ismaïl, connaissant ses goûts antinaturels, je ne me trouvais pas dans mon assiette ordinaire ; car, malgré les assurances de M. de Bonneval, je craignais que le Turc n'eût envie de me donner des marques de sa trop grande amitié, et ce tête-à-tête m'empêchait d'être tranquille : mais voici le dénouement.

« Partons tout doucement, me dit-il ; j'entends un certain bruit qui me fait deviner quelque chose qui nous amusera. » Il renvoie ses gens ; puis, me prenant par la main : « Allons, me dit-il, nous mettre dans un cabinet, dont heureusement j'ai la clef ; mais gardons-nous de faire le moindre bruit. Ce cabinet a une fenêtre qui donne sur le bassin, où je crois que dans ce moment deux ou trois de mes demoiselles sont allées se baigner. Nous les verrons et nous jouirons d'un fort joli spectacle, car elles ne sauraient se figurer d'être vues. Elles savent que, moi excepté, cet endroit est inaccessible à tout le monde. »

Nous entrâmes, et, la lune donnant en plein sur les eaux du bassin, nous vîmes trois nymphes qui, tantôt nageant, tantôt debout ou assises sur les degrés de marbre, s'offraient à nos yeux sous tous les points imaginables et dans toutes les attitudes de la grâce et de la volupté. Lecteur, je dois vous épargner les détails du tableau, mais, si la nature vous a donné un cœur ardent et des sens à l'avenant, vous devez deviner le ravage que ce spectacle unique et ravissant dut faire sur mon pauvre corps.

Quelques jours après cette fameuse partie de clair de lune, de pêche et de baigneuses, étant allé chez Josouff de bonne heure, et une petite pluie m'empêchant d'aller me promener dans le jardin, j'entrai dans la salle où nous dînions et où je n'avais jamais trouvé personne. Dès que je parais, une charmante figure de femme se lève en couvrant son visage d'un voile épais qui lui tombe jusqu'à terre. Une esclave assise auprès de la fenêtre et qui brodait au tambour ne bougea pas. Je m'excuse en faisant mine de vouloir sortir ; mais elle m'arrête en me disant avec un ton de voix délicieux que Josouff, qui était sorti, lui avait ordonné de m'entretenir. Elle m'invita à m'asseoir en me montrant un riche coussin posé sur deux autres plus amples, et j'obéis, tandis que, croisant ses jambes, elle s'assied sur un autre vis-à-vis de moi. Je crus avoir Zelmi devant mes yeux, pensant que Josouff s'était déterminé à me montrer qu'il n'était pas moins brave qu'Ismaïl, surpris pourtant que, par cette démarche, il donnât un fort démenti à sa maxime, et qu'il risquât de gâter la pureté de mon consentement en me rendant amoureux. Cependant je me trouvais rassuré contre toute crainte, car pour décider j'avais besoin de voir sa figure.

« Je crois, me dit ma belle voilée, que tu ignores qui je suis ?

— Je ne saurais en effet le deviner.

— Je suis depuis cinq ans l'épouse de ton ami, et je suis née à Scio. J'avais treize ans quand je devins sa femme. »

Fort surpris que mon philosophe musulman s'émancipât au point de me permettre une conversation avec sa femme, je me sentis plus à l'aise, et je m'imaginai pouvoir pousser plus loin l'aventure ; pour cela pourtant il fallait que je visse son visage ; car un beau corps vêtu dont on ne voit pas la tête ne saurait exciter que des désirs faciles à contenter. Le feu des désirs ressemble au feu de la paille ; dès qu'il arde, il est à son comble. Je voyais un simulacre magnifique, mais je n'en voyais pas l'âme, car une gaze épaisse le ravissait à mes avides regards. Je voyais des bras d'albâtre arrondis par les grâces, et ses mains d'Alcine *dove ne nodo appar ne vena eccede*[1], et mon imagination active créait tout le reste en harmonie avec ces beaux échantillons, car les plis gracieux de la mousseline, en laissant aux contours toute leur perfection, ne me cachait que le satin vivant de la surface : tout devait être beau, mais j'avais besoin de voir dans ses yeux que tout ce que j'imaginais avait vie et était doué de sentiment. Le costume oriental n'est qu'un beau vernis tendu sur un vase de porcelaine pour dérober au toucher les couleurs des fleurs et des figures, sans pres-

1. Où l'on ne voit ni nœud ni veine.

que 'rien ôter au plaisir des yeux. La femme de Josouff n'était pas vêtue en sultane, elle avait le costume de Scio, avec une jupe qui n'empêchait de voir ni la perfection de sa jambe, ni la rondeur de ses cuisses, ni la chute voluptueuse et rebondie de ses hanches surmontées d'une taille svelte et bien prise qu'entourait une magnifique ceinture brodée en argent et couverte d'arabesques. Au-dessus de tout cela, je voyais deux globes qu'Apelles aurait pris pour modèle de ceux de sa belle Vénus, et leur mouvement prononcé, mais inégal, m'annonçait que ce tertre enchanteur était animé. La petite distance qu'ils laissaient entre eux et que je dévorais de mes regards me semblait un ruisseau de nectar où mes lèvres brûlantes aspiraient à se désaltérer avec plus d'ardeur qu'à la coupe des dieux.

Transporté et ne me possédant plus, j'allonge le bras par un mouvement presque indépendant de ma volonté, et ma main audacieuse allait lui relever le voile, si elle ne m'en eût empêché en se levant légèrement sur la pointe de ses jolis pieds, et me reprochant d'une voix aussi imposante que sa posture ma perfide hardiesse.

« Mérites-tu, me dit-elle, l'amitié de Josouff, puisque tu violes l'hospitalité en insultant sa femme ?

— Madame, vous devez me pardonner, puisque je n'ai pas eu l'intention de vous offenser ; car dans nos mœurs le dernier des hommes peut fixer ses regards sur le visage d'une reine.

— Oui, mais non lui arracher son voile, si elle en est couverte. Josouff me vengera. »

Cette menace, du ton dont elle était faite, me fit peur. Je me jetai à ses pieds et je fis tant qu'elle se calma.

« Assieds-toi, me dit-elle ; » et elle s'assit elle-même en croisant les jambes avec tant de désordre que j'entrevis un moment des charmes qui m'auraient fait perdre la tête, si leur aspect cût duré un instant de plus. Je vis alors que je m'y étais mal pris, et je m'en repentis, mais trop tard.

« Tu es enflammé, me dit-elle.

— Comment ne l'être pas, lui répondis-je, quand tu me brûles du feu le plus ardent? »

Devenu plus sage, je me saisis de sa main, sans plus me mêler de son visage. « Mais, voilà mon époux, » me dit-elle ; et Josouff entre. Nous nous levons, Josouff m'embrasse, je le complimente, l'esclave qui brodait s'en va ; il remercie sa femme de m'avoir tenu compagnie et lui présente son bras pour la conduire à son appartement. Elle part, mais auprès de la porte elle lève son voile, et, embrassant son époux, elle me laisse voir son beau profil, faisant semblant de ne pas s'en apercevoir. Je la suivis des yeux jusqu'à sa dernière chambre, où Josouff la quitta. Dès qu'il fut près de moi, il me dit en riant que sa femme s'était offerte à dîner avec nous.

« Je croyais, lui dis-je, m'être trouvé vis-à-vis de Zelmi.

— C'eût été trop contraire à nos bonnes mœurs. Ce que j'ai fait est très peu de chose ; mais je ne connais point d'honnête homme assez hardi pour oser mettre sa fille en face d'un étranger.

— Je crois que ton épouse est belle ; l'est-elle plus que Zelmi?

— La beauté de ma fille est riante et douce ; celle de Sophie a le caractère de la fierté. Elle sera heureuse après ma mort. Celui qui l'épousera la trouvera vierge. »

Je contai cette aventure à M. de Bonneval en lui exagérant le risque que j'avais couru en voulant lever le voile à la belle Sciote.

« Cette Grecque, me dit le comte, n'a voulu que se moquer de vous, et vous n'avez couru aucun danger. Elle a été fâchée, croyez-moi, d'avoir affaire à un novice. Vous avez joué une farce à la française quand il fallait aller droit au fait. Quel besoin aviez-vous de voir son nez? Elle savait bien qu'elle n'aurait pas été plus avancée après que vous l'auriez vue. Vous auriez dû aller à l'essentiel. Si j'étais jeune, je réussirais peut-être à la venger et à punir mon ami Josouff. Vous avez donné à cette belle une triste idée de la valeur italienne. La plus réservée des femmes turques n'a la pudeur que sur le visage, et dès qu'elle a son voile elle est sûre de ne jamais rougir de rien. Je suis sûr que celle-là tient son visage couvert toutes les fois qu'il veut rire avec elle.

— Elle est vierge.

— Chose fort difficile, mon ami, car je connais les Sciotes : mais elles ont le talent facile de se faire passer pour telles. »

Josouff ne s'avisa plus de me faire une politesse pareille, et certes il eut raison.

Quelques jours après, me trouvant chez un marchand arménien où j'examinais plusieurs belles marchandises, Josouff survint et loua mon goût sur tout ce que j'avais trouvé beau, mais que je n'achetais pas, disant que c'était trop cher. Josouff, au contraire, disant que ces marchandises n'étaient point chères, les acheta toutes, et nous nous séparâmes. Le lendemain matin, je vois toutes ces marchandises chez moi. C'était une galanterie de Josouff; et pour que je n'eusse point occasion de refuser ce présent, il y avait joint une jolie lettre dans laquelle il me disait qu'à mon arrivée à Corfou je saurais à qui les remettre. C'était des étoffes de damas glacées en or et en argent au cylindre, des bourses, des portefeuilles, des ceintures, des écharpes, des mouchoirs et des pipes, ce qui valait de quatre à cinq cents piastres. Lorsque je voulus le remercier, je l'obligeai à convenir que c'était un présent d'amitié qu'il voulait me faire.

La veille de mon départ, ce brave homme fondit en larmes en prenant congé ; mais celles que je répandis n'étaient ni moins sincères ni moins abondantes que les siennes. Il me dit qu'en n'acceptant pas son offre j'avais captivé son estime au point qu'il lui serait difficile de se figurer qu'il pût m'estimer davantage, si j'étais devenu son fils. Dès que je fus sur le vaisseau, où je m'embarquai avec le baile M. Jean Dona, je trouvai une caisse dont il me faisait encore présent et qui contenait deux quintaux de café moka de la meilleure qualité, cent livres de tabac gingé en feuilles, et deux grands flacons remplis, l'un de tabac zapandi, l'autre de camussade. Outre cela, une superbe canne à pipe en bois de jasmin couverte de filigrane d'or, que je vendis à Corfou pour cent sequins. Je ne pus donner à ce généreux Turc des marques de ma reconnaissance qu'à mon arrivée à Corfou, et je n'y manquai pas. Je vendis tous ses présents, qui me constituèrent une petite fortune.

Ismaïl me donna une lettre pour le chevalier de Lezze, mais je ne pus la lui faire parvenir, l'ayant perdue ; il me donna aussi un tonneau d'hydromel dont je fis également de l'argent. M. de Bonneval me remit une lettre pour le cardinal Acquaviva ; je la lui envoyai à Rome avec l'histoire de mon voyage, mais l'éminence ne crut pas devoir m'en accuser la réception. Il me fit présent de douze bouteilles de malvoisie de Raguse et de douze autres de véritable scopolo, chose très rare et qui me servit à Corfou à faire un présent qui me fut très utile, comme on le verra par la suite.

Le seul ministre étranger que je vis souvent à Constantinople, ce fut milord maréchal d'Écosse, le célèbre Keith, qui y résidait pour le roi de Prusse, et dont six ans plus tard la connaissance me fut très utile à Paris.

CHAPITRE XIV

Nous partîmes au commencement de septembre sur le même vaisseau de guerre qui nous avait transportés à Constantinople, et nous arrivâmes à Corfou en quinze jours. M. le baile Dona resta à son bord : il amenait avec lui huit superbes chevaux turcs, dont j'ai vu encore deux vivants à Gorice en 1773.

A peine débarqué avec mon bagage et m'être assez mesquinement logé, je me présentai chez M. André Dolfin, provéditeur général, qui m'assura de nouveau qu'à la première revue je serais fait lieutenant. Dès que je l'eus quitté, je me rendis chez M. Camporèse, mon capitaine, et j'en fus fort bien reçu. Ma troisième visite fut au gouverneur de galéasses M. D. R., auquel M. Dolfin, avec lequel j'étais venu de Venise à Corfou, avait eu la bonté de me recommander. Après les premières politesses d'usage, il me demanda si je voulais me fixer auprès de lui en qualité de son adjudant. Je ne balançai pas à lui répondre que son offre m'honorait, que j'acceptais et qu'il me trouverait toujours disposé à ses ordres. Sans plus de cérémonies, il me fait conduire à la chambre qu'il me destinait, et dès le lendemain je me vis installé chez lui. J'obtins de mon capitaine un soldat français pour me servir, et, comme il était perruquier et jaseur, cela me fit grand plaisir, car il pouvait soigner ma belle chevelure, et j'avais besoin de m'exercer à parler français. Ce soldat était un vrai vaurien, ivrogne et libertin ; né paysan en Picardie, sachant à peine griffonner : peu m'importait, car il me suffisait qu'il sût assez bien parler. C'était un fou plaisant ; il savait une quantité de vaudevilles et de contes grivois qu'il racontait à faire mourir de rire.

Dès que j'eus vendu ma pacotille de Constantinople, dont je ne gardai que le vin, je me trouvai possesseur d'environ cinq cents sequins. Je retirai des mains des juifs tout ce que j'avais mis en gage, et j'en fis de l'argent, bien résolu à ne plus jouer en dupe, mais seulement avec tous les avantages qu'un jeune homme prudent peut se procurer sans qu'on puisse attaquer son honneur.

C'est ici le lieu de faire connaître à mes lecteurs la vie qu'on menait à Corfou. Quant aux localités, qu'ils peuvent connaître par tant de descriptions que d'autres en ont faites, je n'en parlerai pas.

Il y avait alors à Corfou S. E. le providiteur général, qui exerce une autorité souveraine et qui y vit splendidement. C'était alors M. Dolfin, vieillard de soixante-dix ans, sévère, têtu et ignorant. Il ne se souciait plus des femmes, mais il aimait qu'elles lui fissent encore la cour. Il recevait tous les soirs et tenait table ouverte à souper pour vingt-quatre personnes.

Il y avait trois grands officiers de l'armée subtile (troupes légères), qui est spécialement destinée à monter les galères; et trois autres de l'armée grosse (troupes de ligne), affectée aux gros vaisseaux de guerre. Chaque galère devant avoir un gouverneur qu'on appelle *sopracomito*, il y en avait dix, et, chaque vaisseau de ligne devant avoir un commandant, il y en avait également dix, y compris les trois chefs de mer ou amiraux. Tous ces messieurs étaient nobles vénitiens. Dix autres jeunes gens de vingt à vingt-deux ans étaient également nobles vénitiens et étaient employés pour étudier la marine. Il y avait en outre une dizaine de nobles employés dans le civil, soit pour la police de l'île, soit pour rendre la justice : ils étaient qualifiés de grands officiers de terre. Ceux d'entre eux qui avaient de jolies femmes avaient le plaisir de voir leurs maisons très fréquentées par ceux qui aspiraient à leurs bonnes grâces; mais on ne voyait nulle part de fortes passions, peut-être parce qu'alors à Corfou il y avait beaucoup de Laïs dont les charmes étaient banals. Les jeux de hasard étaient permis partout, et cette passion avare devait faire beaucoup de tort aux sentiments du cœur.

La dame qui se distinguait le plus par la beauté et la galanterie était Mme F. Son mari, gouverneur d'une galère, était arrivé à Corfou avec elle l'année précédente, et Madame avait fait l'étonnement de tous les chefs de mer. Se croyant maîtresse de choisir, elle avait donné la préférence à M. D. R. et l'exclusion à tous les galants qui se présentèrent. M. F. l'avait épousée le jour même où elle sortit du couvent, à l'âge de dix-sept ans, et ce même jour il l'avait embarquée sur sa galère.

Je la vis pour la première fois à table le jour de mon installation et j'en fus frappé. Je crus voir quelque chose de surnaturel et de tellement au-dessus de toutes les femmes que j'avais vues jusqu'alors, que je ne craignis pas d'en devenir amoureux. Elle me semblait d'une nature différente de la mienne, et tellement supérieure qu'il me semblait impossible de m'élever jusqu'à elle. J'allai jusqu'à me persuader qu'il ne pouvait y voir entre elle et M. D. R. qu'une amitié platonique et je trouvais que M. F. avait raison de n'en être pas jaloux. Au reste, ce M. F. était une bête achevée, et certes peu fait pour une pareille femme.

Cette impression était trop niaise pour durer longtemps : aussi ne tarda-t-elle pas à changer de nature, mais d'une façon qui m'était tout à fait nouvelle.

Ma qualité d'adjudant me procurait l'honneur de manger à la même table, mais c'était là tout. L'autre adjudant, enseigne comme moi et sot à faire plaisir, partageait cet honneur avec moi ; mais nous n'étions pas considérés comme convives, car non seulement personne ne nous adressait la parole, mais on allait même jusqu'à ne pas nous honorer d'un regard. Je n'y tenais pas. Je savais fort bien que cela ne tenait point à un mépris raisonné; mais, toute considération à part, je trouvais la chose trop dure. Il me semblait que Sanzonio, mon collègue, ne pouvait pas s'en plaindre, car c'était un butor; mais je n'étais pas d'humeur à souffrir qu'on me mît sur la même ligne. Au bout de huit à dix jours, Mme F., n'ayant jamais daigné jeter un regard sur mon individu, commença à me déplaire. J'étais piqué, dépité et impatienté, d'autant plus que j'étais loin de penser que ce pût être par un dessein prémédité, car dans ce cas cela ne m'aurait pas déplu. Je me persuadai que je n'étais rien à ses yeux et, me sachant quelque chose, je prétendais qu'elle le sût. Enfin l'occasion se présenta où, croyant pouvoir me dire un mot, elle dut me regarder en face.

M. D. R., ayant remarqué que j'avais devant moi une superbe dinde, me dit de la dépecer, et je me mis de suite en besogne. Je n'étais pas habile dans le métier, et Mme F., tout en riant de ma gaucherie, me dit que, puisque je n'étais pas sûr de pouvoir en venir à bout avec honneur, je n'aurais pas dû m'en mêler. Confus et ne pouvant lui répondre comme mon dépit l'aurait exigé, je m'assis en sentant que mon cœur était plein de haine pour elle. Pour combler la dose, un jour, devant prononcer mon nom, elle me demanda comment je m'appelais. Il y avait quinze jours que j'exerçais mes fonctions auprès de M. D. R., elle me voyait chaque jour : elle aurait dû savoir comment je m'appelais. D'ailleurs, la fortune qui me favorisait au jeu avait déjà rendu mon nom célèbre à Corfou. Mon dépit était à son comble.

J'avais donné mon argent à un certain Maroli, major de place, et joueur de profession, qui tenait la banque de pharaon au café. Nous étions de moitié; je faisais son croupier quand il taillait, et il me rendait le même office

CHAPITRE XIV

quand je tenais les cartes, ce qui arrivait souvent, car on ne l'aimait pas. Il tenait les cartes d'une manière à faire peur, tandis que je faisais tout le conraire, et j'étais très heureux. D'ailleurs j'étais facile et riant quand je perdais, et je gagnais sans avidité; ce qui plaît toujours aux pontes.

Ce Maroli était le même qui m'avait gagné tout mon argent pendant mon premier séjour; et, m'ayant vu à mon retour de Constantinople décidé à n'être plus dupe, il me jugea digne de me faire participer aux sages maximes sans lesquelles les jeux de hasard ruinent tous ceux qui s'y livrent. Cependant, cet officier ne m'inspirant point la plus haute confiance, je me tenais sur mes gardes. Toutes les nuits, quand le jeu était fini, nous comptions; la chatouille restait entre les mains du caissier, et, le partage de l'argent gagné étant fait, chacun emportait sa part chez soi.

Heureux au jeu, jouissant d'une bonne santé et de l'amitié de mes camarades, qui, à l'occasion, me trouvaient toujours serviable et libéral, j'aurais été content de mon sort, si je me fusse vu un peu plus distingué à la table de M. D. R., et traité avec moins d'orgueil par sa dame, laquelle, sans aucune raison, avait l'air de vouloir m'humilier de temps en temps. Mon amour-propre irrité me la faisait détester, et dans cette disposition d'esprit, plus j'admirais ses perfections corporelles, et plus je la trouvais sotte. Elle aurait pu s'assurer mon cœur sans avoir besoin de m'aimer, car je ne portais mes prétentions qu'à n'être pas forcé de la haïr, et je ne voyais pas ce qu'elle pouvait gagner à se faire détester, tandis qu'avec de la simple bienveillance il lui aurait été si facile de se faire adorer. Je ne pouvais pas attribuer sa conduite à un esprit de coquetterie, car je ne lui avais jamais donné le moindre indice de la justice que je lui rendais; et je n'avais aucun sujet de la rapporter à une passion qui aurait pu me rendre désagréable à ses yeux; car M. D. R. l'intéressait peu, et, pour ce qui est de son mari, elle en faisait fort peu de cas. Enfin cette charmante femme faisait mon malheur, et ce qui m'irritait contre moi-même, c'est que je sentais que, sans la haine que sa conduite m'inspirait, je n'aurais point pensé à elle; et ce qui augmentait mon supplice, c'est que je me découvrais à son sujet une âme haineuse, sentiment que je n'avais pas soupçonné en moi jusqu'alors et dont la découverte me couvrait de confusion.

Un jour, quelqu'un étant venu me remettre un rouleau d'or qu'il avait perdu sur parole, et au moment où nous venions de nous lever de table, elle me dit de but en blanc :

« Que faites-vous de votre argent?

— Je le garde, madame, pour parer aux pertes que je pourrai faire.

— Mais, ne faisant aucune dépense, vous feriez mieux de ne pas jouer, car vous perdez votre temps.

— Le temps donné au plaisir n'est jamais un temps perdu; le seul qui le soit est celui que l'on consume dans l'ennui; or un jeune homme qui s'ennuie s'expose au malheur de devenir amoureux et de se faire mépriser.

— C'est très possible; mais en vous amusant à faire le caissier de votre argent vous vous montrez avare, et un avare n'est pas plus estimable qu'un amoureux. Pourquoi ne vous achetez-vous pas des gants? »

A ces mots, on le sent, les rieurs furent pour elle; et j'en fus d'autant plus confus que je ne me dissimulais pas qu'elle avait parfaitement raison; car il entrait dans les attributions d'un adjudant de conduire une dame jusqu'à son carrosse en la tenant par-dessous le bras, et il n'était guère convenable de le faire sans gants. J'étais

CHAPITRE XIV

mortifié, et le reproche d'avarice me perçait l'âme. J'aurais mille fois préféré qu'elle eût attribué ma faute à un défaut d'éducation; et malgré cela, inexplicable contradiction du cœur humain, loin de réparer ma faute en me montant sur un ton de luxe que ma fortune me mettait en état de soutenir, je n'achetai pas de gants et je pris le parti de l'éviter et de l'abandonner à la fade et maussade galanterie de Sanzonio, qui portait des gants, mais qui avait les dents pourries, l'haleine putride, qui portait perruque et dont le visage semblait recouvert d'une basane crispée.

Je passais mes jours à me tourmenter, et ce qu'il y avait de ridicule dans l'état de mon cœur, c'est que je me trouvais malheureux de ne pouvoir cesser de haïr cette jeune femme, à laquelle en bonne conscience je ne pouvais trouver aucun tort. Elle ne me haïssait ni ne m'aimait, c'était tout simple; mais, étant jeune et ayant besoin de rire, j'étais, sans préméditation ni malice, devenu sa bête noire et le but de ses railleries, que mon amour-propre très susceptible exagerait beaucoup à mes yeux. Quoi qu'il en soit, je désirais vivement la punir et la forcer au repentir. J'en ruminais tous les moyens. Je voulais d'abord mettre en jeu mon esprit et ma bourse pour lui inspirer de l'amour et me venger ensuite en la dédaignant. Mais l'instant d'après je sentais combien ce projet était impraticable; car, supposé que je parvinsse à trouver le chemin de son cœur, étais-je homme à résister à mes propres succès auprès d'une femme comme elle? Je ne devais pas m'en flatter. Enfant gâté de la fortune, le hasard changea tout à coup ma situation.

M. D. R. m'ayant envoyé avec des dépêches chez M. de Condulmer, capitaine des galéasses, je dus attendre jusqu'à minuit et je trouvai M. D. R. couché lorsque je rentrai. Le matin, dès qu'il fut levé, je me rendis auprès de lui pour lui rendre compte de ma mission. Le valet de chambre entre un instant après, lui remet un billet et lui dit que l'adjudant de Mme F. attendait la réponse. M. D. R. lit le billet, le déchire et dans son emportement le foule aux pieds. Après s'être promené un instant dans la chambre, il écrit la réponse et sonne pour faire entrer l'adjudant, auquel il la remet. Après cela, ayant l'air du plus grand calme, il achève la lecture de ce que lui mandait le chef de mer, puis il m'ordonne d'écrire une lettre. Il la lisait lorsque le valet de chambre vint me dire que Mme F. avait besoin de me parler. M. D. R. me dit que je pouvais y aller, n'ayant plus rien à me dire lui-même. Je sors, mais j'étais à peine à vingt pas qu'il me rappelle pour me dire que mon devoir était de ne rien savoir ; je le priai de croire que j'en étais persuadé. Je vole chez Mme F., fort curieux de savoir ce qu'elle pouvait me vouloir. Elle ne me fit pas attendre, et je fus fort surpris de la voir assise dans son lit, le teint très animé et les yeux rouges des pleurs qu'elle avait évidemment versés. Mon cœur battait avec force, et je n'en voyais pas la raison.

« Prenez un siège, me dit-elle, car j'ai à vous parler.

— Madame, lui répondis-je, je ne me crois pas digne de cette faveur que rien ne m'a encore méritée : j'aurai l'honneur de vous écouter debout. »

Se souvenant peut-être qu'elle n'avait jamais été aussi polie à mon égard, elle n'osa pas me presser davantage.

« Mon mari, me dit-elle après s'être un instant recueillie, a perdu hier soir sur parole deux cents sequins à votre banque ; il croyait les avoir entre mes mains, et par conséquent je dois les lui rembourser, car il faut qu'il les paye aujourd'hui. Malheureusement j'en ai disposé, et je suis fort embarrassée. J'ai pensé, monsieur, que vous pourriez dire à Maroli que vous avez reçu de moi la somme qu'il a perdue. Voici une bague de prix, gardez-la; vous me la rendrez le premier de l'an, époque à laquelle je vous rembourserai les deux cents ducats dont je vais vous faire un billet.

— Passe pour le billet, madame; mais, pour la bague, je ne veux pas vous en priver. Je vous dirai, outre cela, que M. F. doit aller payer cette somme à la banque ou y envoyer quelqu'un à sa place : dans dix minutes vous aurez ici la somme dont vous avez besoin. »

Je sors sans attendre sa réponse, et je reviens un instant après avec deux rouleaux de cent ducats chacun; je les lui remets et, ayant mis dans ma poche le billet qu'elle m'avait fait, je me dispose à partir. Alors elle m'adresse ces précieuses paroles :

« Je crois, monsieur, que, si j'avais su que vous fussiez si bien disposé à me servir, je n'aurais pas eu le courage de me résoudre à vous demander ce plaisir.

— Eh bien, madame, prévoyez à l'avenir qu'il n'y a point d'homme au monde capable de vous en refuser un si insignifiant dès que vous daignerez le lui demander en personne.

— Ce que vous me dites est très flatteur; mais j'espère ne plus me trouver dans la cruelle nécessité d'en faire l'expérience. »

Je partis en réfléchissant à la finessse de cette réponse. Elle ne m'avait pas dit que je me trompais, comme je m'y attendais; elle se serait compromise; car elle savait que j'étais avec M. D. R. quand l'adjudant lui avait remis son billet, et elle ne doutait pas que je n'eusse deviné qu'elle avait éprouvé un refus. Ne m'en ayant rien dit, je vis qu'elle était jalouse de sa gloire : cela me fit tressaillir d'aise, et je la trouvai adorable. Je vis clairement qu'elle ne pouvait aimer M. D. R. et qu'elle n'en était pas aimée, et cette découverte fut un baume pour mon cœur. Aussi dès cet instant je me sentis enflammé pour elle et je conçus la possibilité de la rendre sensible à mon amour.

Mon premier soin dès que je fus rentré chez moi fut d'effacer à l'encre tous les mots du billet qu'elle m'avait fait, à l'exception de son nom ; ensuite, l'ayant mis sous enveloppe, j'allai en faire le dépôt chez un notaire en faisant spécifier sur la quittance que je m'en fis délivrer que le billet cacheté ne serait remis qu'à Mme F. en mains propres, dès qu'elle le requerrait.

Le soir même, M. F., étant venu à ma banque, me paya, joua argent comptant, et gagna une cinquantaine de ducats. Ce que je trouvai de remarquable dans cette aventure, c'est que M. D. R. continua d'être gracieux avec Mme F. comme par le passé, et que celle-ci ne changea aucunement envers lui. Il ne me demanda pas même ce qu'elle m'avait voulu en m'envoyant chercher à l'hôtel. Mais, si cette dame ne changea point de ton envers mon chef, il en fut tout autrement à mon égard, car elle ne se trouva plus à table vis-à-vis de moi sans m'adresser fréquemment la parole, ce qui me mettait souvent dans la nécessité ou me donnait au moins occasion de me faire connaître en faisant des narrations piquantes ou des commentaires où j'avais soin de mêler l'instruction à la plaisanterie. J'avais dans ce temps-là le grand talent de savoir faire rire et de garder mon sérieux. Je l'avais appris de M. Malipiero, mon premier maître dans l'art de bien vivre.

« Quand on veut faire pleurer, m'avait dit cet habile homme, il faut pleurer soi-même ; mais, quand on veut faire rire, il faut savoir garder son sérieux. »

Dans tout ce que je faisais ou disais, quand Mme F. était présente, je n'avais pour but unique que de lui plaire ; mais, ne la regardant jamais sans sujet, j'évitais qu'elle pût être certaine que j'en avais le dessein. Je voulais la réduire à devenir curieuse, à se douter, à deviner même mon secret, mais sans qu'elle pût s'en prévaloir : j'avais besoin d'aller doucement. En attendant mieux, je jouissais de voir que mon argent, ce talisman magique, et ma bonne conduite, m'attiraient une considération que je ne pouvais espérer ni de mon emploi, ni de mon âge, ni de quelque talent analogue à l'état que j'avais embrassé.

Vers la moitié de novembre, mon soldat fut attaqué d'une fluxion de poitrine ; j'en prévins le capitaine de sa compagnie, qui le fit transporter à l'hôpital. Le quatrième jour, il me dit qu'il n'en reviendrait pas et qu'on l'avait déjà administré, et vers le soir, me trouvant chez lui, le prêtre qui l'avait assisté vint lui dire qu'il était mort et lui remit un petit paquet que le défunt lui avait confié pour ne lui être remis qu'après sa mort. Le paquet renfermait un cachet en cuivre portant des armoiries au manteau ducal, un extrait baptistaire et une feuille de papier écrite en français. Le capitaine Camporese, qui ne parlait que l'italien, me pria d'en faire la lecture ; j'y lus ce qui suit :

« Ma volonté est que ce papier que j'ai écrit et signé de ma propre main ne soit remis à mon capitaine que lorsque je ne serai plus : avant ce temps mon confesseur ne pourra en faire aucun usage, car je ne le lui confie que sous le sceau de la confession. Je prie mon capitaine de me faire enterrer dans un caveau d'où mon corps puisse être exhumé, si le duc mon père vient à le demander. Je le prie aussi d'envoyer à l'ambassadeur de France à Venise mon extrait de naissance, le cachet aux armes de ma famille, avec un certificat de ma mort en bonne forme pour que le tout soit envoyé au duc mon père,

mon droit d'aînesse devant passer au prince mon frère.
« En foi de quoi j'ai apposé ici ma signature.

« François VI, Charles-Philippe-Louis Foucaud,
prince de la Rochefoucauld. »

L'extrait baptistaire, donné à Saint-Sulpice, portait le même nom, et celui du duc son père était François V. Le nom de sa mère était Gabrielle du Plessis.

En achevant cette singulière lecture, je ne pus m'empêcher de partir d'un éclat de rire ; mais, voyant mon sot de capitaine, qui trouvait mon hilarité déplacée, s'empresser de sortir pour aller rendre compte au provéditeur général, je m'en allai au café, certain que Son Excellence se moquerait de lui, et que cette bouffonnerie ferait la risée de tout Corfou.

J'avais connu à Rome chez le cardinal Acquaviva l'abbé de Liancourt, arrière-petit-fils de Charles, dont la sœur, Gabrielle du Plessis, avait été femme de François V ; mais cela datait du commencement du dernier siècle. J'avais copié à la secrétairerie du cardinal un fait que l'abbé de Liancourt avait eu besoin de faire connaître à la cour de Madrid, avec plusieurs circonstances qui regardaient la maison du Plessis. Je trouvais aussi la singulière imposture de La Valeur ridicule et gratuite en ce que, ne devant être connue qu'après sa mort, elle ne pouvait lui être d'aucun avantage.

Une demi-heure après, au moment où je dépaquetais un jeu de cartes, l'adjudant Sanzonio entre et raconte du ton le plus sérieux l'importante nouvelle. Il venait du généralat, où le capitaine Camporese était arrivé hors d'haleine pour consigner à Son Excellence le cachet et les papiers du défunt. Son Excellence avait de suite ordonné que le prince fût enterré dans un caveau et qu'on lui fît des obsèques avec les honneurs dus à son rang.

CHAPITRE XIV

Une autre demi-heure plus tard, M. Minotto, adjudant du provéditeur général, vint me dire que Son Excellence me faisait demander. A la fin de la taille, je donne les cartes au major Maroli et je me rends au généralat. Je trouve Son Excellence à table avec les principales dames et trois ou quatre chefs de mer, ainsi que Mme F. et M. D. R.

« Eh bien ! me dit le vieux général, votre domestique était un prince?

— Monseigneur, je ne m'en serais jamais douté ; maintenant même qu'il est mort, je ne le crois pas.

— Comment ! il est mort, et il n'était pas fou. Vous avez vu ses armes et son extrait de baptême ainsi que l'écriture de sa main. Quand on est à l'article de la mort, ce n'est pas l'instant où l'on a envie de faire des farces.

— Si Votre Excellence croit tout cela vrai, mon devoir est de me taire.

— Cela ne peut être que vrai, et votre doute m'étonne.

— C'est, monseigneur, que je suis informé de la famille de la Rochefoucauld, ainsi que de celle du Plessis. D'ailleurs, j'ai trop connu l'homme en question. Il n'était pas fou, mais bouffon extravagant. Je ne l'ai jamais vu écrire, et il m'a dit vingt fois qu'il n'avait jamais appris.

— Son écrit prouve le contraire. Ses armes sont au manteau ducal ; mais vous ne savez peut-être pas que M. de la Rochefoucauld est duc et pair de France.

— Je vous demande pardon, monseigneur, je sais tout cela ; je sais même plus, car je sais que François VI eut pour femme une demoiselle de Vivonne.

— Vous ne savez rien.. »

A cette sentence aussi sotte qu'impolie, je crus devoir me condamner au silence ; et ce fut avec plaisir que je vis tout ce qu'il y avait d'hommes présents jouir de ce qu'ils croyaient être une mortification pour moi. Un officier dit que le défunt était beau, qu'il avait l'air noble, beaucoup d'esprit, et qu'il avait si bien su se tenir sur ses gardes, que personne n'aurait jamais su se figurer ce qu'il était. Une dame dit que, si elle l'avait connu, elle l'aurait démasqué. Un autre flagorneur, vile engeance si commune auprès des grands, dit qu'il était toujours gai, aimable, obligeant, point orgueilleux envers ses camarades, et qu'il chantait comme un ange.

« Il avait vingt-cinq ans, dit Mme Sagredo en me fixant, et, s'il est vrai qu'il eût ces qualités, vous avez dû vous en apercevoir.

— Je ne saurais, madame, vous le peindre que tel que je l'ai vu. Toujours gai, souvent jusqu'à la folie, car il faisait admirablement la culbute; chantant le couplet dans le goût grivois et débitant une foule de contes et d'historiettes populaires de magie, de miracles et de revenants, mille prouesses merveilleuses qui choquaient le bon sens et qui par là surtout provoquaient le rire de ses auditeurs. Ses défauts étaient d'être ivrogne, sale, libertin, querelleur et un peu fripon. Je le souffrais ainsi, parce qu'il me coiffait à mon goût et qu'il m'offrait dans son babil l'occasion de m'exercer au langage familier qu'on ne trouve pas dans les livres. Il m'a toujours dit qu'il était Picard, fils d'un laboureur, et qu'il était déserteur. En me disant qu'il ne savait pas écrire, il est possible qu'il m'ait trompé. »

Comme j'achevais ces mots, Camporese entre en hâte, annonçant que La Valeur respirait encore. Le général, me donnant un coup d'œil significatif, me dit qu'il serait charmé qu'il pût en revenir.

« Et moi aussi, monseigneur; mais le confesseur le fera certainement mourir cette nuit.

— Pourquoi voulez-vous qu'il le fasse mourir?

— Pour éviter les galères où Votre Excellence le condamnerait pour avoir violé le secret de la confession. »

Les rieurs alors pouffèrent, et le vieux benêt de général de froncer les sourcils. Bientôt après, l'assemblée se séparant, Mme F., que j'avais précédée à sa voiture, M. D. R. lui donnant le bras, m'invita à y monter avec elle sous prétexte qu'il pleuvait. C'était la première fois qu'elle me faisait un honneur aussi signalé.

« Je pense comme vous, me dit-elle; mais vous avez grandement déplu au général.

— J'en suis fâché, madame, mais c'est un malheur inévitable; car je ne saurais être faux.

— Vous auriez pu, me dit M. D. R., lui épargner la piquante plaisanterie du confesseur qui fera mourir le soi-disant prince.

— C'est vrai, mais j'ai pensé que cela le ferait rire, comme j'ai vu rire Votre Excellence et Madame. On aime dans la conversation l'esprit qui fait rire.

— Mais l'esprit qui ne rit pas ne l'aime pas.

— Je parie cent sequins que ce fou-là guérit, et qu'ayant le général pour lui, il va jouir de son imposture. Il me tarde de le voir traiter en prince et faire sa cour à Mme Sagredo. »

A ce mot Mme F., qui n'aimait pas Mme Sagredo, part d'un éclat de rire; et, en descendant de voiture, M. D. R. m'invite à monter. Il était dans l'habitude, quand il soupait avec elle chez le général, de passer une demi-heure chez elle tête à tête; car son mari ne paraissait jamais. C'était aussi pour la première fois que ce beau couple admettait un tiers. J'étais enchanté de cette distinction, et j'étais loin de la croire sans conséquence. La satisfaction que je ressentais et que je devais dissimuler ne devait pas m'empêcher d'être gai et de donner une teinture comique à tous les propos que Monsieur et Madame mirent sur le tapis. Notre agréable trio dura quatre heures, et nous ne rentrâmes à l'hôtel qu'à deux heures du matin. Ce fut cette nuit-là que Mme F. et M. D. R. firent connaissance avec moi. Mme F. dit à Monsieur qu'elle n'avait jamais tant ri, ni cru que des propos si simples pussent tant fournir à la gaieté. Quant à moi, je découvris en elle tant d'esprit et d'enjouement, que j'achevai d'en devenir amoureux, et j'allai me coucher avec la persuasion qu'il me serait impossible dorénavent de jouer avec elle le rôle d'indifférent.

Le lendemain, à mon réveil, le nouveau soldat qui me servait me dit que La Valeur allait mieux et que le médecin avait déclaré qu'il était hors de danger. On en parla à table, et je n'ouvris pas la bouche à son sujet. Le surlendemain le général donna ordre qu'on le transportât dans un appartement convenable ; on lui donna un laquais, on l'habilla, et, le trop simple provéditeur général lui ayant fait une visite, tous les chefs de mer se firent un devoir de l'imiter : la curiosité s'en mêlait, on faisait rage pour voir le nouveau prince. M. D. R. suivit le torrent, et, Mme Sagredo ayant ouvert le branle, toutes les dames voulurent le voir, Mme F. exceptée, qui me dit en riant qu'elle n'irait qu'autant que je voudrais avoir la complaisance de la présenter. Je la priai de vouloir bien m'en dispenser. On donnait de l'altesse à ce maraud, et ce singulier duc appelait Mme Sagredo sa princesse. M. D. R. voulait me persuader d'y aller, mais je lui dis que j'avais trop parlé pour avoir la bassesse ou le courage de me dédire. Toute l'imposture aurait été bien vite découverte, si quelqu'un eût eu un *Almanach royal*, où se trouve la généalogie de toutes les familles princières ; mais précisément personne n'en avait, et le consul de France, gros butor comme on en trouve bon nombre, n'en savait rien. Le fou commença à sortir huit ours après sa métamorphose. Il dînait et soupait à la

CHAPITRE XIV

table du général, et tous les soirs il assistait à l'assemblée, où il ne manquait pas de s'endormir par suite de son intempérance. Malgré cela, on poursuivait à croire qu'il était prince, et cela pour deux raisons : la première, parce qu'il attendait sans manifester la moindre crainte les nouvelles de Venise où le provéditeur général avait écrit de suite après l'événement ; l'autre, parce qu'il sollicitait à l'évêché la punition du prêtre qui avait trahi son secret en violant le sceau de la confession. Ce pauvre prêtre était déjà en prison, et le général n'avait pas la force de le défendre. Tous les chefs de mer avaient invité le nouveau duc à dîner ; mais M. D. R. n'osait pas s'y déterminer, parce que Mme F. lui avait clairement dit que ce jour-là elle dînerait chez elle. De mon côté, je l'avais respectueusement prévenu que, le jour où il l'inviterait, je prendrais la liberté de dîner ailleurs.

Un jour, je le rencontre en sortant de la vieille forteresse qui aboutit à l'esplanade. Il s'arrête devant moi et me fait le reproche que je n'avais pas été le voir. Je me mets à rire, et je lui conseille de penser à se sauver avant l'arrivée des nouvelles qui feraient connaître la vérité, ce qui obligerait le général à lui faire un mauvais parti. Je lui offris de l'aider, faisant en sorte que le capitaine d'un vaisseau napolitain qui était à la voile le reçût et le cachât à son bord ; mais le malheureux, au lieu d'accepter mon offre qui aurait dû le combler de joie, me dit les plus grossières injures.

Ce fou faisait sa cour à Mme Sagredo, qui le traitait très bien, par orgueil qu'un prince français l'eût préférée à toutes les autres dames. Un jour que cette dame dînait en grand couvert chez M. D. R., elle me demanda pourquoi j'avais conseillé à M. le duc de prendre la fuite.

« Je le tiens de lui-même, ajouta-t-elle, et il s'étonne de votre obstination à le croire imposteur.

— Je lui ai donné ce conseil, madame, parce que j'ai le cœur bon et le jugement sûr.

— Nous sommes donc tous des sots, sans excepter le général?

— Cette conséquence, madame, ne serait pas juste. Une opinion contraire à celle d'un autre ne constitue pas pour sot celui qui l'a ; car il se peut que dans une dizaine de jours je trouve que je me suis trompé, mais je ne me croirais pas pour cela plus sot qu'un autre. Une dame de votre esprit peut d'ailleurs s'être aperçue si cet homme est un prince ou un paysan, tant à ses procédés qu'à l'éducation qu'il a eue. Par exemple, madame, danse-t-il bien?

— Il ne sait pas faire un pas, mais il s'en moque ; il dit qu'il n'a pas voulu apprendre.

— Est-il poli à table?

— Il est sans façon. Il ne veut pas qu'on lui change d'assiette ; il prend dans le plat avec sa propre cuiller. Il ne sait pas retenir un renvoi ; il bâille, et, quand il s'ennuie à table, il se lève. Il est tout simple qu'il est fort mal élevé.

— Et, malgré cela, fort aimable sans doute? Est-il bien propre?

— Non ; mais il n'est pas encore bien en linge.

— On le dit sobre.

— Vous badinez. Il se lève de table ivre deux fois par jour ; mais il est à plaindre, car il ne peut boire de vin sans qu'il lui monte à la tête. Il jure comme un hussard, et nous rions ; mais il ne s'offense jamais de rien.

— A-t-il de l'esprit?

— Une mémoire prodigieuse, car il nous débite chaque jour de nouvelles histoires.

— Parle-t-il de sa famille?

— Beaucoup de sa mère, qu'il aimait tendrement. Elle est du Plessis.

CHAPITRE XIV

— Si elle vit encore, elle doit avoir environ cent-cinquante ans.

— Quelle folie !

— Oui, madame, car elle fut mariée du temps de Marie de Médicis.

— Son extrait baptistaire cependant la nomme ; mais son cachet...

— Sait-il quelles armes son écusson porte ?

— En doutez-vous ?

— Très fort, ou plutôt je crois qu'il n'en sait rien. »

On se lève de table ; et voilà qu'on annonce le prince. Il entre, et Mme Sagredo vite de lui dire :

« Mon prince, voilà M. Casanova qui dit que vous ne connaissez pas vos armes. »

A ces mots, il s'avance vers moi en ricanant, m'appelle poltron et m'applique un soufflet qui m'étourdit. Je prends la porte à pas lents, ayant soin de prendre mon chapeau et ma canne, et je descends l'escalier pendant que M. D. R. criait à haute voix qu'on jetât le fou par la fenêtre.

Je sors de l'hôtel et vais me poster à l'esplanade pour l'attendre. Dès que je le vois, je cours à sa rencontre et je lui assène des coups si violents que j'aurais dû le tuer d'un seul. En reculant, il se trouva entre deux murs où, pour éviter d'être assommé, il ne lui restait d'autre moyen que de tirer son épée : le lâche n'y pensa pas, et je le laissai étendu sur le carreau et nageant dans son sang. La foule des spectateurs me fit haie, et je la traversai pour aller au café, où je pris un verre de limonade sans sucre pour précipiter la salive amère que la rage avait soulevée. En moins de rien je me vis entouré de tous les jeunes officiers de la garnison qui faisaient chorus pour me dire que j'aurais dû l'achever. Ils finirent par m'ennuyer, car, si je ne l'avais pas tué, ce n'était pas ma faute; et je n'y aurais pas manqué, s'il avait tiré son épée.

Il y avait environ une demi-heure que j'étais au café, lorsque l'adjudant du général vint me dire que Son Excellence m'ordonnait de me rendre aux arrêts à bord de la bastarde. On appelle ainsi une galère commandante où les arrêts consistent à porter la chaîne aux pieds comme un forçat. La dose était trop forte, et je ne me sentais pas d'humeur à m'y soumettre. « C'est bon, monsieur l'adjudant; la chose est entendue. » Il part, et moi je sors un instant après; mais, quand je fus au bout de la rue, au lieu d'aller à l'esplanade, je m'achemine vers la mer. Je longe la rive pendant un quart d'heure, je trouve un bateau vide avec deux rames, j'y entre, et, l'ayant démarré, je vogue à force de rames vers un gros *caych* qui allait contre le vent à six rames. Dès que je l'eus rejoint, je priai le *carabouchiri* de prendre le vent et de me mettre à bord d'une grosse barque de pêcheurs qu'on voyait à quelque distance et qui se dirigeait vers le rocher de Vido. Je laisse aller mon bateau à l'aventure, et, après avoir bien payé le *caych*, je monte dans la grande barque, et, ayant marchandé une traite avec le patron, il déploie trois voiles, et au bout de deux heures il me dit que nous étions à quinze milles de Corfou. Le vent cessant alors, je le fis voguer contre le courant; mais vers minuit les marins me dirent qu'ils ne pouvaient pas pêcher sans vent et qu'ils n'en pouvaient plus de fatigue. Ils m'invitent à dormir jusqu'au jour, je m'y refuse, et pour une bagatelle je me fis mettre à terre sans demander où nous étions, afin de n'éveiller en eux aucun soupçon.

Il me suffisait de savoir que j'étais à vingt milles de Corfou, et dans un endroit où personne ne pouvait me supposer. Il faisait clair de lune, et je vis une église attenante à une maison; une longue baraque couverte et ouverte aux deux bouts; une plaine d'environ cent pas de large, après laquelle des montagnes, et rien de plus. Je me plaçai dans la baraque sur de la paille que j'y trouvai, et j'y dormis assez bien, malgré le froid, jusqu'à la pointe du jour : nous étions au 1er décembre ; et malgré la douceur du climat, étant sans manteau et en uniforme très léger, j'étais transi lorsque je m'éveillai.

J'entends sonner les cloches et je m'achemine vers l'église. Le papa, ou pope, à longue barbe, surpris de mon apparition, me demanda en grec si j'étais *Romeo*, Grec : je lui réponds que j'étais *Fragico*, Italien. Il me tourne le dos, rentre chez lui et s'enferme sans vouloir m'écouter.

Je me tourne vers la mer et je vois un bateau se détacher d'une tartane à l'ancre à cent pas de l'île : il venait à quatre rames pour mettre à terre les personnes qui y étaient dedans. Je m'avance et je vois un Grec de bonne mine, une femme et un garçon de dix à douze ans. J'adresse la parole au Grec en lui demandant s'il avait fait bon voyage et d'où il venait. Il me répond en italien qu'il venait de Céphalonie avec sa femme et son fils et qu'il allait à Venise, mais qu'avant d'y aller il venait entendre la messe à la Sainte-Vierge de Casopo, pour savoir si son beau-père vivait encore et s'il lui payerait la dote de sa femme.

« Comment saurez-vous cela ?

— Je le saurai du papa Deldimopulo, qui me rendra fidèlement l'oracle de la Sainte-Vierge. »

Je baisse la tête et le suis à l'église. Il parle au papa et lui donne de l'argent. Le papa dit la messe, il entre dans le *sancta sanctorum*, en sort un quart d'heure après, remonte à l'autel et, se tournant vers nous, après s'être recueilli un instant et avoir ajusté sa longue barbe, il prononce en dix ou douze mots son oracle. Le Grec de Céphalonie, qui certes n'était pas Ulysse, d'un air très content, donne encore de l'argent à l'imposteur et le quitte. Je le suis, et chemin faisant je lui demande s'il était content de l'oracle.

« Oh! très content. Je sais que mon beau-père vit et qu'il me payera la dot, si je veux lui laisser mon enfant. Je sais que c'est sa passion, et je le lui laisserai.

— Ce papa vous connaît-il?

— Il ne sait pas même mon nom.

— Avez-vous de belles marchandises sur votre bord?

— Assez. Venez déjeuner avec moi, vous verrez tout.

— Je le veux bien. »

Enchanté d'avoir appris qu'il y avait encore des oracles, et persuadé qu'il y en aura toujours, aussi longtemps qu'il y aura des hommes simples et des prêtres imposteurs, je suis ce bonhomme qui me donne à son bord un fort bon déjeuner. Ses marchandises consistaient en coton, toile, raisins de Corinthe, huile et vins excellents. Il avait aussi des bas, des bonnets de coton, des capotes à l'orientale, des parapluies et du biscuit de munition que j'aimais beaucoup; car j'avais alors trente dents, et il est difficile d'en voir de plus belles. Hélas! il ne m'en reste aujourd'hui que deux : les vingt-huit autres sont parties avec d'autres outils tout aussi précieux; mais, *dum vita superest, bene est*[1]. Je lui achetai de tout, excepté du coton, dont je n'aurais su que faire; et sans marchander je lui payai les trente-cinq ou quarante sequins qu'il me dit que cela valait, et là-dessus il me fit présent de six boutargues magnifiques.

M'ayant entendu vanter le vin de Xantes qu'il appelait *generoydes*, il me dit que, si je voulais l'accompagner à Venise, il m'en donnerait chaque jour une bouteille, même pendant toute la quarantaine. Toujours un peu super-

---

1. Quand la vie reste, tout est bien.

stitieux, je fus sur le point d'accepter par la plus sotte de toutes les raisons : c'est que cette étrange résolution n'aurait eu rien de prémédité, et qu'il était possible que mon destin m'y appelât. J'étais tel alors, et malheureusement je suis autre aujourd'hui. On dit que c'est parce que la vieillesse rend l'homme sage ; mais je n'ai jamais pu concevoir le moyen de chérir l'effet d'une affreuse cause.

Au moment où j'allais le prendre au mot, il m'offre un beau fusil pour dix sequins, me disant qu'à Corfou tout le monde m'en offrirait douze. Voilà le mot Corfou qui renverse toutes mes idées ! Je crois entendre mon génie qui me dit qu'il faut que j'y retourne. J'achète le fusil ce qu'il m'en demande, et le brave Céphalonien, voyant ma loyauté, me donne par-dessus le marché une belle gibecière turque bien fournie de poudre et de plomb. Muni de mon fusil, couvert d'une bonne capote, tous mes achats dans un grand sac, je prends congé de l'honnête Grec et je me fais débarquer sur la plage, résolu à me loger chez le fripon de papa de gré ou de force. La pointe que m'avait donnée le bon vin du Grec devait porter son fruit. J'avais dans mes poches quatre ou cinq cents gazettes de cuivre[1] qui me paraissaient fort lourdes ; mais j'avais dû me les procurer, prévoyant que je pourrais en avoir besoin dans cette petite île.

Après avoir placé mon sac sous la baraque, je me dirige, mon fusil sur l'épaule, vers la maison du papa. L'église était fermée.

Je dois ici donner à mes lecteurs une idée de ce que j'étais dans ce moment-là. J'étais tranquillement désespéré. Trois ou quatre cents sequins que j'avais sur moi ne pouvaient m'empêcher de penser que là où j'étais je n'étais rien moins que sûr ; que je ne pouvais y rester

---

1. Petite monnaie.

longtemps, qu'on m'y découvrirait bientôt, et que, m'étant rendu contumax au premier chef, on me traiterait comme tel. Je me voyais dans l'impuissance de prendre un parti : or, cela suffit pour rendre affreuse une situation quelconque. Il était inconvenant que je retournasse volontairement à Corfou, car alors ma fuite aurait été gratuite et l'on m'aurait traité de fou, car mon retour aurait été un indice ou de légèreté ou de poltronnerie ; cependant je n'avais pas le courage de déserter tout à fait. Le principal motif de cette impuissance morale n'était ni mille sequins que j'avais entre les mains du caissier, ni mon équipage bien fourni, ni la crainte de ne pas trouver de quoi vivre ailleurs ; mais c'était de laisser une femme que j'adorais et à laquelle je n'avais pas encore baisé la main. Dans cette détresse, je ne pouvais que m'abandonner aux événements, quels qu'ils fussent, et pour le moment l'essentiel était de me loger et de me nourrir.

Je frappe à la porte de la maison du prêtre. Il se montre à la fenêtre et la referme sans vouloir m'écouter. Je frappe de nouveau, je peste, je jure, mais le tout en vain. Enragé, je couche en joue un pauvre mouton qui paissait à vingt pas de moi avec plusieurs autres et je l'abats. Le berger se met à crier, le papa sort à la fenêtre en criant au voleur et fait sonner le tocsin. Je vois trois cloches en branle, je prévois un attroupement : que va-t-il arriver ? je n'en sais rien ; mais advienne que pourra, je recharge mon arme et j'attends.

Huit ou dix minutes s'étaient à peine écoulées que je vois descendre de la montagne une foule de paysans armés de fusils, de fourches, de gros bâtons : je me retire sous la baraque, sans éprouver la moindre crainte, car il ne me paraissait pas naturel que, me voyant seul, ces gens-là voulussent m'assassiner sans m'écouter.

Les premiers, au nombre de dix ou douze, s'avancent

leurs fusils prêts à mettre en joue : je les arrête en leur jetant mes monnaies de cuivre qu'ils s'empressent de ramasser d'un air étonné, et j'en agis ainsi à mesure qu'il en vint d'autres, jusqu'à ce que je n'en eus plus et que je ne vis plus personne venir. Ces manants s'entreregardaient d'un air pétrifié, ne sachant que penser d'un jeune homme de bonne mine, à l'air pacifique, et qui leur jetait son argent si libéralement. Je ne pus leur parler que lorsque le bruit assourdissant des cloches eut cessé de se faire entendre. Je m'assis tranquillement sur mon sac, me tenant tranquille ; mais, dès que je pus parler, je le fis, et le papa, son bedeau et le berger, s'empressèrent de m'interrompre, d'autant plus que je parlais italien, et tous trois parlant à la fois cherchaient à ameuter la canaille contre moi.

L'un d'entre eux, d'un âge avancé et d'un air raisonnable, s'approche de moi et me demande en italien pourquoi j'ai tué un mouton.

« Pour le manger après l'avoir payé.

— Mais Sa Sainteté est le maître d'en demander un sequin.

— Le voilà. »

Le papa prend le sequin, il s'en va, et toute l'affaire est finie. Le paysan me dit qu'il avait servi dans la guerre de 1716 et qu'il avait assisté à la défense de Corfou. Je lui en fis compliment et le priai de me trouver un logement et un domestique qui sût me préparer à manger. Il me dit qu'il me ferait avoir une maison entière, qu'il me ferait lui-même une bonne cuisine, mais qu'il me fallait monter. Volontiers ! Il appelle deux gros garçons, charge l'un de mon sac, l'autre de mon mouton, et nous voilà en route. Tout en marchant je lui dis :

« Brave homme, je voudrais bien avoir à mon service vingt-quatre gaillards de cette sorte soumis à la discipline militaire. Je donnerais à chacun vingt gazettes par jour et à vous quarante en qualité de mon lieutenant.

— Je vais, me répond mon homme, vous monter dès aujourd'hui une garde militaire dont vous serez content. »

Nous arrivons à une maison très commode, où j'avais au rez-de-chaussée trois chambres et une écurie, que je transformai de suite en corps-de-garde. Mon lieutenant m'y laissa pour aller me chercher tout ce qui m'était nécessaire, et entre autres une couturière pour me faire des chemises. J'eus dans la journée lit, meubles, batterie de cuisine, un bon dîner, vingt-quatre gros garçons bien armés, une couturière surannée et quelques jeunes apprenties pour me faire des chemises. Après souper, je me trouvai de la meilleure humeur du monde, entouré d'une trentaine de personnes qui me traitaient en souverain sans pouvoir comprendre ce que j'étais allé faire dans leur petite île. La seule chose qui me fût désagréable était que les jeunes filles ne parlaient pas l'italien; et je savais trop peu de grec pour espérer de pouvoir leur en compter.

Le lendemain matin, mon lieutenant fit relever la garde, et je ne pus m'empêcher d'éclater de rire. C'était comme un troupeau de moutons; tous beaux hommes, bien découplés et alertes; mais, sans uniforme et sans discipline, la plus belle troupe n'est qu'un mauvais troupeau. Cependant ils apprirent à présenter les armes et à obéir aux ordres de leur officier. Je fis placer trois sentinelles, une devant le corps-de-garde, une à ma porte et la troisième dans un endroit d'où l'on découvrait la plage. Cette dernière devait nous avertir, si elle voyait aborder quelque barque armée. Pendant les deux ou trois premiers jours je considérai tout cela comme un jeu; mais, réfléchissant qu'il serait possible que j'en eusse besoin pour repousser la force par la force, je pensai à me faire prêter serment de

CHAPITRE XIV

fidélité : je n'en fis cependant rien, quoique mon lieutenant m'assurât que cela dépendait de moi. Mes largesses m'avaient captivé l'amour de tous les insulaires.

Ma cuisinière, qui m'avait trouvé des couturières pour me coudre des chemises, espérait que je deviendrais amoureux de quelqu'une et non de toutes ; mais mon zèle surpassa ses espérances, et toutes les jolies eurent leur tour ; toutes aussi furent contentes de moi, et ma cuisinière fut récompensée de ses bons offices. Je menais une vie délicieuse, car ma table était couverte de mets succulents, de mouton délicieux et de bécasses telles que je n'en ai plus trouvé de pareilles qu'à Pétersbourg. Je ne buvais que du vin de Scopolo et les meilleurs muscats de l'Archipel. Mon lieutenant était mon seul commensal. Je n'allais jamais me promener sans lui et deux de mes gardes du corps, afin de pouvoir me défendre de quelques jeunes gens qui m'en voulaient parce qu'ils s'imaginaient que mes couturières, leurs maîtresses, les avaient quittés à cause de moi. Dans mes promenades je pensais quelquefois que sans argent j'aurais été malheureux, que c'était ce métal qui me valait l'état dont je jouissais ; mais je pensais aussi que, si je ne m'étais pas senti la bourse bien fournie, il était fort douteux que j'eusse quitté Corfou.

Il y avait huit ou dix jours que je faisais le petit roitelet, quand vers les dix heures du soir j'entendis le *qui-vive* de la sentinelle du poste. Mon lieutenant sort et revient m'annoncer qu'un honnête homme qui parlait italien demandait à m'entretenir pour une affaire importante. Je le fais entrer et, en présence de mon lieutenant, il me dit en italien :

« Après-demain, dimanche, le papa Deldimopulo doit fulminer contre vous la *cataramonachia*. Si vous ne l'empêchez pas, une fièvre lente vous fera passer à l'autre monde en six semaines.

— Je n'ai jamais entendu parler de cette drogue.

— Ce n'est pas une drogue; c'est une malédiction lancée le Saint-Sacrement à la main et qui a cette force.

— Quelle raison ce prêtre peut-il avoir de m'assassiner?

— Vous troublez la paix et la police de sa paroisse. Vous vous êtes emparé de plusieurs jeunes filles que leurs anciens amoureux ne veulent plus épouser. »

Après l'avoir fait boire, je le remerciai et lui souhaitai une bonne nuit. Son avis me parut important; car, si je ne craignais pas la *cataramonachia*, à laquelle je n'avais pas la moindre foi, je pouvais craindre les poisons, beaucoup plus efficaces. A la pointe du jour, après avoir passé une nuit fort tranquille, je me lève et, sans rien dire à mon lieutenant, je sors, je vais seul à l'église où, ayant trouvé le prêtre, je lui adressai ces paroles du ton le plus résolu :

« A la première fièvre dont je me sentirai atteint, je vous brûle la cervelle : réglez-vous bien là-dessus. Donnez-moi une malédiction qui me tue dans un jour, ou faites votre testament. Adieu ! »

Après cet avis, je retourne à mon palais. Le lundi de très bonne heure, je vois le papa qui vient me faire visite. J'avais un peu mal à la tête, il s'informe de ma santé, et, quand je lui dis que j'avais la tête pesante, il me force à rire par l'air d'anxiété avec lequel il s'empresse de m'assurer que ce ne pouvait être que l'effet de l'air pesant de l'île de Casopo.

Trois jours après cette visite, la sentinelle avancée pousse le cri d'alarme. Mon lieutenant sort et vient peu d'instants après m'annoncer qu'une chaloupe armée avait débarqué un officier. Je sors et je fais mettre ma troupe sous les armes; ensuite je m'avance et je vois un officier, accompagné d'un guide, qui s'avançait vers ma demeure. Cet officier étant seul, je n'avais rien à craindre; je rentre dans ma chambre, ordonnant à mon lieutenant de le recevoir avec tous les honneurs de la guerre et de l'introduire. Je ceins mon épée et je l'attends debout.

Je vois entrer le même adjudant Minotto qui était venu m'ordonner d'aller aux arrêts.

« Vous êtes seul, lui dis-je, et vous venez comme ami ; embrassons-nous.

— Il faut bien que je vienne comme ami, car comme ennemi je n'aurais pas la force nécessaire. Mais ce que je vois me semble un rêve.

— Asseyez-vous et dînons tête à tête. Vous ferez bonne chère.

— Je le veux bien, et ensuite nous partirons ensemble.

— Vous partirez tout seul, si vous en avez envie ; car je ne partirai d'ici qu'avec la certitude, non seulement que je n'irai pas aux arrêts, mais encore que j'aurai satisfaction de ce fou, que le général doit envoyer aux galères.

— Soyez sage, et venez avec moi de bon gré. J'ai ordre de vous conduire par force ; mais, n'étant pas en mesure pour cela, je ferai mon rapport, et l'on vous enverra prendre de manière qu'il faudra bien que vous vous rendiez.

— Jamais ! On ne m'aura que mort.

— Vous êtes donc devenu fou ; car vous avez tort. Vous avez désobéi à l'ordre que je vous ai transmis de vous rendre à la bastarde. C'est cela qui fait votre tort ; car, du reste, vous aviez mille fois raison, au sentiment même du général.

— J'aurais donc dû me rendre aux arrêts ?

— Certainement, la subordination étant de rigueur dans notre état.

— A ma place, y seriez-vous allé ?

— Je ne veux ni ne puis vous dire ce que j'aurais

fait ; je sais seulement qu'en n'obéissant pas je me serais rendu criminel.

— Mais, si je me rends actuellement, on me traitera en coupable bien plus durement qu'on ne l'aurait fait, si j'avais obéi à l'ordre injuste.

— Je ne le présume pas. Venez, et vous saurez tout.

— Sans connaître ma destinée? Ne vous y attendez pas. Dînons. Puisque je suis coupable au point qu'on emploie la force, je ne me rendrai qu'à la force. Je ne serai pas plus coupable alors, quoiqu'il puisse y avoir du sang versé.

— Vous êtes dans l'erreur ; vous seriez plus coupable. Mais dînons. Un bon repas nous fera peut-être mieux raisonner. »

Vers la fin du dîner, nous entendons du bruit, et mon lieutenant entre pour me dire que des bandes de paysans s'attroupaient dans le voisinage de ma maison pour me défendre, parce que le bruit s'était répandu dans l'île que la felouque armée était venue pour m'enlever et me conduire à Corfou. Je lui ordonnai d'aller désabuser ces braves gens et de les renvoyer après leur avoir donné un baril de vin.

Ces paysans, rassurés, s'en allèrent, mais en déchargeant leurs armes en l'air en signe de dévouement.

« Tout cela paraît fort joli, me dit l'adjudant ; mais cela deviendra affreux si vous me laissez partir seul ; car mon devoir m'oblige à être très exact dans mon rapport.

— Je vous suivrai, si vous me donnez votre parole d'honneur de me débarquer en liberté en arrivant à Corfou.

— J'ai ordre de vous consigner à M. Foscari, dans la bastarde.

— Vous n'exécuterez point cet ordre pour cette fois.

— Si le général ne vous trouve pas docile, il y va de son honneur de vous forcer, et il en trouvera les moyens. Mais dites-moi, je vous prie, ce que vous feriez si, pour s'amuser, le général prenait le parti de vous laisser ici? Mais on ne vous y laissera pas; car, d'après le rapport que je ferai, on se déterminera à finir l'affaire sans effusion de sang.

— Sans massacre, la chose sera difficile; car, avec cinq cents paysans ici, je ne crains pas trois mille hommes.

— On n'en emploiera qu'un, car on vous traitera comme chef de rebelles. Tous ces hommes qui vous sont dévoués ne pourront vous garantir d'un seul qui vous brûlera la cervelle pour gagner quelques pièces d'or. Je vous dirai bien plus : de tous ces Grecs qui vous entourent, il n'y en a pas un qui ne soit prêt à vous assassiner pour gagner vingt sequins. Croyez-moi, venez avec moi. Venez jouir à Corfou d'une espèce de triomphe. Vous y serez applaudi et fêté. Vous conterez vous-même la folie que vous avez faite, on en rira et on admirera en même temps que vous vous soyez rendu à la raison dès que je suis venu vous la faire entendre. Tout le monde vous estime, et M. D. R. fait grand cas de vous : il loue surtout le courage que vous avez eu de ne point passer votre épée à travers le corps de cet insolent pour ne point manquer de respect à sa maison. Le général même doit vous estimer, car il doit se souvenir de ce que vous lui avez dit.

— Qu'est devenu ce malheureux?

— Il y a quatre jours que la frégate du major Sardina est arrivée avec des dépêches où le général a sans doute trouvé les éclaircissements nécessaires; car il a fait disparaître le faux duc : personne ne sait où il est et personne n'ose en parler chez lui, car sa bévue était trop grossière.

— Mais après mes coups de canne l'a-t-on encore reçu dans les cercles?

— Fi donc! Ne vous souvenez-vous pas qu'il avait une épée? Il n'en a pas fallu davantage pour que personne n'ait plus voulu le voir. Il avait l'avant-bras cassé et la mâchoire fracassée. Malgré cela cependant, sans égard pour son pitoyable état, huit jours après Son Excellence l'a fait disparaître. La seule chose que tout Corfou ait trouvée merveilleuse, c'est votre évasion. On a cru pendant trois jours que M. D. R. vous tenait caché chez lui, et on le condamnait ouvertement; mais il a déclaré hautement à la table du général qu'il ignorait absolument où vous étiez. Son Excellence même était fort inquiète de votre évasion, et ce n'est que d'hier qu'on a su ce que vous étiez devenu par une lettre du papa d'ici, écrite au protopapa Bulgari, dans laquelle il se plaint qu'un officier italien s'est depuis huit jours emparé de cette île où il exerce des violences. Il vous accuse de débaucher toutes les filles et de l'avoir menacé de lui brûler la cervelle, s'il vous donne la *cataramonachia*. Cette lettre lue à l'assemblée a désopilé la rate au général: mais il ne m'en a pas moins ordonné de venir vous prendre avec douze grenadiers.

— C'est Mme Sagredo qui est la cause de tout ceci.

— C'est vrai; mais elle en est bien mortifiée. Vous feriez bien de venir demain avec moi lui faire une visite.

— Demain? Vous êtes donc sûr que je ne serai pas mis aux arrêts?

— Oui, car je sais que Son Excellence est un homme d'honneur.

— Et moi aussi. Embarquons-nous. Nous partirons ensemble après minuit.

— Pourquoi pas de suite?

— Parce que je ne veux pas m'exposer à passer la

CHAPITRE XIV

nuit dans la bastarde. Je veux arriver à Corfou au grand jour, ce qui rendra votre triomphe éclatant.

— Mais que ferons-nous ici pendant huit heures?

— Nous irons voir des nymphes d'un acabit qu'on ne trouve pas à Corfou, ensuite nous ferons un bon souper. »

J'ordonnai à mon lieutenant de faire porter à manger aux soldats de la felouque et de nous faire préparer un souper splendide sans rien épargner, lui disant que je partirais à minuit.

Je lui fis présent ensuite de toutes mes grosses provisions, et je fis embarquer tout ce que je voulais emporter. Mes janissaires, auxquels je fis présent d'une semaine de solde, voulurent m'accompagner armés jusqu'à la felouque, ce qui fit rire mon camarade toute la nuit. Nous arrivâmes à Corfou à huit heures du matin, à la bastarde même, où il me consigna après m'avoir assuré qu'il allait envoyer de suite chez M. D. R. tout mon équipage et faire son rapport au général.

M. Foscari, qui commandait cette galère, me reçut fort mal. S'il avait eu un peu de noblesse dans l'âme, il ne se serait pas tant pressé de me faire mettre à la chaîne. Il aurait pu différer un seul quart d'heure en me parlant, et je n'aurais pas eu cette mortification. Il m'envoya sans mot dire à l'endroit où le chef de *scala* me fit asseoir et allonger le pied pour mettre la chaîne qui, dans ce pays-là, ne déshonore personne, pas même malheureusement les galériens, que l'on traite mieux que les soldats.

J'avais la chaîne au pied droit, et on me débouclait le soulier du pied gauche pour achever cette belle décoration, quand l'adjudant de Son Excellence vint ordonner à mon geôlier de me rendre mon épée et de me mettre en liberté. Je voulus aller présenter mes hommages au noble gouverneur ; mais, un peu embarrassé sans doute de sa contenance, l'adjudant me dit que Son Excellence m'en dispensait.

J'allai de suite faire ma révérence au général sans lui dire un seul mot ; mais lui, d'un air grave, me dit d'être plus sage à l'avenir et d'apprendre que le premier devoir d'un militaire était d'obéir, surtout d'être discret et modeste. Comprenant à merveille toute la signification de ces deux mots, je me réglai en conséquence.

Mon apparition chez M. D. R. fit naître la joie sur tous les visages. Ces beaux moments m'ont toujours été si chers, qu'en me faisant oublier les moments pénibles ils m'en ont constamment fait chérir la cause. Il est impossible de bien sentir un plaisir quand il n'a pas été précédé de quelque peine, et les jouissances ne sont grandes qu'en proportion des privations qu'on a souffertes. M. D. R. fut si content de me voir qu'il vint à ma rencontre et m'embrassa tendrement. Il me dit ensuite, en me faisant présent d'une belle bague qu'il ôta de son doigt, que j'avais très bien fait de laisser ignorer à tout le monde, et à lui particulièrement, le lieu de ma retraite.

« Vous ne sauriez croire, ajouta-t-il d'un air noble et franc, combien Mme F. s'intéresse à vous. Vous lui feriez un grand plaisir en y allant dans l'instant. »

Quel plaisir de recevoir ce conseil de lui-même ! Mais ce mot : à l'instant, me fit de la peine ; car, ayant passé la nuit dans la felouque, je craignais que le désordre de ma toilette ne me nuisît à ses yeux. Je ne pouvais pourtant point reculer, ni lui en dire la raison : je pensais à m'en faire un mérite auprès d'elle.

J'arrive. Il ne faisait pas jour chez la déesse ; mais sa femme de chambre me fit entrer, en m'assurant que sa maîtresse ne tarderait pas à sonner et qu'elle serait bien fâchée de ne pas m'avoir vu. Pendant une demi-heure que je passai avec cette jeune personne, charmante indiscrète, j'appris une foule de choses qui me firent un extrême plaisir, surtout une foule de propos qu'on avait tenus sur mon évasion ; et j'en tirai la conclusion que ma conduite dans toute cette affaire avait obtenu l'approbation générale.

Aussitôt que Madame eut vu sa femme de chambre, elle me fit appeler. On ouvre les rideaux et je crois voir l'Aurore entourée de roses et des perles du matin. Je lui dis que sans l'ordre que m'en avait donné M. D. R. je n'aurais jamais osé me présenter devant elle dans l'état où j'étais, et du ton le plus suave elle me répondit que M. D. R., sachant tout l'intérêt qu'elle me portait, avait très bien fait de me faire venir, m'assurant en même temps que M. D. R. m'estimait autant qu'elle.

« Je ne sais, madame, comment j'ai pu mériter un si grand bonheur, tandis que je n'aspirais qu'à des sentiments d'indulgence.

— Nous avons tous admiré la force que vous avez eue de vous abstenir de passer votre épée au travers du corps de ce fou, qu'on aurait jeté par la fenêtre, s'il ne se fût évadé au plus vite.

— Je l'aurais tué, madame, n'en doutez pas, si vous n'aviez pas été présente.

— Le compliment est fort galant ; mais il n'est pas croyable que vous ayez pensé à moi dans ce moment. »

A ces mots, je soupire en baissant les yeux et détournant la tête. Elle voit ma bague, et pour changer de conversation, elle se mit à me faire l'éloge de M. D. R., dès qu'elle sut comment il m'avait fait ce présent. Elle voulut que je lui contasse la vie que j'avais menée dans l'île, et je le fis, à l'exception de mes jolies couturières, que j'eus soin de laisser sous le voile ; car je savais déjà alors que dans le commerce de la vie il y a bon nombre de vérités qu'il faut laisser dans un officieux oubli.

Tout ce que je lui dis la fit beaucoup rire, et ma conduite lui parut admirable.

« Auriez-vous, me dit-elle, le courage de raconter tout cela, mais dans les mêmes termes, au provéditeur général?

— N'en doutez pas, madame, pourvu qu'il m'en demandât la narration.

— Eh bien! tenez-vous prêt à me tenir parole. Je veux, ajouta-t-elle, que ce brave seigneur vous aime et qu'il devienne votre principal protecteur pour vous garantir des passe-droits. Laissez-moi faire. »

En sortant de chez elle, le cœur ravi de son accueil, j'allai chez le major Maroli pour m'informer de l'état de mes fonds, et j'appris avec plaisir qu'il ne m'avait plus tenu de moitié depuis ma disparition. Je retirai quatre cents sequins des mains du caissier, me réservant à rentrer en part quand les circonstances me paraîtraient convenables.

Le soir, ayant eu soin de faire toilette, j'allai trouver l'adjudant Minotto pour aller avec lui faire une visite à Mme Sagredo, favorite du général. C'était à Corfou la plus jolie des dames vénitiennes, Mme F. exceptée. Ma visite la surprit; car, ayant été la cause de tout ce qui s'était passé, elle était loin de s'y attendre, croyant que je lui en voulais. Je la désabusais en lui parlant franchement, et elle me dit les choses les plus obligeantes, me priant d'aller quelquefois passer la soirée chez elle. A cette invitation fort aimable, j'inclinai la tête sans accepter ni refuser. Je savais que Mme F. ne pouvait point la souffrir : comment aurais-je pu fréquenter ses soirées? D'ailleurs, cette dame aimait le jeu, et, pour lui plaire, il fallait ou perdre ou la faire gagner ; or, pour se résoudre à l'une de ces deux conditions, il faut aimer l'objet et avoir des vues de conquête : je n'étais pas dans cette

CHAPITRE XIV

disposition. L'adjudant Minotto ne jouait pas; mais il avait captivé ses bonnes grâces en faisant auprès d'elle le Mercure galant.

De retour à l'hôtel, je trouve Mme F. toute seule, M. D. R. étant occupé à écrire. Assis auprès d'elle, elle m'engage à lui conter tout ce qui m'était arrivé à Constantinople; je n'ai pas eu lieu de m'en repentir. Ma rencontre avec la femme de Josouff lui plut beaucoup; mais la nuit du bain des trois nymphes d'Ismaïl la mit toute en feu. Je gazais tant que je pouvais; mais, quand elle me trouvait obscur, elle m'obligeait à m'expliquer un peu mieux, et, dès que je me faisais mieux comprendre en donnant à mes tableaux un vernis de volupté que je puisais plus dans ses regards que dans mes souvenirs, elle ne manquait pas de me gronder et de me dire que j'aurais pu être moins clair. Je sentais que la voie dans laquelle elle m'avait engagé devait lui donner une fantaisie en ma faveur; et j'étais persuadé que celui qui fait naître des désirs peut facilement être condamné à les éteindre : c'était la récompense à laquelle j'aspirais; j'osais l'espérer, quoique je ne la visse encore qu'en perspective.

Par hasard, ce jour-là, M. D. R. avait invité beaucoup de monde à souper. Je dus naturellement faire les frais de la conversation, en racontant avec toutes les circonstances et le plus grand détail tout ce que j'avais fait et ce qui m'était arrivé depuis l'instant où j'avais reçu l'ordre de me rendre aux arrêts jusqu'à ma mise en liberté. M. Foscari, gouverneur de la bastarde, était à mon côté, et la fin de ma narration ne lui fut sans doute pas des plus agréables.

Mon histoire plut du reste à toute la société et il fut décidé que M. le provéditeur général devait avoir le plaisir de l'entendre de ma bouche. Ayant dit qu'il y avait beaucoup de foin à Casopo, article dont on manquait absolument à Corfou, M. D. R. me dit que je devais saisir cette occasion de me faire un mérite auprès du général en l'en prévenant sans retard. Je suivis cet avis dès le lendemain, et je fus fort bien accueilli; car Son Excellence ordonna une corvée pour l'aller chercher et le transporter à Corfou.

Deux ou trois jours après, étant un soir au café, l'adjudant Minotto vint me dire que le général voulait me parler : on juge que cette fois je fus prompt à exécuter ses ordres.

CHAPITRE XV

Progrès de mes amours. — Je vais à Otrante. — J'entre au service de Mme F. — Heureuse écorchure.

L'assemblée était fort nombreuse. J'entre tout doucement; Son Excellence me voit, déride son front et fait tourner sur moi tous les regards de la société en disant à haute voix :

« Voilà un jeune homme qui se connaît en princes.

— Monseigneur, lui dis-je à l'instant, je suis devenu connaisseur en ce genre à force d'approcher vos pareils.

— Ces dames sont curieuses de savoir tout ce que vous avez fait depuis votre disparition jusqu'à votre retour.

— Vous me condamnez donc, monseigneur, à une confession publique ?

— Fort bien ; mais, sur ce pied, prenez garde d'o-

CHAPITRE XV

mettre la plus petite circonstance, et figurez-vous que je ne suis pas ici.

— Au contraire ; car ce n'est que de Votre Excellence que je veux attendre mon absolution. Mais l'histoire sera longue.

— Dans ce cas le confesseur vous permet de vous asseoir. »

Je conte mon histoire dans le plus grand détail, à l'exception pourtant de mes congrès fréquents avec les nymphes insulaires.

« Tout cet événement, me dit le vieillard, est instructif.

— Oui, monseigneur, car il montre qu'un jeune homme n'est jamais si en danger de périr que lorsque, agité d'une grande passion, il se trouve maître de se satisfaire moyennant une bourse d'or qu'il a dans sa poche. »

J'allais partir, lorsque le maître d'hôtel vint me dire que Son Excellence m'engageait à rester à souper. J'eus donc l'honneur de me trouver assis à sa table, mais non d'y manger ; car, obligé de répondre aux mille questions qu'on m'adressait de toutes parts, il me fut impossible de mettre un seul morceau dans ma bouche. Je me trouvais assis à côté du protopapa Bulgari, et je lui demandai pardon d'avoir un peu ridiculisé l'oracle du papa Deldimopulo.

« C'est une friponnerie, me dit-il, à laquelle il est d'autant plus difficile de remédier qu'elle porte le cachet de l'antiquité. »

Au dessert, Mme F. ayant dit un mot à l'oreille du général, celui-ci m'adressa la parole en me disant qu'il entendrait bien volontiers ce qui m'était arrivé pendant mon séjour à Constantinople avec la femme du Turc Josouff et chez un autre où j'avais été témoin d'un bain au clair de la lune. Fort surpris de cette espèce d'invitation, je lui dis que c'était de ces fredaines qui ne méritaient pas d'être contées ; et j'en fus quitte, Son Excellence n'ayant pas insisté. Ce qui me frappa surtout, ce fut l'indiscrétion de Mme F., qui ne devait pas mettre tout Courfou dans le secret des contes que je lui faisais tête à tête. Je la voulais jalouse de sa gloire que j'aimais plus encore que sa personne.

Deux ou trois jours après, me trouvant seul avec elle, elle me dit :

« Pourquoi n'avez-vous pas voulu conter au général vos aventures de Constantinople?

— Parce que je ne veux pas que le monde sache que vous souffrez que je vous entretienne de pareilles choses. Ce que j'ose, madame, vous conter tête à tête, je ne vous le conterais certainement pas en public.

— Et pourquoi pas? Il me semble au contraire que, si, par un sentiment de respect vous vous taisez en public, vous devriez d'autant plus vous taire quand je suis seule.

— Ayant le désir de vous divertir, je me suis exposé au danger de vous déplaire ; mais, madame, cela ne m'arrivera plus.

— Je ne veux pas chercher à connaître vos intentions, mais il me semble que, si vous aviez eu le désir de me plaire, vous n'auriez pas dû sciemment vous exposer à un résultat opposé. Nous allons souper chez le général, car M. D. R. est chargé de sa part de vous y mener ; il vous redira, j'en suis sûre, ce qu'il vous a dit la dernière fois, et vous ne pourrez éviter de le satisfaire. »

M. D. R. vint bientôt, et nous partîmes ensemble. Je réfléchis en chemin que, quoique Mme F. eût paru vouloir m'humilier, je devais estimer comme un coup

CHAPITRE XV

de fortune ce qui venait d'arriver; car, en m'obligeant à me justifier, elle m'avait comme forcé à une déclaration qui ne pouvait être indifférente.

Le provéditeur général m'accueillit fort bien et me fit la grâce de me remettre une lettre qui s'était trouvée à mon adresse dans un paquet qu'il avait reçu le même jour de Constantinople. Après l'avoir remercié par une profonde révérence, je me mis en devoir de la serrer dans ma poche; mais il m'arrêta en me disant qu'il était amateur du nouveau, et que je pouvais la lire. Je l'ouvre : c'était une lettre de Josouff qui m'annonçait la mort du comte de Bonneval. Au nom du bon Josouff, le général me pria de lui conter l'histoire qui m'était arrivée dans l'entretien que j'avais eu avec sa femme. Ne pouvant éluder l'invitation, je commence à conter une histoire qui dura une heure, qui intéressa fort Son Excellence en amusant la société, et dans laquelle il n'y avait de vrai que le sérieux que je mis dans le récit; car elle était toute de mon invention. Je sus éviter par là d'avoir aucun tort envers mon ami Josouff, de compromettre Mme F. et de me montrer sous un jour peu avantageux. Sous le rapport du sentiment, l'histoire de mon invention me fit le plus grand honneur; et j'éprouvai une véritable joie, en jetant un regard sur Mme F., de lire sur ses traits qu'elle était contente, quoiqu'un tant soit peu interdite.

De retour chez elle et en présence de M. D. R., elle me dit que l'histoire que j'avais contée était fort jolie, quoiqu'elle ne fût qu'une fable; qu'elle ne m'en voulait pas, puisque je l'avais amusée, mais qu'elle ne pouvait s'empêcher de remarquer mon obstination à lui refuser la complaisance qu'elle m'avait demandée. Puis, se tournant vers M. D. R. :

« Il prétend, ajouta-t-elle, qu'en racontant l'histoire

de son entretien avec la femme de Josouff, sans en altérer la vérité, il aurait fait juger à l'assemblée qu'il m'amuse par des contes indécents. Je veux que vous en soyez juge. Voulez-vous, me dit-elle, avoir la bonté de conter de suite cette rencontre dans les mêmes termes que vous avez employés dans votre premier récit ?

— Oui, madame, je le puis si je le veux. »

Piqué au vif d'une indiscrétion qui, ne connaissant pas encore bien les femmes, me semblait sans exemple, sans éprouver la moindre crainte d'échouer, je conte l'aventure en peintre passionné, animant le tableau de toutes les couleurs de la passion, et sans gazer aucun des mouvements que la vue des beautés de la Grecque avait éveillés en moi.

« Et vous trouvez, dit M. D. R. à Madame, qu'il aurait dû conter ce fait en pleine société comme il vient de nous le conter ici ?

— S'il avait mal fait de le conter en public, il a donc mal fait de me le raconter tête à tête ?

— Nul que vous ne peut le savoir ; oui, s'il vous a déplu ; non, s'il vous a divertie. Pour moi, je vous dirai qu'ici il m'a fort amusé, mais qu'il m'aurait beaucoup déplu, s'il l'avait conté comme ici devant une nombreuse société.

— Eh bien, me dit alors Mme F., dorénavant je vous prie de ne jamais me raconter en particulier que ce que vous pourrez répéter en public.

— Madame, je vous promets d'en faire la règle de ma conduite.

— Bien entendu, ajouta M. D. R., que Madame conserve dans toute son intégrité le droit de révoquer cet ordre toutes les fois qu'elle le jugera bon. »

J'étais piqué, mais je sus dissimuler mon dépit. Un instant après, nous partîmes.

CHAPITRE XV

J'apprenais à connaître à fond cette femme charmante; mais, à mesure que je pénétrais dans le secret de son caractère, je prévoyais toutes les épreuves auxquelles elle me soumettrait. N'importe, mon amour l'emportait; et, voyant l'espérance en perspective, j'avais le courage de braver les épines pour parvenir à cueillir la rose. Ce qui me faisait surtout grand plaisir, c'était de voir que M. D. R. n'était point jaloux de moi, lors même qu'elle semblait le défier de l'être. C'était un grand point.

Quelques jours après, l'entretenant de diverses choses, la conversation tomba sur le malheur que j'avais eu d'entrer dans le lazaret d'Ancône sans le sou.

« Malgré cela, lui dis-je, j'y devins amoureux d'une jeune et belle esclave grecque, qui faillit me faire violer les lois sanitaires.

— Comment cela?

— Madame, vous êtes seule, et je n'ai pas oublié vos ordres.

— C'est donc bien indécent?

— Non, mais je ne voudrais point vous le dire en société.

— Eh bien! dit-elle en riant, je révoque l'ordre, comme l'a dit M. D. R. Parlez. »

Je lui fis alors le récit bien détaillé et bien fidèle de toute l'aventure; et comme je la voyais pensive, je lui exagérai mon malheur.

« Qu'appelez-vous votre malheur! je trouve la pauvre Grecque bien plus à plaindre que vous. Vous ne l'avez plus revue!

— Pardon! madame, mais je n'ose vous le dire.

— Finissez à présent. C'est une bêtise. Dites-moi tout. Je m'attends à quelque noirceur de votre part.

— Bien loin de là, madame; ce fut une jouissance bien douce, quoique imparfaite.

— Dites ; mais ne nommez pas les choses par leur nom : c'est l'essentiel. »

Après ce nouvel ordre, je lui dis, sans la regarder au visage, ma rencontre avec la Grecque en présence de Bellino, et l'action non achevée qui se passa comme par inspiration jusqu'au moment où cette charmante esclave s'arracha de mes bras à l'approche de son maître. Mme F. ne disant rien, je fis tomber la conversation sur un autre sujet : car, si j'étais avec elle sur un excellent pied, je sentais que je devais aller à pas comptés : jeune comme elle l'était, je pouvais être certain qu'elle ne s'était jamais mésalliée, et ce que je méditais devait lui paraître une mésalliance du premier ordre.

La fortune, qui m'avait toujours favorisé dans les occasions les plus désespérées, ne voulut pas cette fois me traiter en marâtre et elle me procura le jour même une faveur d'une nature particulière. Ma belle dame s'étant fait une forte piqûre au doigt, après avoir poussé un cri perçant, me tend sa belle main en me priant de lui sucer le sang. On peut juger si je fus prompt à me saisir d'une main si belle ; et, si mon lecteur est amoureux ou s'il l'a jamais été, il devinera comment je m'acquittai de cette agréable besogne. Qu'est ce qu'un baiser ! N'est-ce pas le désir ardent d'aspirer une portion de l'être qu'on aime ? Et le sang que je suçais de cette charmante blessure, qu'était-il qu'une partie de l'être que j'idolâtrais ! Quand j'eus fini, elle me remercia affectueusement en me disant de cracher le sang que j'avais sucé.

« Il est là, lui dis-je en portant la main sur mon cœur, et Dieu sait le plaisir qu'il me fait.

— Vous avez avalé mon sang avec plaisir ! Êtes-vous donc anthropophage ?

— Je ne le crois pas, madame, mais j'aurais craint de vous profaner, si j'en avais laissé perdre une goutte. »

CHAPITRE XV

Un soir, en grande assemblée, il était question des plaisirs du carnaval qui s'approchait, et on se plaignait amèrement de ce qu'on serait privé du théâtre. Je m'offris à l'instant à procurer à mes frais une troupe de comédiens, si l'on voulait de suite me louer toutes les loges et m'accorder le monopole exclusif de la banque de pharaon. Il n'y avait pas de temps à perdre, car le carnaval approchait, et il fallait que je me rendisse à Otrante. On accueillit ma proposition avec des cris de joie, et le provéditeur général mit une felouque à mes ordres. En trois jours toutes les loges furent abonnées, et un juif prit tout le parterre, à l'exception de deux jours par semaine que je me réservai.

Le carnaval cette année-là était fort long : j'avais bonne chance de fortune.

On dit que le métier d'entrepreneur est difficile ; mais, si cela est, je n'en ai pas fait l'expérience, et pour mon compte j'affirme le contraire.

Je partis de Corfou à l'entrée de la nuit, et, le vent étant frais, j'arrivai à Otrante à la pointe du jour sans que mes rameurs eussent mouillé leurs avirons. Il n'y a de Corfou à Otrante que quatorze ou quinze lieues.

Sans penser à me débarquer à cause de la quarantaine qui est perpétuelle dans toute l'Italie pour tout ce qui vient du Levant, je descendis au parloir, où, placé derrière une barre, on peut parler à toutes les personnes qui se mettent derrière une autre en face et à la distance de deux toises.

Aussitôt que je me fus annoncé comme venant pour engager une troupe de comédiens pour Corfou, les chefs des deux qui se trouvaient alors à Otrante vinrent me parler. Je commençai par leur dire qu'avant tout je voulais voir à mon aise devant moi tous les acteurs, ceux d'une troupe après ceux de l'autre.

Les deux chefs compétiteurs me donnèrent alors une scène du plus beau comique, chacun d'eux voulant que l'autre amenât la sienne le premier. Le capitaine du port me dit enfin qu'il dépendait de moi de faire finir leur contestation en leur disant laquelle je voulais voir la première ; l'une était napolitaine, et l'autre sicilienne. Ne connaissant ni l'une ni l'autre, je nommai la napolitaine la première. Don Fastidio, qui en était le chef, en fut tout mortifié, tandis que Battipaglia se montra radieux, espérant qu'après la comparaison je donnerais la préférence à la sienne.

Une heure après, je vis arriver Fastidio et sa troupe ; et qu'on juge de ma surprise en reconnaissant Petrone et sa sœur Marine ! Celle-ci, dès qu'elle m'eut aperçu, pousse un cri de joie, franchit la barre et vient se jeter dans mes bras. Alors commence un vacarme horrible entre don Fastidio et le capitaine du port. Marine étant aux gages de Fastidio, le capitaine du port m'obligea à la consigner au lazaret, où elle devait faire la quarantaine à ses frais. La pauvre petite pleurait, mais je ne pouvais réparer son imprudence.

Je suspendis la querelle en disant à don Fastidio de me montrer tout son monde un à un. Petrone en faisait partie ; il jouait les rôles d'amoureux. Il me dit qu'il avait pour moi une lettre de Thérèse. Je vis avec plaisir un Vénitien que je connaissais et qui jouait le pantalon, trois actrices qui pouvaient plaire, un polichinelle, un scaramouche ; et le tout me parut assez passable.

Je dis à Fastidio de me dire au plus juste ce qu'il voulait par jour, le prévenant que, si son compétiteur me faisait meilleur marché, ce serait à lui que je donnerais la pomme.

« Monsieur, dit-il, vous logerez vingt personnes dans

six chambres avec dix lits ; vous me donnerez une salle libre et commune, tous voyages payés, et trente ducats de Naples par jour. Voilà le livret de mon répertoire ; il dépendra de vous de faire jouer telle pièce que vous ordonnerez. »

Réfléchissant à la pauvre Marine, qui aurait dû se purger au lazaret avant de pouvoir remonter sur la scène, je dis à Fastidio d'aller préparer le contrat, parce que je voulais partir de suite.

Je n'eus pas plus tôt prononcé ces mots que voilà guerre ouverte entre le directeur exclu et le directeur préféré. Le premier, d'un ton furieux, traita Marine de p....., disant qu'elle n'avait rompu la consigne sanitaire qu'en collusion avec Fastidio pour m'obliger à prendre sa troupe.

Petrone, prenant fait et cause pour sa sœur, se joignit à Fastidio, et le malheureux Battipaglia, traîné dehors, reçut une volée de coups de poings qui ne dut pas le consoler d'avoir manqué la préférence.

Un quart d'heure après, Petrone m'apporta la lettre de Thérèse, qui devenait riche en ruinant le duc, et qui, toujours constante, m'attendait à Naples.

Vers le soir, tout étant prêt, je partis d'Otrante avec vingt comédiens et six grandes caisses qui contenaient tout ce qui leur était nécessaire pour jouer. Un petit vent du sud qui soufflait à notre départ aurait pu me conduire à Corfou en dix heures, si, après avoir cinglé une heure, mon *carabouchiri*[1] ne m'eût dit qu'il voyait au clair de la lune un vaisseau qui, s'il était corsaire, pourrait s'emparer de nous. Ne voulant rien risquer, je fis baisser les voiles et je retournai à Otrante. Dès le point du jour, je fis remettre à la voile avec un bon vent

1. Chef de l'équipage.

d'ouest qui nous aurait également menés à Corfou ; mais, après avoir vogué pendant deux heures, le capitaine me dit qu'il voyait un brigantin, qu'il le croyait corsaire, car il manœuvrait de manière à nous mettre sous le vent. Je lui dis de changer de direction et d'aller à tribord pour voir s'il nous suivait : aussitôt, le brigantin manœuvra de même. Ne pouvant aller à Otrante et n'ayant nulle envie d'aller en Afrique, je fis manœuvrer pour prendre terre sur la côte de la Calabre à force de rames et à l'endroit le plus proche. Les matelots, qui tremblaient dans leur peau, communiquèrent la peur à ma troupe comique, et bientôt ce ne fut plus que larmes et sanglots ; chacun d'eux se recommandait à quelque saint, mais je n'entendis pas un de ces marauds se recommander à Dieu. Les grimaces du scaramouche et l'air morne et désolé de Fastidio formaient un tableau qui m'aurait fait rire, si l'aspect d'un danger pressant et réel ne m'en eût empêché.

Marine seule, qui n'appréciait pas le danger, était gaie et se moquait de la terreur générale.

Vers le soir, un fort vent s'étant levé, j'ordonnai qu'on le prît en poupe à toutes voiles et qu'on cinglât ainsi, quand bien même le vent deviendrait plus fort. Pour me mettre à l'abri des atteintes du corsaire, je m'étais disposé à traverser le golfe, et les marins à la fin du jour n'en pouvaient plus ; mais je ne craignais plus rien.

Le vent du nord commença à souffler, et en moins d'une heure il fut si fort que nous allions à la bouline d'une façon effrayante. La felouque paraissait à tous moments être près de chavirer. L'effroi était sur tous les visages, mais on observait le plus grand silence, car je l'avais ordonné sous peine de la vie. Malgré la position pénible où nous nous trouvions, les sanglots du pusilla-

CHAPITRE XV

nime scaramouche me forçaient à rire. Le timonier étant un homme ferme et le vent étant fait, je sentais que nous arriverions sans encombre. En effet, à la pointe du jour, nous aperçûmes Corfou, et, à neuf heures, nous débarquâmes au Mandrache. Tout le monde fut étonné de nous voir arriver de ce côté-là.

Dès que ma troupe fut débarquée, les jeunes officiers ne manquèrent pas de venir voir les actrices : c'était dans l'ordre ; mais ils les trouvèrent peu ragoûtantes, à l'exception de Marine, qui reçut sans se plaindre la nouvelle que je ne pouvais pas m'occuper d'elle. J'étais sûr qu'elle ne manquerait pas d'adorateurs. Mais mes comédiennes, qui avaient paru laides sur le port, furent jugées autrement sur la scène, et la femme de Pantalon plut par-desssus tout.

M. Duodo, gouverneur d'un vaisseau de guerre, lui ayant fait une visite et trouvant M. Pantalon intolérant, lui donna quelques coups de canne. Don Fastidio vint me dire le lendemain que cet acteur et sa femme ne voulaient plus jouer.

Je remédiai à cela en leur donnant une représentation à leur bénéfice.

La femme de Pantalon fut fort applaudie ; mais, se trouvant insultée parce qu'en applaudissant le parterre criait : « Bravo Duodo ! » elle vint se plaindre dans la loge du général, où je me trouvais d'ordinaire, et le général, pour la consoler, lui promit en mon nom une autre représentation à la fin du carnaval, et force me fut de souscrire à cette promesse. Le fait est que pour contenter cette engeance vorace je leur abandonnai les unes après les autres les dix-sept représentations que je m'étais réservées. Celle que j'accordai à Marine fut en faveur de Mme F., qui avait pris cette actrice en affection depuis qu'elle avait eu l'honneur de déjeuner tête à tête avec M. D. R., dans une petite maison hors de la ville.

Cette générosité me coûta plus de quatre cents sequins, mais la banque m'en rapporta plus de mille, quoique je ne taillasse jamais, les affaires du théâtre ne m'en laissant pas le temps. Ce qui me fit beaucoup d'honneur, ce fut qu'on vit clairement que je n'avais aucune intrigue avec les actrices, ce qui m'aurait été si facile. Mme F. m'en fit compliment en me disant qu'elle ne me croyait pas si sage. J'étais trop occupé pendant tout le carnaval pour songer à l'amour, même à celui qui me tenait si fort au cœur. Ce ne fut qu'au commencement du carême et après le départ des comédiens que je pus m'y livrer tout entier.

Un matin, quelqu'un vint de la part de Mme F. me dire qu'elle désirait me parler. Il était onze heures, je m'y rends sans retard, et, lui ayant demandé en quoi je pouvais lui être agréable :

« C'est, me dit-elle, pour vous rendre les deux cents sequins que vous m'avez prêtés si noblement. Les voilà ; veuillez me rendre mon billet.

— Votre billet, madame, n'est plus en mon pouvoir. Il est déposé sous enveloppe bien cachetée chez M. le notaire ***, qui, conformément à cette quittance, ne peut le remettre qu'à vous-même.

— Pourquoi ne l'avez-vous pas gardé près de vous ?

— Crainte qu'on ne me le volât, ou de peur de le perdre. Et, si j'étais venu à mourir, je n'aurais pas voulu qu'il tombât entre d'autres mains que les vôtres.

— Votre procédé est certainement délicat ; mais il me semble que vous auriez dû garder le droit de le retirer vous-même des mains du dépositaire.

— Je n'ai point prévu le cas possible de le retirer.

— Cependant le cas aurait pu facilement arriver. Je puis donc faire dire au notaire de m'envoyer l'enveloppe?

— Sans doute, madame; et vous seule le pouvez. »

Elle envoya prévenir le notaire, qui vint lui remettre son dépôt.

Elle brise l'enveloppe et ne trouve qu'un papier barbouillé de noir, mais parfaitement illisible, excepté son nom que j'avais respecté.

« Ceci, me dit-elle, prouve de votre part une façon d'agir aussi noble que délicate; mais avouez que je ne puis pas être sûre que ce chiffon soit réellement mon billet, quoique j'y voie mon nom.

— C'est vrai, madame; et, si vous n'en êtes pas sûre, j'ai tous les torts du monde.

— J'en suis sûre parce que je dois l'être; mais vous conviendrez que je ne pourrais pas en jurer.

— J'en conviens. »

Les jours suivants, il me parut qu'elle avait tout à fait changé à mon égard. Elle ne me recevait plus en déshabillé, et je devais me morfondre à attendre que sa femme de chambre l'eût habillée avant d'être admis dans son intérieur.

Quand je contais quelque chose, elle faisait semblant de ne pas comprendre, et affectait de ne point trouver le sel d'un bon mot ou d'une anecdote; souvent même elle ne me regardait pas, et alors je contais mal. Si M. D. R. riait de quelque chose que je venais de conter, elle demandait pourquoi il riait, et, lorsque celui-ci lui avait répété la chose, elle la trouvait plate ou insipide. Si un de ses bracelets venait à se détacher, je m'offrais à le lui remettre; mais ou elle ne voulait pas me donner cette peine, ou je n'en connaissais pas le ressort, et, c'était sa femme de chambre qui devait le faire. Mon humeur devenait visible ; mais elle faisait semblant de ne pas s'en apercevoir. Si M. D. R. m'engageait à dire quelque chose d'agréable et que je ne parlasse pas de suite, j'avais, disait-elle, vidé le fond de mon sac, et elle disait en riant que j'étais épuisé. Plein de dépit et préférant alors le silence, j'en convenais ; mais je séchais, car je ne savais à quoi attribuer cette variation, ce changement d'humeur auquel il me semblait n'avoir point donné le plus petit motif. Je voulais me décider à lui donner des marques ouvertes de mon mépris ; mais, quand l'occasion se présentait, je n'en avais pas le courage.

Un soir, M. D. R. m'ayant demandé si j'avais été souvent amoureux :

« Trois fois, monseigneur, lui répondis-je.

— Et toujours heureux, n'est-ce pas ?

— Toujours malheureux. La première, peut-être, parce qu'étant abbé je n'osai point me découvrir. La seconde, parce qu'un événement cruel et imprévu me força à m'éloigner presque subitement de l'objet que j'aimais au moment où j'allais voir couronner mes vœux. La troisième, parce que la pitié que j'ai inspirée à la personne qui m'avait enflammé lui a fait venir l'envie de me guérir de ma passion, au lieu de me rendre heureux.

— Et quels spécifiques a-t-elle employés pour cela ?

— Elle a cessé d'être aimable.

— J'entends ; elle vous a maltraité : et vous appelez cela de la pitié ? Vous vous trompez.

— Certainement, dit Madame ; on a pitié de quelqu'un qu'on aime ; et on ne veut pas le guérir en le rendant malheureux. Cette femme-là ne vous a jamais aimé.

— Je ne veux pas le croire, madame.

— Mais êtes-vous guéri ?

— Parfaitement, car, lorsqu'il m'arrive de penser à

elle, je me trouve froid et indifférent ; mais ma convalescence a été longue.

— Elle a duré, je pense, jusqu'à ce que vous êtes devenu amoureux d'une autre ?

— D'une autre, madame ? Je croyais vous avoir dit que ma troisième avait été la dernière. »

A peu de jours de là, M. D. R. me dit que Mme F. était indisposée, qu'il ne pouvait pas lui aller tenir compagnie, mais que je devais y aller, certain que cela lui ferait beaucoup de plaisir. J'obéis, et je rends mot à mot le compliment de M. D. R. Mme F. était couchée sur son sopha ; elle me répondit, sans me regarder, qu'elle croyait avoir la fièvre et qu'elle ne m'engageait pas à rester, persuadée que je m'ennuierais.

« Je ne saurais m'ennuyer auprès de vous, madame ; d'ailleurs, je ne puis m'en aller que par votre ordre absolu, et dans ce cas j'irai passer ces quatre heures à votre antichambre, car M. D. R. m'a dit de l'attendre ici.

— Dans ce cas, asseyez-vous, si vous voulez. »

J'étais rebuté d'une expression aussi sèche, mais je l'aimais et je ne l'avais jamais vue si belle, son indisposition animant son teint d'une manière à le rendre éblouissant. Je restai là muet et immobile comme une statue pendant un quart d'heure ; alors, ayant sonné sa femme de chambre, elle me pria de la laisser un instant. M'ayant fait rentrer peu de minutes après, elle me demanda ce que ma gaieté était devenue.

« Si ma gaieté a disparu, madame, ce ne peut être que par vos ordres. Rappelez-la, et vous la verrez reparaître dans toute sa vigueur à votre présence.

— Que faut-il que je fasse pour la rappeler ?

— Être à mon égard comme vous étiez à mon retour de Casopo. Je vous déplais depuis quatre mois, et, comme je ne puis savoir pourquoi, j'en suis profondément affligé.

— Je suis toujours la même. En quoi me trouvez-vous donc changée?

— Juste ciel! en tout, excepté dans votre individu. Mais j'ai pris mon parti.

— Et quel est-il?

— Celui de souffrir en silence, sans que jamais rien puisse diminuer les sentiments que vous m'avez inspirés, toujours plein du désir de vous convaincre de ma parfaite soumission, toujours attentif à vous donner de nouvelles marques de mon zèle.

— Je vous remercie, mais je ne sais pas ce que vous pouvez souffrir en silence à cause de moi. Je m'intéresse à vous, et j'écoute toujours vos aventures avec plaisir. Pour preuve, c'est que je suis très curieuse de vous entendre conter vos trois amours. »

J'invente sur-le-champ trois historiettes faites à plaisir, faisant parade de sentiments et d'amour parfaits, sans jamais effleurer la jouissance, surtout lorsque je croyais entrevoir qu'elle s'y attendait. Tantôt la délicatesse, tantôt le respect, quelquefois le devoir y mettait obstacle. Mais alors j'avais soin d'observer qu'un véritable amant n'avait pas besoin de cette condition-là pour se croire parfaitement heureux. Je voyais facilement que son imagination allait plus loin que mes récits, et je m'apercevais aussi que ma réserve lui plaisait. Je croyais la connaître assez bien pour pouvoir juger que je prenais le meilleur moyen de la mener au but où je la désirais. Elle fit une réflexion qui me toucha sensiblement, mais j'eus soin de n'en rien laisser paraître. Il s'agissait de celle des trois qui par pitié avait entrepris de me guérir.

« S'il est vrai, dit-elle, qu'elle vous aimât, il se peut qu'elle n'ait pas pensé à vous guérir, mais bien à se guérir elle-même. »

CHAPITRE XV

Le lendemain de cette espèce de raccommodement, M. F., son époux, pria mon général D. R. de permettre que j'allasse à Butintro pour une excursion de trois jours, son adjudant étant dangereusement malade.

Butintro est à sept milles en face de Corfou. C'est l'endroit de la terre ferme le plus voisin de l'île. Ce n'est pas un fort, mais un simple village d'Épire, aujourd'hui l'Albanie, et qui appartient aux Vénitiens. L'axiome politique que « droit négligé est droit perdu » fait que les Vénitiens y envoient tous les ans quatre galères avec des galériens pour y couper du bois et le charger sur les embarcations ; des troupes pour surveiller les ouvriers, qui, sans cette précaution, pourraient déserter et s'aller faire Turcs. L'une des quatre galères étant montée par M. F., il avait besoin d'un adjudant, et ce fut sur moi que tomba son choix.

Je partis, et le quatrième jour nous ramenâmes à Corfou une grande provision de bois. Je rentrai chez M. D. R., que je trouvai seul sur la terrasse. C'était le vendredi saint. Il était pensif, et, après un instant de silence, il me tint ce discours que je n'oublierai jamais :

« M. F., dont l'adjudant mourut hier, vient me prier de vous céder à lui jusqu'à ce qu'il ait pu s'en procurer un autre. Je lui ai répondu que je ne me crois pas en droit de disposer de vous ; qu'il devait s'adresser à vous-même, l'assurant que, si vous m'en demandiez la permission je n'y mettrais aucune difficulté, quoiqu'il me faille deux adjudants. Il ne vous en a rien dit depuis votre retour ?

— Rien, monseigneur ; il m'a remercié d'avoir été à Butintro sur sa galère, et rien de plus.

— Il vous en parlera, sans doute ; que lui direz-vous ?

— Il est tout simple que je lui dirai que je ne quitterai jamais Votre Excellence sans son ordre exprès.

— Je ne vous donnerai certainement jamais cet ordre. »

Comme M. D. R. achevait ces mots, voilà M. et Mme F. qui entrent. Sachant de quoi il allait probablement être question, je me hâte de sortir. Un quart d'heure après on m'appelle, et M. F., d'un ton de confiance, me dit :

« N'est-il pas vrai, monsieur Casanova, que vous viendrez volontiers demeurer avec moi en qualité d'adjudant ?

— Son Excellence me donne donc mon congé ?

— Nullement, me dit M. D. R., mais je vous laisse l'option.

— Monseigneur, il m'est impossible d'être ingrat. »

Je demeurai là debout, décontenancé, tenant les yeux à terre et ne cherchant pas à cacher ma mortification, qui ne pouvait être que l'effet de ma situation. Je redoutais les regards de Mme F., que j'aurais voulu ne pas rencontrer pour tout l'or du monde, d'autant plus que je savais qu'elle pouvait deviner tout ce qui se passait en moi. Son mari, un instant après, dit froidement, comme un sot, qu'il était bien vrai que j'avais un service beaucoup plus fatigant auprès de lui qu'auprès de M. D. R., et que d'ailleurs il y avait plus d'honneur à servir le gouverneur des galères qu'un simple *sopracomito*. J'allais répondre, lorsque Madame, prenant la parole, dit d'une voix gracieuse et d'un air très aisé : « M. Casanova a raison. » Là-dessus on se mit à parler d'autres choses, et je sortis pour aller réfléchir à ce qui venait de se passer.

Je finis par conclure que M. F. ne pouvait m'avoir demandé à M. D. R. qu'excité par sa femme ou, au moins, qu'après avoir eu son consentement. Cela flattait à la fois mon amour et mon amour-propre. Cependant mon

CHAPITRE XV

honneur était intéressé à ne me laisser accepter cette mutation qu'autant que j'aurais l'assurance que cela ferait plaisir à mon chef actuel. « J'accepterai, me dis-je, lorsque M. D. R. me dira positivement que je lui ferai plaisir en acceptant. C'est l'affaire de M. F. »

La même nuit j'eus l'honneur de donner le bras à Mme F. pendant la procession qu'on fait en commémoration de la mort de Jésus-Christ, et à laquelle toute la noblesse va à pied. Je m'attendais à ce qu'elle me dirait un mot sur l'affaire ; mais elle resta muette. Mon amour était au désespoir, et je passai la nuit sans pouvoir fermer l'œil. Je craignais que mon refus ne l'eût offensée, et cela me perçait le cœur. Le lendemain je ne pris aucune nourriture, et le soir à l'assemblée je ne dis pas un mot. Je me sentais malade et j'allai me coucher avec une fièvre qui me força à garder le lit le premier jour de Pâques. Le lendemain, très faible, je voulais garder la chambre, quand un messager de Mme F. vint m'avertir qu'elle voulait me parler. Je défends au messager de dire qu'il m'avait trouvé au lit ; je me lève et me rends chez elle. J'entre dans son cabinet pâle, défait, et pourtant elle ne s'informe pas de ma santé, gardant un moment le silence, comme pour se rappeler pourquoi elle m'avait fait appeler.

« Ah ! oui ; vous savez que notre adjudant est mort et que nous avons besoin de le remplacer. Mon mari, qui vous aime, certain que M. D. R. vous laisse le maître d'accepter, s'est mis dans la tête que vous viendrez, si je vous demande ce plaisir moi-même. Si vous voulez venir, vous aurez cette chambre-là. »

Elle me montre une chambre contiguë à celle où elle couchait, et située de manière que pour la voir dans tous les coins je n'avais pas même besoin de me mettre à ma fenêtre.

« M. D. R., me dit-elle, ne vous en aimera pas moins, et comme il vous verra chaque jour chez moi, il n'oubliera point vos intérêts. Dites-moi maintenant, voulez-vous venir, ou non ?

— Je le voudrais, madame, mais je ne le puis.

— Vous ne le pouvez pas ? C'est singulier. Asseyez-vous et dites-moi ce qui vous empêche, quand, en acceptant, vous êtes sûr de plaire à M. D. R. comme à nous ?

— Si j'en étais sûr, j'accepterais à l'instant ; mais tout ce que j'ai entendu de sa bouche, c'est qu'il me laisse le maître.

— Vous craignez donc de lui faire de la peine en venant chez nous ?

— Cela pourrait être, et pour rien au monde....

— Je suis sûre du contraire.

— Ayez la bonté de faire qu'il me le dise.

— Et alors vous viendrez ?

— Ah ! mon Dieu ! à l'instant. »

A cette exclamation qui peut-être en disait trop, je détournai les yeux pour ne pas l'embarrasser. Pendant ce temps elle demanda son mantelet pour aller à la messe, et nous sortîmes. En descendant l'escalier, elle appuya sa main toute nue dans la mienne. C'était la première fois que j'obtenais cette faveur ; on doit deviner si j'en tirai bon augure. En quittant ma main, elle me demanda si j'avais la fièvre, « car, me dit-elle, vous avez la main brûlante. »

Lorsque nous sortîmes de l'église, je lui offris ma main pour l'aider à monter dans la voiture de M. D. R., que nous rencontrâmes par hasard. Aussitôt que je l'eus quittée, je me hâtai de rentrer chez moi pour respirer en liberté et me livrer à toute la joie de mon âme, car je ne doutais plus d'être aimé, et je ne pensais pas que

M. D. R. pût rien refuser à Mme F. dans cette circonstance.

Qu'est-ce que c'est que l'amour! J'ai lu bien du verbiage antique sur ce sujet; j'ai lu aussi la plupart de ce qu'en ont dit les modernes; mais ni tout ce qu'on en a dit, ni tout ce que je m'en suis dit moi-même et pendant que j'étais jeune et maintenant que je ne le suis plus, rien, rien ne me fera avouer que l'amour soit une bagatelle ni une vanité. C'est une espèce de folie, oui, mais sur laquelle la philosophie n'a aucun pouvoir : c'est une maladie à laquelle l'homme est sujet à tout âge, et qui est incurable, si elle atteint dans la vieillesse. Amour, être, sentiment indéfinissable! Dieu de la nature! Douce amertume! Amertume cruelle! Amour! monstre charmant qu'on ne peut définir et qui, au milieu de mille peines que tu répands sur la vie, sèmes l'existence de tant de plaisir que sans toi l'être et le néant seraient unis et confondus!

Le surlendemain, M. D. R. me dit d'aller prendre les ordres de M. F. sur sa galère, qui allait mettre à la voile pour cinq ou six jours. Je vais vite faire mon paquet, et puis je me rends auprès de mon nouveau chef, qui me reçut fort bien, et nous partîmes sans voir Madame, qui dormait encore. Cinq jours après nous rentrâmes dans le port et j'allai m'établir dans ma chère nouvelle demeure; car au moment où je me disposais à me rendre auprès de M. D. R. pour lui demander ses ordres, il se présenta lui-même et, après avoir demandé à M.F.s'il était content de moi et m'avoir fait la même question par rapport à M. F., il me dit : « Casanova, puisque vous êtes content l'un de l'autre, vous pouvez être persuadé que vous me faites un véritable plaisir en demeurant au service de M. F. » Je me soumis respectueusement, et en moins d'une heure je me trouvai établi en pied dans ma nouvelle sphère. Mme F. me dit qu'elle était ravie que cette grande affaire fût enfin terminée selon ses désirs. Je lui répondis par une profonde révérence. Me voilà enfin, comme la salamandre, dans le feu où je désirais être.

Presque toujours sous les yeux de Madame, dînant souvent tête à tête avec elle, l'accompagnant souvent à la promenade seul quand M. D. R. n'était pas des nôtres, la voyant de ma chambre même quand j'écrivais, ou m'entretenant avec elle dans la sienne, toujours soumis et attentif sans avoir l'air de la moindre prétention, je passai ainsi les quinze premiers jours, sans que ce rapprochement apportât aucun changement à notre manière d'être réciproque. Cependant j'espérais, et pour ranimer mon courage je me figurais que l'amour n'était pas encore assez fort pour vaincre son orgueil. J'attendais tout de l'occasion, que je me proposais bien de saisir dès qu'elle se présenterait, car j'étais persuadé qu'un amant qui ne saisit pas la fortune par le toupet est perdu.

Ce qui me déplaisait, c'était qu'en public elle semblait s'étudier à me prodiguer les distinctions, tandis qu'en particulier elle en paraissait avare. J'avais tout l'air d'être heureux aux yeux du monde, mais j'aurais voulu le paraître moins et l'être réellement un peu plus. Mon amour pour elle était pur ; la vanité ne s'en mêlait pas.

Un jour que j'étais seul avec elle, elle me dit :

« Vous avez des ennemis, mais hier soir je les ai forcés au silence.

— Ce sont des envieux, madame, auxquels je ferais pitié, s'ils étaient dans le secret de mon cœur, et dont vous pourriez facilement me délivrer.

— Comment leur feriez-vous pitié, je vous prie, et moi comment pourrais-je vous en délivrer?

— Ils me croient heureux, et je languis, et vous m'en délivreriez, si vous me traitiez mal.

CHAPITRE XV

— Vous seriez donc moins sensible à mes mauvais traitements qu'à l'envie des méchants?

— Oui, madame, pourvu que les mauvais traitements public fussent compensés par vos bontés en particulier; car, dans le bonheur que j'ai de vous appartenir, je ne me sens animé par aucun sentiment de vanité. Qu'on me plaigne, je serai heureux, pourvu qu'on se trompe.

— C'est un rôle que je ne saurais jamais jouer. »

J'avais souvent l'indiscrétion de me tenir derrière le rideau de la fenêtre de ma chambre pour la regarder à loisir lorsqu'elle devait se croire sûre de n'être vue de personne; mais dans cette position les larcins que je faisais étaient bien insignifiants; car, soit qu'elle se doutât que je la voyais, soit qu'elle le fît par habitude, tout était si mesuré que, lors même que je la voyais dans son lit, mon bonheur n'allait pas au delà de sa charmante tête.

Un jour que sa femme de chambre lui épointait ses longs cheveux en ma présence, je m'amusais à ramasser toutes ces jolies petites rognures et je les posais au fur et à mesure sur sa toilette, à l'exception d'une petite mèche que je mis dans ma poche, pensant qu'elle n'y aurait pas pris garde; mais, aussitôt que nous fûmes seuls, elle me dit avec douceur, mais un peu trop sérieusement, de tirer de ma poche les cheveux que j'avais ramassés. Trouvant cela trop fort, une rigueur pareille me paraissant aussi cruelle qu'injuste et déplacée, j'obéis, mais je jetai les cheveux sur sa toilette de l'air le plus dédaigneux.

« Monsieur, vous vous oubliez.

— Non, madame, car vous auriez pu faire semblant de ne vous être point aperçue de cet innocent larcin.

— On se gêne à faire semblant.

— Que pouviez-vous soupçonner de si noir dans mon âme pour un vol aussi puéril?

— Rien de noir, mais des sentiments qu'il ne vous est point permis d'avoir pour moi.

— Des sentiments auxquels vous pouvez ne point répondre, madame, mais qui ne peuvent m'être défendus que par la haine ou l'orgueil. Si vous aviez un cœur, vous ne seriez victime ni de l'un ni de l'autre ; mais vous n'avez que de l'esprit, et il doit être méchant par le soin qu'il met à m'humilier. Vous avez surpris mon secret, madame ; vous en ferez tel usage que bon vous semblera ; mais, en revanche, j'ai appris à vous bien connaître. Cette connaissance me sera utile plus que votre découverte ; car je deviendrai sage peut-être. »

Après cette incartade je sors, et, ne m'entendant pas rappeler, je vais m'enfermer dans ma chambre, et, dans l'espoir de me calmer par le sommeil, je me déshabille et me mets au lit. Dans ces sortes de moments, un amoureux trouve détestable l'objet qu'il aime : son amour, changé en dépit, ne distille plus que la haine et le mépris.

Il me fut impossible de m'endormir, et, quand on vint me chercher pour souper, je fis dire que j'étais malade. La nuit se passa sans que je fermasse l'œil, et, me sentant abattu, je résolus de voir ce que ce serait et je refusai d'aller dîner, disant toujours que j'étais malade. Le soir, je sentis mon cœur palpiter d'aise lorsque j'entendis ma belle dame entrer dans ma chambre. L'inquiétude, la diète et l'insomnie me donnaient réellement l'air malade, et j'en étais ravi. Je me débarrassai bientôt de sa visite en lui disant d'un air d'indifférence que ce n'était qu'un violent mal de tête, auquel j'étais sujet, et que la diète et le repos ne tarderaient pas à me guérir.

Vers les onze heures, voilà de nouveau Madame et son

ami M. D. R. qui entrent dans ma chambre. S'approchant affectueusement de mon lit :

« Qu'avez-vous, mon pauvre Casanova, me dit-elle?

— Un grand mal de tête, madame, dont je serai guéri demain.

— Pourquoi voulez-vous attendre à demain? Il faut vous guérir de suite. Je vous ai ordonné un bouillon et deux œufs frais.

— Rien, madame ; la diète seule peut me guérir.

— Il a raison, dit M. D. R. ; je connais cette maladie. »

Je branlai légèrement la tête.

M. D. R. s'étant mis à considérer une estampe, elle saisit ma main en me disant qu'elle serait charmée de me voir prendre un bouillon ; et, en la retirant, je sentis qu'elle me laissait un petit paquet ; ensuite elle alla examiner l'estampe avec M. D. R.

J'ouvre le paquet, je sens des cheveux, je m'empresse de les cacher sous la couverture ; mais en même temps je me sens monter le sang à la tête d'une manière qui m'effraye. Je demande de l'eau ; elle s'approche avec M. D. R. et ils sont effrayés de me voir aussi enflammé, tandis qu'ils venaient de me voir pâle et défait. Elle me donna un verre d'eau dans laquelle elle mêla de l'eau des Carmes, ce qui provoqua à la minute un vomissement violent. Un instant après je me trouve mieux et je demande à manger. Elle sourit. La femme de chambre entre avec le bouillon, et les œufs, et, tout en prenant ce restaurant, je leur conte l'histoire de Pandolfin. M. D. R. croyait voir un miracle, et je lisais sur les traits de cette femme adorable l'amour, la pitié et le repentir. Sans la présence de M. D. R., c'eût été le moment de mon bonheur ; mais je me voyais certain qu'il n'était que différé. M. D. R. dit à Mme F. que s'il ne m'avait pas vu vomir, il aurait cru que ma maladie était feinte ; car, selon lui, il n'était pas possible de passer si rapidement de la tristesse à la gaieté.

« C'est la vertu de mon eau, dit Madame en me regardant, et je vais vous laisser mon flacon.

— Non, madame, daignez l'emporter, car sans votre présence son eau serait sans vertu.

— Et je le crois aussi, dit Monsieur ; ainsi je vous laisse ici avec le malade.

— Non, non, dit-elle ; il faut le laisser dormir. »

Je dormis en effet toute la nuit, mais avec elle, en songe ; et la réalité n'aurait pu rien ajouter à mes jouissances du moment. Je me trouvais très avancé ; car trente-quatre heures de diète me donnaient le droit de lui parler d'amour ouvertement, et le don de ses cheveux était un aveu irréfragable de sa part.

Le lendemain, après avoir souhaité le bonjour à M. F., j'allai jaser un moment avec la femme de chambre, en attendant qu'il fît jour chez Madame. J'eus le plaisir de l'entendre rire quand elle sut que j'étais là. Elle me fit entrer, et, sans me laisser le temps de lui dire un mot, elle me dit qu'elle était toute ravie de me voir bien portant, et que je devais aller souhaiter le bonjour à M. D. R.

Ce n'est pas seulement aux yeux d'un amant qu'une belle femme est mille fois plus ravissante au moment où elle sort des bras du sommeil qu'en sortant de sa toilette, mais bien aux yeux de tout homme qui la voit en cet état. Mme F. dans cet instant m'inonda de plus de rayons que n'en répand le soleil quand il se montre après l'aurore. Malgré cela, la femme la plus belle est attachée à sa toilette tout comme celle qui ne saurait s'en passer ; car plus on a, et plus on veut avoir.

Dans l'ordre que me donna Mme F. je vis un nouveau motif de certitude d'un bonheur prochain ; « car, en me renvoyant, me disais-je, elle a voulu se mettre à

CHAPITRE XV

l'abri des exigences que j'aurais pu avoir et qu'elle aurait dû satisfaire. »

Riche de ses cheveux, j'ai consulté mon amour pour savoir ce que je devais en faire : car, voulant réparer l'avarice sentimentale qu'elle avait montrée en m'obligeant à remettre les petites rognures, elle m'en avait donné une mèche suffisante pour en faire une tresse. Ils avaient une aune et demie de longueur. M'étant fixé sur l'emploi, j'allai chez un confiturier juif dont la fille était bonne brodeuse, et je me fis broder devant moi sur un bracelet de satin vert les quatre lettres initiales de nos noms ; ensuite elle me fit du reste un cordon très mince. A l'un des bouts je fis mettre un ruban noir formant lacet et qui aurait pu me servir à m'étrangler, si jamais l'amour m'avait réduit au désespoir. Je m'en fis un collier. Ne voulant rien perdre d'un bien si précieux, je coupe avec des ciseaux ce qui me restait de cheveux, j'en fais une poudre très menue, et j'engage le confiseur à les mêler en ma présence dans une pâte d'ambre, de sucre, de vanille, d'angélique, d'alkermès et de styrax ; et j'attendis que les dragées résultant de ce mélange fussent faites avant de m'en aller. J'en fis faire de pareilles, avec les mêmes ingrédients, à l'exception des cheveux, et je mis les premières dans une belle bonbonnière de cristal de roche et les secondes dans une boîte d'écaille.

Depuis que, par le don de ses cheveux, elle m'avait mis dans le secret de son cœur, je ne m'amusais plus à lui faire des contes ; je ne l'entretenais plus que de ma passion et de mes désirs ; je lui disais qu'elle devait ou me bannir de sa présence ou me rendre heureux ; mais la cruelle n'en convenait pas. Elle me disait que nous ne pouvions être heureux qu'en nous abstenant de violer nos devoirs. Quand je me jetais à ses pieds pour obtenir d'avance le pardon des violences que je voulais lui faire, elle me repoussait par une force bien supérieure à celle d'un Alcide femelle; car elle me disait avec une voix pleine d'amour et de sentiment :

« Mon ami, je ne vous supplie pas de respecter ma faiblesse, mais daignez m'épargner en faveur de l'amour que j'ai pour vous.

— Quoi! lui disais-je, vous m'aimez, et vous ne vous déterminerez jamais à me rendre heureux! Ce n'est ni croyable, ni naturel. Vous me forcez à croire que vous ne m'aimez pas. Laissez-moi un instant coller mes lèvres sur les vôtres : je ne vous demanderai pas davantage.

— Non, mon ami, non, me disait-elle; car cela ne ferait qu'enflammer vos désirs, ébranler mes résolutions, et nous nous trouverions encore plus malheureux. »

Elle me mettait ainsi chaque jour au désespoir, et ensuite elle se plaignait qu'on ne me trouvât plus en société cet esprit, cet enjouement qui lui avaient tant plu à mon arrivée de Constantinople; et M. D. R., qui souvent, par esprit de gentillesse, me faisait la guerre, me disait que je maigrissais à vue d'œil. Un jour Mme F. me dit que cela lui déplaisait, car les méchants, en observant la chose, pourraient peut-être juger qu'elle me traitait mal. Pensée singulière et qui semble hors de nature! J'en fis une idylle que je ne lis pas encore aujourd'hui sans sentir ma paupière humide.

« Comment! lui dis-je, vous reconnaissez donc votre cruauté à mon égard? Lorsque vous craignez que le monde ne devine vos rigueurs, vous vous plaisez à y persister! Vous me faites endurer tous les tourments d'un Tantale! Vous seriez enchantée de me voir gai, rayonnant, lors même qu'on jugerait que c'est des bontés que vous seriez censée avoir pour moi, et vous me refusez les plus légères faveurs!

— Qu'on le croie, pourvu que ce ne soit pas vrai.

CHAPITRE XV

— Quel contraste ! Serait-il possible que je ne vous aimasse pas, que vous ne sentissiez rien pour moi ? Ces contradictions me semblent hors de nature. Mais vous maigrissez aussi, et moi je me meurs. Voici ce qui nous arrivera immanquablement : nous mourrons avant longtemps, vous de consomption, moi d'épuisement ; car je suis réduit à jouir de votre fantôme le jour, la nuit et toujours, partout, excepté quand je suis en votre présence. »

A cette déclaration faite avec l'accent de la passion, je la vis étonnée, attendrie, et je crus le moment du bonheur arrivé. Je la saisis entre mes bras et déjà je me procurais des prémices... la sentinelle frappa deux coups. Quel funeste contretemps ! Je me remets, me mettant debout devant elle... M. D. R. paraît, et pour cette fois il me trouva de si bonne humeur, qu'il resta avec nous jusqu'à une heure après minuit.

Mes dragées commençaient à faire du bruit. M. D. R., Mme F. et moi étions les seuls qui en eussions la bonbonnière pleine. J'en étais avare, et personne n'osait m'en demander parce que j'avais dit qu'elles coûtaient cher et qu'il n'y avait pas à Corfou de confiseur capable de les imiter, ni de physicien en état d'en faire l'analyse. Je n'en donnais surtout à personne de ma boîte de cristal, et Mme F. l'avait fort bien observé. Je ne les croyais certainement pas un philtre amoureux et j'étais loin de supposer que les cheveux pussent les rendre plus exquises : mais une superstition amoureuse me les faisait chérir, e je jouissais en pensant que je m'identifiais à quelques parcelles de l'être que j'adorais.

Mme F., par une certaine sympathie sans doute, en était folle. Elle soutenait à tout le monde que c'était un remède universel, et, sachant être maîtresse de l'auteur, elle ne s'enquérait pas du secret de leur composition ;

mais, ayant observé que je n'en donnais que de celles qui étaient dans la bonbonnière d'écaille et que je n'en mangeais que de celle de cristal, elle m'en demanda un jour la raison. Sans y réfléchir, je lui dis que dans celles que je mangeais il y avait quelque chose qui forçait à l'aimer.

« Je n'en crois rien ; mais elles sont donc différentes de celles que je mange moi-même ?

— Elles sont pareilles, à cela près que l'ingrédient qui force à vous chérir n'est que dans les miennes.

— Dites-moi ce que c'est que cet ingrédient.

— C'est un secret que je ne puis vous révéler.

— Et moi, je ne mangerai plus de vos dragées. »

En disant cela, elle se lève, vide sa bonbonnière et la remplit de diablotins ; puis elle boude, et continue les jours suivants, évitant de se trouver seule avec moi. Cela me chagrinant, je deviens triste, mais je ne puis me résoudre à lui dire que je mange de ses cheveux.

Quatre ou cinq jours après, elle me demanda pourquoi j'étais triste.

« Parce que vous ne mangez plus de mes dragées.

— Vous êtes le maître de votre secret, et moi de manger ce que je veux.

— Voilà ce que j'ai gagné à vous faire une confidence. »

En disant cela, j'ouvre ma bonbonnière de cristal et je la vide tout entière dans ma bouche en disant : « Encore deux fois, et je mourrai fou d'amour pour vous. Alors vous vous trouverez vengée de ma réserve. Adieu, madame ! »

Elle me rappelle, me fait asseoir auprès d'elle en me disant de ne pas faire des folies qui la chagrineraient : car je savais qu'elle m'aimait, et je devais bien savoir qu'elle ne croyait pas que ce fût par la vertu de quelque drogue.

CHAPITRE XV

« Pour vous rendre certain que vous n'en avez pas besoin pour être aimé, voici un gage de ma tendresse. » Elle approche sa belle bouche, et j'y colle la mienne jusqu'à ce que j'aie été forcé de la quitter pour respirer. Je me jette alors à ses pieds, les yeux mouillés de larmes de tendresse et de reconnaissance, et je lui dis que, si elle me promet de me pardonner, je vais lui avouer mon crime.

« Crime ! Vous m'effrayez. Je vous pardonne. Dites-moi vite tout.

— Tout. Mes dragées renferment vos cheveux réduits en poudre. Voici à mon bras ce bracelet où nos noms sont tracés avec vos cheveux, et voici à mon cou ce cordon avec lequel je veux cesser de respirer quand vous ne m'aimerez plus. Tels sont mes crimes, et je n'en aurais pas commis un seul, si je ne vous adorais. »

Elle rit, me relève et me dit qu'effectivement j'étais le plus criminel des hommes. Elle essuya mes larmes en m'assurant que je ne m'étranglerais jamais.

Après cette conversation, ayant savouré le nectar du premier baiser de ma divinité, j'eus la force de me régler à son égard d'une façon toute différente. Elle me voyait ardent, elle était peut-être brûlante, et j'avais la force de m'abstenir de toute attaque.

« D'où vient, me dit-elle un jour, que vous avez trouvé la force de vous dominer ?

— Après le tendre baiser que vous m'avez accordé de votre plein gré, j'ai senti que je ne devais aspirer à rien qu'à ce que votre cœur vous portera à m'accorder de même. Vous ne sauriez vous figurer la douceur que ce baiser m'a procurée !

— Pourrais-je l'ignorer, ingrat ! Qui de nous deux a procuré cette douceur ?

— Ni vous ni moi, femme adorable ! Il fut le produit de l'amour, ce baiser si tendre et si doux !

— Oui, mon ami, l'amour dont les trésors sont inépuisables. »

Elle n'avait pas achevé, que nos lèvres étaient occupées à l'unisson. Elle me tenait si fortement contre son sein que je ne pouvais faire agir mes mains pour me procurer d'autres jouissances; mais je me sentais heureux. A la fin de cette charmante lutte, je lui demandai si elle croyait que nous en resterions toujours là?

« Toujours, mon ami, et jamais davantage. L'amour est un enfant qu'on doit apaiser par des badinages : une nourriture trop forte ne peut que le faire mourir.

— Je le connais mieux que vous. Il veut une nourriture substantielle, et quand on s'obstine à la lui refuser, il sèche. Ne me refusez pas la douceur d'espérer.

— Espérez, si vous y trouvez notre compte.

— Que ferais-je sans cela? J'espère, car je sais que vous avez un cœur.

— A propos! Vous souvenez-vous du jour où, dans votre colère, vous me dites que je n'avais que de l'esprit, croyant me dire une grosse injure?

— Oh! oui.

— Que je ris de bon cœur dès que j'y eus réfléchi! Oui, mon ami, j'ai un cœur, et sans lui maintenant je ne me trouverais pas heureuse. Maintenons-nous donc dans notre bonheur actuel, et sachons être contents sans demander davantage. »

Soumis à ses lois, mais chaque jour plus amoureux, j'espérais que la nature, à la longue, toujours plus puissante que les préjugés, amènerait une crise heureuse. Mais, outre la nature, la fortune aussi m'aida à parvenir. J'en eus l'obligation à un malheur.

Un jour qu'elle se promenait dans un jardin appuyée sur le bras de M. D. R., elle s'accrocha à un buisson de roses sauvages et se fit une profonde écorchure au bas de la jambe. M. D. R. lui serra d'abord la blessure avec son mouchoir afin d'arrêter le sang qui en sortait avec abondance, et on fut obligé de la porter à la maison sur un palanquin.

A Corfou les blessures aux jambes sont dangereuses quand on ne les soigne pas bien, et souvent, pour les faire cicatriser, on est obligé de s'en éloigner.

Obligée de garder le lit, mon heureux emploi me condamna à rester constamment à ses ordres. Je la voyais à chaque instant ; mais les trois premiers jours les visites se succédèrent sans interruption, et je ne fus jamais seul avec elle. Le soir, quand tout le monde avait disparu, que son mari s'était retiré, M. D. R. restait encore une heure, et alors la décence exigeait que je la quittasse quand ce dernier sortait. Je me trouvais beaucoup plus à l'aise avant l'accident, et je le lui dis d'un ton moitié gai, moitié triste ; le lendemain elle me procura un moment heureux pour me dédommager.

Un vieil Esculape venait tous les matins au point du jour pour la penser, et alors il n'y avait de présent que sa femme de chambre ; mais je me rendais en négligé chez cette fille pour être le premier à savoir comment ma divinité se portait.

Ce jour-là la femme de chambre vint me dire d'entrer au moment où le médecin la pansait.

« Voyez, je vous prie, si ma jambe est moins rouge.

— Pour pouvoir le dire, madame, il faudrait que je l'eusse vue hier.

— C'est vrai. J'ai des douleurs et je crains l'érysipèle.

— Ne craignez rien, madame, dit le docteur ; gardez le lit, et je suis sûr de vous guérir. »

Le chirurgien étant alors occupé près de la fenêtre à préparer un cataplasme, et la femme de chambre étant sortie, je lui demandai si elle sentait de la dureté dans le gras de la jambe et si la rougeur montait en sillonnant plus haut ; et il était naturel que j'accompagnasse ces questions de mes mains et de mes yeux. Je ne vis ni rougeurs ni duretés, mais.... et la tendre malade s'empressa, d'un air riant, de baisser la toile, en me laissant prendre un tendre baiser, dont depuis quatre jours je ne savourais plus la douceur. Fureur d'amour, délire plein de charmes ! De ses lèvres je descendis à sa blessure, et persuadé dans cet instant que mes baisers devaient être le meilleur spécifique, j'aurais continué, si le bruit que fit la femme de chambre en rentrant ne m'avait contraint de cesser.

Resté seul avec elle et brûlant de désirs, je la conjurai de faire au moins le bonheur de mes yeux.

« Je me sens humilié, lui dis-je, en pensant que le bonheur dont je viens de jouir n'est qu'un vol.

— Mais, si tu te trompes ? »

Le lendemain j'assistai de même au pansement ; mais, dès que le chirurgien fut parti, elle me pria de lui arranger ses coussins, ce que je fis à l'instant. Elle, comme pour me faciliter cette agréable besogne, souleva la couverture afin de s'appuyer et me facilita ainsi la vue d'une foule de beautés dont mes yeux s'enivraient, et je prolongeais l'occupation sans qu'elle trouvât que j'allais trop lentement.

Quand j'eus fini, je n'en pouvais plus, et je me jetai dans un fauteuil en face d'elle, absorbé dans une sorte de recueillement. Je contemplais cet être ravissant qui, sans art apparent, ne me procurait jamais un plaisir que pour m'en accorder un plus grand, sans jamais arriver au but.

« A quoi pensez-vous ? me dit-elle.

— Au bonheur suprême dont je viens de jouir.

— Vous êtes un homme cruel.

— Non, je ne suis pas cruel, car, puisque vous m'aimez, vous ne devez pas rougir d'être indulgente. Songez aussi que, pour vous aimer passionnément, il ne faut pas que je croie que c'est par surprise que j'ai joui d'une vue ravissante ; car, si ce n'était que par hasard, je serais forcé d'admettre que tout autre à ma place aurait eu le même bonheur, et cette idée ferait mon supplice. Laissez-moi vous devoir la douce reconnaissance de m'avoir appris ce matin combien je puis être heureux par un seul de mes sens. Pouvez-vous être fâchée contre mes yeux ?

— Oui.

— Ils sont à vous, arrachez-les-moi. »

Le jour suivant, dès que le docteur fut parti, elle envoya sa femme de chambre faire quelques emplettes.

— Ah ! me dit-elle quelques instants après, elle a oublié de me passer ma chemise.

— Hélas ! souffrez que je la remplace.

— Oui, mais songe que je ne permets qu'à tes yeux d'être de la partie.

— J'y consens. »

Elle se délace, ôte son corset et sa chemise, en me disant de lui passer vite la blanche ; mais, comme j'étais trop occupé de tout ce que je voyais et que je n'allais pas vite :

« Passe-moi donc ma chemise ! me dit-elle ; elle est sur la petite table.

— Où ?

— Là, au pied du lit. Je la prendrai moi-même. »

Se penchant alors vers la table, elle découvre la presque totalité de tout ce que je désirais, et, se relevant lentement, elle me donne la chemise, que je ne pouvais tenir, tant je frissonnais de bonheur. Elle a pitié de moi, mes mains partagent le bonheur de mes yeux ; je tombe entre ses bras, nos lèvres se confondent, et tous deux, dans une voluptueuse pression, nous éprouvons une défaillance amoureuse, insuffisante pour nos désirs, mais assez douce pour les tromper un moment.

Plus maîtresse d'elle-même qu'on ne l'est d'ordinaire en pareille circonstance, elle eut soin de ne me laisser parvenir qu'au parvis du temple, l'entrée du sanctuaire ne devant pas être encore mon partage.

FIN DU TOME PREMIER

TABLE DES MATIÈRES

DU PREMIER VOLUME.

                                          Pages

Notice sur Casanova de Seingalt et ses mémoires   i
Préface   1

CHAPITRE PREMIER.

Notices sur ma famille. — Mon enfance.   19

CHAPITRE II.

Ma grand'mère vient me mettre en pension chez le docteur Gozzi.
    — Ma première tendre connaissance.   31

CHAPITRE III.

Bettine crue folle. — Le père Mancia. — La petite vérole. — Mon
    départ de Padoue.   57

CHAPITRE IV.

Le patriarche de Venise me donne les ordres mineurs. — Ma connais-
    sance avec le sénateur Malipiero, avec Thérèse Imer, avec la
    nièce du curé, avec Mme Orio, avec Nanette et Marton et avec
    le Cavamacchi. — Je deviens prédicateur. — Mon aventure à Pa-
    sean avec Lucie. — Rendez-vous au troisième.   80

CHAPITRE V.

Nuit fâcheuse. — Je deviens amoureux des deux sœurs et j'oublie
    Angela. — Bal chez moi : Juliette humiliée. — Mon retour à Pa-
    sean. — Lucie malheureuse. — Orage favorable   11

TABLE DES MATIÈRES

Pages

CHAPITRE VI.

Mort de ma grand'mère et ses conséquences. — Je perds les bonnes grâces de M. de Malipiero. — Je n'ai plus de maison. — La Tintoretta. — On me met dans un séminaire. — On me chasse. — On me met dans un fort. 146

CHAPITRE VII.

Mon court séjour dans le fort Saint-André. — Mon premier repentir galant. — Plaisir d'une vengeance et belle preuve d'un alibi. — Arrêts du comte Bonafede. — Mon élargissement. — Arrivée de l'évêque. — Je quitte Venise. 170

CHAPITRE VIII.

Mes malheurs à Chiozza. — Le père Stephano, récollet. — Lazaret d'Ancône. — L'esclave grecque. — Mon pèlerinage à Notre-Dame de Lorette. — Je vais à Rome à pied, et de là à Naples, pour trouver l'évêque, que je ne trouve pas. — La fortune m'offre les moyens d'aller à Martorano, d'où je repars bien vite pour retourner à Naples. 196

CHAPITRE IX.

Je fais à Naples un court mais heureux séjour. — Don Antonio Casanova. — Don Lelio Caraffa. — Je vais à Rome en charmante compagnie et j'y entre au service du cardinal Acquaviva. — Barbaruccia. — Testaccio. — Frascati. 239

CHAPITRE X.

Benoît XIV. — Partie à Tivoli. — Départ de donna Lucrezia. — La marquise G. — Barbe Delacqua. — Mon malheur et mon départ de Rome 282

CHAPITRE XI.

Mon court et trop vif séjour à Ancône. — Cécile, Marine, Bellino. — L'esclave grecque du lazaret. — Bellino se fait connaître. 325

CHAPITRE XII.

Bellino se fait connaître; son histoire. — On me met aux arrêts. — Ma fuite involontaire. — Mon retour à Rimini, et mon arrivée à Bologne. 347

CHAPITRE XIII.

L'habit ecclésiastique est mis de côté et j'endosse l'habit militaire. — Thérèse part pour Naples, et je vais à Venise, où j'entre au service de ma patrie. — Je m'embarque pour Corfou, et je descends pour aller me promener à Orsera. 370

CHAPITRE XIV.

Rencontre comique à Orsera. — Voyage à Corfou. — Séjour à Constantinople. — Bonneval. — Mon retour à Corfou. — Mme F. — Le faux prince. — Ma fuite de Corfou. — Mes folies sur l'île de Casopo. — Je me rends aux arrêts à Corfou. Ma prompte délivrance et mes triomphes. — Mes succès auprès de Mme F. . . . 387

CHAPITRE XV.

Progrès de mes amours. — Je vais à Otrante. — J'entre au service de Mme F. — Heureuse écorchure.. 468

FIN DE LA TABLE DU PREMIER VOLUME.

24888. — Typographie A. Lahure, rue de Fleurus, 9, à Paris.

CHEFS-D'ŒUVRE DE LA LITTÉRATURE FRANÇAISE

FORMAT IN-8 CAVALIER, PAPIER VÉLIN,
Imprimés avec luxe par J. Claye et ornés de gravures sur acier par les meilleurs artistes

49 volumes sont en vente à 7 fr. 50

On tire de chaque volume de la collection 150 *exemplaires numérotés* sur papier de Hollande, avec figures sur chine avant la lettre, au prix de 15 fr. le vol.

Œuvres complètes de Molière. Nouvelle édition tres-soigneusement revue sur les textes originaux, avec un nouveau travail de critique et d'érudition, aperçus d'histoire littéraire, examen de chaque pièce, commentaire, biographie, etc., par M. LOUIS MOLAND. 7 vol.

Œuvres complètes de la Fontaine. Nouvelle édition, avec un nouveau travail de critique et d'érudition, par M. LOUIS MOLAND. 7 vol.

Œuvres complètes de J. Racine, avec une Vie de l'auteur et un examen de chacun de ses ouvrages, par M. SAINT-MARC GIRARDIN, de l'Académie française. 8 volumes.

Euvres complètes de Montesquieu, avec les variantes des premières éditions, un choix des meilleurs commentaires et des notes nouvelles, par ÉDOUARD LABOULAYE, de l'Institut. 7 vol.

Œuvres complètes de J. de la Bruyère. Nouvelle édition, avec une notice sur la vie et les écrits de la Bruyère, une bibliographie, des notes, une table analytique des matières et un lexique, par A. CHASSANG, inspecteur général de l'Instruction publique, lauréat de l'Académie française. 2 vol.

Essais de Michel de Montaigne. Nouvelle édition, avec les notes de tous les commentateurs, choisie et complétée par M. J. V. LE CLERC, précédée d'une nouvelle Étude sur Montaigne par M. PRÉVOST-PARADOL. 4 vol., avec portrait.

Œuvres complètes de Boileau, avec des commentaires et un travail nouveau de M. GIDEL. 4 vol.

Œuvres de Clément Marot, annotées, revues sur les éditions originales et précédées de la Vie de Clément Marot, par CHARLES D'HÉRICAULT. 1 vol. orné du portrait.

Chefs-d'œuvre littéraires de Buffon, avec une introduction par M. FLOURENS, membre de l'Académie française, etc. 2 vol. avec portrait de Buffon.

Histoire de Gil Blas de Santillane, par LE SAGE, avec remarques des divers annotateurs, précédée d'une notice par SAINTE-BEUVE, les jugements et témoignages sur LE SAGE et sur *Gil Blas;* suivie de *Turcaret* et de *Crispin rival de son maitre.* 2 volumes.

Œuvres de Jean-Baptiste Rousseau, avec un nouveau travail de M. ANTOINE DE LATOUR. 1 vol. orné du portrait de l'auteur.

L'Imitation de Jésus-Christ. Traduction nouvelle, avec des réflexions par M. l'abbé DE LAMENNAIS. 1 vol.

Œuvres choisies de Massillon, accompagnées de notes et précédées d'une notice par M. GODEFROY. 2 vol. avec un beau portrait de Massillon.

Notre collection contiendra la fleur de la littérature française. Elle se composera d'une soixantaine de volumes environ, imprimés avec le plus grand luxe par CLAYE, et dignes de tenir une place d'honneur dans les meilleures bibliothèques.

Format grand in-8 jésus avec gravures sur acier, à 12 fr. 50

Œuvres de P. et Th. Corneille, précédées de la Vie de P. Corneille, par FONTENELLE, et des Discours sur la poésie dramatique. Nouv. édit. 1 vol.

Œuvres complètes de J. Racine, un Essai sur la vie et les ouvrages de J. Racine, par LOUIS RACINE. 1 vol.

Œuvres complètes de Boileau, avec une Notice par M. SAINTE-BEUVE et les Notes de tous les commentateurs; illustrées de gravures sur acier. 1 vol.

Molière. Œuvres complètes. 1 beau vol. orné de charmantes gravures sur acier, d'après les dessins de G. STAAL.

Œuvres choisies de Le Sage. *Gil Blas de Santillane, Guzman d'Alfarache, Théâtre.* Introduction par SAINTE-BEUVE. 1 vol. gravures sur acier.

Beaumarchais. Nouvelle édition, précédée d'une notice par M. LOUIS MOLAND, revue et enrichie à l'aide des travaux les plus récents. Gravures sur acier, dessins de STAAL. 1 vol.

Moralistes français. *Pascal, la Rochefoucauld, la Bruyère, Vauvenargues,* avec portraits. 1 vol.

Œuvres complètes de la Fontaine. Avec des notes et une étude sur la Fontaine, par M. L. MOLAND. Nouvelle édit. avec grav. sur acier. 1 vol.

Plutarque. Les vies des hommes illustres, traduites en français par RICARD, précédées de la vie de Plutarque, illustrées de 14 gravures sur acier. 1 vol.

www.ingramcontent.com/pod-product-compliance
Lightning Source LLC
Chambersburg PA
CBHW051404230426
43669CB00011B/1761